"Le français retrouvé" **17**

87

Les mots du cinéma

par

Christine de Montvalon

Illustrations de Piem

BELIN

8, rue Férou, 75006 Paris

© Éditions Belin, 1987

ISBN 2-7011-1052-1   ISSN 0291-7521

Préface

Le cinéma, au commencement, laissa muet. La légende, certes, veut que, lorsqu'Archimède découvrit dans son bain la loi de la pesanteur, il se soit écrié « *Eurêka !* ». Combien d'inventeurs, depuis, enflammés par la soudaineté de leur trouvaille, ont laissé échapper le fameux cri de joie du conquérant de la technique ? Louis Lumière, lui, triompha en silence. C'est au cours d'une nuit d'insomnie qu'il eut brutalement l'illumination d'introduire le pied de biche d'une machine à coudre pour faire fonctionner correctement une caméra. Sans exubérance. Le poète Paul Gilson témoigne qu'une même contagion gagna ses premiers spectateurs, tous « bouche bée, frappés de stupeur, surpris au-delà de toute expression ». L'effet de surprise passé, ce nouvel art provoqua, on le sait, controverses et polémiques, auxquelles se livrèrent nombre de littérateurs. Et le *cinématographe* fut l'objet de torrents d'éloquence. « Architecture (ou peinture) en mouvement » pour Elie Faure, « graphique de l'invisible » pour René Schwob, « musique de la lumière » pour Abel Gance, « symphonie visuelle » pour Germaine Dulac, et puis aussi « fenêtre magique », « miroir des rêves »... La chose étant née, il fallait bien la nommer. « Un art nouveau crée ses organes », dira encore Élie Faure ; « C'est une nature nouvelle, un autre monde », écrit Jean Epstein. Il était temps que ce monde-là s'invente un vocabulaire, qu'au langage des images réponde un minimum de terminologie.

Les théoriciens en étaient fort conscients.

« Nous manquons de mots », se lamente Louis Delluc en 1917. J'entends : de mots brefs et précis : 1. pour remplacer *théâtre de prises de vues* ; 2. pour remplacer *opérateur de prises de vues* ; 3. pour remplacer *cinématographe* qui est

3

lourd, interminable, laid, et ne s'applique plus très bien à ce qu'il est chargé de désigner. Trouvez des mots, français de préférence.

Delluc revient à la charge dès le mois suivant dans la chronique qu'il tient à la revue *Le Film* :

« Le mot *cinématographe* n'aide pas peu à nous tromper sur le sens et le but de ce qu'il désigne. On ne saurait mentir davantage que cette appellation. Je préfère le *moving picture* des Anglo-Américains. »

On notera au passage, et le livre de Christine de Montvalon en est l'illustration, combien l'influence d'Hollywood fut prédominante dans la confection de ce vocabulaire naissant. En 1932, Jean Vigo le souligne avec une ironie cinglante lorsqu'il disserte sur ces termes consacrés « par le OK des OK », et qu'il renvoie en bas de page par une note explicative : « OK : locution américaine utilisée d'une manière exclusive par les cinéastes français, et qui signifie : OK. »

Une terminologie s'impose cependant peu à peu, au gré de l'inspiration des pionniers de l'esthétique. On doit ainsi à Marcel Lherbier l'expression *mise en film*, les mots *visualiser, visualisateur*. Et Louis Delluc fut le créateur du mot *cinéaste*. Il semble que c'est en lisant sur les affiches américaines les termes *A Paramount release* que l'on ait inventé le mot *réalisateur*, ce qui est un contresens puisque le *release* américain qui signifie *libérer, lâcher sur le public, sortir*, et, professionnellement parlant, *distribuer* n'a rien à voir avec *to realize*, « rendre réel, réaliser ». Cette effervescence linguistique créant une confusion, sinon la contestation, les responsables de *La Revue du Cinéma* publiée sous la bannière de la N.R.F., où s'exprimaient Philippe Soupault, Robert Desnos, Michel Leiris, Marcel Aymé, et dont le but avoué était de créer une « École », songèrent en 1946 à « suggérer une codification linguistique pour remédier au désordre et à l'incommodité des termes relatifs à l'écran ». Ainsi naquit (pour deux numéros) une rubrique intitulée : « Petit vocabulaire du Cinéma », où l'on lit peut lire :

« Metteur en scène est le nom qu'on donne couramment en français à celui qui fait un film. Faire un film est hélas une expression à peine plus claire que *mettre en scène*. »

Les rédacteurs de la *Revue* soulignent la noblesse du mot *régisseur* :

« Ah! voilà un mot beau qu'ont d'ailleurs conservé au studio les Russes, les Allemands et les Italiens. *Le grand art de régir*, disait Corneille : ça devrait pourtant " en jeter " ! »

Ils s'en prennent au

« banal et incomplet *director* des Anglo-saxons, laissant supposer que le *directeur de film* se contente de diriger les acteurs alors que le vrai *réalisateur* est un guerrier sans uniforme qui possède son sujet, mène l'action, tient en mains ses personnages et compose des scènes, des images, des mouvements qu'il doit harmoniser et cadencer d'après un scénario qu'il lui a fallu écrire et *visualiser* en vue du montage final. »

A propos de *film,* ces derniers notent qu'il est normal que nous ayons préféré adopter le mot anglais plutôt que le mot issu du latin (*pellicule*) car il est « plus gai ».

« Outre le chic et l'attrait de l'exotisme, *film* avait une personnalité plaisante et était également séduisant pour la jeunesse tentée par la nouveauté, pour les snobs impatients de se connaître en tout, pour les techniques avides de termes distinctifs, pour le vulgaire, enfin, qui s'empare avec d'autant plus de facilité d'un mot inconnu qu'il ne cherche pas à comprendre sa signification profonde et, encore moins, exacte, mais lui accorde une vertu magique. »

De même, *scénario* devrait sa fortune « à son teint chaud et à ses yeux de braise », et le spectateur de base aurait imposé des expressions incorrectes comme « un film de Gabin » pour aller plus vite, « comme on dit un fauteuil Louis XV ».

Le cinéma, déjà, est un art populaire. Faut-il lier la permanence d'une terminologie embrouillée à la confusion qui règne à l'époque dans l'exécution des films ? En 1948, Jean-Pierre Chartier s'en prend, trente ans après Delluc, au mot *cinématographe,* dont, dit-il,

« les cinq syllabes et les quatorze lettres sont une gêne constante dans le langage. Ses abréviations *cinéma* et *ciné* présentent l'inconvénient majeur de ne pouvoir former de dérivés; or c'est de toute une famille de mots qu'ont besoin le technicien, le critique ou l'esthéticien. »

Jean-Pierre Chartier propose une solution radicale : inventer un nouveau mot. En hommage à l'insomniaque inspiré, il remplace *le cinématographe* par *le Lumière* :

> « La langue nous réserve une agréable surprise : il n'existe aucun dérivé français dans l'usage, car les mots *lumineux* ou *illuminer* sont des dérivés savants formés sur *lumen, luminis*. Pour parler de celui qui fait des films, nous dirons donc *lumiériste* et on ne le confondra jamais avec celui qui s'occupe de la lumière et que l'on appelle l'*éclairagiste*. Le mot *lumiériste* remplace avantageusement *cinéaste*, ce néologisme peu justifiable linguistiquement et qui rime fâcheusement avec "iconoclaste". *Lumiériste,* au contraire, ressemble de manière flatteuse à "artiste" et est formé selon la même règle que beaucoup de noms de métiers (chimiste, pianiste, etc...) »

De *Lumière* auraient pu ainsi dériver le verbe *lumiérer* :

> « Car jamais personne n'a pu employer *cinématographier*. On en était réduit à dire *faire du cinéma* au sens général et *mettre en film* au sens particulier et les termes *lumiérique, lumiérable...* »
>
> (*La Revue du Cinéma*, nouvelle formule, juin 1948).

Querelles d'intellectuels? Pendant que l'on fait appel aux mille et une ressources de la langue française pour lui donner une nomenclature convenable, le cinéma s'avère l'un des arts les moins hermétiques qui soient. Son audience ne cesse de grandir, surtout auprès des masses, plus fidèles dans leurs passions que les élites à l'affût des modes et des snobismes. Même chez les populations les plus reculées, le *cinématographe* démontre l'universalité de son langage. Les ethnologues constatent que dans les tribus de l'Est Africain, l'indigène primitif est parfaitement réceptif aux *images animées*, qu'il assimile du premier coup sa grammaire. Charlot, dit-on, est compris d'emblée par les Papous. Les enfants, quant à eux, adoptent sans besoin d'initiation le jargon des *surimpressions, enchaînés, contrechamps*.

Il n'est pas nécessaire en effet d'avoir suivi un cours de montage ou de prise de vues pour apprécier un film, pas plus que d'avoir des notions d'harmonie pour goûter une symphonie. Il devient néanmoins indispensable d'établir un répertoire des syntagmes avec leur signification.

Les « mots du cinéma » restent encore aujourd'hui pour le vulgum pecus infiniment exotiques pour ne pas dire abscons. Le fossé qui sépare le vocabulaire spécifique du cinéma de ses principaux adeptes existe encore, et c'est tout le mérite de ce livre, le premier du genre, que d'avoir voulu le combler, d'avoir pallié un manque. Dénoncé en 1935 par le fougueux Roger Leenhardt dans une chronique (inédite et inachevée) intitulée *Le cinéma impur* :

« La fameuse technique cinématographique fait l'objet d'un véritable bluff, savamment entretenu par de soi-disant spécialistes intéressés. Toute une terminologie barbare, qui n'est la plupart du temps qu'un argot professionnel, décourage la bonne volonté du profane et fait du vocabulaire du cinéma un langage mystérieux d'initiés. D'avoir détaillé à l'école le style d'une fable de la Fontaine ou d'une oraison de Bossuet permet au lecteur de lire un roman sous un autre angle qu'un primaire. Il ne s'ensuit pas qu'il faille initier ce dernier au jargon des grammairiens et lui jeter à la tête l'anacoluthe et la catachrèse. C'est ce que fait avec une insupportable pédanterie le critique de cinéma qui agite à chaque détour de phrase flash, long shot, etc. La critique cinématographique! Voilà le grand mot lâché! Voilà le principal coupable, le vrai responsable de l'inculture du public de cinéma. »

Élitisme, peut-être. Négligence, sans doute. Depuis 1935, les temps ont changé. Le problème de la Critique est ailleurs (qu'il serait trop long et hors de propos de développer ici), mais le problème de la démocratisation du langage-cinéma reste entier. Restait entier, peut-on dire, puisque le travail méthodique de Christine de Montvalon lève le voile sur ces notions techniques, élémentaires ou sophistiquées, qui restaient opaques à l'amateur de cinéma.

Ce n'est pas la seule vertu de ce guide, qui ne se contente pas d'explorer les arcanes de la science du « septième art », mais fait également un sort à ces expressions populaires dont les origines sont parfois obscures, mais qui, à l'image du « Rosebud » de *Citizen Kane*, font partie du mystère, de la magie du cinéma comme de son vocabulaire, et ont souvent franchi la barrière qui sépare le bouche à oreille de la page imprimée. L'Histoire du cinéma, d'ailleurs, regorge d'anecdotes sur les rêves engendrés par une onomatopée cocasse, les confusions ou les malentendus engendrés par les tâtonnements du patois-cinéma.

C'est ainsi que Garson Kanin, qui fut entre autres le scénariste de George Cukor, se souvient que tout ce qui lui semblait amusant dans sa tendre enfance devenait un *chally chaplum* :

> « Si mon père faisait des grimaces, si mon frère zigzaguait en marchant, si mon cousin David jetait un caillou dans une fenêtre, je m'écriais avec délice : " chally chaplum ". »

Robert Parrish, lui, évoque avec une nostalgique candeur l'émoi que déclencha lorsqu'il était petit (et figurant chez le même Charlie Chaplin avant de diriger Robert Mitchum, Gregory Peck, Jean Seberg...) la révélation du nom que l'on utilisait pour désigner les stars, Lillian et Dorothy Gish, Theda Bara, Pola Negri, photographiées étendues sur un divan ou sur une peau de tigre :

> « Je demandais à ma mère pourquoi ces dames étaient allongées comme ça et pourquoi elles fermaient à moitié les yeux. " Ce sont des vamps " me répondit-elle. Je brûlais d'envie d'obtenir quelques précisions, mais elle prononça ce mot de *vamp* d'un ton sans réplique, comme s'il n'y avait rien à ajouter, et je me contentai de sa réponse sans chercher plus loin. Le lendemain, je pariai avec Jack Dimon qu'il ne savait pas ce que c'était, des vamps. " Si, fit-il ça suce le sang des gens ! " sur quoi je m'empressai d'ajouter : " Ouais! mais aussi, ça a les yeux à moitié fermés! " »

Frank Capra (faut-il présenter ce prince d'Hollywood qui fit tourner Gary Cooper, Cary Grant, James Stewart, Spencer Tracy, Bette Davis?) nous raconte une utilisation plus coquine de l'immixtion des termes propres au spectacle dans la langue quotidienne. Celle d'une dénommée Polly Moran, chargée de jouer une dame riche, très *comme il faut* qui devait sonner pour appeler une femme de chambre afin qu'elle l'aide à passer son corset mais qui rechignait à tourner la scène :

« Si vous croyez que vous allez me passer un corset, beugla Polly Moran, vous vous fourrez le doigt dans l'œil! » Je lui expliquai que l'idée n'était pas de moi, mais de Harry Raft (le producteur délégué). « Jeune homme, dites-vous bien qu'il n'est pas question que j'enlève mon peignoir et que je montre mon harnais, même à M. Raft, même à Dieu le père!

– Votre harnais? Quel harnais?

– Celui-là! »

Elle ouvrit son peignoir pour me montrer une espèce de harnachement fait de sangles et de courroies qui soutenaient sa poitrine. « C'est pourtant simple. Si j'enlève ce harnais, j'ai les " avant-scènes " qui vont me tomber aux genoux! »

Non moins savoureuse, l'histoire de la naissance du mot *schpountz* sur le plateau d'un film de Marcel Pagnol, un jour de 1934, pendant le tournage d'*Angèle :* la lecture des magazines de cinéma faisait perdre la tête à quelques jeunes garçons qui, venus des environs d'Allauch, des Camoins ou d'Aubagne, paradaient autour des caméras avec l'espoir qu'ils allaient être remarqués. Willy, le chef opérateur, les traitait à leur insu de « schpountz ». Ami et exégète de Pagnol, Raymond Castans raconte que les électriciens avaient repéré un *schpountz* particulièrement collant qu'ils faisaient revenir chaque jour, lui disant qu'il avait un talent unique, qu'il était le nouveau Charles Boyer, qu'on prévoyait de l'envoyer à Hollywood. Quelque temps plus tard, Pagnol propose à Fernandel un rôle superbe dans un film sur le cinéma :

« Et je jouerai quoi là-dedans?

– Un fada »

Ainsi naquit *Le Schpountz*, et Fernandel gardera longtemps dans son portefeuille la lettre qu'il a reçue de la mère d'un schpountz de Pezenas : « Mon fils veut faire du cinéma. Pourriez-vous nous indiquer un studio dans les environs de Pezenas pour qu'il puisse le soir rentrer à la maison? » L'histoire des mots est souvent fonction de l'*entendu dire*, du colportage d'anecdotes, et nous renseigne sur les mentalités autant que sur les marées de la syntaxe.

Il est temps, pour le lecteur, de partir à la découverte, et nous ne lui octroierons son sésame qu'après avoir félicité l'auteur des *Mots du cinéma* de n'avoir pas oublié que la notion de cinéma était liée à celle de plaisir. Le dingue du cinoche, qui claque son argent de poche à l'Eldorado, au Rialto ou au Palace, est d'abord un enfant de Queneau. Il fonctionne moins au respect qu'à l'épate.

Comme le disait Bory, le convivial,

« ça bouge et ça cause, ça galope et ça vocalise, ça trucide et ça vampirise, ça holdeupe et ça contreplonge, ça zoume et ça contrechampe, ça flashbaque et ça sciencefictionne. Le cinématographe s'avance toujours le menton haut, le mollet tendu. C'est qu'il ne se commet pas avec n'importe qui... Le cinéma fait moins de manières. Comme il est naturel entre familiers. On se voit davantage, on se connaît mieux, on ne met plus de gants. Et le cinoche ? C'est le triomphe de la complicité gaillarde. Au regard du cinématographe, très coincé, le cinoche c'est l'ilote ivre. On se rend au cinématographe, on fréquente le cinéma, on passe au ciné, on se pousse au cinoche. »

Pour sérieux et documenté qu'il soit, ce Ciné-dico a le bon goût de « fréquenter » plutôt que de « se rendre », et même (ô bonheur !) de « se pousser » parfois. On y flirte avec un pittoresque désarmant, rencontrant comme dans un inventaire de Prévert des camées, un drapeau, un pantalon, une piscine, un plat à barbe, un tambour. On y découvre les secrets du ticket Poulain, du montage panthère, du crabe, de la girafe, du hareng rouge ou de l'effet de sardine. On y compare les mérites de la coupe Louis XVI et de la coupe Mohican. On y goûte la galette ou le navet, le saucisson ou le baiser bouffe, en présence du gril et de la casserole. En matière de cinéma, les vrais livres de cuisine sont trop rares.

Jean-Luc Douin.

A (film)

Ou **film de série A**. Ainsi appelé par référence aux **films de série B** (voir p. 41), la lettre A précédant la lettre B. Le film A arrive en tête du hit-parade de tous les films. Ses qualités sont souvent à la mesure du budget que les producteurs lui ont consacré. Ce classement, importé des États-Unis, date des années 30.

> Presqu'à lui seul il avait fait accomplir un grand pas au cinéma pendant une dizaine d'années, à un point où la matière des productions A était plus large et plus riche qu'à la scène.
>
> Francis Scott Fitzgerald, *Le Dernier Nabab*.

A bas Ford! Vive Wyler!

Cette expression est un véritable cri de guerre. Il a été lancé par le critique et cinéaste Roger Leenhardt en 1948. Celui-ci s'était inspiré du mémorable : « A bas Laforgue! Vive Rimbaud! » hurlé par Picasso et Max Jacob.

En 1948, William Wyler, cinéaste américain d'origine alsacienne, prend une grande importance pour les cinéphiles français grâce à l'ambition de ses sujets, la rigueur de sa mise en scène (il est le réalisateur des *Hauts de Hurlevent*, de *la Vipère*, de *Mrs Miniver*). André Bazin, qui le défend, parle du « janséniste de la mise en scène ». Wyler, humaniste convaincu, met au point le « filmage démocratique sincère » et Leenhardt le porte au pinacle en marquant une préférence : « Préférer, dit-il, Wyler à Ford, c'est – ou ce devrait être – définir en deux mots la tendance la plus neuve du cinéma américain. S'il faut expliciter, disons que c'est préférer la scène à l'image, le découpage au montage, le récit au drame, l'équilibre au rythme, le caractère au symbole, la modulation à l'effet. »

Sa formule-choc sera pourtant retournée comme un gant quelques années plus tard. Wyler est accusé de s'être embourbé dans le pire académisme et l'on crie (ou écrit) : « A bas Wyler! Vive Ford! »

abattage

On dit d'un comédien qu'il *a de l'abattage* quand sa prestation fait craquer le public, est susceptible de le mettre sur le flanc. En fait, il s'agit de l'application aux comédiens d'une expression de portée plus générale. Dans le parler populaire du XIXe siècle, *avoir de l'abattage* signifiait « être vigoureux », comme le bûcheron ou le boucher qui abattent en série et sans fatigue apparente.

> Son charme ne tenait qu'à sa vivacité, à ce qu'on appelait dans le métier, son abttage. Elle était de ces femmes qui ne vous laissent pas le loisir de constater qu'elles n'ont rien de rare, parce qu'elles bougent tout le temps...
> François-Oliver Rousseau, *L'Enfant d'Édouard.*

Academy Award

En français : récompense de l'Académie. Nom officiel donné aux prix décernés chaque année par l'institution américaine appelée l'**Académie des Arts et Sciences du Cinéma.**
Aujourd'hui on dit rarement : recevoir un *Academy Award*; on dit plutôt : recevoir un **oscar** (voir p. 318).

> Walter Adrian avait obtenu l'Academy Award en 1937 et en 1942 pour deux films dont vous n'avez probablement jamais entendu parler : *Three-Star Extra* et *Beloved Heart.*
> Andrew Bergman, *Le Pendu d'Hollywood.*

accéléré

Le mouvement accéléré s'obtient en projetant à la vitesse normale (24 images par seconde) des images qui ont été filmées au ralenti. L'accéléré crée souvent un effet comique irrésistible et l'on sait, par exemple, que les déambulations des acteurs des films muets tournées à la vitesse de 16 images seconde et projetées sur des appareils réglés à la cadence actuelle semblent tout à fait cocasses : elles prêtent à sourire sans l'avoir voulu.

Le film défila en accéléré et les personnages s'agitèrent frénétiquement avec la démarche saccadée et ridicule des acteurs du muet lorsque, projetés à la mauvaise vitesse, ils quittaient les usines Lumière. Une R 5 se rangea à cent à l'heure le long du trottoir.

Tito Topin, *Graffiti Rock.*

accessoire

Est accessoire tout ce qui n'est pas essentiel. Sur un plateau de cinéma, les accessoires sont les petites pièces de mobilier qui, agrémentant le décor, donnent une ambiance sans être à priori indispensables. Elles sont fournies par *l'accessoiriste,* également chargé du rangement des accessoires. L'accessoiriste peut être chargé de certains trucages : il devra par exemple réaliser des effets d'intempérie (pluie, neige, vent, brouillard...) ou d'explosion (armes à feu, bombes, incendies...). Dans ce dernier cas, il peut être appelé *artificier,* puisqu'il met au point des feux d'artifice.

Accessoire jouant : se dit d'un accessoire qui joue un rôle important dans le déroulement d'une scène.

Accessoiriste! Qu'on lui donne de la dynamite! Dissimulez le bâton dans une botte...

Yak Rivais in *Moteur.*

accompagnement

Désigne une bande sonore, une partition musicale, lorsque celle-ci ne vise qu'à enjoliver les images.

Redford galope à canasson sur fond de pampa, avec accompagnement genre Ennio Morricone et les glaces Miko mises bout à bout.

Catherine Rihoit, *La Favorite.*

Accords Blum-Byrnes

Ils ont sclérosé la production cinématographique française des années durant, malgré les vagues de protestation de toute la profession et des communistes en particulier. Au cours de l'année 1946, le socialiste Léon Blum pour la France et James Byrnes pour les USA signent en effet des accords qui réglementent les échanges politicaux-commerciaux de leurs pays respectifs. En ce qui concerne le cinéma : les salles sont contraintes de projeter des films français pendant un certain nombre de semaines (4 par trimestre). Les autres semaines, le marché reste totalement ouvert, donc susceptible d'être occupé par les produits américains. Par ailleurs, les cinéastes français n'obtiennent aucune compensation dans les salles américaines. De surcroît, les capitaux américains recueillis dans les salles françaises ne vont pas être réinvestis, comme en Italie, dans l'infrastructure du pays (studios par exemple). Le cinéma français est alors entre les mains des géants d'Hollywood. On s'émeut. On parle de capitulation. En 48, Maurice Thorez, secrétaire général du Parti Communiste Français s'indigne : « Le film américain qui envahit nos écrans grâce à Léon Blum ne prive pas seulement de leur gagne-pain nos artistes, nos musiciens, nos ouvriers et techniciens de studios. Il empoisonne littéralement l'âme de nos enfants, de nos jeunes gens, de nos jeunes filles, dont on veut faire des esclaves dociles des milliardaires américains... »

Les Accords Blum-Byrnes seront révisés. Ils deviendront les *Accords de Paris*, mais l'emprise américaine reste très forte et le cinéma français ne parvient pas à être concurrentiel, d'autant que les professionnels, pour préserver leurs acquis, se replient dangereusement sur eux-mêmes. Il est bien difficile à un apprenti-cinéaste d'entrer dans le cénacle et il faudra attendre l'arrivée fracassante de la *Nouvelle Vague* (voir p. 306) pour bouleverser les règles de ce jeu pipé par avance.

accrocher

Une maladresse de tournage : on dit qu'un cameraman accroche un objet (un projecteur par exemple) quand il le fait entrer dans le cadre alors qu'il ne devrait pas y figurer.

a-cinéma

Si l'antiroman bouleverse les données traditionnelles de l'écriture, l'a-cinéma (le a est privatif et l'on pourrait dire tout aussi bien l'anticinéma) semble contredire les règles élémentaires de la grammaire cinématographique.

Exemple : certains détracteurs de Marguerite Duras ont pu dire qu'elle faisait de l'a-cinéma quand, dans *L'Homme Atlantique* (1981), elle présentait, en guise de respiration (l'auteur parlait en voix off), des plages d'écran noir en lieu et place des images que le spectateur était en droit d'attendre. Marguerite Duras elle-même publiait dans le journal *Le Monde* un avertissement au moment de la sortie de son film :

> Il m'a semblé que si j'acceptais la sortie d'un tel film, même dans une seule salle, j'étais tenue de prévenir les gens de la nature de ce film, de conseiller aux uns d'éviter complètement de voir *L'Homme Atlantique* et même de le fuir et aux autres de le voir sans faute, de ne le manquer sous aucun prétexte...

acteur, actrice

L'acteur (latin *actor*, celui qui agit, dérivé de *agere*, agir) est à la fois celui qui agit à l'écran tandis que les spectateurs restent passifs, et celui qui est à l'origine de ce qui se passe. Sans acteur, il n'y aurait en effet pas de film, simplement une idée ou une histoire qui germe dans l'esprit d'un réalisateur ou dort dans les pages de son scénario. Ne distingue-t-on pas, du reste, dans les événements de la vie courante (parfois baptisés *scènes*), les acteurs des témoins, c'est-à-dire ceux qui participent activement à ces événements et ceux qui y assistent passivement ou ne sont que des complices ?

La suprématie de l'acteur sur le réalisateur s'est faite parfois sentir pendant la courte histoire du cinématographe, par exemple à l'époque du ***star-system***, quand la star pouvait édicter ses impératifs et que le réalisateur était relégué au rôle de simple exécutant. Aujourd'hui encore, il arrive que l'on monte un film sur le nom d'un acteur, celui du metteur en scène restant tout à fait accessoire pour le producteur. De façon générale, pourtant, un équilibre plus juste et plus serein s'est établi entre l'acteur et le cinéaste, qui est considéré comme l'*auteur* (voir p. 37) véritable du film.

L'acteur ou l'actrice est avant tout un interprète : il doit traduire, incarner le personnage imaginé par le scénariste ou le metteur en scène en prêtant son apparence physique mais aussi toute la gamme de ses réactions psychologiques. L'acteur est un être mobile par excellence. Il doit savoir bouger devant la caméra, être capable de bien prendre ou capter la lumière, saisir des personnages complexes, comprendre les intentions du réalisateur. La technique s'apprend dans les **conservatoires,** les **écoles d'acteurs**, mais il faut aussi pour exercer le métier d'acteur des dons innés : une grande sensibilité, la faculté de se laisser impressionner par les autres, des dons de mime, un attachement aux jeux de l'enfance, une grande disponibilité (notamment pour supporter de longues attentes sur les plateaux de cinéma entre le tournage de plusieurs scènes).

Cela ne signifie pas pour autant que l'acteur ne soit qu'une pâte à modeler ou à sculpter. Les plus grands acteurs ont prouvé le contraire en apportant aux personnages qu'ils incarnaient une touche personnelle, et l'on sait que les plus géniaux d'entre eux ne se contentent pas de se couler dans la peau d'un personnage, mais enrichissent celui-ci de tout leur vécu. Certains se laissent habiter par leurs personnages, mais d'autres se servent des rôles, allant jusqu'à les modifier pour poursuivre leur propre vie imaginative. Le talent des plus grands consiste à se situer à mi-chemin entre ces deux tentations.

Le **directeur d'acteurs** est chargé de guider l'interprète, d'obtenir le meilleur de lui. En principe il ne fait qu'un avec le réalisateur. Mais la **direction d'acteurs** est une tâche si importante qu'il est arrivé, sur les plateaux hollywoodiens, qu'on la confie à un spécialiste tandis que la mise en scène et le tournage proprement dits étaient confiés à un autre spécialiste. Pour mettre en condition les acteurs, toutes les méthodes sont sans doute pratiquées : manière forte et autoritaire ou manière douce avec suggestions et explications... Maurice Pialat, Jean-Luc Godard par exemple, ne « traitent » pas les acteurs comme le faisait un François Truffaut. Et pourtant leurs résultats peuvent rivaliser d'excellence.

A noter que la hiérarchie des acteurs est très élaborée. Au sommet, les **grands acteurs,** à qui reviennent les premiers rôles, peuvent atteindre au statut de **vedette**, **star** ou **étoile**. Ils sont accompagnés par les **seconds rôles** et entourés parfois par la foule beaucoup plus anonyme des **figurants**, **silhouettes**, etc., remplacés s'il le faut par des **cascadeurs** ou des **doublures**... Mais la situation d'un grand acteur reste de son vivant très précaire, car soumise aux fluctuations du box-office.

Faire l'acteur est une expression souvent choisie par les comédiens pour dire qu'ils sont acteurs ou travaillent comme acteurs.

Numéro d'acteur. *Numéro* est un mot italien qui veut dire « nombre ». Un *numéro d'acteur* comme un *numéro* de trapéziste est donc le moment (en principe numéroté suivant l'ordre de passage des différentes vedettes) pendant lequel la personne en question se produit sur scène au cours d'un spectacle. Peu à peu l'expression s'est débarrassée de l'idée de classement pour ne conserver que l'idée d'exhibition. Ne dit-on pas, du reste, dans la vie courante qu'un individu *fait un numéro d'acteur* ou tout simplement *un numéro* quand il s'arrange pour s'exhiber et se donner en spectacle ?

Acteurophobe, du grec *phobos*, crainte : désigne la personne qui a peur des acteurs et ne les aime pas.

> Certains des journaux tenaient qu'Orlando Higgens se préparait habilement à plaider la folie... d'autres prétendaient que le « célèbre agent et acteurophobe » était présentement dans les griffes d'une sorte de culte diabolique.
>
> Ben Hecht, *Je hais les acteurs.*

action

L'action d'un film est la suite d'événements qui font avancer l'intrigue. Un film d'action est un film où s'enchaînent les péripéties, surviennent les rebondissements et coups de théâtre, se multiplient courses, poursuites et éventuellement les cascades. Il est cependant bien difficile de soutenir un rythme trépidant tout le long d'un film. C'est pourquoi nombre d'œuvres filmées ne contiennent que des *scènes d'action*. Certains producteurs désireux de ne pas ennuyer le public réclament ainsi « de l'action » aux metteurs en scène :

> On a besoin de grandes scènes. Des conflits. De l'action. Le déraillement d'un train...
>
> Alexandra Lapierre, *L'Homme fatal.*

Ceux-ci disent sur le tournage : *Action!* (employez la prononciation américaine). Les Français disent plutôt : « Partez! » ou « Allez-y! » Dans tous les cas, c'est le signal convenu que le cinéaste utilise en s'adressant aux interprêtes afin qu'ils commencent à se déplacer et à jouer devant la caméra dont le moteur est lancé.

> Je venais de m'installer près d'une table basse dans un coin du bar et n'avais encore rien commandé quand Jason vint s'asseoir près de moi ou plutôt s'effondrer dans un fauteuil à peine assez large pour le recevoir et souffler en direction du garçon derrière le comptoir le mot « champagne » aussi doucement qu'il avait prononcé « Action » toute la journée.
>
> Michel Braudeau, *Naissance d'une passion.*

Actor's Studio : voir **méthode**, p. 281.

actualités

Les bandes ou films d'actualités (on dit plus brièvement *les actualités*) sont des courts ou moyens métrages illustrant des événements contemporains et actuels.
Réalisées par des spécialistes, ces chroniques de la vie du monde furent d'abord projetées dans des salles spécialisées, les *cinéac*, également en première partie des programmes normaux puis à l'entracte (où, avec les esquimaux, les panneaux de publicité fixe, les petits films présentés par Jean Mineur, elles ont longtemps fait partie du folklore des séances) avant d'être supplantées par les journaux télévisés.
Avant les fantasmagoriques inventions du génial Méliès, les films des frères Lumière n'étaient que des reportages d'actualités rapportés des quatre coins du monde par une armée d'opérateurs rodés à la nouvelle technique. Georges Méliès, à la fin du siècle dernier, améliore la technique en réalisant en studio des *actualités reconstituées.*

> L'écran des actualités toujours et de plus en plus bordé de noir est une obsédante lettre de faire-part où ponctuellement, hebdomadairement, Zorro, Tarzan et Robin des Bois sont terrassés par le mille-pattes atomique.
>
> Jacques Prévert, *Histoires.*

adaptation cinématographique

Aménagement d'une œuvre littéraire pour en faire un film. Parfois commanditée à un spécialiste : *l'adaptateur.*

19

aérienne (image)

L'expression désigne deux sortes d'images. D'une part, celles qui sont enregistrées par un appareil placé sur un engin en vol (par exemple : un avion). D'autre part, les images normalement enregistrées mais non reproduites sur un écran.

affiche

Placardée en ville, l'**affiche de cinéma** fait partie du matériel publicitaire destiné à lancer un film. Sa qualité, son impact sur le public peuvent modifier la carrière d'un film. C'est pourquoi on en confie aujourd'hui la réalisation à des spécialistes : les **affichistes.** Les affiches de cinéma appartiennent désormais au patrimoine cinématographique : des expositions leur sont consacrées.

> La chambre de Solange ne se distinguait guère par l'originalité de sa décoration. Des murs blancs et des boiseries peintes en noir, une affiche de Gilda – Rita Hayworth dans son fourreau bleu nuit, chevelure rousse et fume-cigarette –, et une reproduction du Paysage du Cannet vu des toits, le tableau de Bonnard, juste au-dessus du lit en bois verni.
>
> Michel Boujut, *Amours américaines.*

Être à l'affiche : synonyme de *être affiché*. Pour un film, *être à l'affiche* signifie « être projeté sur les écrans ».

> Dans les grands magazines qui sont la littérature des cabinets dentaires, elle était triomphante ou douloureuse, selon le film qu'elle terminait ou qui était à l'affiche, mais, derrière ce piano, dans cette pièce trop enfumée, dans cette pose affaissée, elle était surprenante. Fragile. Émouvante, Traquée.
>
> Tito Topin, *Graffiti rock.*

La même expression est également employée à propos des comédiens. Elle signifie alors que ceux-ci jouent dans un film qui est à l'affiche.

> Certains qu'avec juste Gloria Sylvène à l'affiche, ça nous mettait pas tellement d'atouts dans nos brèmes.
>
> Alphonse Boudard, *Cinoche.*

D'un cinéma, on dit qu'il *affiche* tel ou tel film. Le verbe est alors synonyme de « programmer ». On dit aussi : *afficher complet,* qui équivaut à annoncer qu'il n'y a plus de place libre dans la salle du cinéma.

Être en haut de l'affiche, être tête d'affiche : pour un acteur, cela signifie que son nom est inscrit à la meilleur place de l'affiche, donc qu'il jouit d'une grande notoriété, plus grande en tout cas que celle des acteurs qui lui donnent la réplique.

> Lui qui se voit déjà en haut de l'affiche, il est déjà en bas dans la liste des chers disparus...
>
> Sketch de Raymond Devos.

Par extension, on emploie aussi les expressions :
Rester à l'affiche : continuer à être projeté.
Disparaître de l'affiche : cesser d'être projeté.
Tenir l'affiche : occuper les écrans de manière prolongée.

> On monte *Piano-bar* qui tient l'affiche à Broadway depuis trois ans.
>
> Jacqueline Dauxois, *Le Cœur de la nuit.*

âge d'or (l')

L'Âge d'or est d'abord un film surréaliste de Luis Buñuel (1930), qui déchaîna les foudres de la censure. C'est aussi une expression employée par la critique pour désigner les films d'un *genre* déterminé, tournés à une époque donnée, où ils semblent avoir atteint la perfection. Exemple : « l'âge d'or de la comédie musicale ». Dans l'absolu, l'âge d'or désigne les années 20 à Hollywood.

> Il était un point de relais dans l'industrie comme Edison, Lumière, Griffith et Chaplin. Il menait les films bien au-delà des limites et du pouvoir du théâtre, atteignant une sorte d'âge d'or, avant la censure.
>
> Francis Scott Fitzgerald, *Le Dernier Nabab.*

agent

Du latin *agens :* qui s'occupe de. *L'agent* est un personnage rémunéré qui est chargé de défendre les intérêts du comédien. Il s'occupe de ses affaires financières, de ses contrats, de ses relations avec la presse et les médias mais aussi avec les metteurs en scène : il lit les scénarios et peut faire des propositions de tournage à son poulain. Certains agents possèdent un ascendant psychologique réel sur le comédien ou la comédienne (qui peuvent se confier à lui) dont ils parviennent à infléchir la carrière. L'une des phrases les plus courantes dans la bouche d'un acteur est du reste : « Voyez avec mon agent » ou « Appelez mon agent ». L'agent est un intermédiaire et un soutien qui veille à tirer profit de tous les talents qu'il peut déceler chez son client.

Il arrive que les agents soient des **agences**. Les agences s'occupent de la carrière de plusieurs comédiens.

> Et à moi ça ne m'est pas égal. Je suis ton agent maintenant. Je vais te faire fructifier comme doit le faire un bon agent (je riais en disant cela mais je le pensais) et je veux que non seulement tu sois belle mais que tu sois heureuse de l'être.
>
> Thierry Levy, *La Société des femmes.*

agit-film

Ou **film de propagande.** Les *agit-films* apparaissent en URSS après la révolution d'Octobre. Composés d'images d'actualité mais aussi de séquences jouées, ils sont destinés à éveiller les masses et à les convertir aux idées révolutionnaires.

à la

Suivie d'un nom propre (celui d'un acteur ou d'une actrice), la locution souligne la relation qui peut exister entre un individu et ses idoles de l'écran : ressemblance réelle ou comportement étudié (les grandes stars ont souvent influencé la mode et les façons d'être). Exemples : un imperméable ou un feutre « à la Bogart », des lunettes « à la Garbo », une moustache « à la Gable », se coiffer « à la Louise Brooks ».

> D'un doigt il se frotta le devant des dents qu'il portait fournies à la Burt Lancaster et se passa un peigne rapide.
>
> Claude Klotz, *Sbang-Sbang*

à la ville comme à l'écran

On compare parfois la personnalité d'un acteur avec les personnages qu'il incarne à l'écran, remarquant tantôt des différences, tantôt des coïncidences et des correspondances. Un acteur peut en effet utiliser dans ses films des traits de caractère qui lui sont propres. Plus rarement, il lui arrive de transposer dans sa vie quotidienne le personnage qu'on lui a fabriqué pour l'écran. On dit alors qu'il est drôle, fragile, cabotin, élégant, cynique, etc... « à la ville comme à l'écran ». La comparaison se fait également pour les gens de théâtre et l'expression devient : *à la ville comme à la scène.*

> L'imagination l'entraînait, elle aussi, dans les parages du théâtre, vers cet « à la ville comme à la scène » où coiffeurs, bottiers, couturiers parent les comédiens d'atours et de fards qui les distinguent de leurs contemporains.
> Jean-François Josselin, *Quand j'étais star.*

amant du monde (l')

Surnom de Rudolf Valentino, appelé aussi le **grand amant de l'écran.** Après sa prestation dans *Les Quatre Cavaliers de l'Apocalypse* (1921), tous les regards féminins sont attirés par ce beau ténébreux d'origine italienne, danseur gominé, cavalier émérite aux yeux langoureux, incarnation de « l'amant latin » velouté et irrésistible. Sa mort prématurée (en 1926, à l'âge de trente et un ans) déchaîna de mémorables scènes d'hystérie. L'histoire raconte pourtant que la vie privée de ce Casanova de l'écran n'a jamais été à la hauteur de son personnage cinématographique.

ambiance

C'est la tonalité générale d'un film. On l'obtient par l'agencement des décors et des costumes, des éclairages et des sons. Un *éclairage d'ambiance* est une lumière relativement douce et proche de la réalité. Un *plan d'ambiance* est un plan général sans rapport avec le déroulement de l'action, qui illustre et suggère le climat de l'histoire. Mais c'est aussi par le mot *Ambiance!* que le réalisateur demande aux figurants qui composent le paysage d'une scène de commencer à évoluer devant la caméra.

ami public n° 1 (l')

Titre honorifique décerné par Pierre Tchernia à Walt Disney en hommage à la bonhomie et aux rondeurs rassurantes des petits personnages qu'il a immortalisés dans ses dessins animés. C'est bien sûr un clin d'œil à une célèbre expression employée pour désigner le hors-la-loi le plus recherché à une époque donnée, et peut-être aussi à un film intitulé *L'Ennemi Public n° 1* (1953) et auquel Fernandel, dans le rôle principal, assura un joli succès. En 1931, déjà, James Cagney était le héros d'un film de William Wellman : *L'Ennemi public.*

amorce

Ou **bande-amorce :** morceau de pellicule non impressionnée situé au début ou à la fin d'une bobine de film. Il facilite le changement de bobines lors de la projection.

> Léon Lavie oubliait parfois les changements de bobine. Les repères qui marquait la pellicule de croix et de trous apparaissaient en vain. On voyait défiler l'amorce sur l'écran puis le blanc...
>
> Roger Grenier, *Ciné-roman.*

On dit également d'un personnage qu'il est **en amorce** lorsqu'il apparaît au bord du champ, donc en bordure de l'image ou de l'écran, prêt peut-être à entrer dans le feu de l'action.

amour (scène d')

Si autrefois les films devaient être conclus par un **happy-end** (voir p. 223) satisfaisant pour le spectateur (tout se terminait avantageusement pour les héros), aujourd'hui, pour plaire, un bon film se doit d'être pimenté par des scènes d'amour jugées peut-être plus indispensables encore que les scènes d'action. Comme elles sont de plus en plus déshabillées, les acteurs préfèrent les tourner avec une équipe restreinte : le plateau est alors interdit aux curieux.

> – Oh! Si tu commences comme ça, on va pas rester longtemps ensemble.
> – Pourquoi?
> – Te voir jouer des scènes d'amour avec n'importe quel Gary Cooper de service? Merci... Jamais!
>
> Véra Belmont, *Rouge Baiser.*

à ne pas voir

Injonction proférée par l'*Office Catholique Français du Cinéma* (voir p. 127), qui entend surveiller paternellement la bonne moralité des spectateurs. Cette cote, probablement une des plus dissuasives, est également une tournure communément employée dans le simple but d'éviter à ses amis un spectacle chagrin : elle ne véhicule alors aucune connotation de type moral.

> Le seul que je vous recommande à la rigueur, dit Bourrieu, c'est *Orphée* :
> – A ne pas voir, à ne pas voir, dit Weil en agitant ses mains.
> Bernard Frank, *Les Rats.*

anges (Cité des)

Métaphore utilisée pour désigner la capitale du cinéma. Hollywood est en effet souvent qualifiée de *« Cité des anges »* parce qu'il y a là une concentration particulière de stars. Le mot *star* qui, en réalité, devrait être traduit par « étoile », a naturellement toujours suscité beaucoup d'images célestes.

> En effet, deux réalisateurs classés aux box-office et placés au sommet de l'édifice hollywoodien joignant leurs goûts, leurs qualités et leurs tempéraments respectifs, cela ne s'était jamais vu dans la Cité des anges.
> Jean-Jacques Jelot-Blanc, *Harrison Ford.*

angle de prise de vues

Il varie en fonction des objectifs choisis et de la place de la caméra par rapport au sujet qui va être filmé. Normalement la caméra est placée horizontalement, à la hauteur du regard d'un homme, mais la position peut varier. En plaçant la caméra au-dessus du sujet à filmer, le réalisateur exécutera une *plongée,* en la plaçant en dessous de ce même sujet, il fera une *contre-plongée.* Pendant le tournage d'une scène, le cinéaste peut bouger la caméra : il y aura alors un *changement d'angle.*

> Tout d'abord il avait voulu savoir seulement si c'étaient des professionnelles, si la femme était une actrice qui s'était arrangée pour ressembler à Minna, comme il avait eu une fois une jeune actrice qu'on maquillait pour la faire ressembler à Claudette Colbert et qu'on photographiait sous les mêmes angles.
> Francis Scott Fitzgerald, *Le Dernier Nabab.*

Grand-angle ou *grand-angulaire* : voir *focale*, p. 200.

animal du monde (le plus bel)

N'était autre qu'une femme : Ava Gardner. Sa beauté brune et piquante s'opposait à celle de la blonde et grave Greta Garbo. Elle avait un corps, l'autre un visage. Panthère contre madone idéale : le combat eut lieu pourtant à talent égal et Ava Gardner sut imposer sa féminité comme l'héroïne qu'elle interprète dans le film de Mankiewicz : *La Comtesse aux pieds nus.*

animation

Du latin *animare*, donner la vie, le mouvement. Le cinéma dit *d'animation* est né quelque temps après la mise au point du cinématographe par les frères Lumière. Mais, paradoxalement, le principe de l'animation avait été découvert avant le cinéma, ou plutôt c'est ce principe même qui a permis l'invention du cinéma. Beaucoup des appareils précédant le cinématographe (voir par exemple le *praxinoscope*, p. 358) présentaient en effet une suite de dessins dans lesquels le mouvement avait été décomposé en ses différentes phases. En projetant ces dessins à la vitesse adéquate, on pouvait, grâce au phénomène de la persistance rétinienne (voir p. 339), restituer le mouvement de la vie. Dès que fut mise au point la technique de l'enregistrement du mouvement, les pionniers (les opérateurs de Lumière) délaissèrent le dessin pour capter des scènes réelles. Ils y reviendront pourtant.

En 1906, l'Américain J. Stuart Blackton tourne un petit film, *l'Hôtel Hanté*, où l'on voit les objets se déplacer tout seuls.
La technique qui permet les fantaisies de Blackton est alors appelée, *mouvement américain.* On dira ensuite *stop motion* (mouvement arrêté) ou *one turn, one picture* (un tour, une image), ou enfin *mouvement au tour de manivelle, technique de l'image par image* ou *du coup par coup.*

Émile Cohl, un caricaturiste français engagé par le directeur de Gaumont, en perce le mystère. On filme une image, on arrête la caméra, on déplace les objets, on remet en marche la caméra, et ainsi de suite. Cohl exploite alors ses talents personnels : il croque de petits personnages, *les Fantoches*, décompose leurs mouvements, et filme image par image (un tour de manivelle, une image, etc...). Le **dessin animé** vient de naître.

Il se développe ensuite avec une rapidité stupéfiante. Le papier est remplacé par des feuilles translucides de celluloïd : les **cells** (voir p. 81). On peut les superposer, ce qui permet de conserver le fond du décor et de modifier seulement le mouvement des personnages en action. Les cells sont fixés sur un plateau horizontal supportant une caméra placée à la verticale, le **banc-titre :** (voir p. 452). Le travail énorme nécessité pour la réalisation d'un dessin animé (24 images par seconde croquées à la main) a conduit à une diversification des tâches de plus en plus grande, **animateurs, traceurs, gouacheurs,** etc... se relayant à tous les stades de la réalisation.

Tous les styles et toutes les techniques ont ensuite été abordés. L'anthropomorphisme et les rondeurs rassurantes du trait, le fameux **style en O** (voir p. 310) de l'empereur Walt Disney, auquel répond le style plus anguleux et satirique des animateurs des pays de l'Est (avec notamment l'école yougoslave, dite de Zagreb), la violence ironique de l'un des pères de Bugs Bunny, Tex Avery, dont on a dit que c'était un « Walt Disney qui aurait lu Kafka », l'animation de poupées ou de marionnettes avec le tchèque Trnka, l'animation d'objets ou **pixilation** (voir p. 346) avec le canadien Mac Laren, qui pratique également la peinture directe sur film, l'**écran d'épingles** (voir p. 169) avec Alexeieff, l'animation par ordinateur avec Peter Foldès, etc...

Grâce à ce travail de titans, les stars du dessin animé n'ont cessé de se multiplier : de Mickey à Bugs Bunny, de Popeye à Betty Boop et Woody Woodpecker. Véritables figures légendaires appartenant désormais à la culture de plusieurs générations, elles réapparaissent en dehors des films sur tout un matériel publicitaire (vêtements, gadgets, etc...) destiné aux enfants ou même aux adultes.

animatronic

Contraction de *animation* et *électronique*. Procédé de maquillage ultra-sophistiqué, qui utilise effectivement l'animation et l'électronique. Exemple : une main humaine peut se transformer en patte de loup, la prothèse étant commandée à distance.

Annonce!

C'est par ce mot que le réalisateur demande au *clapman* d'actionner la *claquette* au démarrage d'une prise.

> – C'est à toi que je parle, Robert! Moteur!
> – On tourne!
> – Annonce!
> – *Espions*, Trois, Quarante et une, Sixième!
> – Partez!
>
> Michel Cournot, *Le Premier Spectateur.*

Bande-annonce : voir **bande**, p. 45.

antihéros

C'est le contraire du héros (on l'appelle aussi *loser* c'est-à-dire, en anglais, perdant). Après les héros gagneurs (on dit aussi *winner*) sans peur et sans reproche qui firent les beaux jours des premiers films américains, ce sont les antihéros qui envahissent les écrans. Personnages solitaires, en proie au mal de vivre, abonnés aux problèmes et aux échecs, toujours à la recherche d'une sorte de vérité absolue : de faux hommes fragiles, en réalité des malins et des perspicaces habitués à l'endurance. Jack Nicholson, dans *Cinq pièces faciles* de Bob Rafelson (1970), a sans doute ouvert l'épopée de ces nouveaux antihéros. Il a été suivi par une pléiade de vedettes (Dustin Hoffman, Woody Allen...), mais la paternité de ce type de personnage pourrait bien revenir au grand petit homme du cinéma : Charlie Chaplin.

aplat ou à-plat

On désigne par *aplat*, en peinture, une teinte appliquée uniformément; au cinéma : un éclairage qui donne l'impression d'une surface sans profondeur. D'une manière générale, on trouvera plus d'aplats dans le cinéma en couleur que dans les films en noir et blanc. Ceux-ci obligent les directeurs de la photographie à sculpter et modeler leurs éclairages afin de donner l'impression de relief en utilisant la seule palette des gris dégradés. Pourtant on peut aussi trouver des gris en aplats dans les films noir et blanc, par exemple ceux qui ont été regroupés sous le label *qualité française* (voir p. 375).

appareil

C'est la machine capable de projeter un film : on parle alors *d'appareil de projection.* C'est aussi celle qui permet d'enregistrer des images : on dit souvent *appareil de prises de vues* au lieu de *caméra* et l'on parle de *mouvements d'appareil.* Très vite, la caméra a cessé d'être statique. Elle enregistre le mouvement au rythme de ses propres déplacements. Grâce aux *travellings* et aux *panoramiques,* elle bouge, avance, recule...
Au figuré, on dira même qu'elle *explore,* c'est-à-dire qu'elle chemine en éclaireuse, prête à capter, pour nous montrer la bonne image.

> Sur une musique lointaine, banale et romantique, la caméra explore un paysage de montagnes, d'une beauté somptueuse et sèche, assez conventionnelle...
> Pierre Gripari in *Moteur.*

apparition

On dit que les acteurs et les actrices *font des apparitions* sur l'écran. Cela signifie tout simplement qu'ils se montrent : leur silhouette est fixée sur l'image du film. Mais le mot *apparition* comporte une connotation magique et religieuse évidente : d'invisible, l'interprète devient visible; il se révèle au public et cette révélation tient du miracle.
A noter que les *apparitions* de comédiens sont souvent qualifiées de *brèves* et même *trop brèves.*

> Nous allâmes en famille voir *Dortoir des grandes* et si nous fûmes un peu déçus par les apparitions trop brèves de Suzon, l'identifier nous fit pourtant plaisir, un plaisir que nous savourâmes de nouveau dans un autre film, d'Édouard Molinaro celui-là, le *Dos au mur,* où elle vendait une rose dans une boîte de nuit.
> Jean-François Josselin, *Quand j'étais star.*

arc (lampe à)

La lumière de la *lampe à arc* est fournie par la décharge électrique créée par le rapprochement de baguettes de charbon. La lampe à arc s'utilise comme projecteur.

> Les lampes à arc illuminaient cette mer des Sargasses d'acteurs et de techniciens. Il n'y avait ni mouvement ni son de voix humaine.
>
> Ben Hecht, *Je hais les acteurs.*

armoire normande

La complexité du filmage en **Technicolor** imposait l'utilisation d'énormes caméras. Enfermées dans leur caisson d'isolation, elles étaient si impressionnantes qu'on les a baptisées « armoires normandes » par analogie avec les gros meubles usités dans la célèbre province française.

Arrête ton char, Ben-Hur!

Employée pour stopper le délire verbal de certains fanfarons ou mythomanes, l'expression est en fait une référence explicite aux courses de char menées à tombeau ouvert dans les différentes versions du film *Ben-Hur*, où l'on retrouvait sur la piste des cirques romains Ramon Novarro ou Charlton Heston.

arroseur arrosé (l')

Titre du premier film comique de l'histoire du cinéma, réalisé par Louis Lumière en 1895. Le scénario est le suivant (il est en réalité inspiré d'une bande dessinée imaginée et croquée par Christophe) : un jardinier rafraîchit tranquillement ses fleurs jusqu'au moment où un gamin farceur bloque l'arrivée d'eau dans le tuyau en l'écrasant avec son pied. Le jardinier intrigué se penche sur le bout de ce tuyau ; le gamin lève le pied et l'homme est naturellement arrosé. Depuis, le titre de cette courte saynète est devenu célébrissime. Il s'est transformé en expression quasi proverbiale.

art

Vient du latin *ars, artis* qui veut dire « technique » (ce qu'on appelle un travail d'*artiste* est un travail accompli avec habileté). Dès le XVIᵉ siècle, les comédiens *dell'arte*, c'est-à-dire « de l'art », entendaient se distinguer des acteurs amateurs n'ayant pas approfondi la technique du jeu. Puis *l'art* est devenu l'expression de la beauté et de l'idéal humain recherché à travers différents moyens (sculpture, peinture, interprétation théâtrale, etc.).
Les premiers films n'ont pas eu l'honneur de faire partie du lot des œuvres d'art. Ils étaient considérés comme des divertissements populaires tout juste bons à être projetés dans des baraques foraines.
Pour acquérir droit de cité au pays des arts et en devenir l'un des plus prestigieux *(le Septième Art)*, il aura fallu que le cinéma rompe avec les récréations de foire et plonge dans le répertoire très sérieux de la littérature et du théâtre. La *Société du Film d'Art* produisit ainsi nombre d'œuvres réputées de haut niveau parce qu'elles étaient instructives et interprétées par des comédiens célèbres venus du théâtre. Exemple : *L'Assassinat du Duc de Guise,* en 1908. Mais, les acteurs avaient tendance à jouer les divas et à imposer leur loi. L'idée s'épuisa.
Le cinéma, qui avait démontré ses qualités artistiques, poursuivit sur la voie royale de l'art en cultivant le langage qui lui est propre : scénario, découpage, montage, vedettes spécialement choisies pour le travail particulier du cinématographe.

Par la suite, le cinéma s'industrialisa, au risque de perdre son âme. Et Malraux dut remettre les choses au point dans une phrase devenue légendaire : « Le cinéma est un art, par ailleurs c'est aussi une industrie. »

La hiérarchie est claire. Et pourtant, aujourd'hui, les puissances d'argent (banquiers et producteurs) peuvent parfois se moquer des exigences artistiques de ceux qui font du cinéma, tant le souci de rentabilité se fait pressant. Le juste équilibre est difficile à trouver, car le cinéma n'est pas un art qu'on peut pratiquer en solitaire. Il coûte très cher. Hormis les quelques auteurs d'expériences marginales, tous les réalisateurs savent désormais que le cinéma est un art, mais aussi une industrie dont on ne saurait ignorer les lois.

> Le Capitaliste croit beaucoup en l'avenir de *La Favorite*. Non qu'il parie que ça va lui rapporter des tonnes de fric ; il dit qu'il fait ça pour le prestige, c'est ce qu'il lui faut au point où il en est. Il ne faut pas toujours être mercenaire. Le Capitaliste aime l'Art et ne demande qu'à le patronner.
>
> Catherine Rihoit, *La Favorite.*

Art et Essai : label décerné par le **Centre National de la Cinématographie**, sur avis d'une commission spéciale, aux salles qui programment des films dont l'ambition et le niveau culturel sont évidents et qui aident à la promotion de nouveaux talents. Ce ne sont pas les films qui reçoivent le label *Art et Essai*, mais les salles. Il est impropre de parler de film *Art et Essai*. Les salles classées *Art et Essai* bénéficient d'avantages financiers.

> Tu pourrais t'électrocuter en prime. Il y aurait du sang partout. Quand le Capitaliste reviendrait, il serait bien embêté. Jules et Yvette pleureraient à ton enterrement, ils apprécieraient enfin ta valeur. Le Capitaliste enverrait une énorme gerbe de roses blanches. Il ne s'en remettrait jamais, et ne produirait plus que des films classés « art et essai ».
>
> Catherine Rihoit, *La Favorite.*

Ars Gratia Artis : devise latine que l'on peut traduire par « L'art pour l'Art ». Avec le lion rugissant, elle servait d'emblème à la compagnie MGM.

Artistes Associés

Ou *United Artists.* L'une des compagnies les plus célèbres de Hollywood. Elle ne fait pourtant pas partie des plus grandes (les *Majors*) mais des plus petites (les *Minors*). Elle est née en 1919 sur une idée de Charlie Chaplin, Douglas Fairbanks, David W. Griffith et Mary Pickford, qui s'associent pour contrôler la commercialisation de leurs films. Au départ, la *United Artists* est donc spécialisée dans la distribution. Elle ignore la production et possède peu de salles. Mais, par la suite, elle défend l'intérêt d'autres artistes créateurs et aide le financement de producteurs indépendants.

Quand il apprit la création de cette nouvelle compagnie, le président de la Metro se serait écrié : « Ainsi les cinglés ont pris la direction de l'asile! »

> Au diable Schwartz. Il était à la tête de quelque affaire autrefois – First National? Paramount? United Artists? Maintenant il est fini, lessivé. Mais il remontera. On ne peut pas échouer dans le cinéma, à moins d'être un idiot ou un ivrogne.
>
> Francis Scott Fitzgerald, *Le Dernier Nabab.*

ASA

Initiales de *American Standard Association :* c'est un système permettant d'évaluer la *sensibilité* (voir p. 413) ou *rapidité* d'une émulsion.

assistant

Adjoint d'un technicien principal qu'il seconde et assiste : il y a l'*assistant-opérateur,* l'*assistant-décorateur,* etc. Mais le terme désigne plus généralement les *assistants à la mise en scène* (ils sont souvent deux : le *premier* et le *second assistant;* leur nombre varie suivant le budget alloué au film).

Une légende tenace veut que l'assistant ne soit occupé qu'à décharger le réalisateur de tous les petits problèmes pratiques. En réalité son rôle est beaucoup plus important : il sert de lien entre la production et le réalisateur, entre tous les membres de l'équipe, et il doit organiser le travail de chacun. Il peut engager les comédiens qui se seront pliés devant lui à la séance des bouts d'essai, il repère les extérieurs, rédige le *dépouillement* (liste de tous les éléments au tournage), fait mettre en place les décors, établit le plan de travail quotidien, veille à la mise en place des figurants, éventuellement dirige la seconde équipe chargée du tournage de certains plans.

L'assistant peut aspirer à devenir réalisateur et, pour ce faire, gravir les marches qui conduisent au pouvoir suprême : troisième assistant, second assistant, premier assistant. On notera cependant que depuis l'arrivée de la Nouvelle Vague, il n'est plus indispensable de passer par l'*assistanat* (avoir été assistant sur un ou plusieurs films) pour devenir cinéaste. D'autres chemins sont enfin ouverts.

> Mettant le blase paternel à contribution, il s'était retrouvé stagiaire, puis assistant-metteur en scène. Quelques années, tout comme ça, il avait été quérir les cigarettes... Marlboro, Camel, Gitanes filtre... les chapeaux, foulards oubliés... le parapluie de la vedette...
>
> Alphonse Boudard, *Cinoche.*

atmosphère

Ambiance d'un film suggérée par les éléments du décor, les éclairages, etc.

Film d'atmosphère : film prêtant une attention toute particulière à l'ambiance dans laquelle se déroule l'action.

Atmosphère est également le début d'une des plus célèbres répliques du cinéma français écrite par le dialoguiste Henri Jeanson et prononcée par Arletty dans *Hôtel du Nord* de Marcel Carné : « Atmosphère, atmosphère... est-ce que j'ai une gueule d'atmosphère ? »

attaché(e) de presse

Chargé(e) par la production de faire la promotion du film, l'*attaché(e) de presse* sert de relais entre les auteurs du film et les représentants des médias. Il (ou elle) rédige un **press-book,** propose des interviews, transmet des photos aux journaux et des extraits du film à la télévision, organise des *projections privées* avant la sortie du film en salle. Son nom apparaît parfois au générique.

Un(e) attaché(e) de presse peut parfois passer à la mise en scène. Exemples célèbres : Bertrand Tavernier, Pierre Rissient, Jean-Claude Missiaen...

De surcroît, s'est abattu sur ce pauvre film le vol des Busard... le couple célèbre, je veux dire... Léon et Marilyn Busard. On les avait engagés à prix d'or, lui comme directeur de production, elle comme attachée de presse. Ils ne marchaient jamais l'un sans l'autre... le mâle, la femelle. Ils exigent leur blase aux génériques en lettres capitales...

Alphonse Boudard, *Cinoche.*

attractions

Du latin *attractio* : acte de tirer à soi. On appelle attractions les numéros spéciaux ajoutés à n'importe quel type de spectacle pour attirer le spectateur. Il n'y a plus aujourd'hui d'attractions au programme des séances de cinéma mais, autrefois, elles séparaient les deux parties du programme : des artistes de music-hall se produisaient en effet en chair et en os sur la scène au moment de l'entracte.

Parfois, le dimanche après-midi, Zélie met son chapeau et nous allons au Rex voir un film. A l'entracte, des équilibristes de second ordre ou des chanteurs obscurs font leur numéro dans l'indifférence générale mais non dans la mienne. Je préfère les paillettes du maillot de la danseuse acrobatique aux esquimaux vanille-fraise.

Jean-François Josselin, *Quand j'étais star.*

Montage des attractions : théorie du montage élaborée par Eisenstein (voir p. 290).

attraper

Veut dire « capter à l'aide de la caméra pour impressionner sur la pellicule ». S'attrapent : un visage, un regard, un mouvement, un personnage, un objet, une lumière. Pour *attraper* la meilleure image le cameraman doit faire preuve de beaucoup d'habileté et de vivacité...

Je le photographierai d'en bas, dit-il. Laissez-le partir de la caméra. Juste un plan fixe d'assez loin. Laissez-le s'éloigner de la caméra. Ne le suivez pas. Attrapez-le dans un gros plan et laissez-le s'éloigner de nouveau...

Francis Scott Fitzgerald, *Le Dernier Nabab.*

audition

Du latin *auditio,* dérivé de *audire,* entendre. C'est le moment où l'acteur qui brigue un rôle est entendu pour la première fois par le metteur en scène. Il interprète devant celui-ci une courte scène (elle peut être filmée) à la suite de quoi le réalisateur décidera s'il lui confie ou s'il ne lui confie pas ce fameux rôle. L'expression : *faire des auditions* est réservée aux metteurs en scène puisque ce sont eux qui doivent être attentifs et entendre les comédiens. Les acteurs diront plutôt qu'ils *passent une audition.*

auditorium

Souvent abrégé en *audi.* L'auditorium est un local aménagé où l'on traite tous les problèmes relatifs à la sonorisation d'un film : bruitage, doublage, postsynchronisation, mixage... Il est naturellement totalement insonorisé.

Autant en emporte le vent

Film fleuve produit par David O. Selznick en 1939. Il est signé par Victor Fleming mais deux autres réalisateurs se sont succédé à la caméra : George Cukor et Sam Wood. L'histoire des amours de la jeune Starlett O'Hara dont la vie est troublée par la guerre de Sécession remporta onze oscars et battit des records de recettes.

> – J'ai vu quatre fois *Autant en emporte le vent...*
> Stéphane me serra contre lui :
> – Et t'as la photo de Clark Gable au-dessus de ton lit...
> – Perdu ! C'est celle de Scarlett O'Hara !
> Véra Belmont, *Rouge Baiser.*

Le film est adapté du best-seller de la romancière Margaret Mitchell. Elle-même aurait emprunté le titre de son ouvrage à un poème de François Villon. L'expression *Autant en emporte le vent* est aujourd'hui souvent employée comme un proverbe : elle souligne la fragilité des choses puisque le vent peut tout balayer sur son passage.

> Bref, ce que je peux me dire, mes petites réflexions, autant en emporte la bourrasque...
> Alphonse Boudard, *Cinoche.*

Parfois le sens du titre-proverbe est négligé et l'on conserve seulement la succession des mots pour leur sonorité devenue légendaire.

> Ensemble, en lousdoc, ils ont fricoté, fricassé de nouvelles séquences, placé des répliques dans le vent... autant en emporte!... juxtaposé ça vaille que plume.
> Alphonse Boudard, *Cinoche.*

auteur

Du latin *auctor :* celui qui produit.
Qui est l'auteur d'un film? La question a été souvent posée et depuis fort longtemps, la réponse n'a pas toujours été évidente. Dans le cas d'un film réalisé par un *auteur total* (qui écrit ses scénarios, joue et tourne lui-même), il n'y a pas d'ambiguïté. Mais il n'y a que très peu d'auteurs totaux. En règle générale, le film est le fruit d'une collaboration entre plusieurs personnages importants.

En plus du metteur en scène, qui est le chef d'orchestre, interviennent le scénariste, la vedette (on dit souvent que l'on va voir un film de Belmondo et de Delon sans citer le nom du réalisateur), le producteur (*Autant en emporte le vent* est l'œuvre du producteur Selznick plutôt que des réalisateurs qui se sont succédé à la caméra) et même le chef-opérateur. Tous peuvent peser sur le tournage, infléchir son déroulement, détourner le générique à leur avantage et prétendre être les auteurs de tel ou tel ouvrage. A l'apogée du star-system, la question fut même tout à fait réglée. Le pouvoir du metteur en scène était réduit à la portion congrue. C'étaient les nababs et les stars qui décidaient.
Il faudra alors toute la véhémence de jeunes critiques français (ils écrivent aux *Cahiers du Cinéma*) pour que soit réhabilité le travail du réalisateur, et que celui-ci soit reconnu comme l'auteur de ses films.

Quand la Nouvelle Vague explose, ces jeunes loups ont déjà lancé une formule-choc qui va faire fortune : la *politique des auteurs.* Il s'agit de mener le combat en faveur de ceux qui, à travers leurs films, poursuivent une réflexion personnelle sur la vie et le langage cinématographiques : les *réalisateurs.*

Par extension, on appelle *film d'auteur* ou *cinéma d'auteur* le film ou le cinéma dans lequel un ou des réalisateurs imposent un univers qui leur est tout à fait personnel. Le film ou le cinéma d'auteur s'opposent au film ou au cinéma dit *commercial* (voir p. 118), qui est simplement organisé par les producteurs et promu par les stars dans le but de faire recette.

> Le scénario, Luc l'avait proposé à Burt Lancaster, Jean-Paul Belmondo, Richard Burton... j'en passe et d'aussi célèbres... pour jouer le rôle du prêtre... en vain! Il en avait conclu qu'il allait faire un film d'auteur, que le star-system avait fait son temps...
>
> Alphonse Boudard, *Cinoche.*

Droits d'auteur : il s'agit des règles garantissant les rémunérations des différents *auteurs* (réalisateur, mais aussi scénariste, dialoguiste, compositeur, etc.) lors des diverses utilisations de leurs œuvres (ressortie, vente à la télé, transcription vidéo, etc.). Ces règles sont définies en France depuis la fin des années 50 et défendues par des **sociétés d'auteurs** auxquelles les personnes concernées peuvent adhérer.

> Tu n'as rien à dire là-dessus, répliqua Mathelin fils. D'abord tu seras du voyage et, en plus, si Jacqueline fait son come back, tu palperas quatre fois par an à la Société des Auteurs.
>
> Michel Grisolia, *La Madone noire.*

autobiofilmage

Utilisé par les *Cahiers du Cinéma,* le mot est calqué sur *autobiographie.* L'autobiographie est le récit écrit qu'un auteur fait de sa propre vie. L'autobiofilmage est l'équivalent d'une autobiographie, mais le récit y est mis en images.

avancées

Places situées en avant de la salle, tout près de l'écran. Considérées comme les moins bonnes, elles étaient autrefois offertes à prix réduit par les exploitants des très grandes salles.

Avance sur recettes

« L'avance sur recettes » est en fait un raccourci d'expression qui désigne la commission qui, comme son nom l'indique, accorde une avance sur les recettes à certains des films qui lui sont présentés sous forme de scénarios. Son président et ses membres sont nommés par le ministre de la Culture sur proposition du directeur général du *CNC* (voir p. 112). L'avance sur recettes a été créée en 1958 par André Malraux, qui était alors ministre de la Culture, pour venir en aide à un cinéma de qualité souvent étouffé par le développement tous azimuths du cinéma commercial. Avoir l'avance sur recettes augmente considérablement les chances d'un réalisateur de faire financer son film. Le CNC se rembourse sur les recettes obtenues par le film à sa sortie.

> Je trouvais que le sujet était bon et j'étais décidé à trouver l'argent pour le faire. Je ne voyais pas d'autre solution que de vendre l'appartement de la place des Vosges. L'idée m'en était venue quand Manta, que j'avais interrogé et qui était membre de la commission d'avances sur recettes, me dit que le Centre du cinéma ne donnerait pas un centime.
> Thierry Lévy, *La Société des femmes.*

avant-garde

Terme militaire. L'avant-garde désigne les soldats qui s'exposent avant le gros de la troupe. Le terme a été annexé par les milieux artistiques pour désigner ceux qui, par leurs recherches et leurs expériences, ouvrent des voies nouvelles à l'Art. Un *film d'avant-garde* est donc un film expérimental, souvent non figuratif, à l'opposé du réalisme des films dits commerciaux, et très en avance sur son temps.

> Marius Gonfalon, par la suite, avait tenté encore une expérience... un film d'avant-garde... J'ai appris qu'il a tout fourgué, son cabinet, son appartement à Auteuil, sa demeure secondaire dans les Yvelines...
> Alphonse Boudard, *Cinoche.*

Mais le terme d'*Avant-garde* possède également un sens beaucoup plus précis. Il désigne le mouvement qui, dans les années 20, respectivement en Allemagne, en Angleterre, en URSS et en France, agite le petit monde cinématographique, qui vient de comprendre que le cinéma s'est aussi de l'Art et entend le faire savoir à ceux qui ne cherchent qu'à en tirer profit. En France l'*Avant-garde* est d'abord inspirée par les peintres impressionnistes. C'est pourquoi on l'a qualifiée d'impressionniste. Par la suite elle sera influencée par les poètes et le surréalisme. Les principaux artisans en sont : Germaine Dulac, Louis Delluc, Marcel l'Herbier ; plus tard : Dulac encore, Man Ray, Cocteau, Buñuel... Sous l'égide des Russes et notamment de Dziga Vertov (voir *cinéma-vérité*, p. 102), l'*Avant-garde* se politise en travaillant le document social. Jean Vigo donne ainsi, en France, un « point de vue documenté » d'une lucidité troublante sur la vie des habitants de Nice dans un célèbre film intitulé : *A propos de Nice.*

avorton simiesque (l')

Surnom donné à Jerry Lewis par le critique Robert Benayoun, qui a grandement contribué à son lancement en France. Jerry Lewis multiplie les grimaces animales, mais il a aussi élevé l'infantilisme au rang de l'art. L'avorton, qui vient du music-hall, prouva son talent quand il se mit en scène dans ses propres films.

axe

L'axe optique est la direction que prend la caméra par rapport au sujet à filmer (voir également *angle*, p. 25). Pendant l'enregistrement d'un même plan, il peut y avoir un *changement d'axe.*

> Il aimait traîner sur le plateau avant tout le monde, à la recherche d'une magie, d'un silence. C'était sa façon à lui de se concentrer. Il ne cherchait pas vraiment ses axes, il n'essayait pas de définir ses positions de caméra, non, il errait dans le décor...
>
> Paul Fournel in *Moteur!*

On dit également des bobines pourvues de pellicule découpée dans la même feuille qu'elles ont le *même axe.* L'idéal voudrait qu'un film soit entièrement tourné avec une pellicule provenant du même *axe.*

B (film)

On dit aussi *film de série B* ou *série B* tout simplement.
Il apparaît en Amérique au cours des années 30, quand
la mode des doubles programmes voit le jour. Au cours
de ce type de séance, deux films sont projetés : le
film B est le second. Il complète le premier, dit *film A,*
et ne peut donc prétendre avoir la même qualité. Il est
du reste réalisé avec un budget plus serré, des acteurs
et des metteurs en scène de moindre notoriété et souvent à la chaîne. Des maisons de production ont été
spécialisées dans la confection des films de série B. A
Hollywood, l'une des premières s'était installée sur une
parcelle de terrain non baptisée mais marquée de la
lettre *B*, et l'on disait les *films du lot B* avant de dire
tout simplement les *films B*. Les films B ont disparu
à la fin des années 40, supplantés par les feuilletons
télévisés. Aujourd'hui l'expression *série B* est parfois
employée par les critiques pour stigmatiser un film de
qualité jugée médiocre et qui n'a pas bénéficié d'un
gros budget.

> Ah Lara, ne commencez pas, hein ? Ça vaut ce que ça vaut.
> Pas grand-chose, mon vieux. Ne vous attendez pas à un
> chef-d'œuvre. C'est un film Metro B. Voilà. Série B.
> Claude Autant-Lara, *Hollywood cake-walk.*

Babel-sur-Seine

Surnom donné aux studios de Joinville construits aux
environs de Paris, sur les bords de la Marne, par
Charles Pathé (mais la société américaine Paramount
s'y établira pendant un moment). Babel-sur-Seine
entendait défier et concurrencer Hollywood. On y
tourna des films muets, les premiers parlants, puis on
fabriqua à la chaîne des versions multiples pour les
films destinés à un public international avant l'invention du doublage. Les grands films du réalisme poétique français furent cependant tournés dans ces studios
célèbres dont le dynamisme modifia la vie de la
région : comme à Hollywood, les stars venaient s'installer tout près des lieux de tournage. On donnait à
Joinville des fêtes cinématographiques et les sociétés
d'aviron vantaient Joinville « capitale du sport et du
cinéma ».

baby doll

L'expression signifie « poupée enfant » mais elle a été traduite par « poupée de chair ». C'est le titre d'un film réalisé par Elia Kazan d'après un scénario de Tennessee Williams, qui fait scandale en 1956. Dans une plantation sudiste, Baby Doll, qui a les traits de Caroll Baker, traîne en chemise, ne consomme pas son mariage mais se laisse séduire par un autre. On a ensuite appelé *baby doll* l'un des accessoires fétiches de cette célèbre et scandaleuse femme-enfant : une nuisette très courte.

Babylone

On a souvent débaptisé Hollywood pour lui donner le nom de Babylone. Plus souvent encore, on a formé pour la « capitale du cinéma » un nom composé : *Hollywood-Babylone* est devenu une façon de désigner le lieu mythique dont les fastes, les pompes et les débauches splendides, notamment avant l'avènement du fameux *Code Hays* (voir p. 113), n'ont jamais manqué de rappeler celles de la très célèbre ville de Mésopotamie.

> Cette vague de scandales mettait en danger toute l'industrie. Dans les journaux, il n'était aujourd'hui question que de « l'immoralité des gens de cinéma », « des vices de la moderne Babylone ».
>
> Alexandra Lapierre, *L'Homme fatal.*

bague

Anneau que l'on peut trouver sur l'objectif de la caméra.
Bague allonge : placée entre l'objectif et la caméra, elle permet de filmer de très près.
Bague intermédiaire : elle permet d'adapter différents objectifs sur la caméra.
Bague de réglage : ce sont les anneaux que l'on peut déplacer pour assurer la mise au point, choisir l'ouverture du diaphragme, etc.

baïonnette (monture à)

Système de fixation des objectifs : il est plus rapide et plus efficace que celui des montures à vis pourtant employé sur les grosses caméras. Le principe est le même que pour les ampoules électriques dites « à baïonnette » et se distinguent ainsi des ampoules dites « à vis ».

baiser

Le premier baiser de l'histoire du cinéma date de 1896. Séduit par le baiser qu'échangeait deux acteurs (May Irwin et John Rice) sur la scène d'un théâtre de Broadway, la firme Vitascope décide de le filmer en gros plan. L'effet escompté ne se fait pas attendre : les spectateurs se pressent pour voir la belle image tandis que les moralistes se déchaînent : « grandeur nature, écrit un journaliste, de telles choses sont déjà bestiales. Élargies à des dimensions gargantuesques, et répétées trois fois de suite, elles sont absolument dégoûtantes; cela est du ressort de la police... ». Les censeurs commencent alors à entamer leur longue croisade en faveur de la vertu. Sous le règne du célèbre William Hays et de son fameux code de la pudeur, qui sévit jusque dans les années 60 (voir p. 113), des émissaires, seront même envoyés sur les plateaux pour minuter les scènes de baiser. Mais les plus finauds rusent. Alfred Hitchcock, par exemple, dans *Les Enchaînés* : Cary Grant et Ingrid Bergman s'embrassent plusieurs fois mais, obligés de s'arrêter à la seconde réglementaire, ils vaquent à leurs affaires, conversent, téléphonent et reprennent leur baiser comme si rien ne s'était passé, ce qui nous vaut l'un des plus longs baisers de cinéma.

Le ***baiser de cinéma*** est plus fougueux que vraiment sincère, à quelques exceptions près (on raconte que les scènes d'amour entre Greta Garbo et son partenaire John Gilbert n'étaient pas vraiment « jouées »).

> Avec une lente douceur, j'approche mes lèvres de celles de ma partenaire et je pose un long baiser sur sa bouche en bois, baiser qui me coupe le souffle et doit éveiller le désir – celui du public, bien sûr. Car, pour ma part, rien ne me grise. Je perçois les murmures, les bruits étouffés de l'équipe technique, le ronron de la caméra. Et puis d'ailleurs ce baiser, comme le reste, c'est du cinéma, une illusion, ma vie...
>
> Jean-François Josselin, *Quand j'étais star.*

Il a pourtant, par la suite, profondément influencé le comportement du commun des mortels :

> En arrivant à l'entrée du parking, il te prend contre lui et t'embrasse. A pleine bouche. Des morceaux de films noir et blanc te passent dans la tête. Quai des Brumes. Tu avais

toujours voulu qu'on t'embrasse comme ça. Dans la rue. Avec abandon. En te renversant la tête en arrière, c'est très important. Eh bien ça y est, on t'embrasse comme ça. Son pardessus te tient chaud. Tu t'agrippes à lui comme si tu allais mourir....

Catherine Rihoit, *La Favorite.*

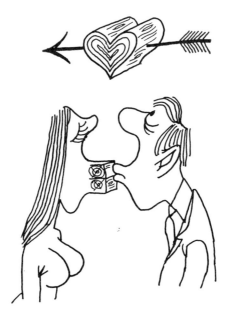

balcon

Partie de la salle de cinéma qui surplombe l'orchestre. Il a disparu à la fin des années 60, quand on a morcelé les grandes salles en plusieurs petites salles (voir ***complexe***, p. 121). Ou plutôt, le balcon a pu être aménagé lui-même en petite salle installée à l'étage supérieur et dominant la ou les salles de l'étage inférieur.

La salle en revanche, le retenait. Éclairée seulement par quelques lampes, elle offrait toutes sortes de recoins, avec l'enclos des loges et des réserves, les travées, le balcon, les fauteuils de plus ou moins grand inconfort, suivant le prix des places.

Roger Grenier, *Ciné-roman.*

balle (enfant de la)

D'abord employé à propos des enfants de professeurs de jeu de paume initiés très tôt au sport qu'enseignaient leurs pères, l'expression a ensuite été appliquée aux comédiens dont les parents pratiquaient déjà le même art.

bande

Synonyme de pellicule ou de film. La **bande-image** est la partie sur laquelle sont impressionnées les images; la **bande-son** ou **bande sonore** la partie sur laquelle sont enregistrés les sons. La **bande-son internationale** (appelée souvent **bande inter**) est utilisée pour le doublage des films étrangers : elle ne comporte aucun dialogue et l'on y retrouve que l'environnement sonore. Un montage en **double bande** permet de présenter un film avec deux bandes séparées (bande-image + bande-son) à la projection, elles devront défiler de façon synchronisée.

Bande rythmo (abréviation de *rythmographique*) : elle présente un graphique qui suit le rythme et la modulation de la voix des acteurs récitant le dialogue d'un film en version originale. Elle permet aux acteurs qui vont les doubler en langue étrangère de repérer le moment exact où ils doivent prononcer des syllabes correspondantes.

> Les esclaves qui se prélassaient autour de la fontaine s'enfuyaient éperdues. La princesse demeurait seule face à l'intrus dont elle soutenait insolemment le regard... Une jeune femme disait la réplique qui traversait l'écran sur la bande rythmo :
> – Te voilà donc, Nour Eddin, chien du désert!
> François-Olivier Rousseau, *L'Enfant d'Édouard*.

Bande-annonce. On dit aussi **film-annonce**. C'est un montage d'extraits symptomatiques et souvent spectaculaires projeté dans les salles pour annoncer la sortie prochaine d'un film et favoriser son lancement.

> Tu traînes dans les rues, tu entres dans un cinéma où tu vois un film qui ressemble à celui que tu viens de voir... un documentaire sur les sardines ou sur le soleil d'Hawaï ou sur la Bibliothèque Nationale, la bande-annonce d'un film que tu as déjà vu et que tu verras encore...
> Georges Perec, *Un homme qui dort*.

barres d'argent

On raconte qu'à l'apogée du système hollywoodien, les responsables des grandes compagnies récupéraient les cristaux d'argent après le développement des pellicules (voir *film*, p. 192) et déposait cet argent en banque sous formes de barres.

bathing beauty

En français, « belle baigneuse ». Cette jolie fille gainée dans un maillot de bain froufroutant n'évolue jamais seule mais en groupe. Introduites par l'américain Mack Sennett, dans les films burlesques réalisés par sa maison de production (la Keystone), les *bathing beauties* apportent une touche de fantaisie érotique et imposent définitivement le sex-appeal à l'écran. Pourtant certaines de ces jolies figurantes ne se contenteront pas d'exhiber leurs charmes et sauront prouver leur tempérament de comédienne. Détachées du lot, elles deviendront des stars à part entière. Carole Lombard ou Gloria Swanson en sont les plus parfaits exemples.

> La Casti fait de nouveau bouillir la marmite : elle trouve un emploi de Bathing Beauty au studio Fazekas.
> Alexandra Lapierre, *L'Homme fatal.*

BB

Enfantines initiales pour l'une des rares stars d'origine française : Brigitte Bardot. Ses initiales ont servi à vanter une eau minérale sur les murs de Paris, mais c'est sur son nom véritable que les habitants d'Amérique latine dansaient la samba : *« Brigitte Bardot, Bardot »*. Ce qui suggère que cette jeune personne « de bon aloi », comme disait le général de Gaulle, n'était pas seulement une femme-enfant à la moue boudeuse.
Révélée par un célèbre pygmalion du cinéma, Roger Vadim (*Et Dieu créa la femme),* la jeune bourgeoise de Passy promise à une carrière de danseuse démontre très vite une liberté d'allure, une autonomie que bien des femmes espèrent déjà à la fin des années 50. Si bien que la gamine devient un mythe, un point de référence. On copie cette sauvageonne maîtresse de son corps, jusque dans ses vêtements décontractés : jupe de vichy, ballerines plates, coiffure en choucroute...

Puis, au début des années 70, l'égérie pas si folle rompt avec le cinéma, qui dévore parfois les femmes vieillissantes et, comme Garbo, prend sa retraite cinématographique pour se consacrer à... l'avenir des animaux.

beaver-film

En anglais, *beaver* signifie « castor », d'où « fourrure ». Jusque-là projetés uniquement dans les ***peep-shows,*** les beaver-films font leur apparition dans les salles de cinéma à la fin des années soixante : on peut y voir, pour la première fois, le pubis des dames.

Bébel

Surnom affectueux donné à l'un des plus populaires acteurs français : Jean-Paul Belmondo. Cette star du box-office, rival d'un autre grand acteur français, Alain Delon, a conquis le cœur des spectateurs à force d'exploits physiques et de cascades bravement accomplies dans nombre de films à vocation purement commerciale. Pourtant ce sportif au visage de boxeur, qui se fit remarquer par ses extravagances au Conservatoire, avait commencé sa carrière cinématographique avec des auteurs réputés difficiles : Jean-Luc Godard le lança dans *A bout de souffle* et l'imposa dans le rôle de *Pierrot le fou* mais *l'As des as* a vite préféré le grand public. L'échec de *Stavisky,* tourné sous la direction d'Alain Resnais en 1974, ne fit que confirmer sa prédilection pour des réalisateurs comme Georges Lautner, Henri Verneuil Jacques Deray, etc...

La petite voix aimait beaucoup que je lui raconte des histoires de cinéma. Ça fascine tout le monde, le cinéma :
– Vous connaissez Belmondo ?
Et je racontais Belmondo. Le Bébel de ses débuts quand ses camarades du Conservatoire avaient fait un scandale parce qu'il n'avait eu qu'un deuxième prix.
Françoise Prévost, *Ma vie en plus.*

belge (film)

Une expression méprisante due à André Breton, qui avait l'habitude de nommer ainsi tout film qu'il venait de voir et qui, comme le raconte Pierre Prévert, « n'avait pas eu le don de lui plaire ».

Belliwood

Studios de cinéma situés à Bombay en Inde : le nom est, bien sûr, calqué sur Hollywood.

benshi

Un métier indissociablement lié au Septième Art et qui n'a pourtant été exercé qu'au Japon. Les *benshis* étaient en effet des personnages bavards qui, dans les salles japonaises, étaient payés pour commenter tout le déroulement des films muets en se chargeant également de lire à voix hautes les intertitres présentés par ceux-ci.

bergmanien

Se dit d'une atmosphère pesante, en référence au plus métaphysique des cinéastes de l'incommunicabilité : le Suédois Ingmar Bergman.

bête de cinéma

Calquée sur « bête de scène » ou « bête de théâtre », l'expression qualifie un acteur ou une actrice instinctivement doué pour le cinéma et parfaitement à l'aise avec les caméras quel que soit son « métier » ou sa technique. Ce sont souvent des interprètes puissants dont le jeu est assez physique. On peut dire par exemple que Gérard Depardieu, comme l'était Jean Gabin, est une vraie bête de cinéma. L'expression s'applique également, mais beaucoup plus rarement, à certains metteurs en scène.

> *A bout de souffle* nous révèle un incontestable, un très grand talent. Jean-Luc Godard, qui n'a pas trente ans, est une bête de cinéma. Il a le film dans la peau.
> Georges Sadoul, in *Les Lettres françaises.*

béton (scénario en)

Forcément compact et solide, c'est le scénario modèle, qui doit en principe résister à l'épreuve du tournage et donner un bon film.

Beverly Hills

Ou « Collines de Beverly ». Beverly Hills est un quartier résidentiel de Los Angeles, où habitent de nombreuses stars hollywoodiennes.

> L'après-midi était avancée et le soleil se couchait derrière Beverly Hills, là où vivent toutes les vedettes les plus célèbres. En contournant Sunset pour rentrer, je voyais Los Angeles et Hollywood se déployer au-dessous de moi.
> Horace Mac Coy, *J'aurais dû rester chez nous.*

Les villas, souvent agrémentées de piscines, y rivalisent de somptuosité : depuis l'avènement de Hollywood, les gens de cinéma s'y retrouvent pour des fêtes mémorables.

> Le Dieu qui régnait sur Beverly Hills – Notre Père Qui Êtes en Technicolor – n'avait rien à faire des vieilles dames. C'était un Dieu qui frayait avec les grands de ce monde, qui bénissait leurs courts de tennis et leurs piscines en forme de haricot.
> Andrew Bergman, *Le Pendu de Hollywood.*

Bible

Afin de souligner le respect et la vénération dont ils sont censés entourer le metteur en scène, chef suprême au moment du tournage, les membres de l'équipe ont pris l'habitude ironique de surnommer « la Bible » l'exemplaire du découpage qu'il utilise sur le plateau.

big five

En français, « les cinq grandes ». Appellation permettant de regrouper les cinq *majors* qui flamboient à l'apogée du système hollywoodien (voir **Major** et **Little three**, pp. 270 et 259).

Billet de Mille

Son goût prononcé pour les gigantesques et coûteuses reconstitutions historiques et bibliques (*Samson et Dalila, Les Dix Commandements*, etc.), avec déplacements de milliers de figurants, ont valu au réalisateur Cecil Blount de Mille, dit Cecil B. de Mille, d'être surnommé par le scénariste et dialoguiste français Henri Jeanson « Cecil Billet de Mille ».

bis (cinéma)

Englobe tous les films réputés mineurs, par opposition à ceux que reconnaît la critique officielle. Tous les genres peuvent y être représentés du moment qu'ils sont populaires : le thriller comme le péplum, le film érotique comme le film fantastique. Le *cinéma bis* est également parfois désigné sous le terme de *paracinéma*.

Bizarre... bizarre!

On ne dit plus « bizarre », mais : « Bizarre... bizarre! », agrémenté parfois d'un : « Moi, j'ai dit bizarre?... comme c'est bizarre! » depuis qu'un certain évêque de Bedford, interprété par Louis Jouvet, a lancé cette réplique à Michel Simon au cours d'un mémorable dialogue écrit par Jacques Prévert pour le film de Marcel Carné, *Drôle de drame.*

> Justement, Charles, le 29 mai, il a pris son hélicoptère... consulter scrogneugneu butor Massu...
> – Je vous assure, mon général, que vous avez dit Bigeard...
> – Moi, j'ai dit Bigeard? Comme c'est Bigeard!
> Je vous résume un peu ce dialogue historique.
>
> Alphonse Boudard, *Cinoche.*

Black Maria

Ou « Marie la Noire ». Surnom donné au début du siècle aux fourgons de la police américaine. En raison de sa ressemblance avec ceux-ci (les parois noires), on a également baptisé *Black Maria* l'un des premiers studios au monde, celui d'Edison. Doté d'un toit ouvrant, il se déplaçait à volonté sur rails et, en suivant la trajectoire du soleil, il captait ainsi à peu de frais la lumière naturelle qui permettait d'éclairer la scène à filmer.

black movie

Ou *film black.* L'adjectif *black*, qui veut dire « noir », ne peut être traduit. L'expression en français ferait en effet confondre la série des *blacks movies* ou *films black* avec les *films noirs* (voir p. 301), pour lesquels les Américains eux-mêmes ont importé l'expression française.

Les *films black* sont des films policiers, mais ils ont la particularité de mettre en scène des héros noirs et d'exposer les problèmes de la négritude.

Le succès de films comme *Dans la chaleur de la nuit* ou *Devine qui vient dîner*, tournés dans les années 60, et où s'illustre brillamment l'acteur noir Sidney Poitier, sera accompagné d'un raz de marée : on exploite le filon, les *films black* se multiplient. Un véritable réseau s'installe : la **blaxploitation** (voir p. 178).

blanchisseries chinoises

Elles appartiennent à l'histoire d'Hollywood et sont donc indissociables de celle du Septième Art : dès leur arrivée dans ce qui va devenir la « capitale du cinéma », les pionniers réquisitionnent en effet les blanchisseries chinoises pour en faire des studios.

blimp

Mot anglais qui veut dire « ballon dirigeable ». Moins barbare que le **booth** (voir p. 57), le blimp est un caisson isolant qui insonorise la caméra afin de faciliter l'enregistrement des dialogues et des sons. Le blimp étouffe le bruit du moteur de la caméra quand celle-ci n'est pas auto-silencieuse.

Blimper veut dire : munir la caméra d'un blimp. Mais il existe des caméras dites **auto-blimpées** : elles ont été construites avec un blimp.

blockhaus

Mot allemand voulant dire « petite maison de poutres ». Dans le vocabulaire militaire, le mot désigne des constructions défensives. On l'emploie également dans le langage cinématographique : il désigne alors les lieux où sont entreposés les films à l'abri du feu et des variations de température. En France, ce stockage est organisé par le **Service des Archives du Film** installé à Bois-d'Arcy.

block-booking

La pratique du block-booking (en français, **réservation en bloc**) est parfois imposée par les maisons de distribution. Mise au point par les Américains dans les années 20, elle oblige l'exploitant à louer un lot de films, le meilleur facilitant le succès des moins bons.

Parfois l'obligation du block-booking est assortie d'une mesure plus sévère encore : celle du **blind-booking** (en français : réservation aveugle). Il est interdit dans ce cas à l'exploitant de visionner les films qu'il va louer.

blond (le grand)

Tous les grands blonds portent des chaussures noires depuis qu'Yves Robert a retenu l'attention du grand public en intitulant l'une de ses comédies : *Le grand blond avec une chaussure noire* (1972). Pierre Richard y incarnait un distrait affublé effectivement de souliers dépareillés, dont une chaussure noire.

blonde platine (la)

De Louise Brooks à Fanny Ardant, en passant par Liz Taylor etc., les écrans ont vu défiler de nombreuses stars brunes. Mais les brunes piquantes se sont toujours faites plus discrètes que les rousses flamboyantes (Rita Hayworth) ou les blondes éternelles. Celles-ci n'ont jamais fini de faire rêver (en 1953, Howard Hawks intitulait l'un de ses films *Les hommes préfèrent les blondes*). Il y a la blonde éthérée (Grace Kelly, Catherine Deneuve), dont la couleur rappelle la pureté de l'enfance, et la blonde pulpeuse, poupée de chair aux charmes très féminins, dont la chevelure accroche la lumière.

Ce blond presque blanc, qu'on a appelé **blond platiné** ou **blond platine** parce qu'il est de la couleur du platine, était très recherché à Hollywood il y a quelques décennies par des apprenties starlettes ou des comédiennes aussi renommées que Marilyn Monroe. Pour ne pas décevoir leur public, celles-ci devaient s'astreindre à de fréquentes et pénibles séances de décoloration. Mais seule Jean Harlow eut l'honneur de porter le titre de « Blonde platine ». En 1931, cette jeune femme nonchalante, à qui l'on prêtait plus de sensualité que de talent, tournait en effet sous la direction de Frank Capra un long métrage justement intitulé : *La Blonde Platine.*

> Une douzaine de films avaient marqué au fer rouge tous les coins et les recoins de mes cellules cérébrales. C'était la rue des beaux gosses en smoking, des blondes platinées, des tueurs qui dégringolent dans le caniveau. Je m'immobilisai, les mains dans les poches, impressionné et mal à l'aise.
> Andrew Bergman, *Le Pendu d'Hollywood.*

blue movie

Veut dire « film bleu ». On dit aussi **blue porn.** Les deux expressions désignent les films pornographiques. Le premier film **hard-core** qui sortit en France s'appelait : *History of the blue movie.* On a traduit le titre par : *Anthologie du plaisir.*

bobine

Composées d'un noyau cylindrique et de deux joues, les **bobines** servent à l'enroulement et au déroulement du film pendant le tournage sur la caméra et pendant la projection sur l'appareil de projection : il y a des **bobines débitrices**, qui dévident le film, et des **bobines réceptrices**, qui le reçoivent.

> Il regardait les appareils, les bobines, les engrenages, le hublot par où passait le film, le pinceau lumineux, la rangée de bobines sous la table.
> Roger Grenier, *Ciné-roman.*

Le métrage contenu dans chaque bobine étant standardisé, il arrive que l'on mesure la longueur ou la durée d'un film à son nombre de bobines. Au lieu de dire : un film de 1 h 30, on pourra dire un **film de 10 bobines** (l'expression était très employée aux tous débuts du cinéma, quand les films étaient encore très courts).

> On appela le film *The Saphead* ; il durait sept bobines, alors que les plus grandes vedettes dramatiques de la Metro ne tournaient que des cinq bobines.
> Buster Keaton, *Slapstick.*

Le mot *bobine* est également employé aujourd'hui pour désigner le morceau de film roulé sur la bobine dont il est question. En le faisant précéder d'un adjectif numéral ordinal (la 1re, la 2e bobine...) on peut ainsi repérer la partie de film dont on veut parler.

> La catastrophe se produisit après l'entracte, à la moitié de la première bobine du *Chevalier de Minuit.*
> Roger Grenier, *Ciné-roman.*

Changement de bobine : moment de la projection où l'opérateur doit passer d'une bobine à l'autre, la première étant arrivée à son terme. Dans une cabine pourvue d'un seul appareil de projection, ce changement nécessite une interruption. Dans les cabines **à double poste,** c'est-à-dire possédant deux appareils, le changement doit être en principe imperceptible, la suite de bobines étant projetée alternativement sur l'un ou l'autre des appareils. Mais ce n'est pas toujours le cas.

> Les vieilles copies usées qui arrivaient au *Magic Palace* présentaient des fins de bobines constellées de trous et de croix, comme si des dizaines de projectionnistes avaient eu peur de rater leurs changements de bobines et avaient tenu, chacun, à tailler dans la pellicule des repères personnels.
> Roger Grenier, *Ciné-roman.*

Bobineuse : machine à bobiner ou débobiner les films.

> La bobineuse, lancée à toute vitesse, faisait grossir ou maigrir à vue d'œil les rouleaux de pellicule.
> Roger Grenier, *Ciné-roman.*

bogarter

Calqué de l'argot américain *to bogart*; veut dire fumer (souvent) du tabac ou de la drogue. Le verbe a été construit d'après le patronyme d'un des plus grands mythes du cinéma : Humphrey Bogart surnommé affectueusement *Bogey,* par ailleurs grand amateur d'alcool et de tabac. C'est en effet la cigarette aux lèvres (qu'il avait déformées suite à une blessure de guerre), sanglé dans une éternelle gabardine et coiffé d'un feutre qu'apparaissait le plus souvent Bogart. En aventurier revenu de tout ou en *privé* (voir p. 363) pas toujours très honnête, il pouvait bien fumer avec une nonchalante indifférence. Cela n'a jamais empêché son romantisme et sa sensibilité d'affleurer. Sous la rudesse, l'amour : tel est le leitmotiv de ce héros moderne qui, en son temps, su séduire celle qu'on avait baptisée « *le regard* » (voir p. 384). A l'écran comme dans la vie, il forma avec elle un couple devenu légendaire.

Mais quand Bogey creva enfin l'écran, ayant remarqué combien une particularité physique – telle que les oreilles décollées de Clark Gable – ajoutait de valeur publicitaire à une star, il résolut d'exploiter sa bouche. Au fil des ans, Bogey pratiqua tous les genres de mobilité des lèvres, accompagnée de nasillements, de grognements, de zézaiements, d'insultes. Son tressaillement douloureux, son regard mauvais, son sourire diabolique furent les plus accomplis jamais vus à l'écran. Seul Erich von Stroheim le surclassait par le tic à la bouche.
Louise Brooks in *Louise Brooks par Louise Brooks.*

boîte

Rondes, plates, métalliques, elles contiennent les bobines du film achevé.

Voici la fin. Avant de vous la raconter, il faudrait vous expliquer encore bien des choses, des zizanies entre Frédéric et moi à propos de rien, d'un après-midi où il est resté enfermé dans son débarras des soutes et que j'ai passé à jeter des boîtes de films à la mer...
Sébastien Japrisot, *La Passion des femmes.*

Par extension, on emploie les expressions : *être dans la boîte* ou *être mis dans la boîte* pour annoncer la fin du tournage d'une scène ou d'un film puisque la *boîte* ne contient rien d'autre que la pellicule impressionnée.

> N'empêche qu'il a tenu parole. Sitôt la scène en boîte, on n'a même pas pris le temps de me démaquiller, on m'a conduite vinaigre à l'aéroport et mise dans l'avion pour Miami.
>
> Sébastien Japrisot, *La Passion des femmes.*

Boîte à images. On appelle boîte à image tout appareil capable de produire des images : appareil photographique, caméra de cinéma, caméra vidéo.
Au tout début de leur invention, on appelait parfois les caméras les *boîtes magiques.* Les boîtes magiques étaient capables d'enregistrer des images en mouvement. Pour le grand public, l'affaire était magique parce que mystérieuse. L'expression était également calquée sur *lanterne magique* (voir p. 255).

bombe

Toute l'édification du star-system et la célébrité des vedettes reposant sur l'évidence d'un *sex-appeal* (voir p. 416) aussi impétueux et explosif que foudroyant pour le spectateur, beaucoup d'actrices se sont vues qualifiées de bombes. L'une d'entre elles a même été associée à une bombe des plus réelles (voir ci-dessous).

La bombe argentine. Lancée à grands renforts de publicité sous ce pseudonyme explosif, Tilda Thamar a débuté dans les années quarante et a poursuivi une triple carrière, en France, en Espagne et en Argentine où elle était réellement née.

La bombe atomique. Celle qu'on largua à Bikini n'était pas anonyme. Ornée du portrait de la rousse Rita Hayworth, elle fut baptisée « Gilda » pour immortaliser le sublime personnage aux gants légendaires qu'interprétait la belle actrice dans le film de Charles Vidor qui portait ce titre.

La bombe brésilienne. Carmen Miranda était née au Portugal, mais naturalisée brésilienne. Elle importa en Amérique du Nord les rythmes musicaux d'Amérique latine. Coiffée d'extravagants bibis exotiques croulant de fleurs et de fruits, catapultée par la samba qui habitait son corps, elle fit exploser les *musical* hollywoodiens des années quarante et gagna ainsi son surnom.

bon à tirer

Expression symbolique désignant en fait la signature du réalisateur qui, à travers elle, signifie son accord pour le développement en laboratoire des prises jugées les meilleures après le visionnement des rushes. L'expression est la même que celle employée dans l'édition lorsque l'auteur donne son accord pour le « tirage » du livre sur les dernières épreuves.

Bon pour l'image! Bon pour le son!

Prononcées par les techniciens appropriés, ces deux expressions signifient qu'en ce qui les concerne, la prise de vue qui vient d'être enregistrée est satisfaisante.

> J'étais trop distante pour définir l'action mais, lorsque les deux silhouettes s'arrêtèrent devant les machines, le chef opérateur cria :
> – C'est bon...
>
> Marie-Claude Beineix, *Pierrot femelle.*

bonnette

Le mot est dérivé de *bonnet.* Il désigne une lentille ajoutée à l'objectif pour modifier la distance focale.
La **bonnette diffusante** modifie les contours de l'image en créant une sorte de flou sur ses franges.

La bonnette est aussi le « bonnet » qui recouvre le micro sur les tournages en extérieur pour éviter les bruits parasites.

boop oop a doop

C'est le refrain de la plus sexy des héroïnes de dessin animé : Betty Boop. Produite par le studio des frères Fleischer, elle fait fureur dans les années 30 avec ses talons hauts, sa jarretière et son inimitable façon de faire valser sa jupette. Betty Boop est l'incarnation de la *flapper* (voir p. 196), c'est-à-dire de la garçonne délurée. Cette séductrice ne devint femme qu'après une longue suite de métamorphoses : à l'origine, les frères Fleischer l'avaient conçue sous les traits d'un petit chien!...

booth

En anglais, « isoloir ». Une invention indissociable de celle du film parlant. Pour que la voix des acteurs ne soit pas couverte par le bruit du moteur de la caméra (qui était dans les premiers temps considérable) et que son enregistrement soit possible, les techniciens avaient mis au point cette cabine barbare dans laquelle on enfermait la caméra et... le caméraman. Aujourd'hui tombé en désuétude, le booth a été remplacé par le *blimp* (p. 51).

borgnolage ou borniolage

C'est une technique qui consiste à rendre obscure une pièce où l'on va tourner une scène de nuit en voilant toutes ses ouvertures sur l'extérieur. On dit que l'on *borgnole* les fenêtres : on les rend *borgnes*.

> Le soleil revient, on ne peut pas tourner, ce serait ennuyeux pour les raccords, il faut en effet que, pour tous les plans de l'église, la lumière soit la même. Cloquet fait borgnoler les vitraux.
>
> Marie Cardinal, *Cet été-là.*

boucle

Surplus de pellicule ménagé dans le trajet de la caméra ou du projecteur afin que le film ne casse pas. Ces surplus qui donnent du jeu et évitent la tension du film forment des anneaux ou des boucles. On appelle également *boucles* les films dont l'amorce et la fin sont raccordées de telle sorte qu'ils puissent être projetés indéfiniment. Le principe du *film en boucle* est apparu dès l'avènement des *penny-arcades* (voir p. 335).

Il permettait de présenter des séquences un peu légères. Aujourd'hui encore, ce sont souvent des films érotiques ou pornographiques qui sont *montés en boucle.* On peut voir des boucles dans les sex-shops. L'amateur les visionne sur un appareil individuel assez semblable au juke-box ou plutôt au *scopitone* (voir p. 409).

bouffe

Baiser-bouffe. Une technique de baiser que l'acteur Clark Gable avait inaugurée un jour qu'il manquait d'entrain pour le tournage d'une scène d'amour :

> Quand j'ai joué ma première scène d'amour, j'avais une trouille bleue. Le metteur en scène me dit de prendre une expression de désir ardent. Alors j'ai essayé de penser à un gros steak, bien gros et bien bleu. Ça a si bien marché que depuis j'utilise toujours ce procédé.

La grande bouffe : voir p. 220.

Boulevard du crime

Titre de la première époque du film de Marcel Carné : *Les Enfants du Paradis* (1943, 1945), le *Boulevard du crime* a donc été immortalisé par le cinéma en même temps que deux prénoms : Garance et Baptiste, la jolie Parisienne et le mime au grand cœur (Arletty et Jean-Louis Barrault) dont les amours vont être contrariés. Le film lui-même est un hommage au boulevard du Temple, baptisé sous Louis-Philippe le « Boulevard du crime » parce qu'il était bordé de nombreux théâtres sur la scène desquels étaient accomplis, chaque soir, de forfaitures et crimes aussi sanglants qu'imaginaires.
Le peuple se pressait aux représentations, mais les plus démunis des spectateurs devaient s'installer dans la galerie supérieure qu'on appelait « paradis » (plus tard « poulailler ») d'où le surnom dont on les avait affublés et qui deviendra le titre de la grande fresque de Carné : *Les Enfants du Paradis.*

> C'est l'ambiance dans ce cinéma... Un ancien théâtre style Boulevard du crime... d'extérieur tout à fait... des moulures, des fanfreluches décoratives. En 1930, on jouait ici Roger la honte, La Porteuse de pain, Les Deux Orphelines...
> Alphonse Boudard, *Les Combattants du petit bonheur.*

bourrer

On dit de la pellicule ou du film qu'il bourre lorsqu'il s'entasse de façon désordonnée en dehors du circuit normal de la caméra ou du projecteur.

bout-à-bout

On l'appelle aussi **ours.** C'est le premier montage des plans tournés assemblés suivant l'ordre indiqué par le découpage.

> En effet, toutes les nuits, l'appariteur lui ouvrait la salle de montage. Et, toutes les nuits, il défaisait le bout à bout inepte commandé par Lou, pour arranger le film à sa manière.
>
> Alexandra Lapierre, *L'Homme fatal.*

bout d'essai : voir *essai*, p. 173.

box-office

L'expression anglaise signifie « guichet de location ». C'est lui qui, dans le hall du cinéma, permet de comptabiliser les entrées des spectateurs. En faisant le point sur les recettes obtenues lors de la projection d'un film, il permet d'évaluer le succès remporté par l'œuvre et les acteurs qui l'interprètent. D'où le glissement de sens : d'un lieu géographique et d'un service rendu, le box-office est devenu une cote... de popularité. Le succès des films et des vedettes est contrôlé à l'échelle du box-office. On peut être *vainqueur* ou *champion au box-office, apparaître* ou *disparaître au box-office* et tout simplement *être* ou *ne pas être au box-office,* y *figurer* ou n'y pas figurer.

> Gloria Sylvène, certes c'est plus la vedette du moment, elle figure plus au box-office, les distributeurs ne veulent plus en entendre parler, mais le public, toujours en retard d'une guerre, se l'imagine encore dans l'Olympe.
>
> Alphonse Boudard, *Cinoche.*

Boy meets girl

Soit en français : « garçon rencontre fille ». Formule lapidaire employée avec quelques autres (*Boy finds girl :* garçon trouve fille, *Boy loses girl :* garçon perd fille) par les producteurs américains pour définir le schéma d'une comédie sentimentale. *Boy meets girl* est également le titre clin d'œil du premier long métrage d'un cinéaste de talent : Leos Carax.

> Et voilà justement une idée qui devrait rapporter : ces marches, la ville en dessous, les étoiles à un jet de pierre : une histoire du genre « garçon rencontre jeune fille », c'est toujours bon comme situation, ça marche toujours, c'est facile à vendre.
>
> John Fante, *Demande à la poussière.*

braquer

Employé dans le langage militaire (on braque son arme sur quelque chose, quelqu'un), le verbe apparaît dans le vocabulaire cinématographique : on braque les spots, les

projecteurs vers les vedettes mais on braque aussi l'objectif ou la caméra vers les acteurs ou la scène à filmer. Le verbe est bien sûr synonyme de « tourner vers », « diriger vers », mais il conserve le sens offensif contenu dans son étymologie. Parmi les appareils qui ont précédé l'invention du cinématographe, on comptait déjà un *fusil* et un *revolver photographique* (voir p. 391).

> La caméra sonore était inutilement braquée sur un lit de camp couvert de paille sur lequel était étendue Caroma sanglotant silencieusement maintenant.
>
> Ben Hecht, *Je hais les acteurs.*

brochette

Ensemble de morceaux de viande présentés sur un pic pour être grillés, ou de décorations placées sur un ruban... Le mot apparaît également dans le vocabulaire cinématographique. On parle en effet de *belle brochette de comédiens* quand un certain nombre d'acteurs et d'actrices (au talent reconnu) apparaissent dans le même film et que leur prestation semble remarquable.

bruiter

De bruit. *Bruiter,* c'est organiser les bruits qui composeront la bande sonore d'un film et, plus précisément, ceux qui n'ont pu être enregistrés en direct au moment du tournage.
Le *bruitage* est à la charge du *bruiteur,* qui recrée les sons (galop d'un cheval, pas dans la neige, pluie qui tombe...) à l'aide d'un matériel tout à fait hétéroclite.

budget

Anglicisme : désigne l'ensemble des dépenses et des recettes d'un état et, par extension, celles d'un groupe quelconque. Un film possède un budget qui lui est propre : il doit normalement équilibrer dépenses et recettes. Mais *budget* est souvent simplement employé comme synonyme de « coût ». On a l'habitude de distinguer les films *à gros budget* des films *à petit budget* c'est-à-dire les films qui ont bénéficié d'un financement important des films tournés avec très peu de moyens.

> La place des comédiens était si importante dans le montage des films à gros budget qu'en tenant les acteurs, j'étais devenu le maître du film.
> Thierry Lévy, *La Société des femmes.*

bunker

Mot allemand signifiant « soute à charbon ». En fait, les bunkers sont les casemates de béton construites pendant la guerre pour protéger les soldats des obus. En béton également, carré, costaud, le nouveau Palais des festivals édifié à Cannes a donc été surnommé « le bunker » par les nostalgiques, purs et durs adeptes du vieux Palais, qui surplombait la Croisette.

burlesque

De l'italien *burlesco,* dérivé lui-même du nom *burla* qui veut dire « plaisanterie ». Aujourd'hui *burlesque* est devenu synonyme de « grotesque » c'est-à-dire ridicule, extravagant. On peut ainsi qualifier une idée, une situation, une façon d'être, de burlesque : elles semblent absurdes et prêtent à rire. Mais en réalité cet adjectif a été emprunté aux milieux artistiques.
Le burlesque a d'abord été un genre qui fleurit au théâtre dès le XVIIe siècle.

Dans les années 1910, il explose en Amérique après avoir été transposé dans les films. C'est Mack Sennett, en effet, avec son armée de *bathing beauties* et de *Keystone cops* (voir pp. 46 et 125) lancés dans des poursuites aussi échevelées qu'impitoyables, qui donne au *film burlesque* ses lettres de noblesse. Il sera suivi par beaucoup d'autres : Keaton, Harold Lloyd, Harry Langdon, Charlie Chaplin (qui, lui, saluera le travail d'un réalisateur comique de nationalité française : Max Linder), etc., plus tard les frères Marx, Jerry Lewis...
Le style burlesque traverse les frontières, les années, mais le burlesque de l'Amérique du début de siècle reste sans doute le modèle inégalé. Avec une violence irrévérencieuse, ceux qu'on a appelés les *grands burlesques américains* font naître le rire en bouleversant les règles

du jeu social à coup de gags rapides, endiablés, délirants qui ne sont pas encore noyés sous un flot de considérations verbales : le cinéma est muet.

> Écoutez-moi bien, dit le portier sèchement, ce sont des tickets pour une comédie burlesque à Los Angeles (il poussait fermement Pat sur le côté). Allez-y avec votre amie, et amusez-vous bien.
> Francis Scott Fitzgerald, *Histoires de Pat Hobby*.

buste (le)

Une hypertrophie mammaire valut à l'actrice Jayne Mansfield ce surnom évocateur. La petite histoire raconte également que les bouteilles de lait se répandaient sur son passage (cf. *La Blonde et moi*, 1956). Ce fut l'un des sex-symbols du Hollywood des années 50 : elle promenait son physique opulent et explosif dans des films qui n'ont jamais prouvé l'originalité de ses talents de comédienne. En 1967, elle fut précocement enlevée par un accident d'automobile.

cabine

La cabine de bateau est entrée dans la mythologie du cinéma grâce au sketch fameux des Marx Brothers. Dans *Une nuit à l'Opéra*, on voit en effet une foule de passagers venir s'y entasser au point de ne plus pouvoir bouger.

Quant à la *cabine de projection*, c'est un lieu (pas forcément exigu) où la technique est reine. Séparée de la salle depuis l'incendie du Bazar de la Charité (voir *incendie*, p. 238) en 1897, la cabine abrite les appareils de projection. Des parois vitrées séparent le public de ceux-ci. Royaume du *projectionniste* dit aussi *opérateur projectionniste* ou *opérateur* tout court, la cabine s'est modernisée à mesure que le matériel de projection s'améliorait.

> L'obscurité se fit. Durant quelques secondes, sur l'écran nu, la nouvelle bande de Jean Rivière tourna à vide, puis le titre parut : Les Deux Mondes. A ce moment, le bruit léger et monotone du moteur de la cabine de l'opérateur disparut et une valse se fit entendre. La représentation était commencée.
> Emmanuel Bove, *Le Meurtre de Suzy Pommier*.

cabot

Abréviation de *cabotin*. Cabotin aurait été le patronyme d'un comédien ambulant de l'époque de Louis XIII.

Un cabot ou un *cabotin* est un acteur de piètre envergure qui cherche à se faire remarquer en accentuant ses mimiques ou en appuyant sa voix de manière affectée. Il démultiplie les trucs du grand acteur, qui deviennent alors des tics.

> Et d'ailleurs l'existence de Claude n'était-elle pas déterminée par celle de ces créatures fabuleuses mais vraies, devant lesquelles les acteurs du Théâtre du Petit Monde ressemblait à ces cabots de patronage.
>
> Jean-François Josselin, *Quand j'étais star.*

On dit aussi : *faire le cabot (cabotin)* ou *jouer les cabots (cabotins), cabotiner.* L'expression peut s'appliquer à des personnes qui n'ont rien à voir avec les milieux du spectacle mais aiment se composer des personnages artificiels, jouer la comédie dans la vie quotidienne, souvent en s'écoutant parler.

> Je sors mes répliques efficaces ou plutôt je les sertis dans ma péroraison aux moments stratégiques, je cabotine mais sans perdre la tête.
>
> Jean-François Josselin, *Quand j'étais star.*

cache

Le cache est utilisé pour truquer une image. C'est une feuille mince qui peut, par exemple, être découpée de façon à dessiner les objectifs d'une paire de jumelles ou un trou de serrure. La partie non évidée arrête les rayons lumineux et empêche le film d'être complètement impressionné. Dans les exemples cités, on aura l'impression (à la projection) de voir la scène filmée dans des jumelles ou à travers le trou d'une serrure. Le cache peut être utilisé à la prise de vue, en laboratoire au moment du tirage, ou à la projection.

Cache, contre-cache. Le système du cache est amélioré et permet par exemple à un même acteur de jouer deux rôles dans une scène unique. Au moment du tournage, on place entre la pellicule et l'objectif un *fim-cache* masquant une partie du décor : l'acteur dit son texte et la prise est enregistrée. On revient en arrière et c'est au tour de la partie impressionnée d'être masquée par un cache de forme complémentaire appelé contre-cache : quand la caméra démarre, c'est la partie vierge, précédemment cachée, qui est normalement impressionnée.

Cache mobile ou *cache animé :* voir *travelling matte*, p. 460.

cachet

C'est d'abord une empreinte apposée sur de la cire, puis sur toutes sortes de papier et, par extension, le contrat puis la rétribution d'un comédien pour le tournage d'un film. Une vedette recevra un gros cachet, un simple figurant se contentera d'un tout petit cachet. On dit *courir le cachet* pour « rechercher activement des (petits) rôles » (dits parfois *cachetons*) et *cachetonner* pour « interpréter des rôles modestes ».

On m'a souvent reproché les ponctions lombaires que je cloquais dans les cachetons des frimants, mais c'est bien à tort. Je n'ai jamais exagéré. Je prenais une thune par barbe.

Fernand Trignol. *Pantruche.*

cadre

Du latin *quadrus,* « carré ». Un cadre est ce qui circonscrit quelque chose, par exemple un tableau. En cinéma, ce sont les limites de l'image ou du champ filmé qui, à la projection, se confondent avec les frontières de l'écran.

Cadrer une image, c'est donc choisir les éléments visuels qui vont faire partie de l'image et exclure les autres. Tout ce qui n'entre pas dans le cadre est dit *hors cadre.* L'expression est synonyme bien sûr de *hors champ* ou *off* (voir pp. 84 et 313). Personnages et sons hors cadre peuvent néanmoins avoir une importance réelle pour le déroulement de l'action que l'on observe *dans le cadre.*

C'est l'opérateur de prises de vues ou caméraman qui, sur les indications du metteur en scène, choisit le cadre ou exécute les *cadrages.* C'est pourquoi on l'appelle également *cadreur.*

Plusieurs expressions lui sont consacrées. De lui, on dit en effet qu'il *fait le cadre, règle les cadrages, est au cadre, reste au cadre, travaille au cadre, est amoureux du cadre.* Cette dernière expression est aussi employée à propos des réalisateurs. Un réalisateur amoureux du cadre est un réalisateur qui prête une attention pointilleuse au cadre de son image. Il peut préférer le *travail au cadre* plutôt que la mise en scène ou la direction d'acteurs...

A noter qu'avec la multiplication des mouvements d'appareil, le cadre, comme la caméra, ne reste plus statique. Il est mobile et se confond donc avec la composition de l'image. On n'encadre plus l'image comme un tableau ou une scène de théâtre, on choisit un angle d'attaque avec un parti pris esthétique : mouvement de caméra, axe optique, échelle des plans font partie du cadrage qui

nécessite des réglages minutieux. D'où de multiples expressions : ***cadrage penché, cadrage serré, cadrage élargi,*** etc.

> Vous allez être déçue si vous êtes venue pour lui. Il n'est pas encore arrivé. Je crois qu'ils en sont aux réglages de cadrages.
>
> Marie-Claude Beineix, *Pierrot femelle.*

Décadrer : veut dire décentrer l'image lors des prises de vues. En général cette opération est volontaire. Lors d'une projection par contre, le ***décadrage*** est accidentel : l'image est décalée par rapport à l'écran. Il faut aussitôt la **recadrer.**

> Il faut savoir qu'au début de l'histoire du cinéma le cadrage des images n'était pas standardisé, et voilà que le laboratoire, en filmant les titres, avait utilisé un modèle différent de celui de notre caméra. Autrement dit, chacun des titres, au moment de son apparition à l'écran, serait hors cadre et impossible à lire jusqu'à ce que le projectionniste règle son propre appareil.
>
> King Vidor, *La Grande Parade.*

café-théâtre (génération du)

Les cafés-théâtres prennent le relais des cabarets dans les années 60. Ce sont de petites salles installées à la bonne franquette où l'on peut prendre des consommations tout en assistant à un spectacle donné sur scène.

A la fin des années 60, deux d'entre eux vont beaucoup faire parler d'eux : le *Café de la Gare*, créé par Romain Bouteille et Coluche, où se produisent, entre autres, Miou-Miou et Patrick Dewaere, Depardieu, Rufus, etc. et le *Splendid,* où se retrouvent d'anciens copains de lycée : Gérard Jugnot, Michel Blanc, Josiane Balasko, Thierry Lhermitte, Christian Clavier. Le dernier groupe va crever l'écran avec *Les Bronzés,* mais les autres vont également gravir les marches du vedettariat cinématographique en ordre plus dispersé.

Le cinéma doit alors compter avec ces nouveaux comiques, qui savent aussi aborder des situations dramatiques avec talent (la prestation de Michel Blanc, dans *Tenue de soirée* de Bertrand Blier, a été primée au festival de Cannes). On les regroupe sous l'appellation générique de génération du (ou issue du) café-théâtre.

cahier

Cahiers de rapport : rédigés par la scripte, ils rapportent tout ce qui se passe sur le tournage et qui peut être utile au monteur ou au producteur.

Cahiers du cinéma : célèbre revue de cinéma née au début des années 50 sous l'impulsion d'André Bazin, Lo Duca et Jacques Doniol-Valcroze. Fortement marquée par la personnalité de Bazin, elle sera à l'origine de l'explosion de la **Nouvelle Vague,** puisque les metteurs en scène qui l'imposeront (Truffaut, Chabrol, Rivette, Godard, Rohmer) travaillent d'abord en son sein comme... critiques. Ces « jeunes Turcs » ont du reste la dent dure : ils traquent les aînés, pourfendent la tradition de la « qualité française », imposent la « politique des auteurs » avant de passer eux-mêmes à la réalisation. Dans les années 70, la revue se politise ; elle restreint son audience, qu'elle retrouvera dix ans plus tard. Aujourd'hui, les *Cahiers du cinéma,* qu'on appelle familièrement **Les Cahiers,** sont un point de référence et de réflexion pour les cinéphiles et les professionnels du cinéma, une revue haut de gamme que certains (intellectuels) idolâtrent, ce qui la fait moquer par d'autres (le grand public).

> On rencontre parfois, il faut alors vite les fuir, des gens qui disent : « le cinéma, je n'aime pas ça », « j'ai pas le temps » ou pire encore : « je ne vais voir que les bons films et c'est si rare », ce sont là discours qui me causent une profonde peine, voici une personne avec laquelle je ne commencerai pas, non pas que je sois amateur de studios et un fervent des Cahiers, que non, c'est bien plus grave, ça remonte à tout petit.
>
> Claude Klotz, *Les Mers adragantes*.

calamité d'Hollywood (la)

Surnom donné à la grande Katharine Hepburn, qu'on baptisait également la « poison du box office » quand ses films (dans les années 30) eurent le malheur de ne pas faire de grosses recettes. Elle crèvera pourtant l'écran aux côtés de celui qui deviendra très discrètement son compagnon dans la vie, Spencer Tracy, imposant le personnage d'une femme libre, courageuse, émancipée qui ne s'embarrasse d'aucune convention. À la ville comme à l'écran, l'actrice, en effet, rompt avec les préjugés, défend des idées progressistes, s'habille à la garçonne. Sa silhouette anguleuse tranche avec celle des poupées-stars de l'époque. La « calamité d'Hollywood » s'avère être une femme de tête qui n'a fait que marcher bien au-devant de ses compagnes.

caligarisme

De Caligari, héros du film réalisé par Robert Wiene en 1919 : *Le Cabinet du docteur Caligari.*
Les décors dus au groupe *Der Sturm* étaient si typiques de l'expressionnisme allemand (voir p. 179) que le film fit école et que l'on parla aussi de caligarisme à propos de certains films expressionnistes et notamment de leurs décors si particuliers.

calotype

Procédé photographique mis au point vers 1840 par l'anglais Henri Fox Talbot. Il améliore le principe du *daguerréotype* (voir p. 138) : la plaque est remplacée par un négatif sur papier permettant le tirage de plusieurs copies.

camée

Comme le bijou du même nom, c'est un très petit rôle serti dans un long film et mis en relief par une très grande vedette.

caméra

Le mot est anglais, mais il vient de l'italien *camera oscura* qui veut dire **chambre obscure** (voir p. 83) ou **chambre noire.** Les appareils de prise de vues cinématographiques qu'on a baptisés caméras, comme les appareils photographiques, sont bien sûr issus du principe de la chambre noire ou *camera oscura*, qui s'est naturellement considérablement affinée et compliquée au fil des ans. Il fallut fixer l'image qui, passant par le trou de la chambre (auquel on ajouta ensuite lentilles et objectifs), se posait à l'envers sur la paroi opposée de la chambre. On découvrit les plaques photographiques puis le film celluloïd, souple et résistant.

Pour reproduire le mouvement et faire du cinéma, un mécanisme d'entraînement du film était nécessaire. Bien des chercheurs s'attelèrent à cette tâche, mais ce furent les frères Lumière qui le mirent définitivement au point, sur le modèle de la machine à coudre, dit-on. La première caméra moderne fut donc appelée **Cinématographe Lumière.** Cependant, après avoir perdu l'estampille des frères Lumières, le mot *cinématographe,* devenu nom commun, acquit un sens plus large : il désigna très vite les films et les œuvres produites par cet appareil de prise de vues, tandis que l'appareil lui-même fut plus simplement baptisé *camera* par les Américains. Le mot est passé tel quel (à un accent près) dans la langue française.

Les éléments essentiels d'une caméra sont :
– une **chambre noire** et un **moteur** (autrefois une **manivelle**);
– un **objectif** qui transmet la lumière de l'image à filmer sur la surface sensible de la pellicule;
– un **diaphragme** qui permet de canaliser le flux lumineux;

– un système de mise au point avec *bague;*

– un *obturateur* qui masque la fenêtre de la chambre noire à cadence régulière (24 images par seconde);

– deux *magasins* où est chargée la pellicule. L'un fournit la pellicule vierge, alors que l'autre reçoit la pellicule impressionnée;

– un système de *tambours* dentés et de *griffes* qui s'engagent dans les perforations disposées le long du film; il permet de faire descendre la pellicule du magasin débiteur jusqu'au *couloir* et à la *fenêtre* de la chambre noire, où elle est alors immobilisée et contre laquelle elle est appliquée le temps de l'exposition, 24 fois par seconde, par un *presseur* et des *contre-griffes,* avant d'être renvoyée par d'autres tambours vers le magasin récepteur.

Bien d'autres éléments peuvent être ajoutés pour améliorer ce mécanisme : *pied* pour stabiliser la caméra, *tourelle* d'objectifs interchangeables, *blimp* ou *caisson* isolant le bruit, *filtres, caches,* etc. (voir pp. 344, 454, 51, 194, 67).

La caméra ne fait qu'enregistrer des images, mais on emploie à son sujet une expression à connotation militaire. On dit en effet *braquer la caméra* (ou *l'objectif*) sur quelque chose, quelqu'un, une scène que l'on veut filmer comme on dit «braquer un revolver sur... » Le fait de devoir délimiter la scène à filmer parce que la caméra ne peut capter la réalité tout entière ne suffit pas à expliquer le choix du verbe *braquer* dans cette expression. Celui-ci souligne le côté violent inclus dans l'acte de filmer ou de photographier et la ressemblance qui peut exister entre un appareil de prise de vues et une arme à feu : ne dit-on pas également que l'on *vole des images* et, mieux encore, que l'on *fusille* ou *mitraille* un modèle?

> Pour que ce soit intéressant, faudrait tout de même cerner d'un peu plus près la vérité. L'autre, le fils de famille musclé, d'après ses propos formidables, il tient tellement à braquer sa caméra dans cette direction.
>
> Alphonse Boudard, *Cinoche.*

Autre expression consacrée : *passer de l'autre côté de la caméra.* Celle-ci laisse entendre le va-et-vient qui se joue entre le camp de l'équipe technique et celui des interprètes, séparés au moment du tournage par la frontière de la caméra. Passer de l'autre côté de la caméra, c'est pour un technicien se transformer en acteur, pour un réalisateur jouer dans son propre film, et pour un comédien devenir metteur en scène. On dit aussi **passer à la réalisation** : pour toutes les personnes qui travaillent dans le cinéma, il s'agit d'accéder à la responsabilité suprême et prestigieuse, la plus convoitée : celle du cinéaste.

> Il lui a fait un numéro de charme à la Wanda! Je me demande pourquoi il passe pas de l'autre côté de la caméra, Clark Gable à côté ce serait rien!
>
> Catherine Rihoit, *La Favorite*.

L'expression *(être) des deux côtés de la caméra* a moins de raison d'être car elle ne concerne que les cas très rares dans l'histoire du cinéma d'auteurs totaux : interprète et réalisateur de leur film, comme Chaplin par exemple.

Cameraman. Comme le mot est directement importé de la langue anglaise, on dira, au pluriel, des *cameramen* et, s'il s'agit de femmes, *camerawomen*. Le cameraman, comme son nom l'indique, est chargé du maniement de la caméra. Il cadre l'image suivant les directives du metteur en scène. C'est pourquoi on l'appelle aussi *cadreur* (voir p. 68) et, à l'occasion, *opérateur de prises de vues.*

Il ne sait pas où mettre la (sa) caméra. L'expression est souvent employée par les critiques de cinéma. Elle entend souligner la maladresse du cinéaste qui ne sait pas choisir ses angles.

camescope

Contraction de *caméra* et *magnétoscope*. Le *camescope* est la caméra utilisée pour enregistrer les films vidéo.

camp

Anglicisme; veut dire : de mauvais goût. Le *camp* ou la *culture camp*, comme la kitsch, très en vogue dans les années 60, peuvent faire aimer n'importe quoi en matière de cinéma. Ce sont les amateurs de *camp* ou de kitsch qui dénichent *nanars* et *navets* (voir pp. 297-298) et font parfois de ces films méprisés des chef-d'œuvres méconnus qu'il faut savoir réévaluer. Ils n'ont pas toujours tort.

Camper un personnage. L'expression définit le travail d'un comédien ou d'une comédienne. Elle signifie que ceux-ci s'installent temporairement (comme dans un campement) dans la peau du personnage qu'ils doivent incarner à l'écran.

Cannes

Ville de la côte méditerranéenne. Elle a été préférée à Biarritz en 1939 pour ouvrir le festival de cinéma qui devait concurrencer la *Mostra de Venise* (voir p. 470) alors sous totale influence nazie. Pourtant, le premier *festival de Cannes*, qui devait s'ouvrir au tout début du mois de septembre sous la présidence de Louis Lumière, n'aura pas lieu en raison de la déclaration de guerre.

C'est seulement en 46 que s'ouvre la première grande fête cinématographique cannoise. Après quelques tâtonnements (pas de festival pendant deux ans), le festival prend sa vitesse de croisière et acquiert peu à peu sa renommée internationale : il devient l'un des rendez-vous du cinéma les plus prisés, un gigantesque marché où les professionnels peuvent se rencontrer et, malgré tout, un lieu de rencontre culturelle puisque, chaque année, sous la présidence d'une personnalité de renom, un jury récompense le travail des meilleurs artisans de cinéma du moment (les films sélectionnés viennent de tous les pays). En 1968, le festival faillit exploser sous la pression de la « révolution de Mai », mais il reprit son cours en 69, enrichi de quelques sections supplémentaires : à côté de la sélection officielle, à la discrétion du délégué général, et de la *Semaine de la Critique,* on peut suivre la *Quinzaine des Réalisateurs,* ou encore *Perspectives du cinéma français,* dont le but est plutôt de révéler les futurs grands cinéastes de demain. Au fil des ans, donc, les projections se sont multipliées dans les salles qui entouraient le Palais du festival. Ce dernier, trop exigu, a dû être remplacé par une construction plus vaste, sinon plus accueillante (voir *bunker,* p. 64) pour recevoir les *festivaliers* de plus en plus nombreux.

Mais les lieux mythologiques fascinent toujours autant : les marches de l'ancien Palais, qu'ont montées et descendues tant de stars entourées du cordon de leurs fans, les plages où se sont exhibées tant de starlettes, les grands hôtels et leurs piscines où se tinrent tant de fêtes prestigieuses, la terrasse du Carlton où conversent encore les producteurs, le Blue Bar où il est de bon ton de se faire voir, le restaurant de la Mère Besson où il convient d'aller déguster la bouillabaisse et, bien sûr, la Croisette. La ville et le festival sont devenus inséparables et l'on n'est plus obligé de signifier que l'on se rend au festival de Cannes : *aller à Cannes* suffit amplement.

De même on emploiera l'adjectif *cannable* pour signifier qu'un film est susceptible d'être sélectionné pour le festival de Cannes et parfois (plus rarement) *canné* pour dire qu'il a été primé à l'issue du festival.

Une cannoiserie est une curiosité que l'on pourra trouver au festival de Cannes, autrement dit un petit film rare et peut-être maniéré. Le mot est construit sur *chinoiserie*.

Cannéidoscope. Lancé par les journalistes du magazine *Première, cannéiscope* est construit comme *kaléidoscope* qui est composé d'une suite de mots grecs signifiant « regarder quelque chose de beau ». Un cannéidoscope serait ainsi un ensemble de belles images ou de bons souvenirs concernant le festival de Cannes.

canteen (Hollywood)

En français, « cantine d'Hollywood ». Les *Hollywood canteens* furent organisées par les studios durant la dernière guerre. Pour revigorer le moral des soldats, les compagnies envoient leurs stars dans les campements militaires. Elles se produisent sur des scènes improvisées ou... servent dans les cantines le repas des hommes.

capitale du cinéma (la)

L'art cinématographique naissant a vite été exploité par les artistes de tous les pays, mais ce sont les Américains qui l'ont organisé en industrie et fait de la petite ville d'*Hollywood* où ils s'étaient concentrés la seule et unique capitale du cinéma.

carré d'as

Il s'agit des quatre cinéastes considérés par les *mac-mahoniens* (voir p. 267) comme les cinéastes essentiels, à promouvoir d'urgence : Raoul Walsh, Fritz Lang, Otto Preminger, Joseph Losey.

J'aperçus, surplombant l'escalier par lequel on descend dans la salle, les portraits de quatre metteurs en scène, disposés en carré dans un même sous-verre : Lang, Walsh, Preminger, Losey. Les photographies, déjà anciennes, évoquaient une période révolue... « C'est le Carré d'As », m'informa mon ami et, pour la première fois, j'entendis parler des « mac-mahoniens ».
Geneviève Puertas, introduction à
La mise en scène comme langage, de Michel Movilet.

carrière

Du latin *carraria* désignant le chemin pris par les chars, le mot *carrière* est employé pour désigner la route symbolique suivie par quelqu'un sur les chemins de la vie et, par extension, la réussite sur cette voie. Comme dans les autres métiers, on parle donc de la carrière d'un(e) comédien(ne) ou d'un metteur en scène.

Le terme s'applique également aux films : la carrière d'un film peut être bonne ou mauvaise. De celui-ci, on dira alors qu'il a fait une bonne ou mauvaise carrière, ce qui signifie qu'il a attiré les spectateurs ou ne les a pas tentés, a remporté un certain succès ou essuyé un échec notoire. De la carrière d'un film dépend souvent celle de son auteur et des comédiens qui l'ont interprété.

On parle de **seconde carrière** lorsqu'un film, après avoir disparu des écrans, ressort et remporte un nouveau succès, lorsqu'un metteur en scène ou un acteur renommés font un **come-back** (voir p. 116) dans un style parfois très nouveau s'ils ont été oubliés pendant un moment.

> La seconde carrière de Dick Powell au cinéma commença avec *Le crime vient à la fin*, d'après un roman policier de Raymond Chandler, avec Powell dans le rôle de Philip Marlowe...
>
> Robert Parrish, *J'ai grandi à Hollywood*.

carton

Tous les textes calligraphiés ou imprimés apparaissant à l'écran : générique, commentaire explicatif, mais aussi extraits de dialogue ou résumé de l'action insérés entre deux images à l'époque du film muet (appelés également **intertitres**).

carton-pâte

Feuille rigide faite avec de la pâte à papier. L'expression est employé dans le langage cinématographique. Elle s'applique alors au décor (on dit « un décor de ou en carton-pâte »). Elle est péjorative et signifie que le décor dont il est question semble artificiel et ne ressemble pas à la réalité. Pourtant le carton-pâte n'est plus employé sur les plateaux de cinéma. Il est plutôt réservé au théâtre, la mise en scène de cinéma nécessitant des décors moins plats, que l'on sculpte de préférence dans le **staff** (voir p. 427).

Désespéré, il emmena ses hôtes de l'autre côté du bâtiment et leur montra les fausses façades des paquebots, des villes et des rues de village et des porches médiévaux, spectacle qui intéressa un peu le jeune homme, mais que sir Singrim jugea décevant. Chaque fois que Pat les emmenait derrière les façades de carton-pâte pour leur prouver que c'était un artifice, l'expression de sir Sigrim se changeait en une déception teintée d'un léger mépris.

Francis Scott Fitzgerald, *Histoires de Pat Hobby.*

cartoon

Mot anglais (dessin humoristique, caricature) venant lui-même du français *carton,* dessin exécuté par un peintre sur un carton et servant de plan à une future toile. Avant de désigner le film de dessin animé, *cartoon* était déjà employé pour *bande dessinée.*
Les cartoons sont aussi les dessins qui composent le film d'animation. Ils sont réalisés par le **cartooniste.**

Ça cartoon : titre d'une émission qui présente, sur *Canal Plus,* des séries de dessins animés. Il est construit sur un jeu de mots : *cartoon* veut dire « dessin animé » mais *cartonner* est employé dans le langage populaire pour « faire un carton », c'est-à-dire viser juste en tirant au fusil sur une cible en carton. Avec des cartoons, les producteurs ne risquent pas, en effet, de rater leur cible : les dessins animés ont toujours su plaire au public.

cascadeur

De l'italien *cascada,* dérivé de *cascare* : tomber. Casse-cou professionnel, le cascadeur remplace l'acteur principal dans les scènes périlleuses auxquelles celui-ci n'est pas préparé et pour lesquelles il n'est souvent pas assuré. Il saute, tombe, vole dans les airs, conduit des bolides en tous genres, exécute des courses-poursuites en voiture, ménage des accidents spectaculaires... Certaines vedettes confirmées refusent cependant les doublures et préfèrent exécuter leurs **cascades** elles-mêmes. Bravant ainsi le danger et frôlant l'exploit, Jean Marais s'est transformé en cascadeur averti dans nombre de films de cape et d'épée (*Le Capitan, Le Capitaine Fracasse...*). Plus récemment, Jean-Paul Belmondo a bâti la seconde partie de sa carrière sur des cascades éprouvantes au cours desquelles il lui est arrivé de se blesser.

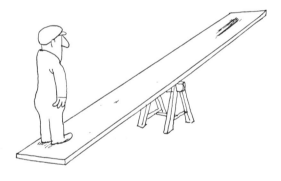

Le cascadeur est parfois appelé **stunt-man,** de son nom anglais.

Monsieur Zamfield, cette cascade que vous exigez ne figurait pas au scénario que vous m'avez soumis avant le film!

– Je l'ai ajoutée hier, c'est mon droit! Vous avez signé pour toutes les cascades!

– Je n'ai pas signé de contrat pour un suicide au fond d'un précipice de soixante-dix mètres!

Yak Rivais in *Moteur!*

casseroles

On les traîne après soi sur les plateaux, puisque c'est le surnom communément donné aux *spots.*

casting

De l'anglais *to cast* : distribuer un rôle. On dit : ***faire un casting.*** Pour le producteur et le cinéaste, il s'agit de distribuer les rôles du film que l'on s'apprête à tourner. Pour les comédiens il s'agit de convaincre ces derniers et de prouver son talent en interprétant parfois un bout d'essai.

Faire un casting est toujours un moment d'alchimie délicate. Il faut en effet savoir mettre en présence les comédiens qui sauront se répondre, créer une atmosphère, et éviter l'erreur de distribution (le ***miscast*** ou ***miscasting***). D'autant que les intérêts du producteur ne sont pas toujours les mêmes que ceux du réalisateur. Le premier peut espérer réunir les vedettes les mieux cotées, tandis que le second, plus féru d'art et de psychologie, cherchera l'interprète idéal qui accèdera rapidement à son univers et à ses méthodes de travail. La tâche est si ardue qu'elle est parfois déléguée à des spécialistes, les ***directeurs de casting,*** dont le métier n'a été que très récemment importé des États-Unis. Ceux-ci recrutent dans les agences, les théâtres, parfois aussi dans les cafés ou dans la rue.

> Le film en question racontait les déboires d'une tenancière de night club aux prises avec un milieu dont elle cherchait à s'affranchir. Une série B, produite par une compagnie de second plan, avec un budget restreint et un casting plutôt minable.
>
> Michaël Delmar, *La Blonde Platine.*

catastrophe (film)

Très en vogue dans les années 70 (*La Tour infernale,* l'*Aventure du Poséidon, Terreur sur le Britannic...*), le film-catastrophe donne à voir à coup d'***effets spéciaux*** (voir p. 163) accidents, fléaux, cataclysmes de toutes sortes tandis qu'un groupe d'individus, véritable microcosme humain, se débat dans la tourmente et que les psychologies s'affrontent.

Le spectacle qu'il vit quand il releva la tête lui sembla factice. Il eut l'impression d'une mise en scène bon marché pour un film-catastrophe de quinze secondes qui vendrait de l'assurance tous risques aux téléspectateurs du soir.

Tito Topin, *Graffiti rock.*

catch-lines

De l'anglais *to catch*, « attraper », et *lines,* « lignes ». Les catch-lines sont les quelques lignes inscrites sur l'affiche de cinéma et destinées à capter l'attention du futur spectateur. Exemples : « C'était impossible. Ils l'ont fait ! » (*Les Spécialistes*) ; « Un monde au-delà des rêves, un film au-delà de votre imagination » (*Dune*)...

cathédrale

Surnom souvent donné aux salles de cinéma, parce que les plus ardents cinéphiles semblent venir y célébrer un culte.

cells

Abréviation de *celluloïd* (on dit aussi **cellos** ou **cellulos**). Ce sont les feuilles de celluloïd sur lesquelles sont dessinés les titres et les inserts, mais aussi tous les dessins animés. Transparentes, elles sont superposables, ce qui permet de filmer les mouvements décomposés des personnages sans changer le fond du décor.

celluloïd

Nom donné au premier support des films utilisé jusque dans les années 50 et particulièrement inflammable : le nitrate de cellulose. Aujourd'hui ce matériau est seulement utilisé pour dessiner les diverses phases d'un dessin animé ; l'expression est alors abrégée (voir *cell*). Le mot *celluloïd* est encore improprement employé pour désigner la matière d'un film, parfois le film lui-même.

Elle l'est, grosse. Par procuration. Avec son film, son film d'enceintrage à faire pleurer les mouches et dont Danton est le papa. Si elle savait pour Clémence... Bah, laissons-la à sa joie et sa confiance, elle est rayonnante : elle va porter son rejeton de celluloïd sur les fonts baptismaux de la renommée.

Lucien Bodard, *La Chasse à l'ours.*

censors soother

De l'anglais *to soothe*, « apaiser ». Le *censors soother* est un personnage chargé de calmer les censeurs. A l'époque où le **Code Hays** (voir p. 113) fait des ravages, quand les ligues de vertu se déchaînent, réclamant coupes et censures dans les films, certaines **Majors companies** américaines se décident à appointer des censors soothers, sortes de *public-relations* à l'apparence rassurante destinés à amadouer les censeurs.

censure

Dans l'antiquité romaine, le magistrat appelé *censor* possédait, dans sa charge, un droit de regard sur la façon de vivre de ses concitoyens (aujourd'hui, dans les lycées, le censeur est chargé des problèmes de discipline). La censure, qui est un droit de regard des États, peut donc passer de la simple critique à l'interdiction la plus absolue. Elle varie suivant les pays, les époques, bien souvent en fonction des régimes politiques et de l'aptitude de ceux-ci à la tolérance et au dialogue : partisans et ennemis de la censure se sont toujours opposés. Les premiers demandent son abolition au nom du droit à la liberté d'expression. Les seconds entendent pouvoir l'exercer pour protéger l'ordre public, la moralité du pays, les droits de certaines catégories qui peuvent s'estimer bafouées par certaines œuvres.

En France aujourd'hui, le droit de *censurer* les films appartient au ministre de la Culture. Il est secondé dans sa tâche par une **Commission de Contrôle** chargée de lui délivrer des « avis ». Tous les films sont soumis à une autorisation de tournage. C'est ainsi, par exemple, que le film de Martin Scorsese sur la vie de Jésus, qui devait être co-produit par la France, a été censuré avant même que soit donné le premier tour de manivelle.

Après tournage, chaque film doit obtenir un **visa de censure** ou **d'exploitation** (le numéro et la date de celui-ci figurent au générique). Mais un film peut être totalement ou partiellement interdit (voir **interdiction**, p. 484), amputé de certaines images, **classé X** (voir p. 484); les affiches aussi peuvent être frappées d'interdiction et les titres modifiés...

La crainte de la censure conduit parfois certains professionnels à l'**autocensure**, c'est-à-dire la censure exercée contre soi-même pour éviter les ciseaux du censeur. L'autocensure, qui peut donner naissance à une production totalement édulcorée, a été érigée en véritable système dans l'Amérique de la fin des années 20 : le cinéma édicta son propre *code de censure*, rédigé par un ancien ministre des Postes : *William Hays* (voir p. 113).

> Je ne nie point l'intérêt ni surtout le charme de cette documentation, mais je pense par exemple, s'agissant de Marilyn Monroe, que la photo qui s'imposait n'était pas celle du calendrier où elle posa nue... mais la fameuse scène où elle se fait souffler sous les jupes par le métro. Cette idée géniale ne pouvait naître que dans le cadre d'un cinéma possédant une longue, une riche, une byzantine culture de la censure. De telles trouvailles supposent un raffinement extraordinaire de l'imagination acquis à lutter contre la rigoureuse bêtise d'un code puritain...
>
> André Bazin à propos de *L'Érotisme au cinéma*, livre écrit par Lo Duca.

César

Réalisée par le sculpteur César, qui lui a donné son nom (dont la consonnance est assez voisine de celle d'Oscar), cette statuette est décernée chaque année depuis 1976 aux meilleurs professionnels du cinéma français (meilleur acteur ou second rôle, meilleur espoir du cinéma, meilleur film, meilleur réalisateur, etc.) par *l'Académie des Arts et Techniques* représentant l'ensemble de la profession cinématographique.

Un premier vote distingue les quatre *nominés* de chaque catégorie (les *césarisables*). A l'issue de la *cérémonie des Césars* qui, à l'instar de celle des *Oscars* américains, réunit devant les caméras de la télévision toute la grande famille du cinéma, les vainqueurs de chaque série, qui s'étaient peut-être essoufflés dans cette *course aux Césars,* sortent définitivement *césarisés.*

Nuit des Césars. C'est la nuit pendant laquel! sont décernés les Césars.

Césarine. Le mot est rarement employé. Il désigne cependant l'actrice qui a remporté un César.

chambre obscure (ou noire)

Traduction de l'expression italienne : *camera oscura.* Ce sont en effet les Italiens qui, les premiers, ont souligné les propriétés de la « chambre obscure ». Au début du XVIIᵉ siècle, le physicien napolitain Giambattista della Porta note que les images des objets du dehors se reproduisent à l'envers sur le mur de sa chambre quand la lumière parvient à passer par un trou de ses volets. Par la suite, des peintres s'installeront dans des chambres noires construites expressément pour eux : percées d'un trou (le *sténopé*), ces cabines permettaient de reproduire un dessin placé à l'extérieur. Des lentilles et des objectifs seront enfin fixés devant l'étroite ouverture et l'on construira des chambres obscures portables sur le même principe. Les appareils photographiques, et enfin les appareils de prises de vues cinématographiques, conserveront le nom italien de la chambre et seront appelés *caméras* (voir p. 72).

champ

Le champ est l'espace embrassé par la caméra. Il dépend de l'*objectif* employé. Un acteur peut *être dans le champ*, mais il peut également *entrer dans le champ, sortir du champ* ou bien encore *être hors champ.*

> Je les revois comme dans une scène filmée, je pourrais dire où est située la caméra et l'angle de l'objectif. Les acteurs s'attardent un peu puis se dispersent, et sortent du champ.
>
> Roger Grenier, *Ciné-roman.*

D'une manière générale, le *hors champ* comprend tous les éléments visuels (pour les éléments sonores, on emploiera plutôt l'abréviation de l'expression *off screen* : *off*) qui, n'ayant pas été cadrés par la caméra, demeurent extérieurs à l'image tout en conservant une signification importante. Par extension on dira que sont hors champ, dans la vie réelle, les événements qui se déroulent parallèlement à la scène où sont censés agir et manœuvrer les protagonistes principaux. L'expression est alors synonyme de « hors du regard ».

> J'attendis donc d'être hors champ pour empocher le chèque et déchirer la photo.
>
> Michaël Delmar, *La Blonde Platine.*

Un *contrechamp* est la portion d'espace qui fait face au champ : elle lui est diamétralement opposée. On peut filmer des champs et des contrechamps pour définir toutes les perspectives d'un décor.

> Au plan général de la ville succédait l'enfilade d'une rue, champ-contrechamp, avant d'en venir à la façade d'une église.
>
> Frédéric Vitoux, *Il me semble désormais que Roger est en Italie.*

Un montage en **champ-contrechamp** permet par exemple de restituer un dialogue, la caméra prenant la place des acteurs au moment où ils ne parlent pas.

> En fait c'était Philippe qui lui posait un vrai problème, c'est lui qui menait la scène. Isabelle subissait et elle aurait surtout des contrechamps.
>
> Paul Fournel in *Moteur.*

La *profondeur de champ* est la portion d'espace dans laquelle tous les détails de l'image sont nets : elle peut être plus ou moins profonde.

> La profondeur de champ était nette jusqu'à l'autre bout de la place où Gonzalès distinguait parfaitement l'encadrement noir de la fenêtre placée au-dessus du premier A de PHARMACIE.
>
> Tito Topin, *Graffiti rock.*

chanchada

Mot portugais désignant les comédies médiocres qui fleurissaient au Brésil avant la grande aventure du *cinéma nôvo* (voir p. 308). Parodique, grotesque parfois, la chanchada caricature le modèle américain qui, à travers les films, colonise le peuple brésilien. Elle laisse entendre le langage de la vie quotidienne. A l'arrivée du cinéma nôvo (dans les années 60), elle sera absorbée par la télévision et renaîtra dans les années 70 sous la forme de la *pornochanchada,* c'est-à-dire de la comédie aussi érotique que burlesque.

Chanel nº 5

Un parfum devenu célèbre grâce au cinéma et particulièrement à Marilyn. A un journaliste qui lui demandait : « Que mettez-vous pour dormir ? », elle avait répondu, non sans humour : « Chanel nº 5. »

Chantons sous la pluie

Titre d'un classique de la comédie musicale réalisé en 1952 par Stanley Donen avec Gene Kelly (en anglais : *Singin'in the rain*), c'est aussi le couplet magique du film. Il accompagne les bonds athlétiques de Gene Kelly sur le rebord d'un trottoir mouillé. L'expression associée à l'image de l'acteur est souvent ré-utilisée les jours d'euphorie (artificielle?) en ville quand les gouttes d'eau se font trop denses et le béton infini.

> Il venait de terminer une campagne de pub pour une lessive aux enzymes. Une belle découverte, ces enzymes, expliquait-il en riant, elles coûtent cher mais les ménagères en sont folles : elles se ruent sur les boîtes de poudre.
> Ça l'arrangeait : il n'avait jamais autant travaillé.
> – Enziiimes sous la pluie, enziiimes sous la pluie, what a wonderful feeling, enziiimes sous la pluie...
> Il mimait Gene Kelly sur le trottoir. Sans parapluie.
> – T'es gai aujourd'hui, marmonne Juliette qui marchait derrière comme d'habitude.
> Katherine Pancol, *Scarlett, si possible.*

Chaplin féminin (le)

Titre décerné à l'actrice Mabel Normand. Elle a débuté en effet dans l'écurie de Mack Sennett à la Keystone, aux côtés de Charlie Chaplin, et fut cataloguée comme l'une des premières interprètes érotiques de l'écran. Elle sera ensuite mêlée à un mystérieux scandale (la mort du réalisateur William Desmond Taylor).

chaplinesque

De *Charlie Chaplin.* Se dit d'une personne ou d'une situation dont le comique rappelle celui de Chaplin et de son héros le vagabond, éternel marcheur à la canne dansante et aux mimiques expressives.

charger

Veut dire « installer la pellicule » sur une caméra ou un appareil de projection. *Décharger* veut dire retirer la pellicule qui a été impressionnée ou déjà projetée. L'opération de *chargement* ou de *déchargement* est effectuée sur le tournage par le second assistant, dans la cabine de projection par le projectionniste. On appelle *chargeurs* ou *magasins* (voir p. 268) les boîtiers qui contiennent la pellicule et sont fixés à la caméra. Ceux-ci doivent être manipulés avec précaution afin que la pellicule ne soit pas en contact avec la lumière. On utilise donc un *sac* ou *manchon de chargement* que l'on désigne souvent de son nom anglais : *charging-bag.* Le charging-bag est en tissu sombre. Il est muni de mancherons dans lesquels l'assistant peut introduire ses mains et ses bras pour vider et remplir les magasins dans l'obscurité quels que soient l'heure ou le lieu de tournage.

chariot

Monté sur rails ou sur pneumatiques, c'est une plate-forme supportant la caméra et le cadreur. Poussé par les machinistes, il permet les déplacements dans l'espace et l'exécution des *travellings* (voir p. 458).

> Stahr fit volte-face et revint près du chariot de la caméra. Les yeux et les bouches bées d'un groupe de visiteurs quittèrent momentanément l'héroïne du film, se fixèrent sur Stahr et puis revinrent distraitement à l'héroïne...
> Francis Scott Fitzgerald, *Le Dernier Nabab.*

Charlot

Nom du célèbre héros incarné par Charlie Chaplin dans ses propres films.

> ... puis une ville remplit l'écran, puis le trottoir d'une allée, une longue file de palmiers et enfin Charlot; et tout le monde rit dès qu'on l'aperçut, les pieds en dehors, et les genoux écartés, comme s'il avait peur de s'écorcher, et le père de Rufus rit, et Rufus rit. Cette fois, Charlot volait un sac plein d'œufs, et à la vue d'un flic il le cacha dans le fond de son pantalon...
> James Agee, *Une mort dans la famille.*

Aujourd'hui on affuble de ce surnom certains individus qui n'ont, en principe, rien à voir avec le cinéma. Dire de quelqu'un « c'est un Charlot », c'est souligner avec une gentillesse condescendante sa ressemblance avec le légendaire vagabond à la badine. Un Charlot est en effet un personnage plutôt mal adapté à la société, un maladroit dont les bévues brouillonnes prêtent à sourire.

> Il a qu'une idée en tête... c'est de récupérer son fric et de faire du bénéf...
> – Eh bien s'il veut faire du bénéf ton Charlot... il a intérêt à pas se mêler de ce qui le dépasse...
>
> Tito Topin, *Graffiti Rock.*

charte

Emprunt à l'anglais *chart,* « diagramme, graphique », lui-même emprunté à l'ancien français *charte,* « document officiel », issu du latin *charta,* transcription du grec *khartês,* « papier ». Souvent surnommée *lily* (voir p. 257), la charte est filmée à la fin des prises. C'est un panneau présentant un dégradé de gris et de couleurs, qui sert à vérifier la qualité des couleurs de l'enregistrement.

chasseur

Samuel Goldwyn avait ainsi baptisé les documentaires particulièrement ennuyeux que, par souci de rentabilité, l'on se mit à projeter entre deux séances à la place des numéros de music-hall pour décourager le public de s'incruster sans payer une seconde fois sa place et le chasser de la salle.

Chasseur d'autographes : l'expression désigne le cinéphile ou le fan qui traque les vedettes afin d'obtenir une signature ou un petit mot écrit de la main même de ceux ou celles qu'il adule. Les chasseurs d'autographes se trouvent essentiellement sur les lieux où l'on peut noter une certaine concentration de stars. Par exemple : la Croisette, à Cannes, au moment du festival.

Chasseur d'images : employée d'abord pour désigner les reporters de cinéma qui parcourent le monde à la recherche des images qu'ils récoltent avec leurs caméras, l'expression s'applique aujourd'hui également aux photographes qui s'en vont débusquer les scènes intéressantes qui deviendront autant de clichés.

> Tout le parcours est bien prévu, bien chronométré. Il les laisse tout de même sur leur soif, les chasseurs d'images.
>
> Alphonse Boudard, *Cinoche.*

cheap

On dit aujourd'hui couramment ***film cheap*** pour « film fauché ». Mais les deux expressions sont rigoureusement équivalentes, *cheap*, adjectif anglais, voulant dire « bon marché ». Un film cheap ou... fauché est un petit film qui n'a pas coûté cher. Il s'oppose aux grosses productions qui ont nécessité un budget onéreux.

chef

Une équipe de film compte de nombreux spécialistes. Chaque groupe de spécialistes est dirigé par un chef. Celui-ci supervise le travail de tous ceux dont il a la charge. Sur un tournage, on peut ainsi trouver : un ***chef-opérateur,*** un ***chef-opérateur du son,*** un ***chef-électricien,*** un ***chef-costumier,*** un ***chef-monteur*** ou, plus souvent, une ***chef-monteuse,*** etc.

> Bien que je signe le son du film, que je sois le chef, l'ingénieur du son, le perchman a sa part dans la qualité de mon travail, au moins pour la moitié. Nous nous connaissions si bien qu'il n'y avait plus de hiérarchie entre nous mais une complicité totale.
>
> Jean-François Robin, *Raté maman.*

chef-d'œuvre

Un chef-d'œuvre cinématographique est, en principe, un film capital. Si, avec le temps, il est pratiquement impossible de passer à côté d'un chef-d'œuvre, l'importance de la production contemporaine peut dérouter les spectateurs un peu snobs et trop pressés de suivre ce qui se fait, qu'ils soient spécialistes (critiques) ou simples amateurs. Il existe ainsi des chefs-d'œuvre méconnus, tandis que de petites œuvrettes peuvent être inconsidérément portées au pinacle. Les véritables critères de jugement sont souvent laissés au vestiaire et l'on brûle ou encense les films sans trop réfléchir, tant leur rotation est rapide. Certains critiques cinématographiques sont ainsi réputés pour réviser des jugements émis à l'emporte-pièce dans les bouillonnements cannois. Mais ceux qui avouent s'être trompés sont rares : ce sont des gens honnêtes.

> – Tu as vu *l'Œuf du Serpent* ? me demanda-t-il.
> – Oui.
> – C'est bien ?
> – Un chef-d'œuvre.
> – Tu es sûr ? Parce que moi, Bergman, depuis que j'ai vu *Cris et Chuchotements,* je me méfie.
> Patrick Besson, *Lettre à un ami perdu.*

chenille

Négatif utilisé pour décider de l'équilibrage des couleurs lors de l'opération d'**étalonnage** (voir p. 173), la chenille est également un procédé utilisé lors du mixage du film : c'est un système lumineux qui donne à voir les fréquences sonores tandis que défile sur l'écran une suite d'images.

chien

L'animal familier apparaît dans l'un des célèbres aphorismes du plus redoutable misanthrope de l'histoire du cinéma : W.C. Fields. Celui-ci se plaisait en effet à répéter : « Celui qui hait les petits chiens et les enfants ne peut pas être complètement mauvais. » Tout un programme pour ce comique désenchanté au nez d'ivrogne, qui savait faire rire des pires turpitudes humaines et des souffrances qu'elles occasionnaient chez lui.

Chinese Theatre

Ou « Théâtre Chinois ». Situé sur Hollywood Boulevard, le **Mann's Chinese Theatre** a été fondé par Sid Graumann à la fin des années 20. Ce temple du cinéma a été construit dans un style chinois. On y organise des **premières** et parfois la remise des **Oscars.** Chaque année, sur le trottoir qui le borde, quelques-unes des stars les plus prisées du moment viennent apposer un autographe majestueux et symbolique : l'empreinte de leurs pieds ou de leurs mains figée dans le ciment préparé à cet effet. Depuis peu, la ville de Cannes a repris cette coutume : la cérémonie se déroule bien sûr pendant le plus célèbre des festivals.

> Même moi, à la première au Chinese, j'ai applaudi...
> Sébastien Japrisot, *La Passion des femmes.*

chouette

Label décerné aux films pouvant intéresser les jeunes (de six à dix-huit ans) par une commission de quinze membres nommés par le Secrétaire d'État à la Culture (parmi ceux-ci, on compte des spécialistes du septième art mais également des éducateurs). Ce label est représenté sur les affiches ou les bandes-annonces sous la forme d'une chouette placardée sur un fond de pellicule : c'est une sorte de rébus élaboré à partir de l'expression « c'est chouette » qui, dans un langage de jeunes au demeurant un peu démodé, signifie « c'est beau ».

chutes

Elles tombent dans un **chutier,** sont détruites ou peuvent être conservées, voire ré-utilisées dans un autre film. Ce sont les morceaux de pellicule impressionnée écartés au moment du montage. Les chutes désignent également les morceaux de pellicule vierge qui n'ont pas été utilisés lors du tournage : dans ce sens, on les appelle aussi des **queues.**

> Une haute boîte de fer recueillait les déchets de films. En fouillant dedans, on trouvait des trésors : des bouts d'amorces magnifiquement bleus ou rouges, des chutes de films sur lesquels on reconnaissait parfois un acteur ou une actrice aimés.
> Roger Grenier, *Ciné-roman.*

cinamour

Peut-être le plus beau mot du langage cinématographique, trouvé sous la plume d'un journaliste (Gérard Lefort) du quotidien *Libération* : une contraction de *cinéma* et *amour* qui permet de parler avec beaucoup d'élégance de l'amour du cinéma. Nul doute que le mot devrait donner naissance à un adjectif dont la consonance rappellerait celle de *glamoureux* (voir **glamour**, p. 216) : être *cinamoureux* signifierait alors être très amoureux du cinéma.

ciné

Abréviation de *cinéma*, lui-même abrégé de *cinématographe*, du grec *kinêma*, « mouvement ». *Ciné*, comme *cinéma*, est employé pour désigner familièrement l'ensemble des œuvres filmées (*le ciné*), mais également les salles où sont projetés ces films (*aller au ciné*). Aujourd'hui le mot *ciné* est volontiers remplacé par **cinoche,** mais le radical *ciné* a servi à l'élaboration de nombreux mots relatifs aux activités cinématographiques comme : **cinéaste, ciné-club, cinémathèque,** etc...

> J'ai un œil sur lui, l'autre sur les aiguilles. Je résiste à une envie. A Paris, il y a un Buster Keaton au Saint-Séverin, je pourrais repousser l'assiette et balancer comme ça, mine de rien : on va au ciné cet après-midi ?
> Claude Klotz, *Les Mers adragantes.*

cinéac

Contraction de *cinéma* et *actualités.* Très en vogue dans les années 30, les cinéacs étaient des salles de cinéma spécialisées dans la projection de films d'actualités. Le principe de ces salles uniquement consacrées aux documents d'actualités a ensuite été abandonné. Pourtant quelques cinémas ordinaires ont aujourd'hui encore conservé l'appellation originale.

> Un soir j'ai cassé tous mes santons et je me suis roulé dans l'escalier jusqu'au papetier qui vendait les illustrations, papa, papa, je ne suis bien qu'au Cinéac, le hall bleu avec des rayures, on rentre, dis, c'est Dimanche, qu'est-ce que ça fait qu'il fasse beau, on peut rentrer ce n'est pas cher et tu as plein de ronds dans ton portefeuille...
> Claude Klotz, *Sbang-sbang.*

cinéaste

Mot d'origine italienne construit avec le radical *ciné*, tiré de *cinéma*. Il a été utilisé pour la première fois par Louis Delluc : désignant d'abord toutes les personnes travaillant dans le cinéma sans distinction aucune (acteur, technicien, réalisateur, etc.), il a été ensuite employé pour nommer exclusivement le maître d'œuvre principal du film : le *réalisateur* ou **metteur en scène.**

La trouille qu'il fasse de mauvaises rencontres. Ils se la donnaient surtout des autres cinéastes en mal de producteur. Si ça grouille aux Champs-Élysées, à Saint-Germain, dans toutes les boîtes, les bistrots, avec leur script ostentatoire sous le bras...
Alphonse Boudard, *Cinoche.*

ciné-chiffre

Organisme qui envoie chaque semaine à ses abonnés (des professionnels du cinéma : producteurs, distributeurs, exploitants, journalistes...) le décompte des entrées pour chaque film projeté en salle.

Cinecittà

En italien, la « Cité du cinéma ». Cinecittà a été construite près de Rome. A la fin des années 30, Mussolini, qui veut relancer la production cinématographique italienne, décide l'édification de ce vaste complexe de studios pouvant rivaliser avec Hollywood. En plus de la modernité des équipements, on y trouve, comme dans la Capitale du cinéma, une lumière particulière due au climat de la région : elle facilite les tournages.

Je l'avais quitté en pleine gloire ; quand je le retrouvai, il achevait à Cinecittà un contrat qui ne serait pas renouvelé...
François-Olivier Rousseau, *L'Enfant d'Édouard.*

ciné-club

Ou « club de cinéma ». C'est le critique et cinéaste français Louis Delluc qui lança les ciné-clubs en 1920 avec sa phrase fameuse : « Il y a le Touring-club, il faut aussi le Ciné-club... » Ce qu'on faisait pour les loisirs pouvait bien en effet être fait pour le cinéma. Delluc crée donc la revue *Ciné-club*, puis *Cinéa* tandis que Canudo fonde le **Club des Amis du Septième Art,** qui se coule par la suite dans le **Club Français** pour former le **Ciné-club de France.** La critique s'organise et, sous l'influence des mouvements d'Avant-Garde, on promeut la culture ciné-matographique en organisant des projections privées de films réputés difficiles.

Elles sont suivies de débats qui permettent aux théori-ciens, aux cinéastes et au public de se rencontrer. On y défend l'Art souvent bafoué par les préoccupations mer-cantiles, on impose des films injustement méprisés ou tout simplement mal connus du grand public, on pré-sente des films interdits par la censure (*Le Cuirassé Potemkine* d'Eisenstein a été connu grâce aux ciné-clubs).

A la libération, le mouvement des ciné-clubs, qui a pris une grande ampleur, se fédéralise. Chaque ciné-club est affilié à une Fédération qui peut posséder sa propre revue. Chaque adhérent de ciné-club doit assister à la projection d'au moins trois films.

Aujourd'hui les discussions ardentes des ciné-clubs, et le travail militant en faveur d'un cinéma non commercial tendent à se dissoudre et à s'éparpiller : certaines revues remplissent ce rôle, tandis que la Cinémathèque et les *ciné-clubs* de la télévision donnent à voir les films qui autrefois n'étaient diffusés que par le canal des seuls ciné-clubs.

> De toute façon je voulais plus m'y remettre à ce scénario... que je les écoute les uns les autres, lui, Gloria et Luc, je passerai une pige à écrire, réécrire... me justifier, saliver, écouter les avis, les lubies du premier zoulou qui se pointe, le pathos du dernier professeur de ciné-club rencontré au coin d'un bar...
>
> Alphonse Boudard, *Cinoche.*

cinécriture

L'expression réconcilie deux frères réputés ennemis : l'image et le texte écrit. On la doit à Agnès Varda, qui l'explique ainsi :

> La cinécriture ? C'est le style cinématographique, ce qui s'écrit par le son et l'image d'un film : les mouvements de la caméra, la manière dont le film est raconté.

Au générique de *Sans toit ni loi* (1985), on peut lire en effet : « Film cinécrit et réalisé par Agnès Varda. »

ciné-forum

Avec le latin *forum,* « place publique ». A la différence des **ciné-clubs,** réservés aux adhérents des fédérations, et des **séminaires,** où ne sont conviés que des professionnels, les ciné-forums sont des débats organisés dans le cadre d'une manifestation ouverte au public ordinaire.

cinégraphiste

Du grec *kinein* : mouvoir et *graphein* : écrire.
Cinégraphiste veut dire « écrivain du mouvement ». L'un des premiers mots inventés pour désigner le metteur en scène de cinéma. Abandonné, comme **écraniste,** il a été remplacé par **cinéaste.**

cinéma

Abréviation de **cinématographe** (voir p. 100). Moins savante et précieuse que *cinématographe,* mais moins familière que *ciné* ou *cinoche,* c'est elle qui est le plus souvent employée pour désigner l'appareil de prise de vues capable de transcrire le mouvement.
Cinéma désigne également le produit de cet enregistrement : l'ensemble des œuvres filmées (cinéma expérimental, cinéma de la Nouvelle Vague, etc.).
On emploie aussi le mot pour désigner la salle où sont projetés les films (cinéma permanent, cinéma d'exclusivité, etc.) : on dit en effet **aller au cinéma** pour « aller voir un film dans une salle de cinéma ».

> Mon grand-père paraissait à la porte de son bureau quand nous ouvrions celle de l'appartement; il demandait : – Où allez-vous, les enfants ? – Au cinéma, disait ma mère. Il fronçait les sourcils et elle ajoutait très vite : – Au cinéma du Panthéon, c'est tout à côté, il n'y a que la rue Soufflot à traverser. Il nous laissait partir en haussant les épaules; il dirait le jeudi suivant à M. Simonnot : – Voyons Simonnot, vous qui êtes un homme sérieux, comprenez-vous ça ? Ma fille emmène mon petit-fils au cinéma!
> Jean-Paul Sartre, *Les Mots.*

Le mot sert aussi à qualifier tout ce qui est relatif à la fabrication ou à la diffusion des films : **acteur de cinéma, technicien de cinéma, plateau de cinéma, etc.**

Il se retrouve dans plusieurs expressions, passées dans la langue de tous les jours.

C'est du cinéma! C'est invraisemblable, irréel, artificiel, fabriqué comme... au cinéma : « c'est du chiqué ».

> Et puis d'ailleurs ce baiser, comme le reste, c'est du cinéma, une illusion, ma vie...
> Jean-François Josselin, *Quand j'étais star.*

Faire du cinéma, pour un cinéaste, un acteur ou un technicien, c'est travailler à la réalisation d'un film. Pour toute autre personne, *faire du cinéma* ou **faire tout un cinéma** c'est fanfaronner, jouer la comédie, se composer un personnage et compliquer une situation qui aurait dû rester simple et naturelle.

> Ce dur esclavage de la machine à écrire. Tout ce cinéma pour arriver à pondre dix pages!
> André Laude, *Joyeuse Apocalypse.*

Se faire du cinéma ou **se faire son cinéma :** se mettre en scène de façon artificielle, s'inventer des mondes imaginaires en frôlant parfois la mythomanie.

> *Sur l'écran noir de mes nuits blanches*
> *Moi je me fais du cinéma*
> *Sans pognon et sans caméra*
> *Bardot peut partir en vacances*
> *Ma vedette, c'est toujours toi...*
> Chanson de Claude Nougaro.

Ça, c'est du cinéma! permet de saluer admirativement un film ou peut-être une action de la vie réelle qui renouent avec l'essence même du cinématographe : artifices, paillettes et mouvement. Et tout simplement **le cinéma!** pour souligner, en bien ou en mal, les artifices déployés par un film, par une personne réelle, par un décor, un arrangement, etc. pour plaire avec insistance.

> Je connais bien ces avenues, les trois marches sur la rue et des couloirs-grottes, la ville coule comme un fromage vers l'eau verte et les moires gaz-oil. Les barques clapotent et les femmes crient dans les rues raides les prix des melons. La nuit la région déboule des hauts de Sainte-Marthe et des cavaliers courent les collines. Les terrasses coquettes se parfument aux platanes et au pastis, voilà le cinéma.
> Claud Klotz, *Sbang-sbang.*

cinémaboul

Avec l'arabe *mahboûl,* « fou ». Mot créé par Alain Fin-
kielkraut dans son *Petit Fictionnaire illustré.*
Le mot est à peu près l'équivalent de ***cinémane*** ou
cinémaniaque (voir ci-dessous). Il désigne le passionné de
cinéma dont la passion semble sortir des normes et frôler
la maladie. L'auteur de cette jolie invention propose
également un autre mot valise : ***cinémadeleine*** (de l'expression « pleurer comme une madeleine »), qui désigne-
rait le spectateur à la sensiblerie larmoyante qui « va voir
des films tristes pour y pleurer abondamment et se
consoler ainsi d'une vie grise ».

cinémacrographie

Construit avec le grec *makros,* « grand ». La cinémacro-
graphie permet de filmer en très gros plan et de tout près
plantes, fleurs, insectes.

La ***cinémicrographie*** (*mikros* en grec veut dire « petit »)
est l'ensemble des techniques cinématographiques qui
permettent de restituer en mouvement ce que donne à
voir un microscope. On l'utilise dans les laboratoires de
recherches scientifiques et médicales.

cinémane

Avec le grec *mania :* folie. Maladive ou pas, l'obsession
du cinémane est unique : le cinéma. *Cinémane* est le
premier mot qui a été forgé pour désigner l'amateur de
cinéma. Aujourd'hui il a été remplacé par ***cinéphile,*** mais
on parle encore de ***cinémanie*** pour désigner la passion
des amateurs de films, et de ***cinémaniaque*** pour désigner
l'amateur quand il devient maniaque et tatillon.

cinémateux (euse)

Construit avec le radical *mater* (en argot « voir »), ciné-
mateux, dans le langage populaire, remplace parfois
l'adjectif *cinématographique* quand celui-ci est jugé trop
long et trop savant.

> Certain que ça me serait le plus grand bénéf pour ma
> carrière cinémateuse d'aller aux cours de maintien du soir.
> Alphonse Boudard, *Cinoche.*

Cinématon : construit comme *photomaton,* nom d'une marque de photographies automatiques, le mot a été employé, notamment par les journalistes du quotidien *Libération,* pour désigner justement de petites photos obtenues automatiquement, qui avaient la particularité de représenter des gens de cinéma (acteurs, metteurs en scène, etc.).

On dit aussi ***cinémater*** lorsqu'il s'agit de filmer brièvement en plan fixe le visage de quelqu'un à la manière d'une photo d'identité, ce qu'a fait Gérard Courant, auteur d'une série de films intitulés précisément *Cinématons,* dans laquelle il a braqué pendant trois minutes sa caméra sur le visage d'amis et de personnalités du cinéma.

cinémathèque

Construit comme *bibliothèque* (avec le grec *thêkê :* dépôt), le mot *cinémathèque* désigne l'endroit où sont conservés les films et où ils peuvent être présentés au public. Le principe des cinémathèques, que l'on retrouve aujourd'hui dans de nombreux pays, est né en France. Quand l'arrivée du cinéma parlant fait tomber aux oubliettes toutes les pellicules des films muets, un collégien cinéphile, Henri Langlois (en compagnie du futur réalisateur Georges Franju) se met à les récupérer et à les collectionner en les entreposant chez lui jusque dans... sa baignoire. Il ne ménage pas ses efforts mais l'argent manque. Le directeur de la revue *Cinématographie française* lui vient en aide mais il faudra attendre des années encore les subventions de l'État.
Pendant la guerre encore, Langlois soustrait seul à la rapacité des occupants bon nombre de chefs-d'œuvre en les disséminant à travers la France. La *Cinémathèque* se constitue. Depuis la création en 36 du *Cercle du Cinéma,* elle a des amis : tous les réalisateurs de la Nouvelle Vague ont fait leurs classes et appris leur métier en visionnant les films de la Cinémathèque qui, dans les années 50, est installée rue d'Ulm, avant qu'une salle de projection ne s'ouvre au Palais de Chaillot dans les années 60 (aujourd'hui, une troisième salle existe au centre Beaubourg). Langlois, nommé directeur de la Cinémathèque par Malraux, poursuit son travail de « génial chiffonnier du cinéma », mais d'aucuns lui

reprochent son désordre. En réalité on sent poindre des convoitises et se nouer des différends politiques. Langlois est démis de ses fonctions, mais en février 68, peu avant les événements de Mai, éclate *l'affaire Langlois*: les réalisateurs connus, qui ont tout appris à la *Cinémathèque*, interdisent la projection de leurs films, manifestent, descendent dans la rue. Le pouvoir cède. Langlois réintègre son poste et ouvre le Musée du cinéma.

A la mort d'Henri Langlois, en 1977, d'autres reprendront le travail entrepris par ce personnage légendaire : conservation, archivage, restauration des films, exposition au public du patrimoine cinématographique notamment à travers projections et rétrospectives.

Fréquentent la *Cinémathèque* ceux qui aiment les vieux films ou sont atteints de cinéphilie galopante. On appelle du reste ces dévoreurs d'images des *rats de cinémathèque* comme on dit « rats de bibliothèque ».

> François et René-Charles, Péplum aussi probablement, la fréquentaient depuis plus longtemps que moi : Parisiens avant que je ne le devienne, ils avaient adopté sans heurt et sans se poser des questions la Cinémathèque comme d'autres adoptent le tennis ou le poker.
> Michel Grisolia, *L'Homme devant le square.*

cinématographe

Quand les frères Auguste et Louis Lumière découvrent un mécanisme d'entraînement du film d'après le principe du pied de biche des machines à coudre (en réalité c'est Louis tout seul qui en eut l'idée au cours d'une nuit d'insomnie), ils purent envisager la projection d'un film sur un écran, ce que leurs prédécesseurs (Edison, Marey, Demeny) n'avaient pas encore obtenu.

La première projection publique eut lieu un peu plus tard (le 28 décembre 1895) au Grand Café, boulevard des Capucines, à Paris, et l'appareil breveté portait déjà un nom : le *Cinématographe Lumière.*

Le mot avait déjà été utilisé par le savant Bouly. Le père d'Auguste et Louis, Antoine Lumière, préférait quant à lui celui de *Domitor*. Mais l'étymologie de *cinématographe* (du grec *graphein* « écrire », et *kinêma, kinêmatos* « mouvement ») séduisit les deux frères. C'est donc ce mot-là qui passa à la postérité. Devenu un nom commun, il connut la gloire que l'on sait, même s'il fut raccourci en *cinéma,* puis *ciné,* qui ont à leur tour donné naissance à un florilège de mots nouveaux *(cinémascope, cinémathèque, cinéaste, ciné-club, cinégénique...)*

> Tu aimes ca, le cinématographe ?
> – Voui msieu.
> – Moi aussi. Cet art – car c'en est un – nous fait oublier les misères de la vie quotidienne.
> Raymond Queneau, *Loin de Rueil.*

Cinématographe, comme *cinématographier,* sont donc devenus des synonymes vieillots de *cinéma* ou de *filmer.* Mais on les emploie encore volontiers à propos de certains réalisateurs qui aiment faire remarquer le caractère aristocratique de leurs œuvres, et la parenté qu'entretient leur caméra avec le stylo des écrivains. Pour Bresson, qui peint et écrit avec la caméra, pour Cocteau qui, en évoquant ses films, parlait « d'encre de lumière », le grec *graphein,* « écrire », garde tout son sens.

> Lui, c'est du cinoche qu'il veut faire... pas du cinémato-graphe comme Robert Bresson...
> Alphonse Boudard, *Cinoche.*

Cinématographie est l'un des rares dérivés de *cinémato-graphe* encore très couramment employé. Le mot désigne la création cinématographique dans un pays, aussi bien dans le domaine technique que dans le domaine artisti-que. Exemple : « Les cinématographies du Tiers Monde sont aujourd'hui en train d'acquérir leurs lettres de noblesse. » *Cinématographique,* également très usité, signifie « relatif au cinéma ».

Cinématographiste : terme employé autrefois pour dési-gner le réalisateur. Il est aujourd'hui totalement aban-donné.

> Oh! Les cinématographistes ont leurs idées sur la photo-génie. Chacun possède la sienne, et ainsi autant de photo-génies que d'idées...
> Louis Delluc.

cinéma-vérité

C'est une des écoles de films documentaires qui, comme les autres, a été inspirée par un chef-d'œuvre, *Nanouk l'esquimau,* réalisé dès 1921 par l'Américain Robert Flaherty. Le *cinéma-vérité* est également issu des recherches du soviétique Dziga Vertov qui, dans les années 20, filme des reportages pour le *Kino-Pravda,* autrement dit, déjà, le « cinéma-vérité ». Comme son nom l'indique, le cinéma-vérité, dit la vérité et filme le vrai : il ne s'embarrasse pas de fiction. On l'appelle aussi *cinéma direct* car il est en prise directe sur la réalité sociologique. Voir aussi *ciné-œil,* p. 103.

Le cinéma-vérité s'épanouit dans les années 60, grâce à deux facteurs : sous l'influence grandissante de la télévision, qui donne l'exemple de nombreux reportages, et grâce au fabuleux assouplissement du matériel utilisé (caméra, magnétophone, zoom).

En France la fièvre du cinéma-vérité débute avec une enquête filmée conjointement par Jean Rouch et le sociologue Edgar Morin, *Chronique d'un été,* 1961. Mais d'autres comme Chris Marker ou François Reichenbach prendront le relais.

C'est du reste Edgar Morin qui revendique la paternité de l'expression *cinéma-vérité*; elle apparaît pour la première fois sous sa plume dans un article intitulé *Pour un cinéma-vérité.* « Je n'étais pas assez naïf, explique-t-il pour croire qu'il suffisait de filmer, de faire des images pour montrer la vérité, d'autant que j'avais déjà écrit un livre où j'expliquais que le trucage est une partie constituante du cinéma... mais, dans mon esprit, le cinéma-vérité, c'était la problématique de la vérité, c'était la recherche de la vérité des êtres qui n'apparaissait pas dans les autres genres de documentaires. »

> Le scénario vraiment original, il me vient... Une esquisse en tête pendant qu'il se confie Gaston... que les autres autour boivent, trinquent maintenant carrément à la revanche... la reconquête de l'Est... que sais-je ? Voilà des drôles de personnages à saisir avant que l'espèce disparaisse. On ferait l'envers du club de vacances... les pas gentils membres du tout, les méchants organisateurs de massacres! L'intrigue... n'importe! On serait en prise directe sur les héros... le cinoche-vérité total.
>
> Alphonse Boudard, *Cinoche.*

cinème

Le mot est construit sur le modèle de la terminologie linguistique, qui comporte de nombreux noms en -ème (lexème, morphème, phonème, etc.). Certains appellent *cinème* la plus petite unité du langage cinématographique. Mais le cinème est difficile à définir. Une des vingt-quatre images qui défile à la seconde sur l'écran ne peut suffire, puisque la projection cinématographique restitue le mouvement mais également le son depuis l'invention du parlant.

cinémime

Mime de cinéma : c'est un acteur qui s'exprime par les gestes sans avoir recours à la parole, donc forcément un héros des films muets. Exemple : Charlie Chaplin. C'est probablement l'historien d'art Élie Faure qui a lancé l'expression : elle n'a pas vraiment été popularisée.

ciné-œil

Célèbre théorie (la *théorie du ciné-œil* ou *Kino-Glass*) mise au point et illustrée par le Russe Dziga Vertov dans les années 20 : la caméra ne serait qu'un œil enregistrant les événements de la vie extérieure; tout élément de fiction doit être banni du film et seul le montage peut donner un sens cohérent aux matériaux récoltés par la caméra. Ces vues prises « sur le vif » seront d'abord utilisées pour le service de la révolution prolétarienne comme les films produits par le *Kino-Pravda* (Cinéma-Vérité). Mais elles seront exploitées bien au-delà des frontières de l'URSS et de son système politique : la théorie du ciné-œil influencera en effet toutes les écoles documentaires et notamment celle du *cinéma-vérité*. Dziga Vertov, qui veut dire « toupie tournante » n'était qu'un pseudonyme. Le père du ciné-œil s'appelait en fait Denis Kaufman et l'un de ses frères, Boris Kaufman, exercera le métier de chef-opérateur aux États-Unis auprès de cinéastes très célèbres.

Je suis le ciné-œil. Je suis l'œil mécanique. Moi, machine, je vous montre le monde comme seule je peux le voir. Je me libère désormais et pour toujours de l'immobilité humaine, je suis dans le mouvement ininterrompu, je m'approche et je m'éloigne des objets, je me glisse dessous, je grimpe dessus, j'avance à côté du museau d'un cheval au galop, je fonce à toute allure dans la foule, je cours devant les soldats qui chargent, je me renverse sur le dos, je m'élève en même temps que l'aéroplane, je tombe et je m'envole avec les corps qui tombent et s'envolent. Voilà que moi, appareil, je me suis jeté le long de la résultante en louvoyant dans le chaos des mouvements, en fixant le mouvement à partir du mouvement issu des combinaisons les plus compliquées.

Dziga Vertov.

cinéorama

Contraction de deux mots grecs : *kinêsis*, « mouvement » et *orama*, « spectacle ». Le cinéorama, comme le cinématographe, représentait le mouvement mais il tentait de le reproduire dans sa totalité sans tenir compte des limites du champ visuel de l'homme. L'appareil permettant ce prodige a été mis au point par le Français Grimoin-Sanson pour l'Exposition Universelle de Paris en 1900 : dix caméras disposées autour d'une montgolfière survolant la ville enregistrèrent des images projetées sur un écran cylindrique. Mais l'expérience fut vite arrêtée par les services de sécurité, qui craignaient un incendie.

ciné-peintre

Peintre ou dessinateur spécialisé dans l'illustration du cinéma : c'est souvent, aussi, un affichiste de cinéma.

cinéphage

Avec le grec *phagein*, « manger ». L'amateur de cinéma, comme tous ceux qui aiment, est tenté de dévorer (des yeux) l'objet de son amour, le cinéma. C'est pourquoi l'on dit qu'il est cinéphage ou parfois aussi qu'il **dévore de la pellicule.**

cinéphile

Avec le grec *philein*, « aimer ». Le cinéphile aime le cinéma. C'est un amateur mais aussi un connaisseur qui fréquente assidûment les cinémathèques comme les salles de quartier à la recherche de l'oiseau rare (voir **incunable**, p. 238). Parce que sa culture cinématographique est grande (il voit beaucoup de films et de préférence les chefs-d'œuvre méconnus ne datant pas d'hier), il aime introduire comparaisons et références dans ses pertinentes analyses. Un critique, un cinéaste se doivent en principe d'être cinéphiles, mais l'homme de la rue peut bien sûr accéder au statut de cinéphile, car, si la *cinéphilie* est souvent une religion que l'on pratique, c'est aussi un savoir que l'on peut apprendre. A noter que les réalisateurs de la Nouvelle Vague ont d'abord été des cinéphiles. C'est à la Cinémathèque, en voyant les films de leurs aînés, qu'ils ont appris le métier.

Cinéphilique. Est cinéphilique tout ce qui relève de la cinéphilie, c'est-à-dire de la culture cinématographique et de l'amour du cinéma : film, article, revue, discussion. On dit aussi **cinéphiler** pour voir un film en amateur éclairé du cinéma et de son histoire : un parti pris culturel et quelque peu élitiste qui n'a rien à voir avec l'action brute et sommaire suggérée par l'expression : *se payer une toile.*

> Ensemble, Catherine et Claire se plaisaient à cinéphiler à Limoges à l'heure du thé, à se chausser à Périgueux chez une folle Italienne, et même à pêcher le brochet au lancer dans les étangs limousins cernés de bosquets tendres où la girolle trompette à la mousse avant la fin septembre.
> Pierre Desproges, *Des Femmes qui tombent.*

cinéphobe

Construit à partir du mot grec *phobos,* que l'on traduit par
« crainte », *cinéphobe* se dit d'une personne qui déteste le
cinéma. L'adjectif s'oppose naturellement à *cinéphile*
(voir p. 104). Il est également employé comme un substantif : le cinéphobe est allergique aux salles obscures.

cinéphone

Avec le grec *phônê,* « son, voix ». Le mot n'a fait qu'une
très brève incursion dans le vocabulaire cinématographique. Employé par certains commentateurs pour désigner
le cinéma parlant au moment où celui-ci faisait ses
premiers pas dans les salles, il a vite été abandonné au
profit d'expressions plus banales : le ***cinéma parlant,*** puis
le parlant tout court (voir p. 326).

cinéplastique

Plastique vient du verbe grec *plassein* : modeler, façonner.
La création de ce mot, qui n'a pas connu le succès
escompté, revient à l'historien Elie Faure qui voulait,
grâce à ce néologisme, souligner l'originalité du Septième Art par rapport au théâtre classique. Le cinéma
était, selon lui, un agencement de formes suivant un
rythme proche des cadences musicales. « Que le départ
de cet art soit d'abord plastique, disait-il, il ne semble pas
qu'on puisse en douter. A quelque forme d'expression
encore à peine soupçonnée qu'il puisse nous conduire,
c'est par des volumes, des arabesques, des gestes, des
attitudes, des rapports, des associations, des contrastes,
des passages de tous, tout cela animé, insensiblement
modifié d'un fragment de seconde à l'autre, qu'il impres-
sionnera notre sensibilité et agira sur notre intelligence
par l'intermédiaire de nos yeux. »

Cinéplaste. Le mot dérivait du premier et entendait
désigner l'inventeur de ces nouvelles formes plastiques.
On lui en a préféré d'autres comme : ***cinéaste.***

cinérama

Mot-valise composé de *cinéma* et de *panorama* (mot
signifiant « vision totale », tiré du grec *pan,* « tout » et

orama, « vision »). Le cinérama, qui fait ses preuves en 1952 avec un film de démonstration (*This is the cinerama*, « Voici le cinérama »), permet d'élargir le champ de vision du spectateur : sur un écran vaste et courbe sont projetées trois images enregistrées par trois caméras différentes rendant compte ainsi très largement de la même scène. En fait le cinérama était inspiré de la **polyvision** mise au point par Abel Gance et illustrée dans son *Napoléon,* laquelle reprenait les principes du **cinéorama** de Grimoin-Sanson. Dans les années 70, le cinérama sera supplanté par le **cinémascope**, mais les Soviétiques l'exploiteront dans leur **Kinopanorama.**

> Je voudrais une caméra, mettre en scène Texel, montrer, de haut, derrière la brume effilochée, la colonnade des hussards, chenille obscure sur un voile de mariée, filmer les livres que j'ai dans ¹a tête! J'écris des histoires que je vois sur grand écran et Kinopanorama, parce que c'est moins compliqué d'acheter une machine et une rame de papier que de dénicher les fortunes qu'il faut pour tourner...
>
> Jacqueline Dauxois, *Le Cœur de la nuit.*

cinéroman

Société de production française très florissante dans les années 20, qui, notamment sous la direction de Jean Sapène et Louis Nalpas, produisait des films à épisodes inspirés, comme les photo-romans, par la littérature populaire, et dont la trame était reproduite chaque jour sous forme de feuilleton dans les quotidiens.

> On entend le bruit de la sirène de Police-Secours. Ces voitures-là arrivent toujours pour les autres, des inconnus dont on imagine, comme dans un feuilleton, la mort lente. Il fait froid. La nuit est tombée. C'est pour ça que Lecri gesticulait : il fallait tourner la scène juste avant qu'il ne fasse vraiment noir. Wanda (« une actrice née », disait la critique) a travaillé sans filet.
> — Allez, vas-y, filme, qu'est-ce que t'attends ? dis-je à Lecri. Comme ça au moins, tu pourras finir ton film.
> — Tais-toi, répond-il en me regardant d'un air méchant. J'ai pitié de lui.
> Les blouses blanches arrivent. Rapides, efficaces, graves. Comme dans un ciné-roman.
>
> Catherine Rihoit, *La Favorite.*

ciné-scénie

Mise en scène utilisant la projection cinématographique. Ce peut être un spectacle historique, géographique, touristique, dans lequel les images animées du cinéma ont pris le relais des « sons et lumières » d'antan.

cinésexe

Englobe tous les films projetés dans les sex-shops.

ciné-shop

Shop veut dire « boutique » en anglais. Les ciné-shops sont donc des boutiques installées dans certaines grandes salles de cinéma et proposant des produits en rapport avec le cinéma : affiches, photos, livres ou disques.

cinglé de cinéma

Expression consacrée (on dit aussi *un vrai cinglé de cinéma*) pour désigner les passionnés du Septième Art, leur passion se muant souvent en manie proche de la maladie (*cinglé* veut dire « toqué, fou »). En 1956, Jerry Lewis interprète dans *Un vrai cinglé de cinéma* le rôle d'un cinéphile atteint par le virus des images.

> Nous étions de sacrés foutus cinglés de cinéma et il nous arrive encore aujourd'hui de nous taper les cuisses en pensant à tous ces sièges de cinémathèque que nos pantalons ont usés.
> André Laude, *Joyeuse Apocalypse.*

cinoche

Abréviation de *cinéma* construite avec le suffixe *-oche* (comme *valoche, téloche,* etc.), *cinoche* a supplanté le mot *ciné* très usité jusque dans les années 50-60. Comme *ciné, cinoche* désigne la salle de cinéma. On dit : *aller au cinoche.* Mais on l'emploie également pour parler de l'ensemble de la production cinématographique.

> La poursuite dans Paris... comme dans un film... les feux rouges grillés... les sens interdits... dérapages plus ou moins contrôlés... les crissements de pneus! Je vous relate pas en détail, vous avez vu mieux au cinoche!
> Alphonse Boudard, *Le Banquet des léopards.*

Cinochier peut être employé dans le langage populaire pour qualifier ce qui appartient au « cinoche ».

> Mon souci de bien vous expliquer, vous montrer quelques exemples de climat cinochier...
>
> Alphonse Boudard, *Cinoche.*

Le mot peut être également employé comme un substantif et désigner les amateurs de « cinoche ». Exemple : « les cinochiers du samedi soir ».

On trouvera aussi (rarement) **cinocherie.** Le mot semble désigner les affaires, voire les combines ayant trait au « cinoche ».

> Il nous reçoit bien... les cigares et l'alcool de poire... mais j'ai appris en cinocherie que ça ne voulait pas dire grand-chose.
>
> Alphonse Boudard, *Cinoche.*

circuit : voir *exploitation* et *programme* (pp. 177 et 367).

ciseaux

Le mot désigne des mouvements dans le filmage qui ne vont pas bien ensemble et choquent le regard : travelling puis caméra fixe dans le même plan, panoramique dans un sens puis travelling dans un autre, etc.

Cité Elgé

Nom donné (d'après ses initiales L et G) aux ateliers installés par Léon Gaumont rue des Alouettes à Paris. La première partie de l'empire Gaumont est édifiée grâce à son épouse qui apporte en dot un petit terrain. Ses succès permettent ensuite à Gaumont d'agrandir sa propriété. Après les ateliers de photographie, ce sont les studios de cinéma qui s'installent rue des Alouettes, près des Buttes-Chaumont : Gaumont y fait fabriquer les appareils de son invention et, pendant plusieurs décennies, on y tournera des films. Depuis les années 50, la cité Elgé est occupée par plateaux et bureaux de la télévision.

clap

Mot anglais signifiant « claquement ». On dit aussi *claquette.* C'est une petite ardoise noire munie d'un rebord articulé « claquant » quand on l'actionne : elle est présentée devant la caméra au début de chaque prise par le *clapman* (l'homme au clap) sur ordre du réalisateur

réclamant l'**annonce**. L'enregistrement systématique de cette ardoise avec les renseignements qui y sont inscrits (toutes les références du film : titre, nom du metteur en scène, numéro du plan tourné et numéro de la prise) permet au monteur d'ordonner les bouts de pellicules impressionnés tandis que le bruit du clap aide à la synchronisation de l'image et du son.

> La voix du clapman : Marie Cardinal, Bresson, première. Lui aussi il a crié comme un marchand ambulant. Le clap parti, toute la lumière est revenue et la caméra recommence à me regarder avec son gros œil.
>
> Marie Cardinal, *Cet été-là*.

claque

Ce mot figure dans deux expressions utilisées par les milieux du spectacle. Le sens de celles-ci les renvoie pourtant dos à dos :

Faire la claque veut dire frapper dans ses mains, applaudir à la projection d'un film en étant de parti pris (la claque au théâtre est l'ensemble des spectateurs payés pour applaudir); même si elles ne sont pas rémunérées, il arrive que certaines personnes fassent la claque à la fin d'une première pour encourager un réalisateur dont ils sont proches ou qui les a cordialement invités.

Prendre une claque s'applique à un réalisateur ou à son œuvre et signifie « être boudé par les spectateurs » (la tournure suggère le caractère violent, voire insultant de cette attitude).

classique

Du latin *classicus* qui veut dire « de première classe », le mot peut être employé comme un adjectif (un film classique) ou comme un substantif (les classiques de la comédie musicale, de l'épouvante, etc.). Il désigne dans les deux cas les œuvres dont les qualités ont été reconnues et appréciées par tous.

cliff-hanger

De l'anglais *cliff,* « falaise » et *hanger* « crochet ». C'est le moment où le personnage principal se retrouve dans une situation tout à fait périlleuse : par exemple les deux mains accrochées en haut d'une falaise et le reste du corps suspendu au-dessus du vide. Par extension le cliff-hanger est devenu la scène à suspense qui laisse le spectateur en haleine et excite sa curiosité : celle qui ponctuait les épisodes des *serials,* juste avant la phrase fameuse (« la suite au prochain épisode ») et permettait de remplir les salles la semaine suivante.

climax

Mot anglais venant du grec et voulant dire « point culminant ». Le climax est un truc de scénariste. C'est l'apogée, le moment fort du drame qui se joue à l'écran, la scène intense après quoi, dans le film, plus rien n'est pareil : les tensions sont résolues, le mystère éclairci ou la vérité des personnages dévoilée. En principe donc, le climax se situe à la fin du film. Mais il arrive qu'un réalisateur loge un climax en cours de film, c'est-à-dire au beau milieu de son histoire. La scène peut alors surprendre le spectateur. C'est une sorte de coup de théâtre : grâce au climax, l'action rebondit et suit un cours imprévu.

clip

De l'anglais *to clip*, « couper ». Le *clip* est un film très court et très travaillé au montage, souvent saccadé, et destiné à illustrer une chanson. Il a pris le relais des *cinématiques* qu'on pouvait, dès les années 60, se projeter individuellement grâce à cette sorte de juke-box cinématographique qu'était le *scopitone* (voir p. 409).

Clippeur : nom donné au réalisateur de clip.

Clipomanie : amour des clips qui peut aller jusqu'à la passion dévorante et la maladie.

Vidéo-clip : clip réalisé en images électroniques. Le vidéo-clip « passe » sur les écrans de télévision.

CNC

Ou *Centre National de la Cinématographie,* situé rue de Lübeck à Paris. Fondé en 1946, cet organisme est placé sous l'autorité d'un directeur général nommé par le ministre de la Culture. Il gère l'industrie cinématographique française, en coordonnant ses diverses branches et en préparant de nouvelles lois. Il favorise la production en fournissant subventions et avances. Il supervise l'enseignement du cinéma et veille au rayonnement du cinéma français en organisant des manifestations et des festivals.

> Il ne me restait plus qu'à retourner à la maison, retrouver les carnets perdus... et qu'à les rapporter dare-dare à Michèle, à son bureau de la rue de Lübeck, Paris XVIe... C'est une preuve d'amour non ?... et puis j'en profiterais pour passer au Centre du cinéma, et puis nous irions flâner le soir à Montparnasse...
> Maurice Pons, *Mademoiselle B.*

Préfixe latin signifiant « avec ». La réalisation d'un film n'étant pas un travail de solitaire mais une vaste entreprise collective, on retrouve l'élément *co* devant de nombreux mots définissant des secteurs d'activité propres à la fabrication d'un film.

Exemple : pour la production, *coproducteur, coproduire*; pour l'écriture des dialogues ou du scénario, *cosigner, co-scénariste*; pour l'interprétation, *costarring*, etc.

> Je ne veux pas mourir. Je veux marquer mon passage, jusqu'à la prochaine marée, au « big crunch » de la grande démolition. Le film cosigné avec Rock, c'est notre part à deux d'éternité. On ne partira jamais tout entier, jamais tout seul, et nos deux noms sont attachés ensemble pour jamais...
>
> Jacqueline Dauxois, *Le Cœur de la nuit.*

Code Hays

Au début des années 20, la communauté hollywoodienne est secouée par de nombreux scandales. Pour faire échec à la censure gouvernementale et aux pressions des ligues de vertu, les principales compagnies de production américaines (les Majors) réunies en association (la MPPDA : Motion Picture Producers and Distributors of America) projettent d'imposer au monde du cinéma un code d'auto-régulation. La rédaction en est confiée à un ancien ministre du gouvernement fédéral : William Hays. Ce code, baptisé Code Hays (on dit aussi *la Formule* ou *le code de la pudeur*) prend une tournure définitive dans les années 30.

Ses standards (liste conseillée de tout ce qui n'est pas montrable à l'écran, comme par exemple l'adultère ou les scènes de déshabillage) seront les garde-fous de la bonne morale et resteront en vigueur jusqu'au milieu des années 60. Pendant vingt ans, tout le cinéma américain en sera imprégné. Certains cinéastes pratiquent l'auto-censure (le mode des lits jumeaux est par exemple lancée dans les drames et comédies conjugales) mais d'autres biaisent et utilisent des métaphores. Dans *Gilda* par exemple, Charles Vidor évoque une scène de strip-tease torride en faisant juste enlever à son actrice (Rita Hayworth) un très long gant. Son intransigeance valut à l'auteur de ce code imparable d'être surnommé le *tsar du cinéma.*

Dix millions d'Américains condamneraient cette fille si elle apparaissait sur l'écran. Nous disposons d'une heure vingt-cinq à l'écran – vous montrez une femme infidèle et un homme pendant un tiers de ce temps et vous avez donné l'impression qu'elle est le tiers d'une putain.

– Est-ce que c'est une grosse proportion? demanda Jane sournoisement, et ils se mirent à rire.

– Ça l'est pour moi, dit Stahr pensivement, même si ça ne l'était pas pour la censure de Hays.

Francis Scott Fitzgerald, *Le Dernier Nabab.*

collage

Le collage est le raccord de deux morceaux de pellicule opéré au moment du montage ou à la projection si le film casse. Ce raccord s'appelle une *collure.* Les collures sont réalisées à l'aide de ruban adhésif, d'une *colleuse* ou d'une petite *presse à coller.*

colorizer

Néologisme désignant une technique mise au point par un laboratoire américain (les studios de *Colorization*) pour colorier les vieux films noir et blanc. Le travail est effectué par ordinateur sur une bande vidéo noir et blanc tirée d'une copie 35 mm. Les films ainsi retouchés sont diffusés en Amérique par le canal de la télévision, ce qui a pour effet de provoquer la colère des puristes tout en comblant d'aise les spectateurs allergiques au vieux et classique noir et blanc.

color consultant

Américanisme que l'on pourrait traduire en français par «conseiller pour la couleur». Créé en Amérique à l'avènement des procédés de films en couleur (et notamment par l'inventeur du technicolor, qui entendait par ce biais garder un œil sur son invention), le rôle de color consultant était consultatif. Présent sur le tournage, le color consultant devait guider les premiers pas du cinéaste dans le monde de la couleur. Quand le pli sera pris, il ne s'effacera pas pour autant, continuant à prodiguer ses conseils avisés.

Columbia

Une des plus célèbres *Minors* américaines (voir p. 270). Son sigle : une statue de la liberté habillée d'un drapeau américain. Elle est fondée en 1924 par les deux frères Cohn. Le plus influent, Harry, avait débuté avec la CBC, une firme spécialisée dans les films à très petit budget qui siégeait à *Poverty Row* (voir p. 358). Le «roi» Cohn doit une partie de son succès au talent du réalisateur Frank Capra qui travaille pour lui, et aux *screwball comedies* ou comédies loufoques. Parmi ses vedettes : la belle Rita Hayworth. La firme, qui n'a pas pu ou pas voulu toujours opter pour les budgets importants, est néanmoins à l'origine du fameux film de Spielberg, *Rencontres du troisième type* (1977).

> Autant que je vous le dise. Tant que vous n'aurez pas trouvé quelque chose, vous allez me casser les pieds. Dennis voulait que je plaque Elvina.
> – L'éternel triangle, fit Egelhofer en hochant la tête.
> – Éternel triangle, mon œil! cria Orlando. Vous parlez comme un film Columbia.
> Ben Hecht, *Je hais les acteurs.*

115

come-back

De l'anglais *to come back*, « revenir ». L'expression a été forgée pour les sportifs mais c'est avec les vedettes du spectacle qu'elle est devenue populaire. Un come-back est le retour sur le devant de la scène ou de l'écran d'un artiste déchu ou simplement un peu oublié.

Le caractère cyclique de la mode permet également à certaines idées, certaines habitudes ou certains looks de faire des come-back remarqués.

> La magie désespérante hollywoodienne, on la découvrait dans un film de Jean Dréville, *Escale à Orly,* non pas dans les amours compliquées de Dany Robin pour Adrian Howen mais dans une séquence où Simone Renant, dans le rôle d'une vedette oubliée là-bas, tentait un come-back à Paris, le ratait et repartait vers la Californie comme vers sa mort.
>
> Jean-François Josselin, *Quand j'étais star.*

comédie

Le latin *comœdia* (qui vient lui-même du grec *kômôidia*) veut dire « pièce de théâtre ». Le mot est donc d'abord synonyme de « représentation ». C'est ce sens général que l'on retrouve dans l'expression : ***jouer la comédie,*** c'est-à-dire interpréter un rôle sur scène ou à l'écran.

Au figuré, l'expression signifie : tromper son auditoire puisqu'une comédie est une recréation tout à fait artificielle de la réalité. Du reste, on dit aussi : « Quelle comédie ! » ou « Arrête ta comédie ! », signifiant ainsi à la personne qui multiplie ses effets qu'on n'est pas dupe de son manège.

De la même façon, le mot ***comédien*** (ou ***comédienne***) désigne la personne qui joue la comédie au sens propre comme au sens figuré. Dans le premier cas, *comédien* est synonyme *d'acteur.* Dans le second cas, *comédien(ne)* est synonyme de « bluffeur ».

> Tu as tout le jour,   Mais moi je vois
> Joué à faire l'amour   Comédien, comédien
> Sur un lit bancal   Tu te fais du bien
> Super infernal   Tu te fais du bien
> La fille bougeait pas   Comédien, comédien
> Juste un bout de bois   Tu te fais du bien
> Quel métier, t'es dégoûté   Et tu te plains...
> Crève, crève
>
> Chanson d'Elisabeth Depardieu
> interprétée par Gérard Depardieu.

Mais le mot *comédie* possède également un sens beaucoup plus précis. Il peut désigner en effet un genre cinématographique. La comédie est un film divertissant qui dépeint les mœurs et les travers de la société ou s'en moque avec plus ou moins d'ironie. Elle peut distraire, amuser, égayer ou faire franchement rire. Dans ce dernier cas, elle est même synonyme de « film comique ».
En Amérique, il fut un temps où l'on distinguait :
– la *slapstick comedy* ou *comédie slapstick* (voir p. 421);
– la *sophisticated comedy* ou *comédie sophistiquée* (voir p. 424);
– la *screwball comedy* ou *comédie loufoque* (voir p. 410);
La *comédie musicale* qui a fait les beaux jours de Hollywood est aussi appelée *musical* (voir p. 295).

> Weil lui tendit un billet de cent francs. Pas de chance : au Mac Mahon, on ne jouait qu'une comédie musicale américaine. Il fallait donc qu'il rentre.
>
> Bernard Frank, *Les Rats.*

On regroupe souvent l'ensemble de ces genres sous l'appellation générale de *comédie américaine.*

> La journée finit à toute vitesse.
> Comme dans un rêve ou une comédie américaine...
>
> Nicole de Buron, *Qui est ce garçon ?*

comics

Anglicisme utilisé pour désigner les bandes dessinées. Les comics ont toujours eu un rapport très étroit avec le cinéma. Ce sont de petites histoires dessinées que l'on utilisait dans les appareils qui précédaient et annonçaient l'invention du cinématographe. Le dessin animé, dont le principe fut saisi après que l'on eut compris comment reproduire le mouvement, s'inspire des suites croquées dans les comics. Émile Cohl, caricaturiste, se lance dans le dessin animé parce que la maison Gaumont a puisé sans scrupule dans ses gags (il proteste et la maison l'engage). Par la suite les héros les plus célèbres du dessin animé (comme Mickey Mouse) seront reproduits à des milliers d'exemplaires dans des bandes des comics tandis que les aventures de certains héros de bandes dessinées (Tarzan, Superman, etc.) ne cesseront d'être portées à l'écran et pas toujours sous la forme de dessins animés. En leur temps, *serials* et *ciné-romans,* etc., dont les sujets sont parfois trouvés dans les bandes dessinées, sont en retour soutenus par les journaux qui publient la trame de chaque épisode. D'une manière générale, le style des comics est révolutionné par le langage cinématographique. Les graphistes varient les points de vue, et l'on peut voir certaines scènes en plongée, contre-plongée, etc.

> Ma première expérience de l'Amérique s'est faite en images. Des comics, surtout des numéros de Mickey, et de magazines. Nous n'avions pas encore la télévision...
> *Le Rêve américain,* texte de Wim Wenders.

commande (film de)

Film proposé à un metteur en scène qui le tourne sans en avoir eu l'idée initiale : il est souvent moins sincère et moins personnel qu'un film du même auteur qui n'a pas été *commandé.*

commedia dell'arte

C'est une technique de jeu fondée sur l'improvisation. Souvent exploitée par les acteurs du cinéma muet et notamment les comédiens de la troupe de Mack Sennett, elle s'inspire en fait du travail des compagnies théâtrales italiennes qui apparurent au milieu du XVIe siècle. Les comédiens *dell'arte* c'est-à-dire « de l'art » (c'étaient des professionnels) se servaient de leur talent et de leur connaissance de la scène pour aller bien au-delà du strict respect des textes : ils brodaient et inventaient et leurs improvisations permettaient de réconcilier le public populaire avec les textes classiques.

commercial (film)

Contrairement aux films amateurs ou aux films expérimentaux destinés au public familial ou à celui de cercles d'initiés, le *film commercial* est appelé à être projeté publiquement. Il est donc soumis aux lois du commerce c'est-à-dire à celle de l'offre et de la demande. Il doit permettre aux producteurs de rentrer dans leurs frais et même de gagner de l'argent. C'est pourquoi les cinéphiles traitent aujourd'hui avec mépris le film commercial, qu'ils opposent au film *d'art et d'essai.* Même et surtout s'il attire un très large public, le film commercial n'obéit, selon eux, qu'à des impératifs pécuniers (faire recette), jamais à ceux de l'Art.

Quelques titres amenaient un peu tout le monde. D'autres semblaient faire déserter tous les spectateurs. Ces jours-là, le personnel, Léon et Julien, critiquaient ouvertement le choix de leurs patrons. Ils programmaient des navets. Mme Laurent se défendait :
– Il faudrait leur donner uniquement des films commerciaux.
Ce mot renfermait tout son mépris...

Roger Grenier, *Ciné-roman.*

Non-commercial. A ses débuts, le cinématographe n'apparut pas comme une bonne affaire commerciale. Quand, fasciné, Méliès, l'illusionniste de génie, proposa aux frères Lumière d'acheter leur toute nouvelle invention, il reçut une fin de non-recevoir accompagnée de la réflexion mémorable du père, Antoine : « Jeune homme, remerciez-moi. Mon invention n'est pas à vendre, mais pour vous elle serait la ruine. Elle peut être exploitée comme une curiosité scientifique, mais, en dehors de cela, elle n'a aucun avenir commercial. » Méliès, on le sait, s'entêta. Mais il mourut ruiné, ce qui n'empêcha pas d'autres d'édifier, grâce au cinéma, de véritables empires : la curiosité était bel et bien commercialisable et tout à fait rentable.

commère

Surnom donné à deux célèbres chroniqueuses ou *columnists* (de *column,* « colonne de journal »), Louella Parsons et Hedda Hopper, qui firent trembler le tout-Hollywood en répandant dans leurs journaux commérages indiscrets et potins venimeux sur les gens de cinéma. On les surnommait également les ***Snoop sisters*** (de *to snoop,* « fureter, espionner »).

Et tenez celle-là... c'est une amie intime de la Louella Parsons... redoutable columnist... une vraie vipère... D'ici à ce que demain ou après-demain... vous ayez droit à un entrefilet venimeux... dans Variety... qui visera aussi les – Français de Hollywood –... à la mentalité dépravée... y a pas loin !

Claude Autant-Lara, *Hollywood Cake-walk.*

commission de contrôle : voir *censure*, p. 82.

compagnie

Société formée de gens associant leurs efforts pour produire des films. On parle souvent des **grandes compagnies.** L'expression est de préférence réservée aux puissants studios hollywoodiens.

> Le lendemain matin, en se réveillant, il pensa que son cas était encore plus désespéré. Pour la première fois de sa vie, il n'avait pas envie d'aller au studio. Ce n'était pas seulement de Gyp McCarty qu'il avait peur, mais de toute la puissance d'une compagnie cinématographique, pire encore, de toute l'industrie cinématographique.
>
> Francis Scott Fitzgerald, *Histoires de Pat Hobby.*

comparse

De l'italien *comparso,* « personnage muet ». Un comparse est en effet un figurant dont le rôle est muet et, par extension, un personnage de la vie courante dont le rôle est insignifiant. On dit par exemple « être réduit au rôle de comparse ».

compétition

On dit d'un film qu'il est **en compétition** s'il concourt aux côtés d'œuvres rivales pour l'obtention d'une récompense lors d'un festival. S'il est présenté à l'occasion de ce festival sans briguer de prix, on dit qu'il est **hors compétition.**

complément

On dit d'un comédien qu'il est un **acteur de complément** s'il n'a l'habitude d'interpréter que des rôles secondaires (des **rôles de complément**) ajoutés aux rôles principaux pour donner au film sa touche définitive.

> J'étais déjà son astrologue et médium attitré; cependant pour justifier ma présence auprès de la production, on m'avait attribué un rôle de complément. Je jouais un avocat marron!
>
> Michaël Delmar, *La Blonde Platine.*

Film de complément : il est destiné à compléter la projection de ce qu'on appelle « le grand film », c'est-à-dire le long métrage. Il s'agit en fait d'un **court métrage.** Aujourd'hui il n'est plus obligatoirement projeté. C'est pourquoi, s'il existe, on parlera de **complément de programme.**

> Pour achever de combler les goûts artistiques de Mme Laurent, le film de complément destiné à épauler la carrière du *Chevalier de Minuit* était un court mélodrame, *La Forge*, imaginé, joué et même réalisé par une autre des idoles de l'ancienne quincaillère, le baryton André Baugé, qu'elle avait jadis applaudi, en tournée, dans le Barbier de Séville.
> Roger Grenier, *Ciné-roman.*

complexe

Réunion d'éléments différents. Dans le vocabulaire cinématographique, le mot *complexe* possède deux significations distinctes. C'est d'abord un décor reconstitué sur le plateau comportant par exemple plusieurs maisons appartenant à la même rue, plusieurs étages d'un même immeuble, plusieurs pièces d'un même appartement. Le complexe permet alors à la caméra de suivre avec aisance les acteurs qui sont appelés à se déplacer dans ce type de décor.
Mais le complexe est aussi un ensemble de salles de cinéma : on dit également **complexe multisalles.** Dans les années 70, en effet, la désaffection du public pour le cinéma conduit à casser les grandes salles pour les fractionner en plusieurs petites salles (**multisalles**). Ces vastes complexes de mini-salles permettent de distribuer les films en plus grand nombre et d'en assurer la rotation, et d'améliorer ainsi leur rentabilité.

composite

Se dit d'une image obtenue après assemblage de divers enregistrements : personnages jouant devant un **écran de transparence,** plan résultant du procédé de **cache** et **contre-cache.** Ce n'est pas une image simple : elle est en quelque sorte truquée. En URSS, on parle plutôt d'image **combinée.**

composition

Elle est décidée par l'auteur principal du film : le réalisateur. Comme dans un tableau, il faut en effet agencer tous les éléments de l'image (acteurs, décors, lumières et leurs mouvements) afin de lui donner une signification esthétique particulière.

Mais on dit qu'un acteur *compose, fait une composition* ou *un rôle de composition* lorsqu'il interprète, en lui donnant de la réalité, un personnage très éloigné de ce qu'il est lui-même au naturel.

> Dans *Cinémonde,* on la prétend sublime actrice, vouée aux oscars et aux compositions pathétiques ; je l'imagine plutôt comme une dactylo de Manhattan sur la grande roue de Luna-Park à Coney Island.
>
> Jean-François Josselin, *Quand j'étais star.*

conformer

C'est rendre le négatif original semblable au montage positif que le réalisateur entend conserver comme la version définitive de son film.

conseiller technique

En principe, c'est un réalisateur confirmé qui assiste un confrère plus nouveau dans le métier et lui prodigue les conseils techniques nécessaires au tournage. Mais un vieux routier des tournages peut également s'entourer d'une armada de conseillers qui peuvent, aux frais de la production, lui faire d'utiles suggestions.

> C'était il y a trois ans. J'ai eu l'honneur de collaborer avec Losey et le bonheur de participer au tournage en tant que conseiller technique...
>
> Tito Topin, *Graffiti Rock.*

continuité

Ou *continuité dialoguée.* Première ébauche du scénario comportant la totalité des dialogues.

> Mon beau projet... une continuité de deux cents pages ils l'avaient reçu plutôt mal... presque ils s'estimaient insultés !
>
> Alphonse Boudard, *Cinoche.*

contraste

Différence entre les diverses plages lumineuses d'un négatif ou d'une image.
Image très **contrastée** (on dit aussi **dure**) : image aux luminances très opposées.

contrat

Délivré par le producteur ou son représentant à tous les collaborateurs d'un film, le contrat précise le **cachet** de ces derniers et fixe leurs modalités de travail : rôle imparti, jours et horaires de travail, lieux de tournages. S'il s'agit des acteurs et notamment des principaux, le contrat peut également indiquer quelle place occupera leurs noms au générique et décider de la calligraphie précise de ces noms (hauteur des lettres par exemple).

> Selon contrat, il y aura mon nom sur les affiches, en tout petit, au bas : – d'après le roman de Stella Delange. Wanda Laszlo aura son nom en très gros. C'est normal. C'est une vedette. Elle veut que ça se sache. Le Capitaliste aura son nom en moyen : – Une production le Capitaliste pour Ringard-Film.
>
> Catherine Rihoit, *La Favorite.*

On dit aussi : **être sous contrat.** L'expression est employée à propos des acteurs. Elle signifie que ceux-ci se sont engagés à travailler exclusivement pour une seule maison de production pendant une durée déterminée. La politique des contrats s'est surtout pratiquée à Hollywood et à l'apogée du **star-system** (voir p. 428).

> Au cours de mon voyage en Amérique, je suis arrivé dans un patelin, son nom m'échappe...
> – Cherchez bien.
> – Un patelin connu. Je crois que c'était Chicago.
> – Et Hollywood, vous êtes allé à Hollywood ?
> – J'y suis resté pendant deux ans, sous contrat à Universal.
>
> Roger Grenier, *Ciné-roman.*

contretype

Avec le grec *tupos*, « empreinte ». Le contretype est la reproduction du négatif original. Il permet de tirer les copies sans toucher au négatif original. **Contretyper** un négatif permet de conserver celui-ci en sécurité.

copie

Une copie est un exemplaire du film obtenu par *tirage* (voir p. 449) à partir d'un original. On dit que l'on *tire des copies,* également que l'on *établit des copies.*

> Le Calvaire d'une mère?... Non, attendez, on a changé le titre à la sortie. C'était...
>
> ...
>
> La Mère, La Femme, c'est pareil! Si le film s'appelle comme ça, il couvre même pas le prix des copies!
>
> Sébastien Japrisot, *La Passion des femmes.*

Il existe plusieurs types de copies correspondant aux différentes étapes des travaux qui vont permettre la projection publique du film.

– La *copie de travail.* C'est la copie travaillée par le monteur ou la monteuse : suite des plans collés suivant le découpage.

– La *copie zéro.* C'est la première copie tirée d'après les négatifs image et son.

– La *copie étalon* ou *copie étalonnée* (voir *étalonnage*). Elle sert de référence pour le tirage des copies d'exploitation.

– La *copie standard* ou *copie d'exploitation.* C'est celle que l'on projette dans les salles au public.

> Le cinéma était sa passion et il abordait tous les nouveaux projets avec enthousiasme. Il intervenait dans toutes les phases de la fabrication du film, depuis l'achat des droits jusqu'à la copie standard, et ne voulait pas manquer un jour de tournage.
>
> Thierry Levy, *La Société des femmes.*

Et aussi *copie lavande* ou *copie marron.* Dans le cas de films noir et blanc, se sont les copies positives tirées (sur une pellicule teintée) à partir du négatif original et permettant d'obtenir un contretype négatif, autrement dit un négatif de sécurité à partir duquel on tire les copies d'exploitation.

Copie-mère. Appelée également *master* (en anglais : « maître »), c'est la copie terminale qui permet le tirage des copies d'exploitation : en quelque sorte le positif intermédiaire.

copinage

Copiner signifie familièrement « entretenir des relations d'amitié avec quelqu'un ». Cette activité tout à fait humaine et chaleureuse peut devenir sujette à caution dans les milieux du spectacle. Comme le monde politique ou le milieu des affaires, le monde du spectacle est un terrain où se briguent et se brassent pouvoir, argent, notoriété, réussite, projets, ambitions. Certains donc, pour parvenir à leurs fins et aux plus hauts sommets, peuvent utiliser leurs relations d'amitié voire en entretenir d'artificielles. Exemple : un journaliste de cinéma peut faire une *critique de copinage* (on dit aussi une *critique de complaisance*). Il démontrera dans celle-ci que le film dont il parle est réussi, ce qui en réalité est faux, pour s'attirer les faveurs d'un cinéaste plus ou moins réputé. Et, de la même manière, un cinéaste peut demander à un critique de ses amis quelques lignes favorables en vertu du copinage.

cops

On dit aussi *Keystone cops* (en français, « les flics de la Keystone ». Ils montent en marche dans des bolides lancés à vive allure, en descendent tout aussi prestement, courent, sautent, poursuivent les hors-la-loi mais ne vont jamais seuls. Les cops forment en effet un groupe homogène qui, comme les *bathing beauties*, font trépider les films comiques produits par la firme de Mack Sennett : la Keystone. Les cops ont lancé la vogue des courses-poursuites qui agiteront par la suite tous les bons films d'action, même si elles nécessitent au fil du temps des engins de plus en plus sophistiqués et rapides.

> Vous avez votre carte ?
> – Je suis justement entre deux films, mais j'ai rendez-vous avec Jack Berners.
> – Passez par l'entrée principale.
> En s'éloignant, Pat pensa avec fureur : – Sale flic de chez Keystone !
> En esprit, il le tuait au revolver. Pan ! Dans l'estomac ! Pan, pan, pan !
> Francis Scott Fitzgerald, *Histoires de Pat Hobby*.

corde

Mot tabou, comme *ficelle* (voir p. 188), à proscrire absolument sur le plateau de tournage : une superstition importée du milieu théâtral.

corral

Le mot, d'origine espagnole, veut dire « basse-cour ». Le
« corral » était le surnom donné à une partie de la cantine
de la Warner à l'époque de sa plus grande splendeur,
quand elle imposait (comme les autres firmes importantes) une hiérarchie sévère. A côté du corral où venait
se restaurer au coude à coude le menu fretin (scriptes,
figurants, cascadeurs), on trouvait, raconte le producteur
Bill Marshall, d'autres coins réservés aux personnalités
mieux cotées. Les « *limbes* » accueillaient les assistants et
les vedettes à la célébrité mal assurée tandis que la « *salle
verte* » rassemblait tout ce que la firme pouvait compter
de stars.

> Nous tentâmes, Jack McHugh et moi, de nous glisser dans
> la salle verte du restaurant du studio, pour nous entendre
> dire que toutes les tables étaient réservées, et que les
> figurants devaient en principe prendre leurs repas dans le
> grand restaurant – normal. L'expérience nous avait appris
> que seuls les metteurs en scène, les vedettes et les P-DG
> avaient accès à la fameuse salle verte, mais cela ne nous
> empêchait pas de tenter le coup quand même...
> Robert Parrish, *J'ai grandi à Hollywood.*

costarring

Construite avec l'élément *co-* « avec » et l'anglais *star*,
« étoile », l'expression *costarring* précède, au générique,
le nom des stars et veut dire « avec en vedette... ».
Quand la vedette est un acteur ou une actrice débutant,
l'expression est parfois remplacée dans les films américains par ***introducing*** (de l'anglais *to introduce*, « présenter ») suivi du patronyme de l'interprète. On peut traduire par : « Avec, pour ses débuts à l'écran, Monsieur ou
Mademoiselle... »

> On l'annonçait dans un film intitulé en toute simplicité
> *Claude*, avec, sous son nom, celui de Margaret précédé d'un
> costarring et dessiné, lui, en microgramma normal, donc en
> caractères moins gras, ultime hommage à la petite Bernard
> qui resterait dans nos mémoires comme la sublime inter-
> prète de *Sous le ciel de Paris.*
> Jean-François Josselin, *Quand j'étais star.*

costumier

Il choisit les costumes des acteurs et peut puiser parfois
(surtout pour les films *à costumes* évoquant une tranche

de l'histoire passée) dans les magasins des studios. Les grandes stars américaines qui, parfois, travaillaient avec un chef opérateur attitré, pouvaient aussi se laisser habiller par un costumier privilégié qui comprenait leur corps et leur âme et savait, selon elles, en tirer le meilleur parti. Le costumier ou la costumière sont les décorateurs des acteurs : ils les parent en tenant compte de l'atmosphère du film.

> Une cinquantaine de personnes, mâles et femelles, en costumes rutilants, étaient debout çà et là, tels des mannequins de cire. Une vingtaine d'autres participants en costumes modernes qui allaient de la salopette aux vêtements de sports à carreaux roses et verts étaient assis, également immobiles, sur un assortiment de tabourets et de sièges pliants...
>
> Ben Hecht, *Je hais les acteurs.*

cotes

Dites aussi *cotes morales.* Ce sont des appréciations ou des estimations édictées par des critiques catholiques réunis au sein d'un organisme : *l'OCFC, Office Catholique Français du Cinéma,* aujourd'hui *Chrétiens Medias.* Ces cotes, affichées dans certaines églises ou publiées par certains journaux d'obédience chrétienne, sont destinées à guider le choix des spectateurs. Elles sont également éditées chaque mois dans un fascicule récapitulatif : les *Fiches du Cinéma.* Ces garde-fous de la morale existent en France depuis plus d'un demi-siècle (L'OCFC a été précédé par la *Centrale catholique* fondée en 1934). Elles apparaissent sous la terminologie suivante : *à ne pas voir, à éviter absolument, pour adultes avec réserves,* etc... L'OCFC décerne également chaque année son propre prix à l'occasion du festival de Cannes. *Théorème* de Pasolini a ainsi été conseillé au public catholique.

> Le Familial, on y allait plus dès qu'on mettait des pantalons longs. On le méprisait... il était trop bien pensant, bourgeois... Les films sélectionnés par les curés... la cote catholique. Il faisait bien gaffe le patron, il voulait choquer personne. Son fils ou son petit-fils est sûrement dans le porno intégral aujourd'hui...
>
> Alphonse Boudard, *Les Combattants du petit bonheur.*

couler

Veut dire : faire avancer un *travelling* à une vitesse régulière.

couleur (film en)

C'est aux tous débuts du cinématographe que l'on a cherché à adjoindre la couleur aux films noir et blanc. Les méthodes furent d'abord empiriques. On coloriait alors les images à la main. On a ensuite utilisé des pochoirs, puis fait subir aux films différents *teintages* ou *virages*. Aucune cependant ne pouvait rendre l'ensemble des couleurs naturelles. Il fallut attendre que soit mis au point le principe de la *trichromie* (reproduction de toutes les couleurs à partir de trois couleurs primaires, voir p. 460) pour que se développent des procédés plus satisfaisants. Le vieux *Technicolor* (voir p. 443) est un de ceux-là. Le mot *technicolor,* est du reste souvent utilisé comme un synonyme de « film en couleurs ». Ont existé ou existent encore aux côtés du bon vieux Technicolor : le *Rouxocolor,* l'*Agfacolor,* l'*Eastmancolor,* etc. La liste est très longue. D'une manière générale, ces procédés se subdivisent en deux catégories : les procédés *additifs* et les procédés *soustractifs*.

Les procédés additifs sont les plus compliqués : ils nécessitent un matériel de projection et de filmage particulier. Des filtres doivent en effet être montés soit sur l'émulsion elle-même, soit (le plus souvent) sur la caméra. La grosse caméra employée autrefois sur les tournages des films en Technicolor fait partie de cette artillerie lourde et dépassée. Ces filtres divisent la lumière et, à la projection, trois autres filtres vont restituer la réalité des couleurs naturelles.

Les procédés soustractifs sont plus modernes. La sélection des couleurs est réalisée par l'émulsion elle-même, appelée alors *film à chromogènes*. Ce film possède en fait trois émulsions superposées, sensibles chacune aux couleurs complémentaires (jaune, cyan, magenta) des couleurs primaires (bleu, rouge, vert). Le film positif est lui aussi composé de trois couches superposées sensibles, pour leur part, aux trois couleurs primaires.

La couleur! Le faisceau lumineux qui partait de la cabine transportait à travers toute la longueur de la salle le message coloré, pour aller l'inscrire à la surface de l'écran. Comme c'était nouveau et comme les âmes enfantines avaient raison de s'émerveiller!

Roger Grenier, *Ciné-roman.*

couloir

Passage de la caméra ou du projecteur dans lequel défile la pellicule en sortant de la bobine débitrice.

coupe, couper, coupez

Le cameraman choisit (sur les directives du réalisateur) la portion d'espace qui va apparaître à l'écran : il tranche entre ce qui va entrer à l'intérieur du cadre et ce qui va demeurer à l'extérieur. Si l'on ne dit pas qu'il coupe un paysage mais qu'il le découpe, on dit en revanche qu'il coupe les acteurs, ou du moins une partie de leur silhouette, en fonction de l'échelle des plans qui a été retenue et lui fait par exemple cadrer un personnage à mi-cuisse (plan américain) en lui coupant le bas des jambes.

Il arrive également qu'une coupe soit totalement malencontreuse : on appelle *fausse coupe* des personnages cadrés jusqu'aux chevilles, pieds exclus et, anecdotiquement, *coupe mohican* le cadrage qui supprime le sommet de la tête d'un personnage (celui-ci semble alors scalpé). Quant à la *coupe Louis XVI*, c'est le cadrage qui s'arrête net à la hauteur du cou de l'acteur (celui-ci semble alors décapité).

A la projection une image peut aussi être coupée : la maladresse de l'opérateur ou un matériel de projection inadapté au format du film peuvent conduire à un décadrage de cette image ou à l'escamotage pur et simple d'une partie de la scène filmée.

Mais les coupes se font aussi sur la table de montage : il s'agit alors de la suppression d'une ou de plusieurs images entières, voire d'un plan ou d'une scène. Elles peuvent être effectuées sur les injonctions du réalisateur lui-même, qui doit faire tenir son histoire dans une durée limitée, mais il arrive qu'elles soient exigées par la censure ou le producteur, qui souvent (aux USA surtout) possède le *final cut*, c'est-à-dire le droit de coupe final. Dans ce cas, le réalisateur et tous les défenseurs de l'œuvre concernée parleront de « coupes sombres » pour signifier qu'elles sont injustes et trop importantes.

Beaucoup plus honnêtes sont les *coupes franches*, puisqu'elles sont le fait du metteur en scène qui décide de monter sans aucune transition deux plans qui se suivent : on appelle ce type de montage le *montage cut*. Un *plan de coupe*, au contraire, assure la liaison entre deux plans : sans importance réelle pour le déroulement de l'histoire, il est inséré au montage pour assurer la continuité visuelle. Enfin, le légendaire « Coupez ! » est lancé par le réalisateur à son équipe technique pour demander l'arrêt du tournage d'un plan.

> Mais inutile de chicaner sur les mots : le cow-boy était bel et bien mort, flingué en plein cœur, et il n'y avait pas de metteur en scène pour dire « Coupez ! », d'habilleuse pour épousseter son pantalon quand il se relèverait. C'était abominablement réel.
>
> Andrew Bergman, *Le Pendu d'Hollywood*.

coupe-flux

Panneau dont on peut régler l'inclinaison et qui permet de canaliser le flux lumineux des projecteurs. Le coupe-flux est souvent rebaptisé : on parle en effet couramment de *volet*, *nègre*, *drapeau* (voir pp. 476, 299, 157).

couple de cinéma

On dit « c'est un couple de cinéma » de deux acteurs dont les manifestations de complicité et de tendresse semblent artificielles et peu crédibles.

courbe

Celles de la morphologie féminine ont valu à l'auda-
cieuse Maë West une de ses plus célèbres réparties. « Une
ligne courbe est la plus jolie distance entre deux points »,
avait affirmé l'actrice américaine, qui entendait bien
flatter l'opulence charnelle mise à mal par le règne des
garçonnes et autres **flappers** (voir p. 196). Son bagout
inépuisable et ses avantages irrésistibles lui valurent les
pires démêlés avec la censure, ce qui n'empêcha pas les
aviateurs américains de lui faire un clin d'œil coquin en
baptisant leurs gilets de sauvetages de son nom.

Ecran courbe. Ce type d'écran a été mis au point pour
recevoir la projection de films larges. Il apparaît dès
l'invention du *cinéma* et tend aujourd'hui, avec l'agrandissement des images, à se rapprocher de la forme
hémisphérique.

course-poursuite

A pied, à cheval, mais le plus souvent en voiture, la scène
de course et de poursuite (plus brièvement appelée
course-poursuite) où l'on voit le héros traqué essayer
d'échapper à ses inévitables poursuivants apparaît dès les
premiers burlesques. Elle sera reprise dans tous les films
d'action, dont elle constitue souvent le morceau de
bravoure.

> La poursuite dans Paris... comme dans un film... les feux
> rouges grillés... les sens interdits... dérapages plus ou moins
> contrôlés... les crissements de pneus! Je vous relate pas en
> détail, vous avez vu mieux au cinoche!
> Alphonse Boudard, *Le Banquet des léopards.*

couteau

On n'est que *le second, le troisième, quatrième... couteau*, jamais le premier. L'expression souligne l'insignifiance du rôle tenu par un individu dans une action donnée, et particulièrement celle des acteurs se produisant sur scène ou à l'écran. Elle a probablement été empruntée au langage du milieu : le « couteau » était l'homme de main, l'exécutant tenant le couteau chargé de distribuer la mort suivant le bon plaisir du caïd.

> Petit à petit Gloria, on la voyait de moins en moins, elle n'apparaissait plus qu'en troisième, quatrième couteau sur les affiches, dans les films comiques série B, pour jouer la beauté de service.
>
> Alphonse Boudard, *Cinoche.*

couverture

On s'en sert parfois pour envelopper la caméra dont le moteur est jugé beaucoup trop bruyant.

> – Alors, Georges, tu l'entends, la caméra de Cri-Cri ?
> – Je n'entends rien du tout, dit Clouzot, tu te fous de moi !
> – Dis-donc, c'est toi qui te fous de moi ? On dirait une machine à coudre !... Qu'est-ce que je dis ? Un atelier de machines à coudre ! Vas-y Ernest, mets la couverture !
> Sivel jette un mauvais coup d'œil à Matras, qui a pris un air tout à fait absent et vérifie la lumière avec ses cellules. Ernest fixe autour de la caméra la couverture grise qui ressemble à une ceinture de sauvetage.
>
> Michel Cournot, *Le Premier Spectateur.*

couvrir

On dit qu'une scène a été couverte si elle a été filmée sous plusieurs angles différents, ce qui laisse au monteur une plus grande liberté dans le choix des plans qui seront retenus, et aussi une marge de sécurité suffisante.

crabe

On appelle crabes les acteurs évoluant sur un plateau de cinéma : petit clin d'œil sans doute à la disposition de la scène des théâtres classiques obligeant les interprètes à évoluer face aux spectateurs donc à se déplacer sur le côté en imitant la démarche du crustacé.

création

Se dit d'un rôle ou d'un personnage interprété pour la première fois au théâtre ou au cinéma.

> Sa bouleversante création de Babe la Rouge dans *Je veux vivre*, saluée d'ailleurs par un oscar, m'a rendu très fier et si, plus tard, j'ai vu le film à la télévision, son interprétation m'a paru bien emphatique, j'ai su taire mes critiques.
> Jean-François Josselin, *Quand j'étais star.*

critique

Au féminin, *une critique* désigne l'article ou le commentaire présentant un film et le jugeant. *La critique* désigne l'ensemble des critiques chargés de faire des critiques. Exemple : « *la critique française* ».
Au masculin, le mot est employé pour désigner la personne qui fait des critiques. On dit *un critique, le critique* car le métier est bien loin d'être féminisé.

> Au bout du compte, ça allait plaire à personne Tous au soleil... On allait, certain, se faire étriller, glavioter, carboniser de toutes parts... tous les publics, le poulailler, l'orchestre, les mezzanines... toute la critique depuis *Les Cahiers du Cinéma* jusqu'au *Parisien Libéré.* Fort heureux, ils ont plutôt fait silence... le mépris le plus absolu... leur accueil...
> Alphonse Boudard, *Cinoche.*

Dans le langage courant, *critiquer* ou *faire une critique* sont synonymes d'« émettre un jugement péjoratif, des opinions restrictives ». En réalité, le verbe signifie proprement « évaluer », « peser le pour et le contre », « faire une estimation ». En matière d'art, on a l'habitude de distinguer les critiques négatives des critiques positives : on *démolit* une pièce, un film ou on *l'encense*, et la mode des cotations et des notes (sous forme de petites étoiles par exemple) décernées par les critiques du haut de leur savoir absolu entretient dans l'esprit du public l'idée que les cinéastes sont encore assis sur les bancs d'une classe.
Sans doute est-ce pour cela que l'opinion des critiques,

au grand dam de ceux-ci, n'est pas toujours suivie. Le spectateur se fera une idée du film par d'autres voies et notamment par ce qu'on appelle le *bouche-à-oreille*. Il écoute le jugement des personnes de son entourage. C'est ainsi, par exemple, que le film de Coline Serreau, *Trois hommes et un couffin* a pulvérisé tous les records de recette peu après sa sortie en salle. François Truffaut expliquait les divergences qui séparent souvent le public de la critique par cette anecdote, recueillie dans les milieux hollywoodiens : « Lorsqu'un Américain vient d'obtenir un très grand succès avec un film très critiqué, il a coutume de proclamer, comme s'il s'adressait aux critiques : Messieurs, j'ai lu vos articles ce matin et c'est en pleurant tout le long du chemin que je me suis rendu à la banque pour toucher mes pourcentages. »

Le manque de place dans les quotidiens ou hebdomadaires qui ne se consacrent pas exclusivement, comme les revues spécialisées, aux informations cinématographiques, ou le manque de compétence (s'il existe des écoles de cinéma, il n'existe pas d'école de critiques mais seulement un syndicat de la Critique), parfois l'obligation de décliner à travers les films l'idéologie du journal auquel ils appartiennent, font que les critiques apparaissent souvent comme des otages, que leurs travaux semblent hâtifs, hautains ou artificiels. Leurs jugements peuvent prendre l'allure d'une suite de tremplins promotionnels pour les films qui vont sortir, car même une critique négative peut attiser la curiosité des spectateurs potentiels, les colonnes du journal, valant autant d'affiches gratuites.

Pourtant, la critique que l'on qualifie naïvement de « constructive » existe encore, même si elle se fait rare. Celle-là renoue avec l'étymologie du verbe : évaluer, certes, mais en faisant une sorte d'état des lieux avec l'impartialité qui s'impose. Certains critiques aiment à reprendre à leur compte une phrase du grand cinéaste japonais Mizogushi : « Il faut se laver le regard entre chaque plan. » On dira, sur ce modèle, « il faut, se laver le regard entre chaque film », c'est-à-dire conserver la pureté, l'innocence et une capacité d'enthousiasme totalement intacte. Ce genre de critique ne se rencontre guère, hélas, en dehors des revues de cinéma. Ces dernières s'amusent parfois à cultiver l'ésotérisme ou à entretenir des querelles de chapelles (ainsi *Positif* et *Les*

Cahiers du Cinéma), mais elles ont le mérite de savoir expliquer l'œuvre d'art en la plaçant dans son contexte historique, artistique, social, tout en essayant de transmettre les coups de cœur, les coups de sang, toutes les émotions qui traversent les films.

La grande critique est née en France avec Louis Delluc. En hommage à ce pionnier, un jury de critiques décerne chaque année depuis 1937 un *prix Louis Delluc* au film français qu'il juge le meilleur. Delluc milita inlassablement en faveur du Septième Art. Il fonda les *ciné-clubs* (voir p. 93), écrivit dans divers journaux, créa ses propres magazines (Le *Journal du ciné-club*, *Cinéa*). Il fut suivi par d'autres grandes figures comme Georges Sadoul et surtout André Bazin (fondateur des *Cahiers du cinéma*), qui influença une génération de cinéphiles et même de futurs cinéastes, et que certains préfèrent appeler « écrivain de cinéma » plutôt que critique.

Bazin, bien sûr, influença quelques jeunes loups entrés férocement dans la critique et les couloirs des *Cahiers* (parmi eux Godard, et surtout Truffaut). Ceux-là vont passer très vite à la réalisation, et instituer ce qu'on a appelé la *Nouvelle Vague* (voir p. 306). Sans doute est-ce à cause d'eux que l'on a tendance à qualifier aujourd'hui les critiques qui persistent (peut-être par choix) dans leur métier de « cinéastes frustrés » ou « rentrés », écrivant sur le cinéma pour se donner l'illusion qu'ils ont participé à la création d'un film, de préférence à celle d'un chef-d'œuvre. « Enfant, avait coutume de dire Orson Welles, on rêve d'être cinéaste, mais jamais critique. »

Croisette

Promenade du front de mer à Cannes : célèbre depuis que le plus important festival de cinéma s'est implanté dans cette ville de la Côte d'Azur et qu'elle a été arpentée par les stars les plus célèbres.

> La dernière fois que j'ai vu Luis Buñuel,
> C'était à Cannes un soir sur la Croisette en pleine misère à Mexico city
> Et tous ces enfants qui mouraient atrocement sur l'écran
> Étaient encore bien plus vivants que beaucoup parmi les invités.
> « Los Olvidados », poème de Jacques Prévert.

croix de Malte

Mécanisme des appareils de projections qui, comme les griffes de la caméra, décompose le mouvement continu en une suite saccadée de clichés photographiques (24 par seconde) en arrêtant à intervalles réguliers le déroulement du film. Il doit son nom à sa forme, qui rappelle la croix des chevaliers de l'Ordre de Malte.

> De même que le Tungar transformait le courant alternatif en continu, la croix de Malte changeait le mouvement continu des engrenages qui entraînaient le film en mouvement saccadé, pour lui rendre, vingt-quatre fois par seconde, l'immobilité qui tromperait nos yeux, petits temps d'arrêt paradoxalement faits pour suggérer le déroulement naturel, sans frein, du temps qui continue à éblouir nos rétines...
>
> Roger Grenier, *Ciné-roman*.

crotte de bique

Quand certains esprits attentifs et pertinents comme Elie Faure, Louis Delluc et bien d'autres, avaient déjà mesuré l'importance de l'invention cinématographique et son avenir artistique, le critique Paul Souday s'illustrait avec un jugement définitif et très raffiné : « Le cinéma, écrivait-il, c'est de la sous-crotte de bique. »
Mais d'autres, écrivains renommés parfois, ont également griffé et condamné le cinéma naissant. Georges Duhamel, par exemple : « Le cinéma... un *divertissement d'îlotes!* » Anatole France : « Le cinéma matérialise le pire idéal populaire... Il ne s'agit pas de la fin du monde, mais de la fin d'une civilisation. »
Aux premiers balbutiements de l'invention qui allait révolutionner le monde, les détracteurs riaient sous cape ou à gorge déployée. Mais le plus curieux, c'est que les propres inventeurs du cinématographe n'avaient pas confiance, comme le montre la célèbre réponse d'Antoine Lumière à Georges Méliès (voir p. 119).

cruauté (cinéma de la)

Il a été illustré par un maître : le cinéaste français Henri-Georges Clouzot (*L'Assassin habite au 21, Le Corbeau, Le Salaire de la peur, Les Diaboliques, Les Espions*, etc.). Celui-ci, dit-on, employait la manière plus que forte pour obtenir le meilleur de ses interprètes, mais il posait surtout un regard féroce, amer, sur le monde qui l'entourait et qu'il filmait : familles et bourgeoisie générant les plus perfides et abominables personnages...

cul de bouteille

Expression imagée, que Jean Gabin employait pour désigner les objectifs, quand ils étaient de qualité médiocre.

cul de poule

Expression imagée désignant les ressorts placés sous un élément de décor représentant l'intérieur d'un véhicule en mouvement (voiture, wagon, diligence...) et servant à agiter celui-ci de trépidations ou secousses.

culte (film-)

Désigne le film qui n'a pas remporté le succès mérité que son metteur en scène escomptait, mais qui est cependant religieusement vénéré par les cinéphiles et souvent cité en exemple : on lui voue un culte.

> Chère Mia, commençai-je, vous vous trouvez aujourd'hui en une paisible demeure. Ici, cependant, votre souvenir se perpétue avec passion. Vous ferez bientôt l'objet d'un film-culte...
> Michaël Delmar, *La Blonde Platine*.

cut

De l'anglais *to cut*, « couper ». Employé seul, c'est l'injonction lancée par le metteur en scène à son équipe pour faire arrêter les appareils d'enregistrement et annoncer la fin d'une prise. Mais en France on utilise plus volontiers la traduction de ce mot : « ***Coupez!*** » est souvent préféré à « ***Cut*** ! » (voir p. 130).

Avec l'adjectif *final*, *cut* signifie tout autre chose. Le ***final cut*** (en français « coupe finale ») est le droit de coupe que se réservent certains producteurs au moment du montage d'un film. Par le final cut, ils s'octroient en quelque sorte le dernier mot sur le film qu'ils produisent. C'est un pouvoir exorbitant qui contraint les réalisateurs à assujettir leur art aux exigences de la rentabilité financière. Pratiquée surtout aux États-Unis, l'habitude du final cut a occasionné de nombreux conflits entre producteurs et metteurs en scène, et amené certains de ces derniers à renier leurs films au moment de leur sortie.

Montage cut. C'est le montage de plusieurs plans successifs sans la liaison de transitions artificielles comme le **volet** et le **fondu-enchaîné** par exemple. C'est un montage brut et saccadé.

> A l'intérieur de chaque enveloppe, les cartes étaient organisées, montées très cinématographiquement. Au plan général de la ville succédait l'enfilade d'une rue, champ-contrechamp, avant d'en venir à la façade d'une église. Puis c'étaient les vues d'intérieur de la nef, la découverte d'un triptyque, le détail de la prédelle, avant de sauter, nouvelle séquence, montage cut, à l'hôtel de ville, l'envolée de son escalier d'honneur...
> Frédéric Vitoux, *Il me semble que Roger est en Italie.*

cycle

Du grec *kuklos*, « cercle ». Un cycle cinématographique est la présentation d'un ensemble de films réalisés par un auteur. Exemple : un cycle Fellini, un cycle Bergman, etc... Des cycles sont ainsi diffusés par les ciné-clubs de la télévision. Ils permettent aux téléspectateurs d'entrer plus aisément dans l'univers d'un grand réalisateur dont l'œuvre n'apparaît bien souvent que par fragments.

cyclo

C'est un fond de décor courbe et uniformément blanc. Il permet de nombreux trucages.

> Il descendit de la table, et très lentement, entreprit d'en faire le tour. Le plancher craqua à nouveau sous ses pas, résonnant dans tout le cyclo.
> Paul Fournel in *Moteur.*

daguerréotype

Nom donné aux premières images photographiques fixées sur plaque de métal d'après le patronyme de son inventeur Jacques Mandé Daguerre qui, en réalité, s'était associé avec Nicéphore Niepce. Le principe des daguerréotypes fut découvert en 1839, à la suite de quoi les Parisiens, dit-on, furent pris d'une manie nouvelle : la « daguerréotypie » qui exaspérait Baudelaire : « A partir de ce moment, la Société immonde se rua comme un seul Narcisse pour contempler sa triviale image ».

En 1975, Agnès Varda fait le portrait des commerçants de la rue Daguerre à Paris et donne pour titre à son film : *Daguerréotypes.*

dazzling

En anglais : « éblouissant ». Se dit d'une star ou d'une étoile dont l'éclat ne se discute pas.

déconstruit

Se dit d'un film qui fait fi de la chronologie et utilise la technique des récits *éclatés.*

décor

Le décor est le milieu dans lequel se déroule une action, au cinéma une scène. Un décor peut être construit ou reconstruit en studio. C'est le travail de l'*architecte-décorateur* et de ses assistants : *assistant-décorateur, peintre-décorateur.* On dit qu'ils *plantent* ou *implantent les décors.* Ceux-ci doivent répondre à certains critères esthétiques et pratiques. Ils sont aménagés dans le style souhaité par le réalisateur et élaborés de façon à faciliter le filmage : l'emplacement de la caméra est prévu, ainsi que celui des projecteurs (dans les *décors* intérieurs, par exemple, il arrive qu'on ne trouve pas de plafond; celui-ci est remplacé par l'ensemble des projecteurs). Un décor peut être aussi un *complexe,* c'est-à-dire un ensemble d'éléments différents : plusieurs pièces ou plusieurs bâtiments coupés par une rue permettant à la caméra de suivre les personnages dans leurs déplacements.

> Sous la hauteur des plafonds, on devinait une enfilade de décors. J'en apercevais deux juxtaposés. Le premier se dressait dans une demi-obscurité. Je reconnus la rue au néon éteint. La mort semblait y avoir été transfusée. »
> Marie-Claude Beineix, *Pierrot femelle.*

Mais le cinéaste peut aussi rejeter les décors artificiels des studios et choisir de tourner en *décor naturel,* c'est-à-dire dans la rue, dans des bâtiments officiels, des appartements privés, en pleine campagne. S'il semble moins artificiel que le *décor de studio,* le décor naturel possède des inconvénients : l'exiguïté des intérieurs ne facilite ni l'installation du matériel de tournage ni le passage de la caméra ; une ambiance sonore indésirable oblige à la *post-synchronisation* (voir p. 357) et, dans tous les cas, la lumière doit être retravaillée. La lumière solaire peut être insuffisante et doit être canalisée.

Ce sont, bien sûr, les néo-réalistes et les cinéastes de la Nouvelle Vague qui ont mis à la mode le décor naturel, mais l'opposition entre décor de studio et décor naturel existe sans doute depuis l'avènement du cinéma. Deux tendances s'affrontaient alors : celle des opérateurs de Lumière, qui allaient dehors enregistrer simplement les mouvements de la vie, et celle de Méliès, le génial illusionniste, qui, dans le secret de son studio, entendait truquer les apparences de la réalité. On note qu'aujourd'hui certains réalisateurs français tendent à reprendre le chemin des studios.

découpage technique

Si le réalisateur n'utilise pas de *story-board,* c'est la dernière étape écrite dans la préparation d'un film. Élaboré par le metteur en scène souvent assisté du scénariste et même du producteur, le découpage analyse le film plan par plan (on dit que le film est découpé en *séquences* et en *plans*). Il se présente comme un cahier dont chaque page est divisée en deux colonnes. Celle de gauche donne toutes les indications techniques concernant l'image (décors, déplacements des acteurs, éclairages, cadrages, angles de prise de vue, mouvements d'appareil), celle de droite précise tous les détails sonores (dialogues, musique, bruitage...)

découverte

L'expression vient du théâtre. La découverte, utilisée en studio, est un panneau placé derrière une ouverture qui représente ce que l'on est censé voir à l'extérieur : elle découvre un paysage.

> La découverte que l'on aperçoit à travers des volets entrouverts, est une photographie du jardin de Maison-Laffitte, de vingt mètres sur cinq de haut, placée à six mètres derrière le décor. Entre la découverte et le décor, quelques faux arbres fixés sur pied...
> Michel Cournot, *Le Premier Spectateur.*

dédoubler

C'est séparer les prises écartées par le metteur en scène des prises qu'il compte garder et monter dans le film.

déesse de l'amour

Parce qu'à l'écran elles jouaient avec conviction l'amour absolu et mythique, et parce qu'elles étaient offertes à la divine adoration de leurs fans, les plus belles des stars hollywoodiennes (Ava Gardner et Lana Turner, par exemple) ont été surnommées « déesses de l'amour », parfois aussi : *déesses du sexe.*

> Evelyn fut donc ainsi à l'origine du concept du star-system et devint le modèle de toutes les déesses du sexe, depuis Theda Bara jusqu'à Marilyn.
>
> E. L. Doctorow, *Ragtime.*

définition

Elle permet de préciser la finesse de l'image, le nombre de détails qui la composent. Plus une définition est élevée, plus les détails sont nombreux.

département

A l'apogée du système des studios, tous les talents étaient scientifiquement exploités afin de concevoir le produit – c'est-à-dire le film – qui obtiendrait le maximum de succès, rentabiliserait les investissements en rapportant le maximum d'argent. Chaque compagnie était alors divisée en départements, sortes d'administrations autonomes où les différents corps de métier mettaient en pratique leurs dons tout en subissant le joug de leurs patrons, les grands producteurs. Exemple : le département des scénaristes.

> Pendant la brève période où il avait dirigé un département de scénarios. Pat avait eu l'idée de cacher un dictaphone dans le bureau de tous les auteurs. Ainsi il aurait été facile de vérifier plusieurs fois par jour s'ils étaient fidèles ax patrons du studio.
>
> Francis Scott Fitzgerald, *Histoires de Pat Hobby.*

dépassement

On parle de dépassement quand le tournage du film est plus long que prévu et que son coût est supérieur au budget initialement établi.

> Toute la catastrophe de Zulma est venue de Grégor... tout comme ça, oui, cent cinquante briques de dépassement! Et voilà que ça recommence, que Grégor se laisse manœuvrer par le metteur en scène, la vedette! Dès le lendemain, Slimane, faut qu'il aille sur place... qu'il traverse tout comme ça, la Manche, pour redresser la situation!
> Alphonse Boudard, *Cinoche.*

dépouillement

C'est l'inventaire minutieux de tous les personnages (vedettes mais aussi figurants), tous les décors, accessoires et objets dont on aura besoin pour le tournage.

déroulant

Texte déroulé devant une caméra qui le filme : il peut expliquer une action, servir de générique, etc.

descendre en flammes

Veut dire « attaquer et faire tomber un avion » au cours d'un combat aérien. L'expression est également employée dans le langage des critiques cinématographiques. Descendre en flammes un film, c'est porter sur lui un jugement totalement négatif : une activité assassine qui peut compromettre la carrière d'un film, aussi celle de son auteur. On dit aussi *étriller* ou *éreinter.*

dessin animé

Film obtenu par **animation** (voir p. 26) d'une suite de dessins.

> Leur seul effort pour la Noël de cette année, avait été d'ajouter à un film quelconque, *Quatre de l'aviation,* avec Richard Dix, Eric Von Stroheim, Joël Mc Crea, un dessin animé en couleurs sur le Père Noël. Vêtu de sa houppelande rouge bordée d'hermine, il inspectait sa fabrique de jouets, chargeait son traîneau, à l'aide de ses petits nains...
>
> Roger Grenier, *Ciné-roman.*

Avec l'article défini le *(le dessin animé),* l'expression est employée pour désigner le court-métrage d'animation présenté en salle avant un long-métrage.

détourné (film)

Quelques distributeurs ont imaginé dans les années 70 de projeter des films de série, fades et anodins, fabriqués à Hong-Kong en les affublant, dans un but humoristique, de sous-titres cocasses sans aucun rapport avec le dialogue initial. Des phrases de Sartre et de Queneau ont ainsi été utilisées pour commenter les exploits des karatékas. Le décalage ainsi créé plaisait à un public d'intellectuels (ces films étaient projetés au quartier latin). Le film détourné le plus connu s'intitulait : *La dialectique peut-elle casser des briques ?*

détruire, dit-elle

Ordre implacable ou supputation discrètement exprimée au discours indirect, cette expression qui est, en fait, le titre d'un film de Marguerite Duras (1961) a été souvent reprise par les journalistes pour titrer certains de leurs articles. On a pu lire, en exergue à ceux-ci « Détruire dit-elle, ou dit-il », « Construire, dit-elle (dit-il) », preuve que la romancière possède un joli tour de plume capable de frapper les imaginations même si ses images, fortes, sont réputées austères et difficiles.

deux ou trois choses que je sais de...

Cette expression aujourd'hui employée à propos des sujets les plus divers est, en fait, empruntée au titre d'un film de Jean-Luc Godard tourné en 1967, *Deux ou trois choses que je sais d'elle :* un constat sociologique sur la vie des femmes dans les grands ensembles. Godard, du reste, aime choisir pour titres de ses films des expressions tirées du vocabulaire usuel, lesquelles retrouvent ensuite, grâce à lui, une vigueur nouvelle. *A bout de souffle, Une femme est une femme, Vivre sa vie, Made in USA, Comment ça va, Ici et ailleurs, Sauve qui peut (la vie)* ont ainsi été rendus au langage courant après avoir servi de titres aux œuvres du célèbre cinéaste.

développer

Veut dire « enlever ce qui enveloppe, qui cache », « déployer tout ce qui n'est pas évident ». Dans le langage photographique ou cinématographique, *développer* veut donc dire « faire apparaître les images d'une pellicule » ou plutôt « transformer les images latentes en images réelles ». L'opération de *développement* se pratique en laboratoire dans des machines appelées *développeuses.* Le film défile dans une série de cuves (certaines sont étanches, d'autres ouvertes à la lumière) où il subit différents traitements. D'abord, il est soumis à l'action du *révélateur :* c'est un agent chimique qui transforme les cristaux d'argent exposés à la lumière et fait naître l'image en respectant les différentes densités lumineuses captées par la pellicule. Ensuite il est rincé, l'image est fixée : les cristaux d'argent non transformés disparaissent. Puis le film est lavé et séché.

Pousser le développement : prolonger le passage du film dans le révélateur afin d'améliorer la *sensibilité* (on dit aussi la *rapidité*) de la pellicule à la lumière. Cette technique de *surdéveloppement* peut être utilisée pour améliorer le rendu lumineux des scènes tournées la nuit.

> Bon, c'est de la camelote, Ça n'est pas la peine de développer un machin comme ça. Elle ne croit pas à ce qu'elle dit et Cary non plus...
> Francis Scott Fitzgerald, *Le Dernier Nabab.*

dialogue

Les dialogues d'un film sont constitués par l'ensemble des phrases prononcées par les protagonistes de l'histoire. Ils peuvent être **enregistrés en son direct** au moment du tournage, **postsynchronisés** si le lieu de tournage est trop bruyant, **doublés** s'ils sont traduits dans une langue étrangère.

Au temps du muet, ils étaient réduits à la portion congrue et dessinés sur les **cartons.** Aujourd'hui, ils sont souvent écrits par un spécialiste : le **dialoguiste.** Certains films ont des dialogues particulièrement soignés : ils sont très écrits mais comme ce sont les acteurs qui les mettent en valeur, on dit de ceux-ci qu'ils **servent (bien) le dialogue.** Les mots d'auteur extraits de dialogues de films qui passent à la postérité deviennent alors des mots de comédiens : « Atmosphère, atmosphère » appartient ainsi à Arletty, « Bizarre, bizarre » à Louis Jouvet.

> Cet exercice avait dégénéré en tic et souvent, dans la cuisine, je le surprenais à prononcer d'une voix changée des phrases incohérentes tirées d'un dialogue de Prévert ou de Jeanson. Le « j'aime le feu » des *Visiteurs du soir* saluait invariablement l'apparition des flammèches sur le fourneau à gaz, le « c'est bien naturel » de l'inspecteur Wens revenait toutes les trois phrases et chaque sortie s'accompagnait d'un énigmatique « Adieu Cricri » dit en voix Jouvet et dont je devais, bien des années plus tard, retrouver l'origine dans *Un Carnet de bal.*
> François-Olivier Rousseau, *L'Enfant d'Édouard.*

Dialogue-coach : en français « répétiteur de dialogue ». Le dialogue-coach favorise en effet les répétitions de l'acteur : sur le plateau, c'est lui qui lui donne la réplique afin que le texte de la scène qui va être jouée soit parfaitement mémorisé.

diaphragme

Du grec *diaphragma,* « cloison ». Le diaphragme est un des éléments importants de la caméra. C'est un disque formé de lamelles mobiles que l'on peut déplacer (on dit **diaphragmer**). Il agit comme l'iris de l'œil, c'est-à-dire qu'il règle la quantité de lumière pénétrant dans l'objectif. Un diaphragme s'ouvre ou se ferme; son diamètre est variable. L'ouverture ou la fermeture du diaphragme permettent d'affiner l'éclairement du film.

diffusion

Du latin *diffundere* : répandre. La diffusion est l'atténuation de la netteté de l'image : on l'obtient en plaçant les filtres adaptés devant l'objectif. On peut aussi faire diffuser la lumière des projecteurs pour adoucir l'image : devant le faisceau lumineux de ces derniers, on monte alors des **diffuseurs** de différentes matières (voir par exemple *trame*, p. 456).

Mais **diffuser,** c'est aussi : répandre à travers le public. Le mot *diffusion* est souvent employé à propos de la télévision. Il signifie alors : transmission d'une émission ou d'un film par le canal des ondes. On peut également l'employer à propos des salles de cinéma. Il prendra alors le sens de : distribution auprès du public. La diffusion des films permet de les faire connaître et apprécier.

> Il se rappelait qu'on avait un film à faire ensemble. Un film de diffusion internationale puisqu'on avait Gloria Sylvène comme star... Prima!
>
> Alphonse Boudard, *Cinoche.*

On dit aussi **rediffusion** (en abrégeant **redif**) pour une nouvelle diffusion à la télévision ou une nouvelle sortie en salle (**reprise** étant réservé à la nouvelle sortie des films en salle).

> Le cinéma donnait une rediffusion du *Pont de la rivière Kwaï* et j'avais été très alléché à l'idée de voir un pont s'effondrer, aussi je pris un grand plaisir à revoir le film.
>
> Bernard Chapuis, *Terminus Paris.*

diorama

Du grec *dia,* « à travers », et *orama,* « vision ». Le diorama a été inventé au début du XIXe siècle à Paris par Daguerre qui, outre des recherches sur la photographie, poursuivait ses travaux de décorateur. Le système était le suivant : de grands tableaux présentant des scènes impressionnantes étaient placés devant le public : certaines parties pouvaient laisser filtrer les éclairages placés en arrière du tableau. En modulant les lumières qui traversaient le tableau, on arrivait à donner à celui-ci un semblant de vie. Le succès du diorama fut tel qu'on ouvrit également une salle à Londres.

direct (cinéma)

A peu près synonyme de *cinéma-vérité* (voir p. 102).

diriger

Le verbe est employé pour définir l'activité du metteur en scène sur le tournage : c'est lui en effet qui se trouve à la tête de l'équipe, lui qui est chargé d'organiser le travail de chacun, de donner les directives nécessaires. En Amérique on l'appelle du reste *director*. Mais le mot concerne surtout les comédiens : on dit que le cinéaste *dirige* ses acteurs. La **direction d'acteurs** (l'expression a été forgée par les critiques des *Cahiers du Cinéma*) est une technique qui nécessite beaucoup de psychologie : elle a pour fonction de guider le jeu des interprètes et de tirer le meilleur d'eux-mêmes. Certains metteurs en scène pratiquent la méthode souple (dialogue, suggestion, relation de confiance), d'autres préfèrent la méthode ferme.

> Stéphane se mit au travail. Bientôt, il se piqua au jeu et il me dirigea comme il le faisait avec Inge et Pam :
> – Plus haut, plus haut le genou... Oui... sois fière... Encore plus. Magnifique... Maintenant défais ton chignon... Lentement... Très bien... Très joli... La poitrine... Plus en avant... Penche-toi...
>
> Véra Belmont, *Rouge Baiser.*

Disneyland, Disneyworld

En français « pays de Disney », « monde de Disney ». Disneyland et Disneyworld sont des parcs d'attractions situés l'un en Californie, l'autre en Floride. Créés par Walt Disney, l'empereur du dessin animé, par ailleurs homme d'affaires avisé, ces parcs offrent au public enfantin de multiples distractions comme toutes les foires le font, mais également la reproduction de l'univers féerique que Disney a imaginé : Mickey, Donald, Pluto, etc., s'y sont donnés rendez-vous « pour de vrai » et conduisent les visiteurs. Un parc analogue a été créé en 1983 à Tokyo : il porte le nom de *Diznelando.* Et c'est à Marne-la-Vallée, tout près de Paris, que sera installé le prochain parc inspiré de l'univers disneyen : déjà on l'appelle **Eurodisney** ou **Eurodisneyland.**

Par extension, on dit aussi : « C'est Disneyworld » ou « C'est Disneyland » à propos d'une manifestation qui semble magique et féerique mais peut baigner dans un infantilisme un peu clinquant et mièvre.

> Des fois la vie bondissait tout d'un coup comme un chat frivole et captif. C'était Disneyland.
>
> Brigitte Fontaine, *Paso Doble.*

distanciation (théorie de la)

Énoncée, défendue et illustrée par le dramaturge allemand Bertold Brecht, elle privilégie la raison au détriment du sentiment et de la sensibilité. Pour un acteur, un *jeu distancié* consiste en effet à ne jamais chercher à s'identifier au personnage qu'il incarne mais, bien au contraire, à garder ses distances avec lui en le construisant avec son intelligence. On parle également de *jeu brechtien* ou d'*acteur brechtien.*

distribuer

La *distribution* intervient à deux moments distincts dans la fabrication d'un film. En amont, il s'agit de choisir les principaux interprètes du film. En fait on distribue les rôles, mais on dit plus brièvement : *faire la distribution,* voire distribuer tel acteur dans le rôle de...

> Pour compenser le projet avorté de distribuer Claude Bernard dans *Little Women,* je décidai de faire diriger son deuxième film par le metteur en scène de l'œuvre de Louisa M. Alcott, Mervyn Le Roy...
> Jean-François Josselin, *Quand j'étais star.*

La distribution est faite la plupart du temps par le metteur en scène, parfois par le producteur, qui impose des vedettes à la mode. Mais aujourd'hui cette activité lourde de conséquence est souvent confiée à un spécialiste : le *directeur de casting* (voir p. 80).

> Virgile lui explique en idiome teuton que cette lionne c'est tout bonnement un accessoire pour le film... nebensache... presque une comédienne! Elle est prévue dans la distribution. Ja! Ja!
> Alphonse Boudard, *Cinoche.*

Par extension, on utilise le mot *distribution* pour désigner l'ensemble des acteurs qui interprètent un film et l'on parle de *bonne* ou *mauvaise distribution* comme on parlerait de bonne ou mauvaise interprétation.

En aval, la distribution est une tout autre activité. Il s'agit de répartir les films entre les salles ou plutôt d'assurer leur (bon) cheminement de la maison de production jusqu'à la salle de cinéma. Dans ce cas, la distribution est à la charge du *distributeur* ou de la *maison de distribution.* Le métier de distributeur est né peu avant le début des années 10, quand Charles Pathé décida de cesser de vendre ses films aux exploitants pour les leur louer. Le distributeur, en effet, achète le film au producteur pour une période donnée. Il en devient alors le gérant. Il le loue à l'exploitant mais se charge également de la promotion, assure le tirage et l'expédition des copies, leur stockage et leur entretien. Peu à peu son pouvoir sur le cinéma s'est amplifié : il lui arrive en effet de plus en plus souvent de participer à la production d'un film en versant au producteur une avance sur les recettes escomptées. En s'assurant ainsi l'exclusivité de la distribution de ce film, il n'omet pas non plus d'imposer ses choix : un film commercial avec vedettes consacrées étant par exemple assuré de faire du profit et de rentabiliser l'avance versée.

Qui c'est Charles ?
– Charles Magri, expliqua Téo... le distributeur.
– Distributeur ?... Distributeur ?... Tu veux dire l'épicier! répliqua Marius. Qu'est-ce que connaît un épicier à une affiche de film ?... Est-ce qu'un épicier donne son avis sur un affichage de yaourt sous prétexte qu'il en vend dans sa boutique ?...
– ...
– Non ?... Alors n'en parlons plus.
– Te fâche pas, dit Téo sur le ton du grand frère, c'est pas pareil... Ton épicier... Il ne met pas ses billes dans le yaourt... tandis que dans le cinoche, la distribution, elle met du blé dans le film... Moyennant quoi t'es sûr que le film sera bien distribué...

Tito Topin, *Graffiti Rock*

Divine (la)

Surnom donné à l'actrice Greta Garbo parce qu'on lui trouvait quelque chose de divin. Sa beauté parfaite (on peut, dit-on, lire sur son visage le « nombre d'or », c'est-à-dire l'équilibre absolu des traits) ne dégage pas une sensualité propre à énerver le tout-venant : elle est plutôt d'essence spirituelle.

Star au-dessus des stars, elle siège au firmament, inatteignable, juste prête à faire rêver. Garbo cultive la différence; elle est de celles qu'on approche avec déférence ou qu'on n'approche pas du tout; elle cultive le mystère, s'enferme dans sa tour d'ivoire, protège sa vie privée, défie Hollywood qui l'a baptisée également *le Sphinx.* Mais Hollywood subit ses caprices étranges parce qu'elle illumine de sa grâce les films qu'on lui demande d'interpréter.

Avec son partenaire John Gilbert, elle forme à l'écran un couple parfait; elle passe avec brio l'épreuve du parlant (pas lui) puis se dégèle (une publicité proclame « Et Garbo rit! » pour annoncer la sortie de son film *Ninotchka* en 1939).

Mais, après l'échec de *La Femme aux deux visages* (1941), elle disparaît des écrans. Elle a trente-six ans et s'enfonce dans l'épais silence d'un anonymat total, ayant fixé sur la pellicule une image d'elle parfaite et inaltérable. C'est pourquoi l'on dit depuis d'une actrice ou d'une jeune femme qui tient à garder quelque distance avec ses admirateurs ou ses interlocuteurs, fuit les regards indiscrets en se cachant derrière des lunettes noires, ou cherche à se fondre dans la foule, souvent en se faisant encore plus remarquer par ces sortes de manèges : « elle joue ou elle fait sa Garbo ».

La vraie Garbo était suédoise. Elle s'appelait Greta Gustafsson et exerçait le métier de vendeuse quand le metteur en scène Mauritz Stiller la fit débuter dans *La Légende de Gosta Berling* (1923). Timide, elle s'adapta mal aux habitudes hollywoodiennes quand elle fut arrachée à sa terre natale. Cependant Louis B. Mayer qui, comme les autres producteurs hollywoodiens, chassait tous les talents naissants jusqu'en Europe, savait bien, en s'attachant les services de la jeune femme, quels rêves sa troublante incertitude pouvait éveiller à l'écran.

Écoutez bien, mes chères têtes blondes : ce qui ne nous est plus possible l'a été autrefois et s'il ne l'est plus c'est que nous avons salement changé, en moins bien.
Voilà l'horreur.
Mais reprenons avec quelques exemples choisis.
Shooter dans le soleil, châtrer mon adjudant, beurrer une biscotte à Greta Garbo, peu m'importe de ne pas le pouvoir : je ne l'ai jamais pu. Mais cette femme qui passe se serait arrêtée hier...
Claude Klotz, *Les Mers adragantes.*

divisme

De *diva*, « déesse » en italien. Ce mouvement typiquement italien préfigure le star-system américain. Dans les années 10, celles qu'on a appelées les *divas,* également les *donne mutte* c'est-à-dire les « femmes muettes » (le cinéma n'était pas encore sonore) imposent leurs caprices et leurs prétentions financières aux compagnies, qui doivent céder. Souvent, elles viennent du théâtre mais, pour le cinéma, elles créent, dans des drames passionnels, le personnage de la femme fatale, ce qui leur vaut un succès personnel sans pareil, source de leurs exigences, et de fameuses jalousies entre elles. Les plus célèbres ont peut-être été Francesca Bertini, Lydia Borelli, Pina Menichelli. Pour la première fois, ces croqueuses d'hommes (au cinéma) ont un nom, font étalage de leur vie privée et demandent de gros cachets en retour de l'énorme publicité qu'elles font aux films.

Dixième Muse

Les neuf premières étaient les divinités antiques qui patronaient les Arts et les Lettres et ont inspiré les poètes. Mais c'est Aragon qui célébra la dixième en la personne de Musidora, première vamp du muet français qui, gainée dans un légendaire collant de soie noire, prêta sa beauté fatale au personnage d'Irma Vep, des *Vampires* de Louis Feuillade. Quelques années plus tard Cocteau reprendra cette expression (aujourd'hui tombée en désuétude) pour désigner l'art cinématographique dans sa totalité.

> Je pourrais dire quelle exaltation nous allions chercher à quelques-uns, amis jeunes et insoucieux des préjugés littéraires, quand la Dixième Muse Musidora jouait à l'écran l'épopée hebdomadaire des Vampires.
> Louis Aragon in *Le film, 1919.*

documentaire (film)

Il présente des documents destinés à instruire le spectateur et, de ce fait, s'oppose au film de fiction, qui donne à voir des images romancées, fruit de l'imagination du réalisateur. Le principe du *film documentaire* est né avec l'avènement du cinématographe, machine à enregistrer le mouvement, et les premiers opérateurs des frères Lumière furent aussi les premiers reporters lancés à travers le monde pour rapporter des images de la vie. Si le cinéma de fiction, grâce au génie de Méliès, acquit rapidement ses lettres de noblesse, certains continuèrent cependant avec talent et acharnement à réaliser des documentaires : Robert Flaherty avec son *Nanouk l'Esquimau* (1921), mais aussi l'Avant-Garde française et Jean Vigo (*A propos de Nice*), les Anglais, sous l'impulsion de John Grierson, qui créèrent une véritable *école documentariste* appelée également *école de Brighton,* et Dziga Vertov, en Union Soviétique, qui rendait compte de la réalité sociale et politique de son pays dans la série des *Kino Pravda* (voir p. 103). Celui-ci inspirera, quelques décennies plus tard, le *cinéma-vérité* ou *cinéma direct* (voir p. 147) de quelques auteurs passionnés par le documentaire, comme Agnès Varda, Chris Marker, François Reichenbach, etc. Un film documentaire (on dit aussi : *un documentaire*) peut être un long métrage au même titre que n'importe quelle œuvre de fiction, mais l'expression est souvent employée pour désigner des moyens ou des courts métrages : reportages filmés de la télévision ou petits films passant autrefois en salle avant la projection du « grand film ». La médiocrité confondante de ces derniers avait conduit les spectateurs a inventer une expression particulière qui les définissait bien : le *docucu.*

> Puis vient le documentaire, la pêche à la sardine. Les gosses, ça les emmerde le docucu, et comment. De plus ils n'ont pas des bottes de patience. Conséquemment s'agite la salle et bientôt les cris s'enflent...
> Raymond Queneau, *Loin de Rueil.*

Dolby

Un film en *Dolby stéréo* est un film dont la qualité sonore est particulièrement intéressante : les sons sont enregistrés sur piste optique en stéréophonie et les bruits de fond sont éliminés grâce à un procédé spécial mis au point dans les années 70.

> Il lui trouva un look infernal, une démarche en kinopanorama et la voix dolby...
> Tito Topin, *Shangaï skipper.*

dolce vita (la)

Cette expression italienne est entrée dans le langage des Français à la suite du succès d'un film de Federico Fellini intitulé *La Dolce vita*. On y découvrait une société romaine gangrenée par le plaisir, les turpitudes, la facilité. L'expression (en français « *la vie douce* ») n'est donc pas de tout repos. Elle n'évoque pas le farniente ou l'oisiveté gentille, mais une vie agitée, pervertie par trop de luxe, de vedettariat, de pouvoir ou d'argent.

dolly

Ou **crab-dolly** (en anglais *crab* signifie « chariot » et *dolly* « plate-forme »). Plus complexe que le chariot, mais moins haute que la grue, elle supporte la caméra et permet ses déplacements dans l'espace. Mise au point dans les années 40, elle a été très souvent utilisée sur le tournage des comédies musicales américaines. Parce qu'elle est employée pour exécuter des travellings, on dit parfois **dolly in** pour travelling avant et **dolly out** pour travelling arrière.

donner

D'un film, on dit qu'il **se donne** ou **est donné** dans telle ou telle salle pour signifier qu'il y est projeté.

> Il demanda un journal à Victor et chercha la page des spectacles. On donnait dans un cinéma de quartier un spectacle de courts-métrages.
> Osvaldo Soriano, *Je ne vous dis pas adieu.*

Mais d'un acteur on dit qu'il **donne son texte** pour réciter une tirade un peu longue.

> Il fit placer Philippe, et lui demanda de donner son texte. Fidèle à sa réputation, Philippe fut tout de suite parfait.
> Paul Fournel, in *Moteur.*

double R

Surnom donné par le producteur Bill Marshall à Ronald Reagan, à cause de ses initiales. Double R, que Marshall rencontra quand lui-même débuta à la Warner, serait sans doute resté un obscur interprète de film s'il n'avait quitté assez vite les milieux cinématographiques pour se consacrer à une carrière politique bien plus brillante.

doubler

On peut doubler un film ou un acteur. Dans le premier cas, il s'agit de fabriquer un double au dialogue original d'un film que l'on veut présenter dans une autre langue. L'opération s'appelle le **doublage** et s'effectue de la manière suivante :

On repère le mouvement des lèvres des acteurs et l'on traduit leurs répliques en choisissant les mots qui s'adaptent le mieux à ce mouvement. Des comédiens disent alors le nouveau texte (ils *doublent* les acteurs initiaux). Celui-ci est enregistré puis **mixé** (voir p. 287) avec la **bande-son internationale :** le film est alors *doublé* puisqu'il existe désormais une sorte de double du dialogue original. Cependant le doublage ne peut restituer la sonorité particulière de la voix des interprètes, que bien souvent il trahit. C'est pourquoi les cinéphiles avertis boudent souvent la **version doublée** d'un film et lui préfèrent une version originale sous-titrée.

Dans le second cas, il s'agit du remplacement d'un acteur par un autre. On appelle *doublure* (plus rarement *double*) celui ou celle qui prend la place de l'interprète choisi initialement. La silhouette de la doublure rappelle celle de l'acteur qu'il double. Il peut ainsi le remplacer en cas d'indisponibilité, mais également, si cela a été prévu dans le contrat, dans les scènes érotiques ou périlleuses, ainsi que dans les plans secondaires si la vedette ne s'exprime pas et n'apparaît pas en gros plan.

> L'homme sortit du cercle. Ce n'était pas Lorimar, mais une doublure. Plus fade, plus quelconque, il sautait aux yeux que le moule qui avait fabriqué la vedette avait dû s'émousser à l'usage...
> Marie-Claude Beineix, *Pierrot femelle.*

La *doublure-lumière* est la personne qui remplace l'acteur principal au moment de la mise au point des éclairages.

Et, par extension, on dit *jouer les doublures de* ou *servir de doublure à* pour signifier non pas qu'on remplace quelqu'un dans telle ou telle tâche mais que l'on vit dans son ombre en l'imitant et en reproduisant sa façon d'être sans faire preuve d'originalité.

douceur (faire une)

C'est adoucir les lumières qui vont éclairer un visage en gros plan.

doux

Se dit à propos d'une image qui n'est pas très contrastée (voir *contraste,* p. 123).

drapeau

C'est un panneau noir qui, comme le **nègre**, permet de discipliner le flux lumineux des projecteurs.

drive-in

De l'anglais *to drive in*, « conduire à l'intérieur ». Installés dans les années 50 pour concurrencer la télévision, aujourd'hui tombés en désuétude, les drive-in sont des cinémas de plein air : on assiste à la projection du film en restant dans sa voiture. Des haut-parleurs fixés sur les vitres transmettent musique et dialogues et l'on peut également se restaurer sur place. Au Québec, on les appelle **ciné-parcs.**

drôle de drame

L'expression est en fait assez banale mais elle a conquis un supplément de sens grâce au film que Marcel Carné a réalisé en 1937 et qu'il a intitulé *Drôle de drame.* Outre le titre, certaines répliques des interprètes sont passées à la postérité (voir **Bizarre, bizarre...**, p. 50).

> Elle n'a encore dit ni oui ni non. Je suis heureux entre le bêtisier, la gifle ou la complicité. Une bécasse discute de ses cures, de ses fiancés, de sa fragilité, de son absence de drôle de drame, canal Saint-Martin sans eau! Je la regarde...
> Yves Martin, *Retour contre soi.*

dubbing

Mot anglais signifiant « doublage ». Il est souvent employé à la place du mot français (voir p. 155).

> Cette bonbonne ambulante déclarait que les versions originales étaient un non-sens commercial, et qu'il suffisait de substituer, tout simplement, des paroles en toutes langues aux paroles d'origine... pour obtenir le même résultat. A bas prix.
> C'était le dubbing. Le doublage. Comme ça... Plus besoin de tourner des versions. On se contente de quelques petits acteurs qui viendront annoncer devant un micro.
> Claude Autant-Lara, *Hollywood Cake-Walk.*

Duc (le)

Surnom donné à l'un des plus fameux *westerners* (voir p. 482) du cinéma américain, John Wayne. Ce grand gaillard spécialisé dans l'interprétation des rôles de western s'appelait en réalité Marion Morrisson. Jugeant que son prénom ne lui convenait aucunement, il avait adopté le nom de son chien, Duc (en anglais *Duke*). Après que Raoul Walsh l'eut rebaptisé *John Wayne,* il conserva cependant en guise de surnom le prénom qu'il s'était choisi. Mais après tout, le colosse buriné méritait bien ce titre élevé de la noblesse. Avec une tranquillité et une assurance peu communes, cet ancien accessoiriste avait su en effet imposer sa silhouette (lèvres pincées, voix nasillarde) dans les plus grands westerns de son temps. Ceux de John Ford, qui lui fut particulièrement fidèle (*La Chevauchée Fantastique, l'Homme qui tua Liberty Valance, Fort Apache...*), dessinent la figure mythique d'un héros qui se confond avec les personnages qu'il interprète : cow-boy valeureux aux poings forts, au cœur généreux, aux sentiments simples. Mais cet homme tout d'une pièce au visage qui semblait lavé et tanné par les intempéries, symbole d'une Amérique propre et saine, fut sans doute le dernier du genre. Il ne présente en effet aucune ressemblance avec les *losers,* les héros fatigués qui vont peupler les nouveaux westerns, ces tranches d'histoire américaine où l'on ne parvient pas à départager les bons des méchants.

> Elle avait le genre sain et buriné par le grand vent, le genre John Wayne, comme il disait...
>
> Michèle Manceaux, *Pourquoi pas Venise.*

dunning

C'est un vieux procédé de trucage qui permet d'utiliser au moment du tournage un décor préalablement filmé. Il porte le nom de son inventeur, Caroll Dunning, qui en déposa le brevet en 1927. Le principe du dunning n'est applicable qu'aux films en noir et blanc. On l'appelle aussi *séparation colorée :* dans cette technique en effet on joue avec différentes couleurs pour filtrer et réunir plusieurs images. Les acteurs jouent devant un fond éclairé en bleu, mais ils sont puissamment éclairés par une lampe orange. Dans la caméra, on place devant le négatif « normal » un positif viré en orange et représentant le décor que l'on veut associer au jeu des acteurs.

Le film positif sert de filtre au moment de l'enregistrement : tout ce qui est orangé est impressionné sur le négatif (le positif est en quelque sorte transparent aux rayons lumineux de la même couleur que lui); le fond bleu n'apparaît pas sur le négatif (le bleu est arrêté par l'orange, qui est sa couleur complémentaire); éclairé par cette lumière, le décor du positif est reproduit sur le négatif. Celui-ci fournit donc une image composite : la scène de studio se trouve réunie avec le décor filmé en extérieurs.

dur (le)

Personnage mythique du cinéma américain : viril, vantard, voire cynique, il vient de la rue et cogne pour survivre. C'est sans doute l'acteur James Cagney qui a créé le type. Ce petit coq énervé a bataillé des années durant et dans une multitude de films de gangsters. On le disait pourtant doux comme un agneau. Dans *Ragtime* (1981) de Milos Forman, il prouve surtout qu'il a toujours été un comédien hors pair.

Dure se dit également à propos d'une image très contrastée (voir *contraste,* p. 123).

éclairer

Pour obtenir une image sur le film, l'objectif de la caméra doit capter les ombres et la lumière. Mais la sophistication du travail cinématographique exige que celles-ci soient ciselées, voire recréées (on ne se contente plus d'enregistrer la réalité et la lumière brute comme au temps des premiers opérateurs lancés à travers le monde par les frères Lumière au nom prédestiné). Et c'est au **chef opérateur** ou **directeur de la photographie,** assisté des **éclairagistes,** qu'incombe désormais cette tâche. De lui, on dit, du reste, qu'il a *éclairé* tel ou tel film.
En extérieur, il modèle l'*éclairage* naturel en adjoignant à la lumière solaire projecteurs ou écrans diffusants.
Dans les studios, il crée un éclairage totalement artificiel à l'aide des spots et projecteurs qu'il installe et dont il canalise les faisceaux. Mais l'éclairage d'un film dépend également de la sensibilité de la pellicule, qu'il choisira donc avec grand soin suivant l'effet souhaité par le réalisateur : éclairage diffus ou très contrasté.

... car autant que du metteur en scène et des vedettes, la réussite du film dépendait de ces gens dont le public ne retient pas les noms et que Victor appelait « les orfèvres obscurs du cinéma ». Parfois Victor désapprouvait le choix de Wildenfeld, rappelant l'irritabilité d'une script girl ou l'ivrognerie d'un éclairagiste.

François-Olivier Rousseau, *L'Enfant d'Edouard*.

éclatés

Se dit des récits qui explosent ou se chevauchent dans un film au scénario complexe.

écran

Le mot nous est venu, au Moyen Age, du néerlandais *scherm*, qui veut dire paravent. Par *écran*, on a d'abord désigné le paravent ou pare-feu servant à séparer la cheminée du reste de la pièce dans laquelle elle est installée, puis toutes les sortes de rideau marquant une séparation (écran de verdure, etc...). Ce n'est qu'à la fin du XIXᵉ siècle que le mot est utilisé pour désigner le panneau où sont projetées les images d'un film.

L'écran de projection a d'abord été un simple bout de tissu, d'où l'équivalence entre les mots *écran* et *toile* (voir p. 453).

Mais, par la suite, l'écran de cinéma est devenu beaucoup plus sophistiqué. Il est défini par sa taille : du *petit écran,* on est passé à *l'écran panoramique* (*écran large* du cinémascope) voire à l'*écran hémisphérique* capable de reproduire des images sur un champ correspondant à un angle de 180º. A noter que l'expression *petit écran* est souvent opposée à *grand écran :* dans ce cas, *petit écran* veut dire « télévision » et *grand écran* « cinéma ».

Divers matériaux ont également été testés : ont été retenus ceux qui favorisaient le pouvoir réfléchissant de l'écran. Ainsi est née toute une génération d'*écrans métalliques* ou *caoutchoutés,* d'*écrans gaufrés* ou *lenticulaires,* d'*écrans nacrés* ou d'*écrans perlés* (c'est-à-dire recouverts de petites billes). Mais l'*écran perforé* ou *transsonore* est le plus usité : il est percé de trous qui laissent passer le son.

> L'écran – non pas un drap blanc tendu sur un cadre comme une toile de peintre, mais un véritable écran poudré d'argent qui s'enroulait autour d'un manche en bois comme les cartes de l'école autour d'un manche en bois – l'écran pendait du plafond un peu en avant du mur du fond. Ce qui réservait une sorte de coulisse où les galopins de l'entracte caracolaient en se fouettant à coups de cache-nez : on ne voyait plus que leurs mollets.
>
> Jean-Louis Bory, *Questions au cinéma.*

Par extension, *écran* est devenu synonyme de « cinéma ». On parle des *vedettes de l'écran.*

Le mot *écran* apparaît également dans plusieurs expressions.

Porter à l'écran ou *transposer à l'écran,* qui veut dire « adopter une œuvre littéraire pour le cinéma ». On dit aussi *écraniser.*

Crever l'écran, qui se dit à propos d'un acteur dont la prestation, jugée remarquable et supérieure à celle de ses camarades, donne une telle impression de réalité qu'il semble quitter l'étroit carcan de l'écran pour poursuivre ses aventures dans la salle ou hors de la salle. Un fantasme pur (l'écran reste toujours lisse et indemne) pourtant mis en images par Woody Allen dans son film : *La Rose Pourpre du Caire.*

> Ils éclatèrent de rire et s'embrassèrent comme des fous, et autour d'eux, dans le grand hall d'entrée de Saturne, baigné de la lumière argentée de septembre, tout le monde les regarda en souriant et se dit que, encore une fois, Claude Baron avait eu la main heureuse : voilà un couple qui allait crever l'écran.
> Louis-Antoine Prat, *Trois reflets d'Argentine.*

A la ville comme à l'écran : cette expression permet de comparer la personnalité d'un acteur avec les personnages qu'il incarne à l'écran. Un acteur peut en effet utiliser dans ses films les traits de caractère qui lui sont propres. Plus rarement, il lui arrive de transposer le personnage qu'on lui a fabriqué pour l'écran dans sa vie quotidienne. On dit alors qu'il est drôle, fragile, cabotin, élégant, cynique, etc... à la ville comme à l'écran. La comparaison se fait également pour les gens de théâtre et l'expression devient « à la ville comme à la scène ».

> L'imagination l'entraînait, elle aussi, dans les parages du théâtre, vers cet « à la ville comme à la scène » où coiffeurs, bottiers, couturiers parent les comédiens d'atours et de fards qui les distinguent de leurs contemporains.
> Jean-François Josselin, *Quand j'étais star.*

Quitter l'écran. Employée à propos de l'acteur d'un film, l'expression signifie que le déroulement de l'histoire qu'il interprète impose sa disparition momentanée ou définitive de l'image. Plus généralement, elle signale que l'acteur a provisoirement ou définitivement abandonné le métier. Mais, pour tous ceux qui ne travaillent pas dans le spectacle, *quitter l'écran* comme *quitter la scène* (ou *le devant de la scène*) veut dire « rentrer dans l'ombre » après avoir connu la notoriété et vécu sous les feux de l'actualité.

Écran diffusant : comme le **nègre** (voir p. 299), il est employé sur les tournages pour diffuser la lumière.

écraniste

L'auteur de la célèbre expression « le Septième Art », le critique Riciotto Canudo eut la plume moins heureuse lorsqu'il cisela le mot *écraniste* pour désigner les gens faisant du cinéma. Un moment en concurrence avec **cinégraphiste,** *écraniste* est vite tombé dans l'oubli, cédant définitivement la place à **cinéaste.**

écurie

Mot employé pour désigner les chevaux appartenant au même propriétaire. Par extension, il est utilisé pour désigner l'ensemble des vedettes travaillant pour une même firme. Les **Majors** (voir p. 270) avaient naturellement les écuries les plus importantes. Elles mettaient sous contrat des stars aussi nombreuses que talentueuses. Celle-ci pouvaient néanmoins être prêtées aux firmes concurrentes.

effet

On dit de quelqu'un qu'il « fait de l'effet » s'il parvient à frapper l'imagination de ceux qui le regardent ou l'entendent, s'il obtient le résultat qu'il escomptait. De la même manière, on dira d'un comédien qu'il *fait des effets* s'il cherche à impressionner le spectateur en tablant sur un jeu qui tourne délibérément le dos au naturel. Mais il peut aussi *rater ses effets :* son jeu n'aura pas de résultats, ni rire, ni larmes.
Par extension, on appelle aussi *effet* l'impression psychologique ou esthétique que l'on obtient en travaillant particulièrement le scénario ou certaines de ses parties, la direction d'acteurs, les sons, les lumières les trucages : effet comique, effet tragique, effet sonore, effet de flou, de surimpression, de clair-obscur, etc...

Dans le vocabulaire technique, le mot possède un sens beaucoup plus précis. On appelle *effects* les bruits qui sont indissociables d'une scène mais qu'on ne peut pas mettre au registre des dialogues ou de la musique. Effet aussi la lumière qui sert de base à l'éclairage d'une scène.

Les *effets spéciaux* (que les Américains désignent souvent par le sigle **SPFX** pour *special effets*) sont les techniques employées avant le tournage (maquettes, etc...), pendant le tournage (transparences mais aussi machines à pluie, à vent, etc...) ou au laboratoire pour modifier le contenu et l'apparence d'une image, assurer les liaisons entre les images (fondu, volet, etc...). L'expression est en réalité synonyme du *trucage* (voir p. 461). Mais l'explosion dans les années 70 de films à grand spectacle multipliant les effets spéciaux a probablement fait tomber en désuétude le terme de *trucage*. Les bricoleurs et enchanteurs de génie comme Méliès ont peu à peu été remplacés par des scientifiques à la technique aiguisée (notamment avec l'école anglaise) qui n'en finissent pas de mettre au point ces inventions capable de faire sauter la plate réalité pour créer toujours plus de merveilleux, de fantastique... Ce n'est pas un hasard si ce sont les films de science-fiction, ou les films-catastrophes qui bénéficient des recherches les plus modernes en matière d'effets spéciaux. Pas un hasard non plus si le « gars des effets spéciaux » est devenu un « technicien des effets spéciaux » puis un « ingénieur des effets spéciaux ». Le cinéma n'a jamais divorcé d'avec son temps. Mieux : il explore l'avenir avec le soin qu'il faut sans laisser tomber la magie.

> Leinsen informa les gars des effets spéciaux qu'ils devaient se débrouiller pour conserver leurs nuages quelques minutes encore. Ils rampaient tous, à plat ventre sur le plancher avec des masques à gaz en maniant des pompes spéciales.
> Garson Kanin, *Hollywood, années folles*.

Effet Koulechov. Expérience mise au point par le cinéaste russe Lev Koulechov pour démontrer l'importance du montage dans la création cinématographique (seul le montage peut donner un sens aux images filmées) : entre trois plans de l'acteur Mosjoukine arborant la même expression neutre ont été intercalés respectivement le plan d'un enfant, celui d'une femme dans un cercueil, enfin celui d'une assiette de soupe. A la projection, les spectateurs pensent voir le visage de Mosjoukine s'animer et refléter des sentiments de tendresse, de peine ou d'appétit. Plus tard Eisenstein développera l'idée de Koulechov dans sa célèbre théorie du montage des attractions.

Effet de sardine. Luis Buñuel appelait ainsi l'effet produit par les silhouettes d'acteurs qui, coupés à une certaine hauteur, donnent l'impression d'être allongées comme les fameux poissons dans leur petite boîte.

efficace

Se dit d'un gag, d'une scène comique, d'une scène mélodramatique ou tragique, d'une séquence pleine de suspense et, d'une manière générale, d'un scénario, si ceux-ci déclenchent chez le spectateur les effets souhaités : surprise, rire, pleurs, émotion, angoisse.
L'*efficacité* d'un film est un critère commercial intéressant, mais n'a pas de réelle valeur esthétique.

élargir

On dit aussi *ouvrir* (voir p. 320). On élargit lorsqu'on augmente le champ de la prise de vues en déplaçant la caméra ou l'objectif par rapport au sujet que l'on filme. On élargit également lorsqu'on déploie un faisceau lumineux en déplaçant la lampe des projecteurs par rapport à leur ouverture. Au cours des opérations inverses, on dit que l'on *resserre* ou que l'on *serre* (voir p. 415).

électriciens

Responsables du matériel électrique et en particulier du branchement des projecteurs, ils collaborent avec le chef-opérateur et organisent avec lui les *lumières.*

elemack

Ou *Spyder Elemack.* Nom de marque d'une plateforme montée sur rails ou sur pneus. Elle permet des mouvements de travelling mais, contrairement à la *dolly* (voir p. 154), elle exclut les mouvements verticaux puisqu'elle ne possède pas de mécanisme assurant le déplacement en hauteur de la caméra qu'elle supporte.

Elle boit pas, elle fume pas, elle drague pas, mais.... elle cause!

C'est à Michel Audiard, qui en fit le titre d'un de ses films (réalisé en 1969), que l'on doit cette expression utilisée aujourd'hui pour définir un « éternel féminin », tout entier fondé sur le bavardage.
En 1972, l'auteur de ce saisissant raccourci rectifiera sa définition en intitulant un autre de ses films : *Elle cause plus, elle flingue.*

Embrasse-moi idiot!

Mise dans la bouche de la première vamp du cinéma, Theda Bara, cette réplique cavalière a, depuis, fait fortune. Elle a servi en 1964 de titre à un film de Billy Wilder et aujourd'hui, on la retrouve même au détour de certaines chansons :

> *J'ai pas le style premier de la classe*
> *Quand je me regarde dans la glace*
> *J'ai peur qu'elle me laisse sur place*
> *Eh oui sur place*
> ...
> *Embrasse-moi idiot*
> *C'est vraiment beaucoup mieux beaucoup mieux que des*
> [*mots*
> *Embrasse-moi idiot*
> *Et j'oublierai tes défauts!*
> Chanson du groupe Bill Baxter.

emploi

C'est la manière d'utiliser quelque chose ou quelqu'un; pour un acteur, c'est le rôle qui lui est confié. *Avoir un emploi* veut donc dire interpréter toujours le même type de personnage parce que son physique ou son tempérament conviennent particulièrement. Un comédien, une comédienne peuvent ainsi avoir l'emploi du jeune premier, du traître, de la femme fatale, etc...

D'où l'expression : *avoir le physique* ou *la tête de l'emploi,* qui veut dire « être bien adapté à un rôle », mais aussi à un métier ou n'importe quelle circonstance de la vie ordinaire.

Un *contre-emploi* est un emploi qui va à l'encontre de ce à quoi l'acteur a habitué son public ou à l'encontre de sa personnalité. *Jouer à contre-emploi* peut produire un effet désastreux ou, au contraire, permettre à un acteur d'exprimer des dons jusque-là inexploités. Exemple : Coluche (un comique) dans *Tchao Pantin* (un film tragique).

> Luc, d'ailleurs, ça l'arrangeait que je me sois évaporé... Pour choisir les comédiens, il avait des théories bien à lui... le contre-emploi, il préconisait...
> Alphonse Boudard, *Cinoche.*

Plus naturellement, un comédien sera appelé à *changer d'emploi* s'il poursuit une longue carrière : les transformations physiques naturelles imposent certaines conversions, parfois quelques révisions déchirantes. Les actrices en effet admettent souvent mal de passer des rôles de jeunes premières à ceux de grand-mères. Certaines, pourtant, comme Simone Signoret, ont su changer d'emploi avec autant de talent que de courage.

> Note bien, poursuivit-il, ce n'est qu'une passe. Forcément, avec l'âge, je prends de l'autorité, je change d'emploi. Les plus grands ont connu ça.
> François-Olivier Rousseau, *L'Enfant d'Edouard.*

émulsion

Mélange dans lequel les particules d'argent sensibles à la lumière sont en quelque sorte suspendues dans de la gélatine. L'émulsion est la partie du film sur laquelle l'image va venir s'impressionner : on dit aussi *couche sensible.* L'émulsion ou couche sensible est coulée (ou *émulsionnée* sur *le support* (voir p. 438). Le *substratum* permet la soudure entre les deux couches du film.

en attendant Godard

Formule employée par les journalistes pour parler de la période qui a précédé l'explosion de la Nouvelle Vague, dont Jean-luc Godard fut l'un des plus beaux fleurons et l'un des plus habiles théoriciens. Inspirée du titre d'une pièce de Samuel Beckett, *En attendant Godot,* elle est reprise aujourd'hui encore lorsque Godard est sur le point de nous offrir l'une de ses nouvelles œuvres.

encre de lumière

Jean Cocteau, poète converti à la réalisation de films, voyait dans le cinéma une nouvelle façon d'écrire et, pour en parler, il forgea l'expression « encre de lumière », puisque la caméra compose avec la lumière.

end (the)

En français « La fin ». L'expression clôture les films de langue anglaise. Bien qu'elle soit traduite dans les versions doublées ou sous-titrées, c'est le carton en langue anglaise qui n'a cessé de frapper les imaginations, et l'on a pris l'habitude de ponctuer la fin de n'importe quel film (ou... récit) par cette redondance exprimée à voix haute et en langue anglaise « *The end* ».

> A l'autre bout de l'horizon, au-delà des déserts il y a sans doute d'autres ranchs dans d'autres films où les guitares le soir se font douces et où il oubliera ce meurtre nécessaire à la Fox Movietone in the Vengeance Valley. The end.
> Claude Klotz, *Sbang-Sbang*.

ensemblier

Parfois appelé *régisseur-ensemblier,* il est chargé d'inventer et de mettre sur pied des ensembles de décors. Il travaille, bien sûr, en relation étroite avec le décorateur et l'accessoiriste.

entourée

Se dit de la prise qui sera utilisée au montage : quand les prises sont jugées réussies par le réalisateur, leur numéro est entouré par la scripte sur le cahier de rapport.

entracte

Veut dire « entre deux actes ». Le terme en effet a d'abord désigné le moment situé entre les deux actes d'une pièce de théâtre, et par la suite le temps vacant ménagé entre deux moments forts de n'importe quel spectacle. Au cinéma, aujourd'hui, l'entracte est réduit à la portion congrue. Il sépare la projection des clips publicitaires et des bandes annonces de la projection du grand film; on y vend parfois des confiseries et des boissons. Mais autrefois il était intercalé entre le court métrage et le long métrage : il permettait de diffuser des messages publicitaires qui se clôturaient par le célèbre moulinet de Jean Mineur faisant valser sa pioche pour bien frapper dans le 1 000 et annoncer son numéro de téléphone. On y voyait aussi des petits films d'actualités annoncés par le coq hurleur de chez Pathé. Quelques années plus tôt, les *pubs* se résumaient à des panneaux de réclames fixes vantant les mérites des commerçants du quartier. On pouvait voir sur scène de véritables numéros de music-hall... (voir *attraction,* p. 35).

> Parfois le dimanche après-midi, Zélie met son chapeau et nous allons au Rex voir un film. A l'entracte, des équilibristes de second ordre ou des chanteuses obscures font leur numéro dans l'indifférence générale mais non de la mienne.
>
> Jean-François Josselin, *Quand j'étais star.*

entrée

C'est l'accès à la salle de cinéma qu'obtient le spectateur en achetant un billet. Par extension *entrée* est donc devenu synonyme de « billet d'entrée ». L'expression *faire des entrées* (ou *beaucoup d'entrées*) couramment employée à propos des films, signifie donc que les films dont il est question ont rapporté beaucoup d'argent puisque de nombreux spectateurs se sont déplacés et ont payé pour le voir. Le *nombre d'entrées* qu'a fait un film permet de mesurer le succès qu'il a remporté. Ce n'est pas lui qui permet de juger de ses qualités véritables, même si certains producteurs ont tôt fait de cataloguer un film qui a fait peu d'entrées comme un échec notoire et son auteur comme un personnage dénué de talent.

> J'ai financé trois navets qui ont fait des entrées, pour me permettre ça.
>
> Catherine Rihoit, *La Favorite.*

épingles (écran d')

Technique d'animation à mi-chemin entre le modelage et la sculpture. Elle a été inventée dans les années 30 par un cinéaste français d'origine russe : Alexandre Alexeieff. Des milliers d'épingles sont fichées sur une surface plane (le fameux écran). Elles sont éclairées par une lumière dont la source est située à côté de cet écran. On modifie l'enfoncement de ces épingles et l'on filme image par image, suivant le procédé classique de l'animation : sous l'effet de la lumière cette sculpture s'anime à l'infini...

Épinglé : se dit d'un jeu altier et distant. L'expression est née sous la plume de l'écrivain Jacques Audiberti.

169

époque

Du grec *epokhê* « point d'arrêt ». Dans le langage cinématographique, une époque est la partie d'un grand film
qui a été divisé pour facilité son exploitation. Exemple :
Les Enfants du Paradis comprennent deux époques.

> J'y ai vu ainsi une version des Misérables. Les épisodes s'y
> appelaient pompeusement « époques »...
>> Roger Grenier, *Ciné-roman.*

Le mot se retrouve dans une autre expression avec un
tout autre sens : on appelle *film d'époque* un film
historique tourné en costumes.

équipe

L'équipe du film (on dit aussi *équipe technique*) se doit
d'être soudée. Tous ses membres (du directeur de production jusqu'au machino et au simple ouvrier, en
passant par le réalisateur, le chef-op' et les vedettes) vont
en effet vivre ensemble quelques semaines durant pour
donner corps à leur projet commun et faire naître le film.
Des tensions peuvent l'agiter, mais on la compare souvent à une famille, qui se disloque à chaque fin de
tournage en laissant à chacun une pointe de nostalgie et
parfois l'impression d'être orphelin. Son importance
varie naturellement avec le budget alloué au film. Pour
un film peu onéreux, on engagera une petite équipe,
souvent qualifiée d'*équipe restreinte.*

> Trois jours plus tard je me réveillais dans son lit. Cette
> fortune rapide, impossible à cacher au sein d'une équipe
> restreinte, m'avait valu l'estime des techniciens : N. passait
> pour une intouchable.
>> Michel Braudeau, *Naissance d'une passion.*

Seconde équipe : Elle travaille avec l'équipe principale
pour doubler la prise d'un plan délicat (l'écroulement
artificiel d'un immeuble par exemple) et parer ainsi à la
panne éventuelle de la première caméra ; pour filmer
certaines scènes de moindre intérêt (plans de nature, de
raccord...) parallèllement au tournage afin de gagner du
temps ; ou pour filmer la première équipe au tournage
(voir *making of,* p. 270). Dans les films d'action et de
science-fiction, la seconde équipe est souvent spécialisée

170

dans les effets spéciaux : sa présence implique un budget de production important. Certains réalisateurs, comme Luc Besson, ont fait leurs classes comme chefs de seconde équipe.

> Je deviens la reine de Paris et toute cette salade, mais le train on le voit jamais. Ou alors, ils l'ont filmé en seconde équipe...
> Sébastien Japrisot, *La Passion des femmes.*

ère

Le cinéma a tout juste un siècle d'existence, mais il a déjà traversé une ère : celle du muet.

espoir

Dans le langage cinématographique, on appelle *espoir* le jeune acteur ou la jeune actrice dont on a pressenti la réussite ultérieure. En France, on décerne le *César* (voir p. 83) du meilleur espoir féminin ou masculin à celui ou celle dont la prestation remarquée dans un film de l'année incite à penser qu'il ou elle est promis(e) à un bel avenir.

> Une semaine plus tard, accompagné de sa nouvelle conquête, la jeune star espoir du cinéma français Maud Mérival, le metteur en scène Constantin von Meck partit se reposer près d'Aix-en-Provence...
> Françoise Sagan, *Un Sang d'aquarelle.*

esquimau

Appartient curieusement à la mythologie du Septième Art. A l'entracte qui coupe les séances de cinéma, on suce des esquimaux. Mais le mot, qui désigne des sucettes glacées, n'est pas accommodable à toutes les sauces. Les propriétaires de la marque déposée (Findus-Gervais) entendent en effet en conserver l'usage exclusif : ils ont pourtant eux-mêmes repris le terme (*eskimo,* puis *esquimau*) désignant les habitants des régions polaires.

> Bénédicte lui avait absolument promis de l'accompagner voir *Les Choses de la vie.* Juliette n'aimait pas aller au cinéma toute seule. Il y avait toujours des mecs pour la frôler du coude... Si elle avait réussi à ingurgiter six pages de polycopiés, c'était parce qu'au bout il y avait la séance de cinéma, l'esquimau glacé et la présence de Bénédicte...
> Katherine Pancol, *Scarlett, si possible.*

essai

L'équipe technique *fait des essais lorsqu'elle* tourne une séquence très brève afin de vérifier la qualité de l'image.

L'aspirant comédien fait un *bout d'essai* lorsqu'il interprète un courte scène devant la caméra afin que le réalisateur (ou son assistant) évalue son talent et puisse éventuellement l'engager.

On peut concilier les deux sortes d'essais. François Truffaut a inséré dans *Les 400 coups* les bouts d'essai qu'il avait fait tourner au jeune Jean-Pierre Léaud, ce qui donne au film un ton particulièrement émouvant.

> Quelqu'un a envoyé un bout d'essai de cette fille, il y a deux ans. Elle doit se débrouiller mais elle ne devient pas meilleure. Mais l'homme est bon. Est-ce qu'on ne peut pas l'utiliser dans le rôle du vieux Prince Russe dans *Steppes?*
> Francis Scott Fitzgerald, *Le Dernier Nabab.*

étalonner

C'est normaliser et égaliser la lumière et les couleurs de tous les plans d'un film en fonction de l'étalon choisi.
L'étalonnage des couleurs se pratique en laboratoire.

États Généraux

En Mai 68, le Festival de Cannes s'ouvre huit jours après les premiers affrontements de rue au quartier Latin. Pendant les huit jours suivants, la manifestation se déroule normalement. Puis les remous commencent : arrêt de projection, meeting animé par François Truffaut, Claude Lelouch, Jean-Luc Godard. Une partie du jury démissionne et certains réalisateurs, dont les films ont été sélectionnés, demandent que ceux-ci ne soient pas projetés.

Depuis le 17 mai, déjà, siégeaient à Paris, rue de Vaugirard, à l'École Nationale de Photo et Cinéma, les « États Généraux du Cinéma Français ». Ceux-ci rassemblaient un grand nombre de professionnels et proposaient une refonte totale des structures du cinéma français. Réunis en juin à Suresnes (au théâtre municipal), les États Généraux présentent différentes motions de type révolutionnaire : suppression totale de la censure, création de

groupes de production autogérés, suppression des mono-
poles d'exploitation, etc. Pourtant, dès la fin de Juin, les
plus enragés commencent à rentrer dans le rang. De 68,
il ne restera qu'une poignée de films souvent réalisés par
des collectifs, et surtout l'association qui regroupe les
réalisateurs de films : la **SRF (Société des Réalisateurs de
Films)** dont la voix se fait désormais entendre à toutes les
instances chargées de gérer le cinéma français.

> A Suresnes, les États Généraux du cinéma tournent queue
> d'hareng. Après l'orgie, c'est le réveil douloureux, la
> gueule de bois! Les plus marioles s'échappent fissa de la
> barcasse... les plus acharnés hier anticonsommation! Tous
> les beaux projets s'évaporent... Le cinéma gratuit et obliga-
> toire! La liberté totale audiovisuelle! La dignité créatrice!
> La non-directivité! L'homme qui ne vit pas que de
> pain!...
>
> Alphonse Boudard, *Cinoche.*

éteindre

Verbe employé dans une petite phrase scandée souvent
par les jeunes spectateurs impatients de voir débuter la
projection du film qu'ils attendent :

> *Éteignez*
> *la lumière!*
> *Commencez*
> *le cinéma...!*

étoile

Astre éloigné qui brille au-dessus de la Terre. Le mot est
employé pour désigner les personnalités les plus brillan-
tes parmi les acteurs et actrices de cinéma, mais il est plus
volontiers traduit par **star** (voir p. 427).

Une **étoile filante** est une vedette dont la célébrité a été
éphémère, tandis qu'une **étoile montante** est celle dont la
cote est en hausse.

> Là sur le plateau où deux jours plus tôt Dennis avait
> resplendi, l'une des plus brillantes étoiles de Hollywood,
> pas le moindre intérêt apparent ne survivait pour lui, non
> plus qu'aucune curiosité particulière sur sa fin énigma-
> tique.
>
> Ben Hecht, *Je hais les acteurs.*

évasion (film d')

Ce peut être un film d'action ou d'aventures, un mélodrame ou une romance, un film historique ou un péplum... mais c'est toujours une œuvre qui fait oublier au spectateur les soucis de sa vie quotidienne. Un tel film est sans prétention intellectuelle. Son but est de distraire, de faire rêver. Le *cinéma d'évasion* s'oppose au cinéma de réflexion, notamment celui qui peut être programmé dans les ciné-clubs.

événement (film-)

C'est un film dont la sortie est attendue, qui marque l'actualité et dont on pense qu'il fera date. C'est la modernité de son sujet, une réunion exceptionnelle de vedettes qui font sortir un film du rang des œuvres ordinaires et le transforme en *film-événement* espéré avec ardeur et impatience même s'il doit être par la suite controversé.

excentrique

Veut dire « éloigné du centre ». C'est ainsi que Raymond Chirat et Olivier Barrot ont surnommé les seconds rôles qui ont marqué (avec un jeu souvent très appuyé) le cinéma français dans les années trente et quarante, sans jamais accéder au vedettariat suprême, tels Saturnin Fabre, Gaston Modot, Julien Carette, Pauline Carton, Jeanne Fusier-Gir par exemple.

FEKS : sigle désignant la « Fabrique de l'acteur excentrique », un laboratoire fondé dans les années 20 par les russes Kozintsev, Youtkevitch, Trauberg, et destiné à mettre les apprentis comédiens sur la voie de *l'excentrisme,* c'est-à-dire de l'extravagant ou du bizarre. L'excentrisme fut un mouvement défini dans un manifeste. L'acteur de la FEKS rompt avec les interprétations réalistes et doit puiser dans le folklore, la pantomime, les arts du cirque, etc. pour faire éclater des feux d'artifice. La démesure et les excès de la FEKS, jugés scandaleux par certains, n'auraient pas détoné pourtant dans un film de course-poursuite signé par Mack Sennett.

exclusivité

L'exclusivité est un privilège accordé par contrat à certains exploitants de salles. Il assure ceux-ci que la première sortie d'un film se fera exclusivement dans leurs salles. On appelle ces salles des *salles d'exclusivité :* le prix d'entrée y est plus élevé que dans une salle ordinaire. Aujourd'hui, la rotation des films de plus en plus rapide a fait éclater le système de l'exclusivité mais, autrefois, la livraison du film au public pouvait se faire suivant une hiérarchie savante : le film sortait en *première exclusivité,* puis en *seconde exclusivité* avant d'effectuer sa *sortie générale* (voir p. 424) dans les salles ordinaires.

> – C'est nouveau ? demanda l'Amiral.
> – Oui, dit Arthur. Il y a Pépé Muguet et José Lamouillette.
> – Ça sort ce matin en triple exclusivité à l'Abbaye, au Club des Stars et au Cygne-Écran.
>
> Boris Vian, *Le Ratichon baigneur.*

exécutif

Traduction du mot anglais *executive.* Les exécutifs sont des personnages importants dans les grandes firmes hollywoodiennes. Ils sont chargés de faire exécuter le programme de celles-ci : ils dirigent la production de la compagnie à laquelle ils appartiennent.

Et dans le brouhaha de cette atmosphère bon enfant où les rires fusaient de partout, où les starlettes, leur serviette à la main, traversaient la salle pour embrasser tel producteur au dessert, où les exécutifs de la Fazekas criaient des plaisanteries aux exécutifs de la Hunger, où chacun s'apostrophait en s'offrant un verre, il n'était question que de chiffres, de chiffres, de chiffres!

Alexandra Lapierre, *L'Homme fatal.*

Et aussi : *producteur exécutif.* Il est délégué par le producteur et veille à la bonne utilisation des finances fournies par son patron.

expérimental (cinéma)

Terme assez imprécis désignant l'ensemble des films qui tentent des percées vers l'inconnu et l'inhabituel tant au niveau du fond que de la forme. Les *films expérimentaux* ne sont pas forcément des « films fauchés », mais ce sont toujours des films qui innovent : techniques inédites, structures de récit inattendues, conditions de productions artisanales. Le *cinéma expérimental* reste souvent méconnu parce qu'il est peu ou mal diffusé. C'est lui pourtant qui, parfois, fait avancer le cinéma dit commercial parce que leurs auteurs savent obéir à leurs rêves (prémonitoires?) en snobant les problèmes de rentabilité et la paresse du spectateur moyen.

exploitation

Le film achevé *s'exploite.* L'exploitation est l'ensemble des activités permettant de tirer profit d'un film, c'est-à-dire d'assurer sa présentation au public en le projetant moyennant rétribution. L'exploitation est à la charge des *exploitants* qui sont les propriétaires des salles et doivent les gérer : ce sont les détaillants qui présentent au public les films fournis par le *distributeur.*
Au départ l'exploitation n'était pas concentrée. Chaque exploitant œuvrait pour son compte : il programmait seul et se chargeait des contrats de location des films, souvent au risque de faire faillite.

De son côté la mère La Flèche faisait part à Madame Laurent de son expérience sur le goût du public et la façon de choisir les programmes.

> – Tenez-vous au courant. Ne laissez pas votre mari agir seul. Supposez qu'un jour son goût se gâte...
> Les Laurent étaient persuadés qu'en quelques semaines, La Flèche pourrait les initier au métier d'exploitant. Et ils avaient surtout confiance en leur propre sens commercial.
>
> Roger Grenier, *Ciné-roman.*

Puis l'impact grandissant de la télévision et la baisse de fréquentation des salles de cinéma a conduit les exploitants à se regrouper pour consolider leur pouvoir, parfois pour survivre. Des circuits de salles appartenant toutes au même propriétaire se sont mis en place, ainsi que des circuits de programmation. Sous la houlette d'un ***programmateur*** unique, les salles affiliées à un ***circuit de programmation*** peuvent obtenir les films à succès les plus rentables, qui circulent de l'une à l'autre. Les grands circuits français (Gaumont, Pathé, UGC, Parafrance) contrôlent l'essentiel de l'exploitation. Cette concentration rend difficile la tâche des exploitants indépendants, qui se font de plus en plus rares.

Film d'exploitation : film de série qui ne répond à aucune exigence artistique. Conçu uniquement pour être exploité, il doit rapporter de l'argent.

Blaxploitation et ***sexploitation*** sont des mots valises. Dans *blaxploitation,* on retrouve le mot *exploitation* et l'adjectif anglais *black* (noir). L'expression désigne l'ensemble des films (américains pour la plupart) qui sont exclusivement interprétés par des acteurs noirs et exploitent de façon systématique le thème de la négritude. Dans *sexploitation,* on retrouve les mots *exploitation* et *sexe.* Le mot désigne l'ensemble des films pornographiques qui, depuis le début des années 60, exploitent systématiquement le voyeurisme sexuel de certains spectateurs.

Visa d'exploitation. Délivré par la ***Commission de contrôle,*** il permet au film d'être légalement exploité en salle. Pour obtenir le visa d'exploitation, le film devra être enregistré au ***Registre Public.*** Ce document, que le public peut consulter, permet la vérification des droits d'auteur et le calcul des pourcentages sur les recettes.

Copie d'exploitation : copie destinée à l'exploitation.

exposition

L'exposition est le moment où le film est soumis à l'action de la lumière. Une bonne exposition rend une belle image, parfaitement lisible sur la pellicule. Elle dépend de la quantité de lumière qui entre en jeu et du temps pendant lequel elle impressionne le film. Si les conditions ne sont pas réunies, l'image sera *sous-exposée* c'est-à-dire mal éclairée, ou *sur-exposée* c'est-à-dire beaucoup trop claire.

> Il m'est presque impossible, lorsque je l'imagine, de rattacher cet épisode à la réalité. Je le vois plutôt comme une scène de film, tant il s'inscrit bien dans la veine de réalisme populiste alors en pleine vogue. Il m'apparaît en noir et blanc, sur une pellicule usée, tressautante, surexposée par endroits...
> François-Olivier Rousseau, *L'Enfant d'Édouard.*

La qualité de l'exposition peut être modulée en fonction de divers éléments : puissance de l'éclairement bien sûr, mais aussi vitesse de l'obturateur ouverture de l'objectif, et naturellement sensibilité de l'émulsion utilisée...

expressionnisme

Né dans la peinture, affiné au théâtre et dans la littérature (Wedekind, Strindberg), ce mouvement esthétique a été repris, amplifié et immortalisé par les cinéastes allemands au lendemain de la Première Guerre mondiale. Il s'oppose au naturalisme et à l'impressionnisme. « Il se détourne des impressions reçues par les sens pour exprimer des idées et des sentiments » (Francis Courtade, *Le Cinéma expressionniste*) et faire valoir, selon le mot de Lotte H. Eisner, célèbre historienne de ce courant (*L'Écran démoniaque*) « l'expression la plus expressive ».
Dans un monde apocalyptique et noir (l'humiliation de la défaite est fraîche et la prémonition du nazisme aiguë), l'homme fou et convulsif, monstre ou parfois démiurge, affronte ses angoisses dans un décor stylisé, déformé et agressivement éclairé, dont les lignes obéissent aux lois de l'inconscient et de sa subjectivité.
Pendant une dizaine d'années, les films *expressionnistes* allemands vont se multiplier, du *Cabinet du Docteur*

Caligari de Robert Wiene, à *Nosferatu le vampire* de Murnau, *Métropolis* et les *Trois Lumières* de Fritz Lang, etc. Décors et éclairages expressionnistes influenceront ensuite le cinéma international. Jeux d'ombres et angoisses morbides se retrouveront par exemple dans le *film noir* et le cinéma fantastique américain, décors déformés et inquiétants dans l'œuvre d'Orson Welles...

> Alors il ferma les yeux, en pensant qu'il se réveillerait à Buenos Aires, sans se douter que quelques heures plus tard un fracas qui lui paraîtrait – ou qu'il crût être au moment même un cauchemar – allait déjouer ses plans : le train venait de dérailler, il y eut des cris, des poules caquetantes – celles qui étaient dans les paniers –, des glapissements, des invocations à divers saints et à Dieu lui-même, et une image de film expressionniste : le vieil homme à la mèche ondulée, les bras écartés tenant toujours le journal, qui arrivait vertigineusement sur lui.
>
> Hector Bianciotti, *L'Amour n'est pas aimé.*

extérieurs

Dans le script, le scénario ou tout autre document écrit utilisé avant le tournage, le mot est abrégé et noté *Ext.,* suivi de l'indication *jour* ou *nuit* selon que la scène se déroule le jour ou la nuit. Les extérieurs sont les lieux de tournage qui ne sont situés ni en studio ni dans un décor intérieur réel. Rue de ville ou coin de campagne, ils sont *repérés* (voir *repérages* p. 387) par le réalisateur ou son assistant, et sélectionnés avec minutie bien avant le début du tournage. Le tournage *en extérieurs* nécessite en effet un travail particulier sur la lumière. Il implique également le déplacement de toute l'équipe dont il faudra assurer l'intendance, et l'obtention des autorisations spéciales de tournage.

Bien qu'un tournage en extérieurs sous-entende que l'on travaille hors d'un décor intérieur réel ou hors du studio, il arrive parfois qu'un décor extérieur soit reconstitué en studio.

Terrain d'extérieur : voir *terrain,* p. 445.

extra

Mot latin voulant dire « en dehors ». Les extras dans un film sont en effet en dehors de la distribution principale : ils jouent mais sont en quelque sorte en dehors du jeu. Ce sont des *figurants* (voir p. 189)

Qui sera choisi ? Qui restera sur le carreau ? Castex ne le savait pas lui-même : dans ce milieu fortement hiérarchisé, les sommets ne s'occupaient pas des extras. Un assistant, un régisseur, un metteur en scène viendrait tout à l'heure désigner les acteurs. Ou bien afficher la brutale pancarte : Rien aujourd'hui.

Alexandra Lapierre, L'Homme fatal.

extrait

Avec la **bande-annonce,** l'affiche et les photos distribuées à la presse, l'**extrait de film** fait partie du matériel publicitaire destiné à aiguiser la curiosité du spectateur potentiel et à l'amener en salle. Il s'agit d'une courte séquence tirée du film et qui se veut significative. Sélectionnée par la maison de production ou de distribution, l'extrait est diffusé par les chaînes de télévision. Pour ne pas déflorer le film, il arrive qu'on ne fournisse aux différentes chaînes qu'un ou deux extraits.

faire-valoir

Comédien modeste engagé pour donner la réplique à une vedette et la mettre en valeur. Certains interprètes utilisés pour servir de faire-valoir ont su pourtant profiter de l'occasion et crever l'écran. La démarche chaloupée de la jeune Marilyn Monroe ne sera pas remarquée par le seul Groucho Marx, qui l'engage dans un de ses films, *La Pêche au trésor* (1950) : le faire-valoir atteignit, on le sait, les dimensions du mythe. L'actrice Margaret Dumont, qui servit également de faire-valoir aux frères Marx, et plus précisément à Groucho, restera beaucoup plus modeste : « Je suis une actrice de faire-valoir, admettait-elle. On doit rester à côté de l'acteur principal sans jamais l'éclipser ni lui voler les rires. »

famille (la grande)

L'ensemble des professionnels du cinéma est souvent regroupé sous l'appelation aussi chaleureuse qu'abusive de « grande famille ». Tous les membres de la « grande famille du cinéma » sont censés oublier leurs vieilles querelles et se retrouver périodiquement notamment lors de la remise de prix (Césars, Oscars, etc.).

Quand *Eyes,* le film que j'avais tourné avant de partir, a été monté, on m'a fait enregistrer un message pour la grande famille du cinéma américain, ils l'ont balancé sur les ondes à travers tout le pays le soir de la première, avec l'hymne national et la Marseillaise, tout le tra-la-la.

Sébastien Japrisot, *La Passion des Femmes.*

fan

Il est différent du *fanatique,* dont c'est pourtant l'abréviation (du latin *fanum,* «temple», qui a donné *fanaticus,* «personne qui passe sa vie dans les temples»). Si le fanatique de cinéma voue en effet une passion fervente à des objets, les films, dont il est un spectateur assidu, le fan (on dit aussi **ciné-fan**) idolâtre des personnes, les **vedettes.** L'apogée du star-system américain a multiplié le nombre de fans qui rendaient un culte frénétique à leurs acteurs favoris (échange de courrier, dons de toutes sortes...) par l'intermédiaire des **fan-clubs.**

Luc n'y voit pas d'objection, mais le taulier des Princes, là-bas route de Chêne, comment, lui, va-t-il prendre ça? Il est vrai que c'est le fan inconditionnel de Gloria... il m'a cité presque tous ses films, *La Femme sans voiles... La Pharaonne, Le Fléau de Dieu, La Princesse de Bangkok!* de moins célèbres mais où elle était encore plus resplendissante...

Alphonse Boudard, *Cinoche.*

Fanzine : contraction de *fan* et de *magazine.* Le fanzine est une revue amateur rédigée par un amoureux du cinéma. Ronéotypée, elle n'est pas vendue en librairie.

La rivalité professionnelle opposant la Blonde Platine et la Brûlante Rouquine s'affichait à longueur de colonnes dans les fanzines et les gazettes de potins hollywoodiens.

Michaël Delmar, *La Blonde Platine.*

Fanzinat : le monde des fanzines et de ses lecteurs. C'est une sorte de petit ghetto.

Fanéditeur : responsable de la production de fanzines.

fantasmagories

Construit avec le grec *phantasma,* «fantôme». Grâce à l'appareil dont il avait déposé le brevet en 1799 et qu'il appelait **fantascope,** Robertson épouvantait les specta-

teurs en faisant apparaître sur un écran fantômes, sque-
lettes, etc. Leurs ébats étaient accompagnés par une
partition lugubre. Ses fantasmagories organisées dans des
salles et salons parisiens auraient fini par être interdites
par la police, un spectateur audacieux lui ayant demander de faire réapparaître Louis XVI.

fantastique (cinéma)

Le mot *fantastique* dérive du grec *phantasia*, « imagination ». *Le fantastique* est donc ce qui rompt avec la réalité
et relève de la pure imagination. En ce sens le cinéma dit
fantastique est né avec Méliès qui, avec les trucs qu'il met
au point, multiplie les incursions dans le monde de
l'irréalité. Par la suite, les cinéastes de l'expressionnisme
allemand font voler en éclats le merveilleux des premiers
films fantastiques pour imposer des monstres noirs qui
ont partie liée avec les forces de mort.

A Hollywood, on se sert de la littérature fantastique et
des monstres déjà créés par les romanciers (*Frankenstein,*
de Marie Shelley, *Dracula,* etc.). De grands mythes
naissent, comme par exemple King Kong, mais le genre
explose et les déborde.

Le cinéma fantastique explore tout le domaine de
l'irrationnel et de l'inconnu. C'est pourquoi le terme est
assez flou : il peut englober le cinéma de **science-fiction**
mais aussi le cinéma d'**épouvante,** d'**horreur** et de **terreur.**
D'une manière générale les films fantastiques font peur :
ils sont chargés de réveiller cette attirance pour la mort
qui niche en chaque spectateur. C'est pourquoi les salles
projetant des films fantastiques ont toujours été de vastes
défouloirs, où l'on se décharge de ses propres craintes en
riant devant l'insoutenable.

Longtemps contenu dans le ghetto du « *cinéma bis* » (voir
p. 50), le cinéma fantastique a aujourd'hui conquis ses
lettres de noblesse et le public le plus vaste grâce à la
mise au point d'effets spéciaux de plus en plus sophistiqués et spectaculaires. En France, depuis 1973, un
festival lui est consacré dans une station des Alpes : le
Festival du film fantastique décerne chaque année à
Avoriaz son grand prix au film le plus représentatif du
genre.

fantoche

De l'italien *fantaccio,* « marionnette ». Les fantoches sont les premières figurines croquées et filmées par l'un des pères du dessin animé : le français Émile Cohl.

fatale (femme)

Elle apparaît dans les **films noirs** (voir p. 301) du cinéma américain mais c'est pourtant le petite sœur des premières **vamps** (voir p. 468). Son charme ensorcelle les hommes et les conduit souvent à un destin tragique (*fatal* dérive du latin *fatum* « destin »). Ni copine, ni sage épouse, pas vraiment garce, c'est une maîtresse et maîtresse-femme, séduisante, solitaire, qui trouble, l'homme. Joan Bennett, Rita Hayworth, Veronica Lake, parmi d'autres, jouèrent ainsi les femmes fatales. La belle Lauren Bacall s'y essaya aussi. Avant elles, d'autres avaient déjà lancé le mythe de la croqueuse d'hommes : Louise Brooks par exemple ou surtout Marlène Dietrich dans l'*Ange bleu.*

> Mais je la voyais Laureen Bacall à vingt ans, Cyd Charisse ou Ava Gardner : c'est cela, j'avais retrouvé Ava en cette grande gamine mal poussée, femme fatale malgré elle, qui avait été tout à l'heure, en mes bras, une si petite fille.
>
> Pierre-Jean Remy, *Rêver la vie.*

On parle aujourd'hui également de **beautés fatales :** descendues de l'écran, elles font des ravages dans la vie courante. Les vénéneuses testent leurs charmes sur les hommes de chair et de sang.

> Dans l'une des femmes, je reconnus Susan Crawley, cette beauté fatale qui n'est plus de la première jeunesse. L'autre, c'était Mavis Weld. Elle portait un maillot de jersey blanc tout mouillé...
>
> Chandler, *Fais pas ta rosière.*

Fatty

Fat est un adjectif anglais signifiant « gras ». Fatty est le surnom dont le public enthousiaste avait tout de suite affublé l'acteur comique Roscoe Arbuckle, dont le tour de taille ne manquait pas d'impressionner. Fatty avait débuté dans l'écurie de Mack Sennett, avant de devenir l'un des maîtres incontestés de la *slapstick comedy,* qui se régale des batailles de tartes à la crème.

Sa popularité est au zénith quand un scandale (l'un des plus fameux de Hollywood) le frappe de plein fouet. Le « gros » est accusé de viol sur la personne d'une jeune starlette, décédée à la suite d'une soirée des plus « mouvementées ». Acquitté à la suite de son procès, Fatty est néanmoins rejeté par tous. Les ligues de vertus font boycotter ses films. Il tentera de revenir à la réalisation sous divers pseudonymes dans lesquels on trouve l'adjectif *good* (bon). Mais le « gros » mué en « bon » ne sera pas pardonné et mourra dans l'anonymat le plus complet.

> Quant au très grand « Fatty » Arbuckle, il avait été brutalement sacrifié sur l'autel de la haine, bien que les tribunaux l'eussent lavé de tout soupçon, pour apaiser les bigots qui réclamaient sa tête après la mort accidentelle de Virginia Rappe.
>
> Frank Capra, *Hollywood Story.*

fauché

Se dit d'un film réalisé sans argent. L'adjectif est aujourd'hui souvent remplacé par *cheap* (voir p. 89).

fausse teinte

Quand un nuage passe devant le soleil et obscurcit la scène que l'on est en train de tourner, on dit qu'il y a une fausse teinte.

Faut pas prendre les enfants du bon dieu pour des canards sauvages!

Cette locution populaire, qui permet de remettre chaque chose à sa place sans confusion aucune, est en fait le titre du premier film réalisé en 1967 par le scénariste et dialoguiste Michel Audiard, qui affectionnait les titres interminables.

felliniesque

Ou *fellinien.* Se dit d'une situation ou d'un personnage dont l'enflure, l'énormité et parfois la vulgarité rappellent les scènes baroques et les individus monstrueux qu'a souvent mis en images le cinéaste italien Federico Fellini.

Felliniser. Le verbe est employé parfois (Guy Bedos l'utilise) pour « se souvenir », *felliniser sur* voulant dire « fantasmer sur ». Un hommage au maître dont les œuvres plongent dans le passé et ressuscitent les lieux d'enfance.

fenêtre

Rectangle percé dans le couloir de la caméra ou du projecteur. La fenêtre, quand elle n'est pas masquée par l'obturateur, permet à la pellicule d'être impressionnée ou à l'image éclairée d'être projetée sur l'écran.
On dit aussi de l'appareil de télévision que c'est une « fenêtre ouverte sur le monde ». (On suit les affaires de la planète en restant chez soi) mais, traditionnellement, le « petit écran » est plutôt appelé « lucarne » puisque ses dimensions sont restreintes par rapport au cinéma.

festival

Mot dérivé du latin *festivus,* « de fête ». Nationaux ou internationaux, les festivals de cinéma sont en effet des kermesses où se retrouvent tous les professionnels (producteurs, cinéastes, vedettes, exploitants, distributeurs, journalistes spécialisés...). On y prend connaissance des derniers développements de la production cinématographique puisqu'y sont projetées des séries de films venus de tous les coins de la planète ou bien d'un seul pays ou d'une région particulière, traitant d'un thème unique ou bien représentant le travail d'un metteur en scène ou d'un comédien. Mais la publicité journalistique assurée par les médias à ce genre de manifestation en modifie peu à peu la finalité : de vitrines culturelles, les festivals sont souvent transformés en vitrines commerciales. Les grands festivals (Cannes par exemple) sont en effet devenus de gigantesques marchés où circule beaucoup d'argent et où il est de bon ton de s'exhiber. Là s'achètent des films, se vendent des projets, se signent des contrats; là se dessine le cinéma de demain; là se rendent réalisateurs et comédiens décidés à vendre leurs derniers travaux mais aussi leur talent en espérant la récompense qui assurera leur carrière future et fera monter leur cote.

C'est à **Venise** (voir p. 470) que fut organisé le premier *festival de cinéma*, mais c'est *le festival de Cannes* (voir p. 75) qui est aujourd'hui le plus prisé. Voir aussi **Berlin,** p. 318.

> Du coup, Gloria retrouve sa superbe... son style star au festival...
>
> Alphonse Boudard, *Cinoche.*

Aller à un festival : se dit d'un acteur ou d'un réalisateur mais également de leur film. Parfois même on escamote le mot *festival* en ne parlant que de la ville qui accueille ce festival. Exemple : le dernier film de Bertrand Tavernier va à Cannes.

Festivalé : se dit d'un film qui a participé à un *festival.*

Festivalier est le mot communément admis pour désigner toute personne participant à un festival.

> Les festivaliers, fourmis électrisées, se répandaient aux tables des grands hôtels, dans la tension je me laissais imprégner de cette incohérence...
>
> Marie-Claude Beineix, *Pierrot Femelle.*

Palais du festival : lieu privilégié où se déroule les manifestations les plus prestigieuses d'un festival (projections des films importants, conférences de presse, remise des trophées, etc.). A Cannes, l'ancien Palais dominait la Croisette et son célèbre escalier a vu monter et descendre les stars les plus glorieuses qu'a toujours admirées la foule des anonymes pressée derrière des barrières métalliques. Devenu aujourd'hui trop exigu, l'ancien Palais a été remplacé par un nouveau que les festivaliers surnomment avec beaucoup de mépris et de dégoût le **bunker** (voir p. 64).

> Avant d'entrer dans le palais du festival, je me disais qu'un jour j'aurais assez d'indifférence pour me foutre de tout ça...
>
> Marie-Claude Beineix, *Pierrot Femelle.*

fête

Parce que le cinéma est une fête, il fallait bien organiser une *fête du cinéma.* Elle existe depuis juin 85 en France, et fait pendant à la fête de la musique. En facilitant ce jour-là les conditions d'entrée dans les salles (un billet unique donne accès à plusieurs séances), on draine le public vers celles-ci : une manière ingénieuse d'endiguer la baisse de fréquentation des temples du cinéma que les spectateurs semblent bouder au profit de la télévision.

feuille

Pan de décor souvent utilisé dans les studios.

Feuille de service. C'est un récapitulatif écrit, très utile à tous les membres d'une équipe de film. Distribuée chaque jour, elle est extraite du *dépouillement* et du *plan de travail* (voir pp. 143 et 349) et donne toutes les indications nécessaires au tournage du lendemain.

feuilletoscope

Carnet souple composé de multiples feuillets sur lesquels on a dessiné, en le décomposant, le mouvement d'un ou de plusieurs personnages. En le feuilletant rapidement, à la vitesse adéquate, on peut voir les images s'animer grâce au phénomène de la persistance rétinienne. Aujourd'hui, on dit plutôt *folioscope* ou *ciné-livre.*

fiancée de l'Amérique (la petite)

Son enfance malheureuse (orpheline, elle se produit très tôt dans le show-business pour subvenir aux besoins de sa famille), ses boucles blondes et ses rôles de gamine innocente en proie à la cruauté des adultes firent en quelques années de Gladys Smith, dite Marie Pickford (ce qui lui vaudra le second surnom de *Little Mary,* c'est-à-dire Petite Mary), l'enfant chérie du cinéma, la pure et émouvante fiancée de l'Amérique. Un peu plus tard, cependant, ses amours avec l'acteur Douglas Fairbanks défraieront la chronique et, quand elle l'épousera, l'émouvante enfant se métamorphosera en femme d'affaires accomplie. Avec Fairbanks, Chaplin et Griffith qui l'avait fait débuter, elle fondera la compagnie *United Artists* (*Artistes Associés).*

ficelle

Tabou comme *corde,* le mot *ficelle* est à proscrire absolument sur les plateaux de tournage. Cette curieuse superstititon a été importée des milieux théâtraux, comme l'explique très bien Noël Howard dans son livre, *Hollywood sur Nil*:

> Au cinéma comme au théâtre, les mots corde ou ficelle sont interdits. Les prononcer coûte au fautif une tournée générale. L'origine de cette curieuse coutume est que les machinistes de théâtre, appelés à hisser et amener les décors, étaient recrutés parmi d'anciens marins, entraînés à ce genre d'exercice. Or dans la marine à voile ces mots n'existent pas, chaque filin ayant un nom bien déterminé. La seule corde sur un bateau sert à sonner la cloche pour indiquer les quarts...
>
> Noël Howard, *Hollywood sur Nil*.

> Toi, dit-elle, toi. Viens avec moi. Laisse tomber tes ficelles et suis-moi. Oui, je sais, je sais, on ne dit pas le mot ficelle sur un plateau, je paierai un verre tout à l'heure à l'équipe.
>
> Françoise Sagan, *Un Sang d'aquarelle*.

fiction

Dérivé du latin *fingere*, « feindre ». On dit « faire un film de fiction », plus brièvement encore **faire une fiction** pour « filmer une histoire totalement imaginaire ». Les fictions cinématographiques s'opposent aux documentaires filmés qui rapportent des faits de la vie vraie. Par extension, on parle parfois de **scénario fictionnel.**

figurant

De *figurer,* qui veut dire « représenter quelque chose ou quelqu'un ». Le figurant (on l'appelle aussi **extra**) représente un personnage dans un film, mais il ne l'interprète pas : il ne fait que lui prêter sa silhouette, son apparence. Il arrive en effet qu'il ne parle pas et doive simplement compléter une foule. C'est un acteur de complément choisi par l'assistant-réalisateur ou le régisseur qui, souvent, doit supporter de longs moments d'attente sur le plateau avant de pouvoir **figurer** dans une scène.

> Disséminés dans la montagne, les figurants grelottaient sous leur cuirasse en carton bouilli. Il y avait deux bonnes heures que les cars les avaient amenés de Saint-Jean-de-Maurienne, mais les éléphants n'étaient pas encore arrivés...
>
> Roland Topor in *Moteur*.

Les apparitions du figurant sont appelées des **figurations** et l'on dit, avec un brin d'ironie, qu'il fait de la **figuration intelligente** si, en plus de prêter son visage ou son corps à la caméra, il doit jouer un petit rôle dans la scène, lancer une réplique...

> Dans cette distribution, il ne restait rien pour Claude Bernard, sinon une figuration intelligente indigne de son rang.
> Jean-François Josselin, *Quand j'étais star.*

Par extension on dit de quelqu'un qu'il **fait de la figuration** (intelligente ou pas) ou qu'il est réduit à un **rôle de figurant** pour signifier que sa présence au sein d'un groupe est purement décorative et sans réelle importance pour le cours des événements.

> Quand elle a commencé à dérailler, je ne m'en suis pas aperçu tout de suite, forcément, elle faisait tellement d'histoires, alors je ne l'écoutais plus, depuis longtemps, je faisais de la figuration...
> Catherine Rihoit, *La Favorite.*

fil à fil

La technique du fil à fil permet de désigner au laboratoire la portion de film que l'on veut faire retirer : on met des fils dans les perforations au niveau des images choisies afin de mieux les repérer.

filage

On le commet parfois pour des raisons esthétiques, mais il arrive aussi qu'il soit accidentel : c'est un mouvement de caméra rapide ne laissant sur l'image qu'une traînée lumineuse. On parle par exemple d'images ou de panoramique **filés.** On dit également **fouetter la caméra** pour **faire un filage.**

> Il y a un effet que je n'ai pas tourné dans *Les Oiseaux*; dans une scène d'amour, je voulais montrer les deux têtes séparées qui vont se réunir. Je voulais faire des panoramiques ultra-rapides d'un visage à l'autre en fouettant la caméra; comment appelle-t-on ça cela en français – fouetter la caméra?
> – Un filage.
> – C'était un filage d'un visage à l'autre mais, au fur et à mesure que les visages se rapprochent, le filage diminue jusqu'à ne faire qu'une toute petite vibration. Il faudra que j'essaie une fois...
> Alfred Hitchcock, in *Hitchcock/Truffaut.*

fille et un fusil (une)

Résume, d'après Jean-Luc Godard, le scénario de tous les grands films hollywoodiens : le personnage et l'objet sont indispensables, même si tout le reste vient à disparaître. Ce sont eux qui susciteraient les images les plus spectaculaires. D'ailleurs le cinéaste Claude Lelouch, un Français certes, mais amoureux du cinéma-spectacle, a intitulé l'un de ses films *Une fille et des fusils* (1965).

film

Petit mot anglais signifiant « couche » ou « pellicule » ou « membrane » (on parle de « film de protection » en papier, plastique, etc.). Il a été choisi pour désigner l'invention de Thomas Edison qui va permettre l'obtention d'images animées : un long ruban souple perforé adapté à la fois de la pellicule photo mise au point par George Eastman et du mécanisme du télégraphe. Il faudra attendre quelques années encore le mécanisme d'entraînement du film imaginé par les frères Lumière sur le modèle du pied de biche de la machine à coudre pour permettre des projections publiques de films.

Mais, d'emblée, le film d'Edison a acquis sa silhouette définitive : perforations latérales, 35 mm de largeur, il est composé d'une ***couche sensible*** ou ***émulsion*** formée de cristaux d'argent dispersés dans la gélatine, qui mémorise les images; l'émulsion est disposée sur un ***support*** solide (nitrate de cellulose remplacé dans les années 60 par le diacétate puis triacétate de cellulose qui ne s'enflamment pas). Entre l'émulsion et le support, un ***substratum*** : c'est une couche qui facilite l'adhérence des deux autres. Enroulé en bobine ou en galette, le film vierge est prêt à passer dans la caméra, pour être impressionné.

Après développement et tirage on obtient une copie chargée d'images que l'on appelle également film. Le mot *film* en effet ne désigne pas seulement la matière qui supporte des images, mais ces images elles-mêmes.

On dit ***aller voir un film*** pour « aller voir une œuvre achevée », une histoire qui se déroule sur le support film. Par extension, on emploie l'expression ***film des événements*** ou ***film de l'histoire*** pour parler d'un déroulement chronologique. Et l'on parle du ***film de la vie*** pour évoquer le temps qui passe.

> Un garçon s'approche d'elle et lui demande de l'air
> comme on demande du feu

Le ciel recommence à grincer, mais le couple
s'embrasse
l'herbe rare frémit, le film continue
le film de l'amour, le film de la vie.

Jacques Prévert, Histoires.

Le mot *film* a servi à forger d'autres mots :

Filmage, synonyme de tournage.

Filmer, qui veut dire « enregistrer des images sur un *film*, tourner ».

Filmique, qui désigne tout ce qui appartient au film ou qui peut être filmé.

Filmographie : mot constitué avec le verbe grec *graphein*, « écrire », sur le modèle de *bibliographie*. Une filmographie (on dit aussi une *filmo*) est la liste écrite et complète des films tournés par un réalisateur, un comédien ou toute personne travaillant dans le cinéma. Elle éclaire l'ensemble de leur carrière. Mais une filmographie peut aussi illustrer un genre ou un thème appartenant à l'histoire du cinéma. Est **filmographique** tout ce qui a trait à une filmographie.

Il mit à découvrir l'Italie le même acharnement, la même inépuisable érudition, le même souci du détail, le même bonheur enfin qu'il éprouvait, critique de cinéma, à tout savoir et tout retenir de la filmographie d'Henry King ou de Humphrey Bogart.

Frédéric Vitoux,
Il me semble désormais que Roger est en Italie.

Filmologie : avec le grec *logos*, « discours ». La filmologie est un discours sur les films : l'étude scientifique du cinéma. Elle s'enseigne et peut s'apprendre.

La filmologie est partie à l'assaut des chaires dans les facultés.
Jean-Louis Bory, Questions au cinéma.

On appelle **filmologues** les spécialistes de cette science née très récemment.
Est **filmologique** tout ce qui a trait à la filmologie.

Filmothèque : calqué sur *bibliothèque*, filmothèque est construit avec le mot grec *thêkê* qui veut dire « armoire ». Une filmothèque est le lieu où l'on rassemble des microfilms pour les conserver. A ne pas confondre avec une **cinémathèque.**

filmélomane

Construit avec l'adjectif *mélomane* (du grec *melos*, « chant, musique » et *mania*, « folie »), le mot *filmélomane* désigne celui ou celle qui aime, avec passion, la musique de film.

filmophobe

Avec le grec *phobos*, qui signifie « crainte ». Le mot peut-être employé comme un adjectif ou comme un substantif. Un filmophobe ou un spectateur filmophobe est un personnage qui craint les films et les déteste.

> Je parcourus rapidement un article intitulé :
> – Hollywood est une clinique pour débauchés, et non un centre artistique, dit un psychiatre viennois bien connu.
> – La manie et le cinéma vont la main dans la main, proclame le fameux spécialiste des questions sexuelles.
> Orlando étant plongé dans un article intitulé :
> – Les studios Empire s'attendent à ce que le monstre filmophobe frappe de nouveau lorsqu'aujourd'hui reprendront les prises de vue de *Fils du Destin*.
> Ben Hecht, *Je hais les acteurs*.

filtre

Lamelle de verre ou feuille de gélatine placée devant l'objectif, le filtre modifie la lumière réelle au cours de son trajet vers la pellicule qu'elle va impressionner. Par conséquent, il transforme également le rendu photographique. On utilise, par exemple, des filtres spéciaux pour obtenir une *nuit américaine* (voir p. 309), des filtres qui corrigent les couleurs ou contrôlent la luminosité, qu'elle vienne du soleil ou d'un matériel d'éclairage artificiel (on peut aussi placer des filtres devant les projecteurs), des *filtres ultra-violets* qui, comme leur nom l'indique, arrêtent les rayons ultra-violets, des *filtres polarisants* qui atténuent les reflets.

> La femme, elle, serait très pâle, avec de petites dents brillantes et un de ces visages aux joues profondes et au nez mince que les jeux d'ombre exaltent, mais il hésitait à la décrire plus avant, à parler de la couleur de ses yeux, de celle de ses cheveux, elle serait de ces beautés dont on dit qu'elles passent l'imagination et qui sont indéfinissables car

l'impression qu'elles laissent n'est pas celle d'un ensemble harmonieux de lignes et de couleurs, mais bien plutôt celle d'un rayonnement aveuglant, pur, désincarné. Dans la réalité, une telle femme n'existait pas, il appartiendrait à la complicité des projecteurs, des filtres et des caméras de l'inventer.

François-Olivier Rousseau, *L'Enfant d'Édouard.*

fin

Heureuse ou malheureuse... on ne raconte jamais la fin d'un film, pas plus que celle d'un roman policier. Les critiques ne le font pas. Cela, pense-t-on déflorerait l'histoire et décourageait probablement les éventuels spectateurs d'aller juger par eux-mêmes. Pour ceux qui se sont déplacés, la fin d'un film signifiée au générique par le mot FIN est un moment et un réveil douloureux : la fin d'un enchantement, le retour à la réalité, surtout si le film qui s'achève était un spectacle de divertissement.

La fin du film était un moment douloureux, je sentais le temps de l'enchantement compté, une tristesse combattue montait en moi, s'affirmant plus nettement avec chaque minute qui passait et baignant de mélancolie les dernières images. Si je pleurais, c'était à ce moment-là.

François-Olivier Rousseau, *L'Enfant d'Édouard.*

final cut

En anglais « coupe finale ». C'est le droit de coupe (le dernier mot) que se réservent certains producteurs au moment du montage d'un film. Une habitude essentiellement américaine, qui a occasionné de nombreux conflits et amené certains réalisateurs à renier leurs films au moment de leur sortie.

financement

Rassemblement des fonds nécessaires à la production d'un film. Il est orchestré par le *producteur,* qui peut utiliser ses propres capitaux mais doit également avoir recours à d'autres subsides. Ceux-ci proviennent de sources multiples. On finance un film par :
- les prêts bancaires;
- *l'avance sur recette* (voir p. 39);
- l'avance du *distributeur* (voir p. 150);

– les capitaux de la télévision qui, de plus en plus souvent, *co-produit* les films;
– le crédit des laboratoires;
– les placements du public recueilli par l'intermédiaire des *Sofica* (voir *tax-shelter,* p. 442);
– éventuellement, le soutien de l'État et la participation des interprètes.

firmament

C'est là que siègent les stars du Septième Art, bien au-dessus du commun des mortels. Le vocabulaire ciné-matographique fait souvent appel à ce symbole puisque le mot anglais *star* signifie en français « étoile ».

> Maud Mérival, la jolie starlette, l'ingénue blonde et mince lancée à coups de publicité dans le firmament de la UFA leva vers la caméra un œil qu'elle espérait fervent et tourmenté mais qui évoquait plus – songea Constantin – le lapin fasciné par un reptile.
> Françoise Sagan, *Un Sang d'aquarelle.*

La firme MGM se vantait d'avoir « plus d'étoiles qu'au firmament ». L'expression lui servait de slogan.
On parle aussi de *galaxie de stars.*

flam (film)

S'écrit aussi *film flamme.* Veut dire que le film est inflammable parce que son support (le nitrate de cellu-lose) l'est. Interdit depuis le début des années cinquante, le nitrate de cellulose a été remplacé par une matière plus sûre : le triacétate de cellulose, ce qui a imposé aux réalisateurs l'usage du *film non flam* (ou *non-flamme*) dit aussi *safety film* (locution anglaise signifiant « film de sécurité »).

> Et que dire des cassures?
> Notre copie n'était pas neuve, et, en plus, on en était encore, à cette époque, au support pellicule nitrate « Flam »très cassant...
> Claude Autant-Lara, *Hollywood Cake-Walk.*

flapper

Expression anglo-saxonne assez familière, que l'on peut traduire par « fillette ». Dans les années 20, les flappers imposent leur sexualité coquine et sémillante face aux

196

charmes envoûtants mais un peu lourds des femmes fatales. La flapper joue les gamines sans être une femme-enfant. Un brin garçonne, elle est familière et semble accessible. C'est l'amie jolie aux charmes immatures mais attrayants. Ce peut être une star (Gloria Swanson à ses débuts fut une flapper, Louise Brooks a joué les flappers) mais elle ne sera dans ce cas ni distante ni sophistiquée.

flash

En anglais « éclair ». C'est le faisceau lumineux qui accompagne le crépitement des appareils photographiques, mais aussi le plan très bref d'un film qui disparaît aussi vite qu'il est apparu, ou bien un film très court (on dit : un *flash publicitaire*). Le nom comme ses dérivés verbaux (*flasher, être flashé*) appartient également au vocabulaire des amoureux et des drogués. « Avoir un flash », c'est, dans tous les cas, ressentir un grand choc émotif.

> Muet, il nous dévisage. C'était Radiguet réincarné, un flash, inoubliable!
> Bernadette Lafont, *La Fiancée du cinéma.*

Le *flashage* est une technique d'exposition de la pellicule qui permet d'adoucir la lumière et les contrastes en éclaircissant ses parties sombres.

flash-back

Expression anglaise. Elle veut dire littéralement « éclair en arrière ». Inséré au montage, le flash-back est un plan qui casse le déroulement de la fiction rapportée au présent et l'explique par des images du passé. Si un film peut être totalement construit sur le principe du flash-back comme *Citizen Kane,* d'Orson Welles, un flash-back peut en cacher un autre, un souvenir renvoyant au précédent et ainsi de suite, tandis que plusieurs flash-back peuvent permettre d'éclairer sous des angles différents les mystères qui pèsent parfois fans les films à suspense.

> L'histoire de notre paladin voyou en écriture pulsion (c'était la formule du zoulou Ritoff)... à ne plus y reconnaître quoi que ce soit. La chronologie bouleversée... des

flaches-baques en tiroirs comme les poupées russes et des tunnels dans le dialogue de Milo, des déclarations subversives style maison de la culture...

Alphonse Boudard, *Cinoche*.

Par analogie, on parle également de **flash-forward** (« éclair en avant ») pour désigner les incursions faites par le réalisateur dans le futur. *Flash-forward* n'est cependant pas encore employé dans le langage courant tandis que *flash-back* est devenu synonyme de « souvenir ».

On pourra m'électrochoquer la tête des milliers de fois, je n'oublierai jamais la promesse la plus importante qu'il m'a faite et... qu'il n'a pas tenue. J'ai le flash-back là, tout prêt à être balancé sur le papier.

Patricia Finaly, *Tropique du valium*.

Flash-backer signifie faire des flash-back, qu'il s'agisse d'images cinématographiques ou de retours en arrière narratifs.

flasque

Nom masculin : vieux mot français désignant une pièce mécanique ronde et plate. Les *flasques* sont les parties métalliques, plates et parallèles qui enserrent la bobine de film quand celui-ci n'est pas roulé en simple **galette** (voir p. 208).

fleuve (film)

Sa durée excède les standards de l'époque où il a été tourné. Le premier du genre fut *Naissance d'une Nation*, de Griffith (1915 : 2 h 40 mn). Les limites, depuis, ne cessent d'être reculées : *Out One* de Jacques Rivette durait 12 h (1971) et *Heimat* (1984), de l'allemand Edgar Reitz, 15 h 40 mn.

flicker

De l'anglais *to flicker*, « frissonner ». Avant de s'affermir, le mouvement des premières images filmées était tremblant. C'est pourquoi, avant de les baptiser *movies*, les Américains les appelaient *flickers*.

> Comme la plupart des comédiens de sa génération, il aurait éclaté de rire si on lui avait prédit que les images tremblotantes, les flickers comme on disait alors, pourraient un jour remplacer le vaudeville dans la faveur du public international.
>
> Buster Keaton, *Slapstick.*

flood

En anglais « projecteur ». Les floods font partie du matériel d'éclairage couramment utilisé sur les tournages.

flottante (caméra)

Se dit d'une caméra qui n'est pas montée sur un support fixe : pied, trépied, chariot, plateforme de grue, etc... Elle suit les mouvements mêmes de l'opérateur qui la tient à la main ou la supporte grâce à un harnais spécial (voir **steadycam,** p. 431).

flou

Du latin *flavus*, « flétri ». Une image floue est une image dont les contours ne sont pas nets. Le flou peut être accidentel : il provient alors d'un mauvais réglage de la mise au point. Mais on peut également rechercher un **effet de flou :** c'est le **flou artistique.**

fluidité

Le terme s'emploie à propos d'une caméra qui a la particularité d'être constamment mobile et d'exécuter des mouvements avec une souplesse remarquable.

Certains réalisateurs (même si la plupart filment avec une caméra mobile) font de la fluidité un style : le leur Exemple : Claude Lelouch.

> Laurent avait aimé les deux films qu'il avait vus de lui. Un peu trop baroques à son goût, peut-être, un peu trop viennois, mais il avait été plutôt impressionné par la direction des comédiens et l'extraordinaire maîtrise du mouvement de la caméra. La fluidité, la grâce, la légèreté qu'ont souvent les hommes corpulents...
> Philippe Madral, *L'Odyssée du crocodile.*

focale

Nom féminin dérivé du latin *focus,* « foyer ». *Focale* est synonyme d'*objectif* dans les expressions « tourner avec une **longue focale** », « avec une **courte focale** ». Mais le mot est en réalité une abréviation de *distance focale,* qui désigne la distance entre le centre optique de la lentille et le film au moment de la mise au point. La distance focale ou la « focale » d'un objectif détermine la taille des images filmées. Plus la distance focale est longue, plus l'angle de vue est étroit ; plus la distance focale est courte, plus l'angle de champ est large. On appelle donc **grands angulaires** ou **objectifs grand-angle** les courtes focales et **téléobjectifs** les très longues focales : ces instruments permettent de filmer en plan serré ce qui se passe très loin (par exemple des animaux sauvages...). Mais il existe aussi, bien sûr, des focales normales qui fournissent une image assez proche de ce que peut voir l'œil humain et des objectifs à **distance focale variable** qu'on appelle **zoom** (voir p. 487).

follies

Mot anglais signifiant « sottises » ou « folies ». Les follies sont des revues musicales données sur scène. Certaines d'entre elles ont été reprises au cinéma. Exemple : les *Ziegfeld Follies* présentées à Broadway deviendront un *musical* réalisé en 1945 par Vincente Minnelli et quelques comparses (Roy Del Ruth, Robert Lewis, George Sidney, Lemuel Hayers).

fonctionner

On dit d'un film qu'il fonctionne. Peuvent également fonctionner ou ne pas fonctionner un scénario, un dialogue, le jeu d'un acteur... tous les éléments qui composent le film. Très souvent employée par les critiques, l'expression signifie, comme pour une machine, que les rouages du film sont ou ne sont pas bien huilés, et que le produit fini est ou n'est pas efficace.

> Je dis : ouais, le mythe du truand au cinéma, c'est vraiment Nicholas Ray qui l'a fait fonctionner...
> Catherine Rihoit, *La Favorite*.

fondu

Un fondu est une image qui se dilue ou se précise progressivement au lieu de disparaître ou d'apparaître brusquement. Il permet des enchaînements en douceur. C'est l'une des ponctuations les plus célèbres du langage cinématographique.
Un fondu peut se réaliser en ouverture *(ouverture en fondu)* ou en fermeture *(fermeture en fondu)*, au noir *(fondu au noir)* ou au blanc *(fondu au blanc)*. Mais, dans tous les cas, il est là pour signifier au spectateur qu'un laps de temps s'est écoulé entre deux plans successifs.
Au lieu de commencer ou de cesser l'image en pleine lumière, le caméraman ouvre ou ferme le diaphragme de façon à obtenir une lumière croissante ou décroissante, à partir de, ou jusqu'à un noir ou un blanc franc.

> Nous fermions en fondu sur un joli spécimen de confusion. Mais, nous allions, hélas, rouvrir sur un véritable musée des horreurs.
> Ben Hecht, *Je hais les acteurs*.

Le *fondu enchaîné* permet également d'adoucir le passage d'un plan à un autre, mais le changement est plus rapide puisque sur l'image qui s'estompe vient immédiatement se superposer une nouvelle image : après avoir achevé de filmer une image en fermant le diaphragme, le cameraman revient en arrière et commence une nouvelle image en ouvrant le diaphragme.

Les expressions *ouvrir* ou *fermer en fondu, ouverture* ou *fermeture en fondu* sont également employées à propos des images mentales, des souvenirs que l'on veut se remémorer en douceur ou que l'on veut chasser de sa mémoire.

> Retour en arrière soudain. Année 1965. Moteur! Et ouverture en fondu sur la petite façade de la petite librairie l'Etrave rue Saint-Louis-en-l'Isle que tient une jeune libraire, Nicole Chardaire, que je connais depuis peu.
>
> Frédéric Vitoux,
> *Il me semble désormais que Roger est en Italie.*

fond

Les *fonds* ou *pelures* sont les films utilisés dans la technique de la *transparence*. Ils représentent le décor devant lequel jouent les acteurs.

Fond noir : c'est un trucage qui permet par exemple de faire vivre sur l'écran des personnages invisibles. En effet si un acteur vêtu de noir se déplace devant un fond de couleur noire, la caméra n'enregistrera que les parties dévoilées : tête, mains, voire seulement les bandelettes enserrant la tête si l'homme a pris la précaution d'enfiler une cagoule noire.

Fond de soutien ou *compte de soutien.* Il permet d'aider la production des films (par le biais notamment de l'Avance sur recettes) en investissant l'argent qui provient de la taxe perçue en salle lors de la vente au public des billets.

footage

De *foot,* « pied », mesure anglaise; traduit souvent par *piétage.* C'est le numérotage de la pellicule à intervalles réguliers.

format

On appelle format du film sa largeur exprimée en millimètres. C'est le 35 mm qui a été choisi comme format standard depuis le congrès tenu à Paris en 1909 sous la présidence de Méliès. A l'avènement du parlant, la piste sonore ne fera que mordre sur une partie de l'image. Le *35 mm* est un format professionnel. Professionnel également le *16 mm* qui peut être éventuellement *gonflé* (voir p. 217) en 35 mm (Le 35 mm quant à lui, peut être *réduit* en 16 mm). Il fallut attendre les années 50 pour voir fleurir sur le marché des formats plus larges : *65 mm, 70 mm.*

Le cinéma amateur, quant à lui, se contente des formats dits *substandards* c'est-à-dire de largeur inférieure au 35. Parmi les formats substandards on trouve le 16 mm (que certains professionnels utilisent), mais aussi le 17,5 mm, le 9,5 mm, abandonné au profit du *8 mm* puis du *Super 8.*

On appelle également format les proportions de l'image projetée. Exemple : le format standard donne une image de 16 mm sur 22. Le rapport entre ces dimensions est exprimé par la proportion 1/1,33 (que l'on peut abréger, en 1,33). Le chiffre signifie donc que l'image est plus large que haute dans la proportion de 1,33 (1,333 fois plus large que haute). Un même format de film peut donner un format d'images différent. Une image plus large est obtenue par *anamorphose* (voir *scope,* p. 408) à partir d'une pellicule 35 mm.

> Marianne avec une habileté professionnelle manœuvrait les boutons de la table et la pellicule de 35 s'engagea dans des engrenages mystérieux et compliqués.
>
> Tito Topin, *Graffiti Rock.*

four (faire ou être un)

Faire un four se dit à propos d'un film qui n'a remporté aucun succès. L'expression est issue du théâtre où, avant l'invention de l'électricité, on éteignait les bougies qui éclairaient la salle, si le public avait boudé la pièce. La salle était alors aussi sombre qu'un four.

> *La femme de granit* a été un four complet, dit Mr Cobb le sourcil froncé, et je suis surpris que vous y fassiez allusion. Potnik n'est absolument pas le type. Je vote contre lui.
>
> Ben Hecht, *Je hais les acteurs.*

Et aussi *faire un flop,* de l'anglais to flop, « s'effondrer »; *faire fiasco* ou *être un fiasco,* de l'italien *far fiasco,* « échouer ».

> Qu'est-ce qu'il y a au juste?... Ce n'est manifestement pas non plus pour incompétence professionnelle. Évidemment si tes films avaient fait fiasco...
>
> Andrew Bergman, *Le Pendu d'Hollywood.*

Faire un bide. Bide, voulant dire « ventre », l'expression serait synonyme de « tomber à plat ventre » et, par extension, « échouer ».

Fox

La Fox est l'une des plus importantes *Majors* hollywoodiennes : en réalité son nom devient *20 th Century Fox* quand elle fusionne avec la *20 th Century* au cours de l'année 1935. Au générique de ses films, elle est représentée par son propre nom monté en forme de pyramide et éclairé par un faisceau de projecteurs.

La Fox est la création d'un ancien teinturier, William Fox (Fox est un surnom et veut dire « renard »), qui achète un *nickelodéon* (voir p. 299) et entre, tambour battant, dans la production. Le premier, Fox lance le mythe de la vamp en la personne de Theda Bara et c'est lui qui fera venir Murnau à Hollywood. A partir de 1935, la Fox, devenue 20 th Century Fox, est menée par Darryl Zanuck, un fameux mégalomane qui affirme : « Je n'ai confiance qu'en un seul chef et ce chef, c'est moi! » Dans les années 50, la firme se distingue en utilisant le procédé *cinémascope,* (voir p. 408)..

> Jicks recevait tous les matins des chiffres qu'il recomptait en prenant son petit déjeuner. Après, il me regardait d'un drôle d'air et il disait :
> – Si j'avais Ben Hecht à bord, ou seulement un de ces petits cons de Harvard qui a chié un best-seller et qui se branle toute la journée dans un bureau introuvable de la Fox, on ferait un massacre.
>
> Sébastien Japrisot, *La Passion des femmes.*

free cinema

Ou « cinéma libre ». C'est un mouvement cinématographique qui explose en Angleterre tout à la fin des années 50, un peu avant la Nouvelle Vague française. Il s'inspire de l'agitation des « jeunes gens en colère *(Young angry men)* qui déjà, secouent la littérature, le théâtre et la scène de la vie politique anglaise pour imposer un nouvel art de vivre. En 56, un groupe de cinéastes indépendants (parmi eux : Karel Reisz, Tony Richardson, Lindsay Anderson) présentent un programme de documentaires sous le label *Free cinema.*

L'impact est immédiat et le succès sera confirmé par des films de long-métrage *(Samedi soir et Dimanche matin, La Solitude du coureur de fond,* etc.) qui se dégagent de l'école documentariste tout en ne cessant de fournir des images de la vie quotidienne dans sa réalité la plus rude. Le *Free cinema* fut une école sociale, engagée, généreuse.

Fregoli

Acteur italien célèbre pour sa rapidité : il pouvait se changer et interpréter à la suite sur scène un nombre impressionnant de personnages. Son nom est aujourd'hui passé dans le langage commun : il désigne les individus (comédiens ou non-comédiens) capables de se transformer à une vitesse vertigineuse et d'offrir à tous les regards les mille et une facettes de la nature humaine.

> Il y a cent ans, parlons par exemple de Frédérick Lemaître, oui le comédien était comme tu le décris, quelque chose comme le diable défiant Dieu. Frégoli de la condition humaine, démonstration par l'absurde de son impossibilité de vivre, bref, le héros.
>
> Henri-François Rey, *Le Café Meliton.*

french lover

L'expression est passée telle quelle dans la langue française. Elle signifie, bien sûr, « amant français ». Le French lover est un personnage typique du cinéma hollywoodien. Il a été incarné par des acteurs importés de l'hexagone. Maurice Chevalier, Charles Boyer puis Jean-Pierre Aumont ont été des French lovers. Ils valaient bien les amants latins *(latin lovers)* campés par Rudolph Valentino ou Ramon Novarro, dont la séduction gominée faisait pourtant bien des ravages.

frimant

Du verbe *frimer*. Surnom donné aux figurants qui friment et veulent épater en prétendant jouer la comédie, égaler le travail des vrais acteurs alors que leurs apparitions dans les films sont souvent fugitives et muettes, sans rapport avec le véritable métier de comédien.

Par extension, on dit **faire une frime** pour : « faire un tout petit rôle » apparenté à de la figuration.

> Elle avait caricaturé les yeux bleu-poubelle des frimants d'outre-Rhin en les cernant de crème solaire blanche pour accentuer leurs teints de faïence de métro. L'ensemble évoquait Disneyland au pays de *Pépé le Moko*...
> Tito Topin, *Graffiti Rock*.

frontale (projection)

Elle a pris le relais aujourd'hui de la technique des **transparences** (voir p. 457), et permet d'enjoliver une scène que l'on est en train de tourner en lui adjoignant (en studio) un décor qui a été préalablement filmé à l'extérieur.

Le système est le suivant : les acteurs jouent devant un écran particulièrement luminescent qu'on appelle **scotchlite** (voir p. 410); un projecteur envoie les images du décor filmé sur un miroir sans tain incliné à 45° devant la caméra; celui-ci les reflète vers l'écran scotchlite qui les réfléchit à son tour vers l'objectif de la caméra; la caméra peut alors enregistrer simultanément la scène interprétée par les acteurs et les images du décor.

fusil photographique

Appareil mis au point par le physiologiste Jules-Étienne Marey en 1882 pour étudier le vol des oiseaux et la marche de l'homme.

Le fusil photographique reprend le principe du **revolver** (voir p. 391) de l'astronome Janssen et annonce le principe du cinématographe : l'objectif était placé dans le canon du fusil et les images venaient s'inscrire sur une plaque circulaire qui s'arrêtait à intervalles réguliers.

gâcher

Un film se gâche comme un plat. On dit en effet d'un réalisateur qu'il a **gâché de la pellicule** s'il a bâclé son tournage et raté son film. De mauvaises conditions de projection peuvent également gâcher un film en troublant le duo d'amour qui se joue entre le spectateur et le film au moment de sa vision.

> Il revient s'asseoir sur le canapé. Son dos est un peu voûté :
> – Mon chéri, je ne veux pas te gâcher ton film. Tu l'as attendu toute la journée. – Je n'ose pas dire le contraire.
> Catherine Rihoit, *La Favorite*.

gag

Mot anglais signifiant « blague ». Inséré dans la continuité de l'histoire par le scénariste ou un collaborateur spécialisé, le **gagman** ou l'homme aux gags (il doit sa profession à l'un des grands de la comédie américaine, Mack Sennett, qui, le premier, songea à acheter des gags pour ses films de la Keystone), c'est l'effet comique destiné, s'il arrive par surprise et s'il n'est pas « téléphoné » (c'est-à-dire prévisible à l'avance), à faire rire les spectateurs.

> Son rôle consistait alors à donner des « idées comiques » au patron. Ils visionnaient ensemble les rushes et, quand Fazekas trouvait telle séquence trop courte ou trop longue, c'était à Raphaël de suggérer des gags pour l'améliorer. Un sous-scénariste en somme : ce qu'on appelait un gagman. En 1913, Fazekas se faisait suivre de la salle de projection à son bureau, de son bureau aux toilettes, des toilettes à la cafétéria par six gagmen qui débitaient, sans arrêt, des histoires drôles.
> Alexandra Lapierre, *Un Homme fatal*.

Les cinéphiles aiment se remémorer les plus célèbres gags de l'histoire du cinéma en leur donnant un titre (exemple : le gag de la cabine de bateau dans *Une nuit à l'Opéra* des Marx Brothers), tandis qu'inversement toute situation de la vie réelle se rapprochant du gag devenu mythique peut leur rappeler la scène originelle (exemple : un local trop exigu pour les personnes qu'il contient). Mais les gags ont désormais quitté l'écran pour descendre dans la rue : on appelle gag en effet toute situation imprévue dont l'absurdité n'a d'égal que la cocasserie.

Running gag : expression anglaise (de *to run,* « courir ») pour désigner le gag à répétition. Ce gag, qui court tout au long du film, peut être un détail anodin, mais sa répétition est destinée à détendre l'atmosphère et créer périodiquement chez le spectateur un moment d'hilarité presque convenu.

galette

Nom donné à la bobine de film enroulée autour d'un simple noyau. La galette ne possède pas de **flasques** (voir p. 198) pour retenir le film qui, enroulé très serré, rappelle la forme plate d'un gâteau.

> Je vais à Avignon, dit-il... chercher la galette...
> – La galette ? demanda Mireille...
> – La galette, c'est la bobine, expliqua Téo... C'est pas le pognon... Il n'y a pas de pognon dans le cinoche...
> Tito Topin, *Graffiti Rock.*

Galion

Un galion est un vaste navire marchand qui transportait autrefois les produits de l'Amérique vers l'Europe. *Galion* est devenu un nom propre depuis que les producteurs de *Pirates,* tourné par Roman Polanski, ont fait don à la ville de Cannes du bateau construit pour les besoins du film. Le *Galion,* ancré devant le Palais du Festival, peut être visité.

galloping tintypes

En anglais « petites choses galopantes ». C'est sans doute avec un soupçon de mépris que les Américains avaient donné ce surnom aux premières images animées de l'histoire du cinéma.

gamelle

Comme **casserole,** désigne familièrement les projecteurs utilisés sur le tournage.

Gaumont

On dit souvent de *la Gaumont* que c'est la « major française ». Depuis des décennies, la firme arbore fièrement son sigle : une lettre G cerclée d'une marguerite (ce serait, dit-on, un hommage rendu par Léon Gaumont à sa mère qui s'appelait Marguerite Dupenloup).

> J'ai pas beaucoup d'idées mais j'en ai une et je te la donne pour pas un rond... prends un mec de son âge! Tu ne vas pas faire du ciné-caco toi aussi...
> – Ciné-caco?...
> – Cinéma cacochyme... typiquement français...
> – Va dire ça à la Gaumont...
> – Je n'ai rien à dire à la Gaumont, répliqua Marius, pas plus qu'à Teodor Korzeniowski qu'est suffisamment grand metteur en scène pour savoir ce qu'il doit faire... Mais ce que je dis, je le dis amicalement à Téo, qui est mon copain...
>
> Tito Topin, *Graffiti Rock.*

La société *Gaumont* est née grâce au tempérament de Léon Gaumont. Beaucoup plus porté sur les problèmes de technique que sur la création, il ne négligea pourtant ni l'un ni l'autre. Il installe ses ateliers photographiques sur le terrain que sa femme lui a apporté en dot : la **Cité Elgé** (voir p. 109) est édifiée rue des Alouettes à Paris. Mais il s'intéresse vite aux images animées. Il multiplie les projets et les inventions : le **chronophone,** qui permet de sonoriser les films et le **chromoscope,** qui permet la couleur.

Pour démontrer la qualité du matériel qu'il fabrique, Gaumont décide de présenter de petits films. Mais c'est sous l'impulsion de sa secrétaire, Alice Guy, que le département production prend une ampleur bientôt inégalée : Mademoiselle Alice propose en effet à Léon Gaumont de tourner dans la cour des ateliers de petits films de fiction comme Méliès. La permission lui est accordée et son travail de réalisatrice ouvre la voie à d'autres talents : Émile Cohl, Léonce Perret, Jean Durand et surtout Louis Feuillade, le roi du serial, seront les premiers à s'épanouir au sein de la société Gaumont.

Gaumont se lancera également très vite dans la location de films et l'exploitation. Dès 1911, la firme ouvre la « plus grande salle de cinéma du monde », le **Gaumont-Palace** (il sera détruit en 1972) place Clichy, à Paris.

A la fin des années 20, Léon Gaumont quitte son poste à la tête de la société. De nombreux problèmes aboutissent à des remaniements importants, mais la maison Gaumont perdure néanmoins, imposant sa politique de tradition et de qualité dans le cinéma français et à travers le monde.

Gaumontrama : voir *salle*, p. 399.

géant

Dans la mythologie grecque, les Géants (*Gigantes*) sont fils de la Terre et du Ciel. Fabuleux, « gigantesques », les *géants* écrasent de leur haute stature le commun des mortels. C'est donc dans la capitale du cinéma que l'on trouve ces dignitaires imposants. Mais les *géants d'Hollywood* n'ont rien à voir avec les **nababs** (voir p. 296) : l'expression ne désigne pas en effet les gros producteurs de la Mecque du cinéma, mais ses plus importants réalisateurs.

> Les gros yeux blancs de la mama de Scarlett riboulaient dans leurs orbites. J'ai débité, avec mon terrible accent :
> – Allez dire à votre maître que je viens de France et que je veux parler à un géant!
> Jacqueline Dauxois, *Le Cœur de la nuit.*

Écran géant : sa taille dépasse les normes courantes.

> Le nouveau spectacle conçu par Klaus était d'un bout à l'autre silencieux. Les quatre garçons rampaient sur un tapis roulant qui défilait sous les yeux du public en même temps que des images d'actualité montrant sur un écran géant les atrocités commises par Hitler. Cela durait une heure.
> Thierry Levy, *La Société des femmes.*

génération

Une copie est dite de première génération, de seconde, troisième génération et ainsi de suite. La copie de première génération est obtenue à partir du négatif original. La copie de seconde génération est obtenue à partir de la copie de première génération, etc. Le passage d'une génération à l'autre modifie naturellement la définition et la qualité de l'image.

générique

Dérivé du latin *genus, generis*, « origine, naissance ». Qu'il soit situé à la fin du film ou, plus souvent, au début (parfois précédé d'une séquence qu'on appelle **prégénérique**), le générique est la fiche d'identité du film : il donne la liste précise de tous ceux qui ont participé à sa fabrication et présidé à sa naissance : vedettes et metteur en scène mais aussi producteur, monteur, scripte, etc. Toute l'équipe est ainsi représentée. L'ordre de défilement des noms ainsi que la hauteur des lettres sont souvent précisés par contrat.

> Cependant qu'enchaînée à ce piteux lexique
> Elle lui dit songeant à de futurs boulots
> « Le cinéma des morts a-t-il un générique ? »
> *La Vedette*, poème de Léo Ferré.

genre

Un genre est une classe, un groupe d'éléments présentant des caractéristiques communes fondamentales. Le classement en *genres* était déjà une habitude littéraire et théâtrale quand le cinéma s'est décidé à la pratiquer. Les *genres cinématographiques* apparaissent en effet très tôt en Amérique. Western, comédie, mélodrame seront bientôt suivis par les films de guerre, les policiers, les comédies musicales, les films noirs, les films fantastiques, les films de science-fiction, etc.

Chacun de ces films obéit aux lois de son genre. Le western par exemple a ses codes ou ses clefs propres : bataille attendue, scène de saloon, coup de feu final. Ce sont des sortes de balises qui guident les réalisateurs comme les spectateurs. Mais ces conventions peuvent être détournées pour susciter des sensations inattendues.

Un bon *film de genre* se doit en effet de jouer avec ses propres codes et de surprendre sans quoi il ne serait que la réplique du film de même genre qui l'a tout juste précédé.

> Les historiens du cinéma avaient pris l'habitude de le citer dans leurs anthologies comme une référence péjorative absolue, une sorte d'étalon du navet :
> – Alors que le cinéma italien exprime son renouveau dans des œuvres d'une veine vigoureuse et sincère, alors que nous viennent d'Amérique latine des films d'un réalisme dépouillé, pleins d'une poignante humanité, le cinéma français de la même époque se contente le plus souvent de rhabiller au goût du jour les genres ayant fait leurs preuves avant-guerre...
>
> François-Olivier Rousseau,
> *L'Enfant d'Édouard.*

Sous-genre : expression employée pour désigner les genres subalternes (voir aussi *bis* p. 50).

gens

Pluriel de « la gent », qui désigne une espèce (on pourrait dire « la gent cinématographique »), le mot désigne un ensemble de personnes. Il est assez indéterminé mais acquiert de la précision dans des formules consacrées

212

comme : **gens du cinéma** ou **gens du film** qui, respectivement, désignent les personnes travaillant dans le cinéma et celles qui travaillent sur un film.

> Il craignait les gens de cinéma auxquels il ne ressemblait pas.

et :

> Je considérai que c'était une formule de politesse, pris congé des gens du film ainsi que d'Esther et retournai à mon hôtel.
>
> Alphonse Boudard, *Cinoche*.

Gens du voyage. L'expression désigne l'ensemble des artistes, parce qu'autrefois, c'étaient des nomades, sortes de forains ambulants traversant le pays pour présenter leurs spectacles dans tous les villages.

> *Les gens du voyage,*
> *Et ceux du naufrage,*
> *Font bon voisinage,*
> *Nuages, mirages,*
> *Dans leurs bagages*
> *Jetés au hasard,*
> *Toujours à l'écart,*
> *Ils fuient et s'égarent*
> *Dans le brouillard*
> *D'un beau cafard...*
>
> Chanson d'Élisabeth Depardieu.

géode

Du grec *geôdês*, « terreux ». Une géode est une pierre évidée dont l'intérieur est hérissé de cristaux. C'est aussi le nom que l'on a choisi de donner à l'immense boule métallique ouverte en 85 au public à la Cité des sciences et de l'industrie de la Villette, à Paris. Ce dôme abrite un immense **écran hémisphérique** (le plus grand au monde) de 1 000 m^2 et 370 fauteuils dévalant en pente raide mais heureusement inclinables afin que les spectateurs puissent s'imaginer voyager dans une image qui, de toute façon, dépasse leur champ de vision. Celle-ci est en effet captée par un objectif dit **fish-eye** (voir **œil de poisson**) tandis que le système **omnimax** qui est employé fait dérouler une pellicule de 70 mm dans le sens horizontal.

Ghost town

En français, « ville fantôme ». C'est cette formule qu'avaient choisi, au début des années 70, quelques journalistes à la plume intraitable pour enterrer Hollywood. La Ghost town, dite aussi *nécropole*, s'enfermait alors dans la crise et, pour parer aux besoins les plus pressés, s'apprêtait à vendre meubles, costumes et accessoires qui avaient fait la magnificence de ses plus beaux tournages.

gigolette

Le gigolo n'était que son amant : c'est elle qui mène la danse. Elle est délurée, n'a pas froid aux yeux... et c'est pourtant ce nom-là que Louis Feuillade, spécialiste des feuilletons filmés, aimait donner aux jeunes actrices qu'il faisait tourner !

gimmick

Mot anglais signifiant « truc », « trouvaille ». Les gimmicks sont les astuces destinées à produire un effet comique. Par exemple : une réplique répétée plusieurs fois, une intonation de voix, un tic vestimentaire, etc.

> *Quand certains jours pour moi*
> *Ça rigole pas des masses*
> *Devant ma glace*
> *Je me fais des grimaces*
> *Élastiques*
> *Des gimmicks*
> *Un peu comiques...*
>> Chanson de Serge Gainsbourg
>> interprétée par Charlotte Gainsbourg.

girafe

Sa ligne rappelle la silhouette du célèbre quadrupède : c'est en effet une potence très haute et mobile montée sur un chariot, qui supporte à son extrémité le micro destiné à recueillir les sons au cours du filmage d'une scène. Sa grande hauteur permet une plus grande amplitude de mouvement qu'avec la simple *perche* (voir

p. 337), mais on doit impérativement veiller à ce qu'elle n'apparaisse pas à l'image et s'assurer que son ombre ne détruira pas la belle ordonnance des éclairages de la scène.

> – Coupez, dit Gigi, j'oubliais : j'ai une ombre de micro sur le front de Jurgens.
> – Une ombre de micro? dit Arthur.
> – Oui, Arthur, ta connerie de girafe!
> – Ça m'étonne pas, dit Stivel, il devait être juste dessus! J'ai très bien entendu Jurgens!
> – Quand même, dit Arthur, – ma connerie de girafe!
> Michel Cournot, *Le Premier Spectateur.*

girl

Au début du cinéma, les actrices étaient anonymes. Elles n'étaient que des *girls* (filles) qui arboraient en guise de patronyme le nom de la société qui les employait. Florence Turner fut ainsi surnommée la « Vitagraph girl » et Florence Lawrence la « Biograph girl ». C'est pourtant cette dernière qui ouvrira l'ère du star-system en révélant son nom suite à un coup publicitaire annonçant sa mort puis sa soudaine résurrection.

Par la suite, on a désigné par girls ou **chorus girls** (filles du chœur) l'écurie des jeunes apprenties-stars qui appartenaient aux plus importantes maisons de production de Hollywood et que l'on utilisait en groupe et anonymement dans les comédies musicales. Elles s'y déplaçaient en bataillons et exécutaient avec grâce des florilèges de mouvements dignes des plus beaux kaléidoscopes. Quelques-unes seulement ont su se détacher du lot. Exemple : Ava Gardner qui, avant d'accéder à la gloire, se produisait dans les rangs des **Goldwyn Girls,** les célèbres « filles Goldwyn » de la Metro Goldwyn Mayer.

> Elle fut une amie merveilleuse pour tous ceux de cette époque qui firent leurs débuts à la Fox. On nous appelait les Fox Girls, étiquette que j'arborai avec fierté pendant les treize années qui suivirent.
> Gene Tierney,
> *Mademoiselle, vous devriez faire du cinéma...*

glamour

En anglais, « enchantement ». Le glamour est l'aura ou la magie qui nimbe la star et enchante le spectateur. Le glamour est érotique.

> Instinctivement et pourtant avec une immense application, ma manière de dénouer le fichu rose qui retenait mes cheveux et d'en frôler la joue de mon partenaire, un pèlerin quelconque, trahissait une séduction que je me sentais et me savais bien incapable d'exercer ou de manifester, le glamour de Marilyn peut-être, et ce charme me traversait, extravagant et naturel.
>
> Jean-François Josselin, *Quand j'étais star.*

On dit aussi *glamourous.* L'adjectif anglais signifie « enchanteur ». Être glamourous, c'est être charmant, séduisant, voire fascinant. *Glamourous* est parfois transposé en français. Cela donne alors *glamoureux.* Le mot est encore plus évocateur puisqu'il inclut le vocable *amoureux.*

> *Je me sens, je me sens glamoureuse*
> *Tu me rends glamoureuse*
> *Quand je sors avec toi*
> *Quand je danse avec toi*
> *Oh la tête me tourne*
> *Je me sens glamoureuse*
> *Encore plus glamoureuse...*
>
> *Glamoureuse,* Chanson de Luc Plamondon et Lewis Furey, interprétée par Petula Clark.

glycérine

Produit utilisé pour simuler les larmes sur les joues d'un acteur lorsque celui-ci ne peut pleurer réellement mais que le scénario l'impose.

> Lew Borzage, l'assistant-metteur en scène, nous regroupa tous sur le pont du destroyer, et les deux heures qui suivirent se passèrent à essayer de synchroniser les mots – ou tempêtes –, dans la chanson préenregistrée, avec la pellicule sortie des archives – Mers démontées – Vagues écumantes –, et aussi les machines à vent, l'eau dont on nous aspergeait copieusement le visage pendant que nous chantions, et les larmes de glycérine dans les yeux de Dick Powell...
>
> Robert Parrish, *J'ai grandi à Hollywood.*

goldwynisme

On appelle goldwynismes les tournures de phrase propres au *tycoon* célèbre (voir p. 463) nommé Samuel Goldwyn. Ce polonais d'origine, gantier de son premier métier, et qui deviendra l'un des plus puissants producteurs de Hollywood, parlait en effet de manière approximative et se complaisait dans des jongleries verbales qui donnaient aux mots une coloration et un sens inédits.

Né Goldfish, l'homme fonde avec Cecil B. De Mille et Jesse Lasky la *Famous Players Lasky* (elle deviendra la *Paramount*). Puis, avec les frères Selwyn, c'est la *Goldwyn Pictures.* Il prend alors le pseudonyme de Goldwyn et se lance dans la production indépendante en laissant sa société à la charge de la fameuse *Metro Goldwyn Mayer.*

Ses boutades courent alors dans tout Hollywood. Quelques exemples « Nos comédies ne sont pas faites pour qu'on en rie ! » et « Je me fiche que ce film ne fasse pas un sou. Je veux juste que chaque homme, chaque femme, chaque enfant le voie ! ». Mais Goldwyn, dit-on, est agacé par la publicité faite à ses goldwynismes, ce qui lui permet de crier et de faire connaître le plus fameux de ses goldwynismes : « Les goldwynismes ! Ne me parlez jamais de goldwynismes, pour l'amour de Dieu ! Si vous voulez entendre de véritables goldwynismes, allez parler avec Jesse Lasky ! ».

go-motion

Expression américaine : *to go* veut dire « aller » et *motion* « mouvement ». Le go-motion est une technique d'animation qui permet de reproduire le mouvement avec plus de réalisme que ne peuvent le faire les techniques habituelles : au lieu de filmer les différentes phases du mouvement décomposé image par image, on filme, image par image le passage d'une position à une autre. Le procédé du go-motion est utilisé pour l'animation des objets, poupées ou marionnettes.

gonflage

C'est l'opération d'agrandissement des images d'un film au format réduit. On peut **gonfler** par exemple un film en 16 mm pour en faciliter la commercialisation dans les salles ordinaires. On dit alors qu'il y a eu gonflage du

16 au 35 mm. Le gonflage se fait à l'aide de la **tireuse optique** (voir *tirer* p. 449). En approchant l'objectif du film que l'on veut refilmer, on agrandit ses images.
Un **film gonflé** se reconnaît au grain de son image qui est plus épais. L'opération inverse s'appelle la **réduction**.

good bad boy

Expression anglaise signifiant : « bon mauvais garçon ». Le good bad boy apparaît sur les écrans dans les années 40 et fait exploser le manichéisme de beaucoup de personnages. Avec lui, il n'y a plus d'un côté le bon justicier, de l'autre la méchante brute (le *bad guy*, c'est-à-dire le « type méchant »), puisqu'il fait, en lui-même, la synthèse du bon et du méchant : cœur de velours et main de fer, sentiments romantiques et silhouette cynique, l'homme véritable balance entre l'ange et la brute et l'on ne peut démêler l'écheveau. Exemple : Humphrey Bogart dans *Le Faucon Maltais*. Face au good bad boy se développe un nouveau type de femme nouvelle, la **good bad girl**. Ambivalente comme son compagnon, elle cache sous des dehors provocants une pureté et une générosité imparables. Exemple : Marilyn Monroe dans *Rivière sans retour*.

gore

En anglais « sang ». Les **scènes gore** peuvent être inclues dans les films appartenant à tous les genres : elles sont particulièrement violentes et l'on y voit les acteurs saigner. Mais le **cinéma gore** (on dit même plus brièvement *le gore*), appellation apparue dans les années soixante, désigne les films durs et sanglants : il se confond souvent avec le cinéma fantastique et les films d'horreur. Et puisqu'il y a escalade dans la violence on pourra parler de **hardgore** comme on parle de **hardcore**, l'expression qualifiant ce qui se fait de plus agressif dans le genre.

grain

Parce que la couche sensible ou émulsion d'un film est constituée de grains d'argent qui se transforment au contact de la lumière, on parle du *grain* de la pellicule. La granulation peut varier d'un film à l'autre. Une pellicule à **grain fin** estompe les différences de valeur créés par les petits amas argentiques qui la composent. Un **film gonflé** (voir p. 217) paraîtra beaucoup plus granuleux que l'original.

grand

Adjectif très souvent employé dans le langage cinématographique. On le trouve dans plusieurs expressions :

Grand écran : c'est une indication sur les dimensions de l'écran de projection qui, depuis la polyvision d'Abel Gance et le cinémascope, ne cesse de s'élargir. Mais l'expression *grand écran*, quand elle est opposée à *petit écran*, est également employée pour distinguer le cinéma de la télévision. Voir un film sur le petit écran, c'est le voir à la télévision.

> Ils ont beau menacer, taper la règle sur la table... le raffut redouble, les lazzi, les quolibets! Même le Général son apparition au petit écran avec son képi... la magie des grands jours s'est fait la paire.
> Alphonse Boudard, *Cinoche.*

Grand film : il souligne la qualité artistique d'un film (on parlera de *grands films* à propos de chef-d'œuvres classiques) mais également sa longueur puisque le *grand film* est le film long qui est projeté après les publicités et le court métrage insérés dans un programme.

Grand public : il donne une mesure de quantité. Le *grand public* est en effet celui qui se déplace en masse pour faire le succès de certains films. Parce qu'il est vaste, la logique voudrait qu'on ne saisisse pas ses goûts, contrairement à ceux des cinéphiles et des initiés réunis en chapelles plus restreintes. En réalité, producteurs et cinéastes connaissent bien les réactions minimales des spectateurs appartenant au grand public et peuvent, avec astuce ou cynisme, donner volontairement naissance à un film capable de séduire le grand public : c'est le **film grand public** ou film à grande diffusion, trop souvent démagogique.

> On cherche un comédien inconnu, un nouveau Gérard Philipe que Luc Galano révélerait au grand public.
> Alphonse Boudard, *Cinoche.*

grande bouffe (la)

Titre d'un film de l'italien Marco Ferreri décrivant les apages rabelaisiennes d'une poignée de desperados se consolant dans les victuailles. Il est employé aujourd'hui couramment pour désigner un repas plantureux, mais aussi tout phénomène de consommation excessive.

griffes

Elles font partie du système d'entraînement du film dans la caméra : ce sont des pointes métalliques qui pénètrent dans les perforations de la pellicule et la font descendre. Les *contre-griffes* immobilisent la pellicule pendant l'exposition.

> Ce n'est pas parlant, n'est-ce pas ? demandai-je.
> – Non, c'est du seize millimètres. Voyez comment je fais. Je le mets dans les griffes et je l'enroule comme ceci...
> Horace Mac Coy, *J'aurais dû rester chez nous.*

gril

Passerelle géante installée au-dessus du plateau et destinée à supporter les électriciens et leur matériel. Son plancher est fait de croisillons métalliques, d'où son nom.

grindhouse

House est un mot anglais qui signifie « maison » *to grind* veut dire « moudre ». On a employé un moment en Amérique le terme de *grindhouses* (maisons à moudre) pour désigner de façon tout à fait péjorative les salles de cinéma projetant de mauvais films à la chaîne. Elles donnaient en effet l'impression de faire tourner la marchandise (les films) comme on moud du café.

groupiste

A ne pas confondre avec la *groupie* qui suit les idoles de la chanson. Le groupiste est un technicien de l'équipe cinéma. Il est responsable du groupe électrogène qui fournit l'électricité nécessaire à l'éclairage de la scène que l'on va tourner

grue

Chariot mobile dont le bras articulé est surmonté d'une plate-forme capable de supporter les appareils de prise de vues et même les techniciens. En s'élevant, elle permet de filmer les mouvements de foule et les paysages. Certaines ne sont pas très hautes, comme la **Dolly;** d'autres sont beaucoup plus impressionnantes, comme la **Sam-Mighty.**

> Il pourrait utiliser une grue ; ça reviendrait meilleur marché en fin de compte que de construire le toit au sol avec un faux ciel...
> Francis Scott Fitzgerald, *Le Dernier Nabab.*

guerre des brevets

A la fin des années 1890, Thomas Alva Edison, qui multipliait les inventions (on l'a surnommé plus tard le sorcier des temps modernes), fait breveter nombre de ses travaux concernant le film et les possibilités de projeter celui-ci (**Kinétoscope** puis **Vitascope** dont il a judicieusement acquis les droits). Il s'assure ainsi le monopole de l'exploitation de cet art naissant sur tout le territoire américain. La justice se charge de faire plier tous ceux qu'Edison prend pour des faussaires. Mais les joutes juridiques prennent l'allure d'une véritable guerre quand l'inventeur s'entoure d'avocats et poursuit de manière intraitable une société de production qui lui tient tête : la **Biograph.** On en vient aux mains ; des coups de feu sont parfois échangés sur les plateaux. Après des années de lutte, les frères ennemis sont malgré tout contraints de s'entendre. La pression des nouveaux indépendants est trop forte. Poursuivis par la police privée d'Edison, ils quittent New York et Chicago. Ils trouveront la tranquillité nécessaire à leurs tournages en Californie, tout près de Los Angeles, dans un lieu-dit : *Hollywood.*

guerre des étoiles

Titre du film réalisé par Georges Lucas en 1977 : il bat les records de recettes en offrant au public une somptueuse odyssée de l'espace agrémentée d'une multitude d'effets spéciaux. C'est cette expression qui a été reprise pour parler des programmes militaires spatiaux élaborés par les deux grands blocs (Est et Ouest).

> Effectivement, il y a peu de temps le président américain a réclamé à la télévision américaine le développement du programme militaire de la « guerre des étoiles ».
> Le fait qu'il ait été lui-même un acteur de Hollywood me paraît en l'occurrence plus piquant que nécessaire.
> Texte de Wim Wenders.

guest-star

En anglais, « vedette invitée ». Acteur ou actrice confirmé(e) souvent vieillissant(e), la guest-star n'interprète que de petits rôles, mais sa présence au générique valorise le film dont elle est l'invitée d'honneur.

> Mais à cause de leur relative indépendance, je m'abstenais de leur confier des premiers rôles, de les engager totalement, par respect de leur personnalité, de leur identité dont je me savais l'obligé et non l'inventeur, et je les invitais le plus souvent dans mes productions en qualité de guest-stars.
> Jean-François Josselin, *Quand j'étais star.*

gueule d'amour

Une « gueule d'amour » ou « petite gueule d'amour » est un personnage particulièrement séduisant, dont le visage suscite l'amour, le désir. L'expression consacrée se retrouve naturellement dans le vocabulaire cinéphilique : séducteurs et séductrices de l'écran, grands pourvoyeurs de rêves d'amour, sont en effet très souvent qualifiés de gueules d'amour.

Gueule d'amour est aussi un film réalisé en 1937 par Jean Grémillon avec Jean Gabin en vedette.

> Gabin aussi je l'ai connu par là... dans les cinoches du XIIᵉ. Gabin gueule d'amour avec son chapeau mou rejeté en arrière de sa chevelure blonde ondulée...
> Alphonse Boudard,
> *Les Combattants du petit bonheur.*

gunfight

En anglais : « combat au pistolet ». Le gunfight est le duel au revolver qui conclut les westerns : un cérémonial accompli dans un silence religieux.

habilleuse

Elle aide les acteurs à s'habiller avant le tournage. C'est elle qui entretient leurs costumes : elle les lave, les repasse, doit veiller à ce qu'ils soient impeccables au moment où l'acteur se fait filmer. Elle collabore avec le costumier ou la costumière.

> Mais il n'avait pas atteint la caméra qu'il était déjà harcelé par trois personnes : le cadreur qui ne trouvait pas le bon plan, le chef opérateur qui craignait une baisse de lumière, et l'habilleuse, Luce la maniaque, se plaignant de ce que la redingote de Fabrice fît sur Romano, plus mince que Lucien Marrat, un faux pli du col à la taille; et, venant d'une femme qui depuis trois ans s'habillait de fausse rayonne et mettait des chaussures de bois, cela attendrit complètement, une fois encore, le cœur de Constantin...
> Françoise Sagan, *Un Sang d'aquarelle.*

happy end

En anglais : fin heureuse. On parle aussi d'***happy ending.*** Il s'agit souvent des retrouvailles des héros dont les amours ont été contrariées ou retardées depuis le début du film, plus souvent encore du baiser que ceux-ci échangent enfin : scène sentimentale et optimiste, mais parfois bien invraisemblable, assenée par le scénariste en guise de conclusion à son film pour satisfaire le désir de rêve et d'évasion des spectateurs.

> Bref je voyais déjà la très réelle difficulté d'inclure cette Gloria dans le récit... qu'elle y figure d'un bout à l'autre... le patin happy end!
>
> Alphonse Boudard, *Cinoche.*

hardcore

Expression anglaise signifiant « noyau dur ». Le hardcore est un genre cinématographique composé de films à caractère pornographique qui ont la particularité de « tout » montrer : l'acte sexuel n'est plus seulement simulé devant la caméra, il est réellement interprété par les acteurs. Le hardcore apparaît en Amérique à la fin des années 60, quand la censure et les mœurs se font plus légères. Il se fixe en France au début des années 70 (*Exhibition,* etc.) mais la prolifération des films que l'on qualifie alors plus brièvement de **hard** aboutit au vote de la loi de 1975, qui les relègue dans les **salles spécialisées.** Par ricochet, on voit proliférer ailleurs un genre déjà existant : le **softcore** (avec l'adjectif *soft,* signifiant « doux »), genre de films dits également **films soft,** où l'acte sexuel est seulement simulé (*Emmanuelle, Histoire d'O...*). Il existe des versions *hard* de films *soft* (l'inverse est moins fréquent) : des séquences *hard* sont insérées entre les scènes plus *soft.* C'est ainsi que l'on a pu voir des actrices célèbres se faire doubler à leur insu dans des scènes qu'elles n'avaient jamais eu l'intention de tourner.

> *Tu ferais le gibier*
> *Dans une version soft*
> *Dans une remake*
> *Des chasses du comte Zaroff*
> *L'homme est un loup pour l'homme...*
>
> Chanson d'Eddy Mitchell.

Sont aussi entrés récemment dans le langage les mots **hardeur** et **hardeuse,** qui désignent le comédien ou la comédienne jouant dans les films *hard.*

hareng-rouge

Nom anglais *(red herring)* désignant le hareng saur. Ce type de hareng fumé est sec, maigre, fort. Il peut servir d'appât mais, en le croquant, on n'a pas grand-chose à se mettre sous la dent. Voilà pourquoi, à Hollywood, on désigne par *hareng-rouge* toutes les fausses pistes ménagées dans un film à suspense pour égarer le spectateur. En se perdant dans le dédale des péripéties secondaires, celui-ci n'est pas préparé à recevoir la vérité vraie et, quand il sera sur la piste du véritable suspect, quand le vrai coupable sera démasqué, l'effet de surprise sera d'autant plus intense.

Dans ses entretiens avec François Truffaut, Alfred Hitchcock rappelle le hareng-rouge de *Psychose :* il s'agit du vol que commet Janet Leigh et sa longue fuite. « Il était nécessaire, explique le réalisateur, que tout le début soit volontairement un peu long, tout ce qui concerne le vol de l'argent et la fuite de Janet Leigh, afin d'aiguiller le public sur la question : est-ce que la fille se fera prendre ou non ?... Mais c'est en réalité un truc pour détourner l'attention du spectateur « afin d'intensifier le meurtre qui va suivre et qu'il constitue une surprise totale. »

has-been

Abréviation de l'expression anglaise *one who has been* signifiant « quelqu'un qui a été ». L'emploi du passé composé souligne le caractère démodé de la personne dont il est question. Le has-been, en effet, a connu la gloire mais l'époque de ses hauts faits est révolue et le succès l'a abandonné. Il s'agit le plus souvent d'acteurs ou d'actrices dont le nom a disparu des affiches, mais également de toutes les catégories de gens célèbres (cinéastes y compris) que les vagues de la mode ont emportés et fait oublier. Certaines de ces vieilles gloires peuvent néanmoins réapparaître tardivement et faire un retour remarqué appelé **come-back.**

> Dans les années 60, après son mariage avec un nabab du nom de Léo Turner, Rhonda Farr avait glissé de la page spectacles des journaux à la rubrique des potins mondains, rejoignant en cela la cohorte des has-been de l'écran...
> Michaël Delmar, *La Blonde Platine.*

hémoglobine

L'hémoglobine (du grec *haima* « sang », et du latin *globus*, « boule ») est en fait une substance particulière des globules rouges du sang, mais c'est le nom que l'on emploie au cinéma pour désigner les produits destinés à maquiller les acteurs en simulant blessures et sang qui coule. Dans les *westerns-spaghetti* par exemple (voir p. 481), l'hémoglobine coule à flots.

> Voilà votre rôle : vous avez tué la femme du héros. Pour lui, l'heure de la vengeance a sonné, il va vous abattre sans pitié. Vous reculerez jusqu'à la rivière, vous vous engagerez sur la passerelle. Vous manquez d'assurance. Vous tentez de prendre votre arme. Mais vous tombez frappé à mort par la balle de votre adversaire. On vous a donné l'ampoule d'hémoglobine ? Brisez-la sur vous en tombant. – On va faire un essai.
>
> Yak Rivais in *Moteur.*

heroïc fantasy

En français « fantaisie héroïque ». On peut traduire aussi par « épopée fantastique ». L'*heroïc fantasy* est un genre cinématographique subalterne dont la vogue est relativement récente : il regroupe des films qui se déroulent dans des lieux et des temps inattendus (Moyen Age, espaces inter-sidéraux), où l'aventure et parfois la violence prédominent, où l'imagination bat son plein (notamment en ce qui concerne les décors et les costumes). Les bons y affrontent toujours des méchants et ceux-ci prennent souvent l'apparence de créatures animalières et fantastiques. Délirant et baroque, ce genre est parfois appelé *sword and sorcery* (épée et sorcellerie) parce que la magie et la religiosité y tiennent une place prépondérante. (*Dark Crystal, Conan le Barbare,* etc.).

héros

Le mot est directement transcrit du grec : il désigne les hommes doués de qualités et de pouvoirs tout à fait particuliers. Les héros ne font pas partie du commun des mortels et peuvent rivaliser avec les dieux.
Le développement du cinéma a fait naître de nouveaux

héros : solitaires, sans peur et (parfois) sans reproche. Ces héros gagneurs (on les appelle aussi **winners**, c'est-à-dire « gagneurs ») ont toujours été une spécialité du cinéma américain, plus particulièrement des westerns. Au début des années 70 pourtant, les héros se fatiguent et perdent de leur superbe. Peu à peu ils s'effacent au profit de figures masculines plus complexes et plus fragiles : les **antihéros** ou **losers** (« perdants »; voir p. 28). Ce n'est qu'au milieu des années 80 que l'on assiste au retour des héros, comme Rambo ou Conan le Barbare respectivement interprétés par Sylvester Stallone ou Arnold Schwarzenegger (on a souvent tendance à prendre pour *héros* les acteurs eux-mêmes) : doués de forces étonnantes, ils semblent cependant avoir perdu la finesse et les qualités morales qui avaient pu faire l'originalité des premiers vrais héros de cinéma.

Hitch

Diminutif d'Alfred Hitchcock, le « maître de suspense ». Catholique, anglais mais expatrié à Hollywood, Hitchcock réalisait des films pour terroriser son public. En fait, explique François Truffaut en conclusion de ses entretiens avec le cinéaste, c'était pour exorciser sa propre peur.

> Cet homme que la peur a poussé à raconter les histoires les plus terrifiantes... Il est bien évident qu'Hitchcock a organisé toute sa vie en sorte que l'idée ne vienne à personne de lui donner une tape dans le dos.

Tout le monde connaît en effet la silhouette lourde et le profil étrange (il aimait faire de brèves apparitions dans ses films, mais au début, pour ne pas distraire le spectateur) de celui qui sut avec une rare maîtrise multiplier les prouesses techniques au cours de ses prises de vue.

Hitchcockien qualifie un phénomène ou une atmosphère inquiétante et pesante : l'expression est employée en hommage à celui qui filmait les tensions subtiles qui régissent les relations humaines et conduisent parfois au crime avec, comme dit encore Truffaut, « la lucidité effrayante de ceux qui dénoncent les offenses que les hommes font à la beauté et à la pureté ».

hitchcockohawksien

Dans les années cinquante, de fringants et fougueux journalistes des *Cahiers du Cinéma* prirent fait et cause pour deux cinéastes appréciés du grand public, mais boudés par la critique : Alfred Hitchcock et Howard Hawks. Dans la foulée, ils endossèrent l'adjectif barbare qu'ils avaient inventé : celui d'hitchcockohawksiens.

Hollywood

Hollywood (« bois de houx ») est le nom qu'un couple d'Américains (M. et Mme Wilcox) donnent à leur ranch établi sur le territoire d'un ancien village indien situé en Californie, près de Los Angeles.

> J'ai choisi ce nom de Hollywood, racontait Mme Wilcox tout simplement parce que cela sonne bien et parce que je suis superstitieuse et que le houx porte bonheur. Comme vous pouvez le voir, la ville a bien réussi ; malheureusement tous les arbustes de houx, que j'avais fait venir à grands frais d'Angleterre et que j'avais plantés en bordure de notre lotissement, ont crevé et je ne m'en suis pas consolée.

Un hameau se fonde autour de ce ranch et le tourisme s'y développe sous l'impulsion d'un peintre d'origine française, Paul de Longpré, quand se produit, au début des années 10, un événement inattendu qui va bouleverser la tranquillité de cette paisible contrée. Des réalisateurs traversent le pays (c'est à New York qu'est alors réalisé l'essentiel de la production cinématographique) pour venir tourner dans la région. Ils sont attirés par l'exceptionnelle qualité du climat et de la lumière qui favorisent les tournages en extérieurs tout au long de l'année. Un certain William N. Selig quitte ainsi l'est du pays (Chicago) pour s'établir à Hollywood : il tourne puis fonde un studio dans une des blanchisseries chinoises qui vont devenir mythiques dans l'histoire du Septième Art. Il est bientôt suivi par les indépendants en butte aux tracasseries du *trust Edison* (voir p. 221), la proximité de la frontière mexicaine permettant à ces pionniers d'échapper aux hommes de main de l'intraitable Edison. Parmi eux : Adolph Zukor, Carl Laemmle, Marcus Loew, William Fox. Séduits par l'extraordinaire variété des paysages qui sont autant de décors naturels, ils s'installent et fondent leurs studios, qui vont devenir de grandes compagnies.

Au début, les tournages se font en pleine rue. Les immigrés mexicains se précipitent pour se faire engager comme figurants et les vieux habitants de la région ne sont pas ravis de l'arrivée massive des gens de cinéma (qu'ils appellent *movies*). Mais l'évolution est irréversible. Le village de *Hollywood* est rattaché à la commune de Los Angeles. La spéculation immobilière bat son plein. Les acteurs affluent. Ils viennent timidement du théâtre d'abord, puis Hollywood génère ses propres stars. A l'apogée du star-system, celles-ci mènent une vie excentrique dans de somptueuses villas, sur les hauteurs de la ville. Plus tard, Hollywood accueillera des réalisateurs chassés par le nazisme, puis le *tout-Hollywood* sera secoué par la *chasse aux sorcières* (voir p. 258).

La ville mythique n'a jamais cessé de séduire et d'attirer à elle les plus grands noms du cinéma européen (Sternberg, Stroheim par exemple) ou les talents en herbe prêts à exploser (Garbo, Dietrich...). Tenter sa chance ou faire carrière à Hollywood est l'espoir ou la récompense suprêmes car la ville, sous l'impulsion de ses *nababs* (voir p. 296) avisés, s'est transformée en capitale du Septième Art. Elle a mis au point l'industrie cinématographique, produisant chaque année des kilomètres de film, tout en donnant au cinéma des impulsions artistiques sans précédent. C'est elle qui a inventé les plus beaux genres, comme la comédie musicale. Chaque fois que le public se détourne des écrans, les magnats habiles lancent sur le marché des procédés nouveaux (Technicolor, Cinémascope...) qui ravivent l'intérêt. Et si des esprits frondeurs (Cassavetes par exemple) recherchent l'indépendance et veulent échapper au carcan *hollywoodien,* Hollywood ne cesse de monter des « machineries » géantes dont la richesse écrase toutes les autres productions. Hollywood est aujourd'hui la capitale des effets spéciaux et, même si l'on y produit des programmes de télévision ou des disques, elle demeure la cité mythique du cinéma.

Devant moi, au-dessus des grands magasins de Newberry, une immense enseigne au néon s'éteignait et s'allumait. C'était une carte schématique des États-Unis sur laquelle clignotaient ces mots : Tous les chemins mènent à Hollywood – pause. Tous les chemins mènent à Hollywood – pause. Tous les chemins mènent à Hollywood...
    Horace Mac Coy, *J'aurais dû rester chez nous.*

Hollywoodien : se dit de tout ce qui a trait à Hollywood. On dit : un film hollywoodien, un acteur hollywoodien, etc. L'adjectif est aussi employé pour désigner ce qui est riche, clinquant ou artificiel comme à Hollywood.

> Des palmiers dégingandés se découpaient sur le ciel dont le bleu pâle et discret virait progressivement au rose criard des crépuscules hollywoodiens.
> Andrew Bergman, *Le Pendu d'Hollywood.*

hologramme

Du grec *holos,* « tout » et *gramma,* « dessin ». Un hologramme est un tracé intégral, c'est-à-dire une image qui restitue totalement l'impression de relief. Les holo-grammes sont obtenus grâce aux progrès de l'*holographie.* Ce procédé, mis au point dès 1947 par le physicien Dennis Gabor, prend en compte la lumière réfléchie par tous les objets que nous percevons. Grâce aux interfé-rences des rayons de lumière dite « cohérente » issue des puissants *lasers* (abréviation de *Light Amplification by Stimulated Emission of Radiations*) on obtient une image en trois dimensions sur une plaque sensible. Rien n'em-pêchait de donner le mouvement à ces images en relief. En France deux cinéastes-philosophes, Claudine Eizyk-man et Guy Fihman, se sont particulièrement penchés sur le problème et sont parvenus à inscrire des hologram-mes sur pellicule cinématographique (à raison de 24 par seconde) : les films *holographiques* étaient nés : on les a appelés des *cinéhologrammes,* tandis que les précurseurs de cette toute nouvelle *cinéholographie* étaient baptisés par certains *cinéholoastes* ou *holocinéastes.*

home drama

Les home dramas sont des films qui évoquent tous les problèmes de la vie familiale (*home* en anglais veut dire « foyer ») en négligeant l'histoire ou les conflits sociaux, c'est-à-dire tout ce qui se passe à l'extérieur de la maison. Pourtant le vent du dehors souffle à l'intérieur et beaucoup de home dramas suggèrent indirectement les habitudes, les pesanteurs de la société. Le cinéaste japonais Yasujiro Ozu, célèbre pour sa technique de filmage à la japonaise dite « à ras du tatami » (la caméra enregistre des plans fixes en étant placée à la hauteur des yeux d'un homme assis sur le tapis traditionnel du pays) a ainsi apposé sa signature sur plusieurs home dramas illustrant avec sensibilité la vie familiale japonaise comme *Fin d'automne* (1949) ou *Voyage à Tokyo* (1953).

hommage

Témoignage de respect rendu à un acteur ou un cinéaste de talent au cours d'une manifestation cinématographique : *festival* ou *rétrospective* organisée par la Cinémathèque. L'hommage est souvent accompagné de la projection d'un ou de plusieurs films (quelquefois c'est un montage d'extraits interprétés ou réalisés par la personne que l'on salue). D'où le glissement de sens : *hommage* est employé aujourd'hui à la place de *rétrospective*.

> Elle partage ma cinéphilie galopante. Je l'entraîne le soir ou le dimanche après-midi à la cinémathèque de la rue d'Ulm ou de Chaillot. Hommages à Renoir, à Murnau, à Lang...
>
> Frédéric Vitoux,
> *Il me semble désormais que Roger est en Italie.*

homme que vous aimeriez haïr (l')

Fils d'un commerçant viennois, Erich von Stroheim émigre aux États-Unis dans les années 1910 et exerce divers petits métiers avant d'être engagé par Griffith comme figurant et de devenir son assistant. A l'écran il multiplie avec maestria les rôles d'officiers allemands parfaitement antipathiques et cultive la veine en se faisant connaître par un slogan qui prend à contrepied les spectateurs habitués seulement à aimer leurs vedettes : « L'Homme que vous aimeriez haïr. »
Mythomane de génie, Stroheim cultive la légende de sa vie en conformité avec ces personnages : il laisse croire qu'il est issu d'une famille aristocratique, qu'il a fréquenté la cour de Vienne. Mégalomane, il dépense sans compter quand il passe lui-même à la réalisation. Ses films, longs, sulfureux, sont tronqués par les producteurs (*Folies de femmes*, 1922 ; *Les Rapaces*, 1924...). Il est littéralement chassé de Hollywood et doit reprendre sa carrière d'acteur en France (*La Grande Illusion*). En 1950, aux côtés de Gloria Swanson, il incarne son propre rôle de metteur en scène déchu dans *Sunset Boulevard*, de Billy Wilder.

homme qui ne rit jamais (l')

La légende raconte que ses contrats l'obligeaient à ne pas rire. Mais rien n'est moins sûr. Ce qui est sûr, au contraire, c'est qu'il a imposé très vite son visage impassible (« tête de buis, figure de cire, Frigo et même masque tragique », dit-il lui-même) dans certaines des plus célèbres comédies de l'époque du muet (*La Croisière du Navigator, Le Mécano de la General*). Né Joseph Francis Keaton, mais surnommé *Buster* ou « Buste d'acier » à la suite d'une chute de laquelle il a réchappé, l' « homme qui ne rit jamais » est un enfant de la balle qui débute très tôt sur les planches où des numéros de *slapstick* (voir p. 421) lui imposent d'être malmené sans broncher. Là, on le surnomme du reste « la serpillière ». Il apprend l'endurance, le stoïcisme, qui font d'autant plus rire que lui-même ne manifeste aucun mouvement d'humeur. Plus tard, il oppose encore à l'anarchie du monde son visage impassible, mais aussi une stratégie de la résistance et de l'effort tout à fait élaborée dans des comédies cinématographiques tirées au cordeau comme autant de problèmes de géométrie.

horreur (film d')

Si l'expression est très souvent employée (on hésite parfois entre *horreur* et *épouvante*), elle est assez imprécise. Le *film d'horreur* (comme le *film d'épouvante*) ne constitue pas vraiment un genre spécifique. L'expression signifie simplement qu'on y voit des choses monstrueuses, cruelles, capables de susciter chez le spectateur effroi ou épouvante.

> La date limite de consommation figurait encore autour d'une canine si pointue qu'elle aurait pu figurer dans un film d'horreur.
>
> Tito Topin, *Graffiti Rock.*

iceberg brûlant (l')

Parce qu'elle était née dans un pays froid (la Suède) mais que ses avantages étaient néanmoins explosifs, parce qu'elle s'appelait Ekberg (de son prénom Anita), on avait surnommé « l'iceberg brûlant » la blonde et pulpeuse actrice sublimée par Fellini dans *la Dolce Vita.*

233

idée

Elle peut venir d'un roman, d'un fait divers, etc., et va donner naissance au projet de film, puis au scénario dans lesquels elle est alors totalement immergée. Pourtant, si elle est parfaitement originale, il peut être spécifié que le film a été réalisé *sur une idée* de telle ou telle personne.

> Life avait beau être la source ordinaire des « idées originales », cet après-midi-là, ils ne lui livrèrent pas la moindre piste. Il y avait des guerres de-ci de-là, un incendie important dans Topanga Canyon, des communiqués de presse transmis par les studios de cinéma, des affaires de corruption municipale et les habituels hauts faits des noceurs, mais Pat ne trouva rien qui rivalisât sur le plan de l'intérêt humain avec la page des courses hippiques.
> Francis Scott Fitzgerald, *Histoires de Pat Hobby.*

identification

Mot construit avec le radical latin *idem,* « le même ». L'identification est le phénomène qui permet à un comédien d'interpréter un personnage en se confondant avec lui : l'acteur et le personnage deviennent une seule et même personne. L'identification est une façon tout à fait particulière d'aborder les rôles. Elle est radicalement opposée à la théorie dite de la *distanciation* (voir p. 149). On dit aussi que le spectateur peut *s'identifier* aux héros de l'écran. Dans le cas d'une identification, le spectateur n'établit plus de différence entre lui et son héros : il bascule dans l'imaginaire, vit par procuration...

IDHEC

Ou *Institut des Hautes Études Cinématographiques.* Fondé par le cinéaste Marcel L'Herbier dès 1943, c'est, avec le *Lycée d'État Louis-Lumière* plus couramment appelé *École de Vaugirard,* l'une des premières écoles qui dispensent un enseignement approfondi du cinéma. Depuis le printemps 87, l'IDHEC a été fondue dans la *FEMI (Fondation Européenne des Métiers de l'Image).* Installée dans une aile du palais de Tokyo, la FEMI (Le projet lancé par Jack Lang s'appelait *INIS : Institut National de l'Image et du Son*) est présidée par le scénariste Jean-Claude Carrière : elle entend initier ses étudiants, recrutés sur concours, à toutes les techniques de l'image. Tous les métiers et tous les secrets du cinéma doivent y être enseignés : de la production à l'écriture des scénarios, des relations avec les comédiens à la confection des costumes, des problèmes de l'éclairage à ceux du montage. De grands noms du cinéma viennent y délivrer leur savoir et leur savoir-faire. Les professionnels en herbe pouvaient déjà s'initier aux images dans les universités, mais le déclin de la vieille IDHEC reléguée à Bry-sur-Marne étant reconnu par tous, ils possèdent désormais une école moderne tournée vers les techniques modernes : la transmission est assurée.

image

Représentation imprimée sur la pellicule d'un objet, d'un personnage, d'une scène. Elle est toujours inversée par rapport à la réalité : la lentille convexe de l'objectif incurve les rayons émis par les éléments qui composent la scène et les réfléchit dans l'autre sens. On appelle images d'un film ce qui reste impressionné sur la pellicule et peut déclencher l'imaginaire du spectateur. Scientifiquement, l'image équivaut au *photogramme* (voir p. 343) : c'est la plus petite unité filmée, et il faut vingt-quatre images ou photogrammes par seconde pour recréer le mouvement de la vie. Mais, si l'on peut analyser et décortiquer la construction d'un photogramme, l'image, de par son pouvoir de représentation poétique, échappe à toute réduction, ce qui rend encore plus dérisoires les tentatives désespérées de certains comédiens (ou comédiennes) pour *soigner leur image, contrôler leur image* jusqu'à l'extérieur des plateaux.

> La vie qui vient, qui passe, vous bouscule un peu les légendes... On voit les choses cachées derrière les choses... au-delà de la caméra... on a tendance alors à tout renier, toute sa jeunesse... on ne veut plus y croire au beau malfrat bourreau des cœurs... le déserteur, l'outlaw. Et puis, tout à coup, ça vous illumine au moment où on l'emmène dans le corbillard... qu'il ne reste plus que ça en fin de compte... des images, des moments d'émotion... que c'est l'essentiel... que le reste n'a, au fond, aucune importance.
> Alphonse Boudard, *Les Combattants du petit bonheur.*

L'image est une interprétation relative de la réalité qui passe par l'œil de l'opérateur, du metteur en scène (ils ont, eux, le devoir de techniquement *soigner leurs images* sans tomber dans l'excès des *images léchées,* c'est-à-dire mièvres parce que trop jolies). Avant de mourir (les images ne sont pas éternelles, les copies s'usent comme les photos), les images sont destinées à voyager librement dans l'esprit des spectateurs.

Arrêt sur image. C'est un trucage réalisé en laboratoire. Il permet d'immobiliser le film sur une image qui peut être reproduite à l'infini. L'arrêt sur image est souvent utilisé pour clôturer un film. De la même façon, on peut arrêter un projecteur ou un magnétoscope sur une image particulière d'un film, ce qui permet d'en analyser les détails. L'image équivaut alors à une photo fixe.

> Nous restâmes figés pendant quelques secondes, comme un arrêt sur l'image au cinéma. Nous avions tous les yeux fixés sur Kerry.
>
> Bill Bronzini, *Un crâne empaillé.*

Image par image. C'est un mouvement qui permet l'enregistrement de dessins que l'on veut animer (voir *animation*, p. 26).

Multi-images ou *images multiples.* C'est un procédé qui permet de projeter plusieurs petites images sur le même écran. L'écran est divisé en rectangles ou carrés, qui peuvent se multiplier de manière spectaculaire (le procédé a par exemple été employé dans *Woodstock*).

Images de synthèse. Dites *nouvelles images* ou *images nouvelles,* elles sont générées par l'ordinateur et réconcilient vidéo et cinéma.

impressionnée

Se dit de la pellicule qui n'est plus vierge. La lumière qui l'a touchée y a laissé des traces et imprimé une image.

> La photo était parfaitement nette, mais le visage de l'Indien n'y apparaissait pas, comme s'il n'avait pas impressionné la pellicule. Je me tournai vers lui : il pouffait de rire.
> – Je n'aime pas impressionner les pellicules, dit-il.
> – Mais qu'est-ce que ça veut dire, c'est complètement incroyable, non ?
>
> Bernard Chapuis, *Terminus Paris.*

improvisation

C'est le fait de jouer ou de tourner une scène sans l'avoir préparée. L'improvisation des acteurs peut être réclamée par des réalisateurs (Pialat par exemple) qui, par ce moyen, tentent de capter quelque chose de plus essentiel et naturel qu'à l'ordinaire.
Mais, en règle générale, les scènes sont répétées. Le nombre de répétitions peut varier suivant la personnalité du réalisateur ou celle des comédiens.

> Je pensais à la troisième caméra qui avait dû être déconcertée par le mouvement... c'était si beau, si bien venu que je crus à une improvisation, un cadeau que me faisaient deux acteurs géniaux... je laissai les caméras tourner en faisant signe à la deux de serrer la scène...
>
> Tito Topin, *Graffiti Rock.*

in

Préposition anglaise signifiant « dans ». On dit qu'est *in* tout ce qui apparaît à l'image : objets et sons divers. *In* s'oppose à *off* (voir p. 313). Le mot *in* est beaucoup moins employé que *off* mais la notion est très importante puisque tout l'art du cinéaste consiste à faire un choix entre ce qui sera dans le cadre et ce qui restera en dehors.

incarner

Veut dire « fournir une enveloppe charnelle » (le verbe est d'origine religieuse). On dit qu'un acteur incarne tel ou tel personnage. Cela signifie qu'il prête son physique et sa voix à une figure, juste ébauchée dans le scénario. L'expression est malgré tout inadéquate puisque, pour le spectateur, le personnage incarné par le comédien n'a rien à voir avec un être de chair et de sang : ce n'est qu'une image.

incendie

Celui du Bazar de la Charité, le 4 mai 1897, faillit coûter la vie au cinématographe tout juste naissant. Réunis pour une vente de bienfaisance dans le quartier des Champs-Élysées, des gens du monde devaient profiter de l'occasion pour assister à une séance de projection de films. Mais la lanterne embrasa les tentures et le feu se propagea. Il y eut beaucoup de morts et le cinématographe fut mis en accusation par la bonne société. Son avenir sembla dès lors tout à fait incertain, du moins jusqu'à l'Exposition Universelle qui, quelques années plus tard, le réhabilita.

> Les hommes les mieux nés de France se frayaient un passage en cinglant à coups de canne les femmes et les jeunes filles...
>
> Georges Sadoul, *Histoire du Cinéma.*

En 1947, l'incendie du cinéma Le Select à Rueil fait quatre-vingt-sept victimes. Et s'il ne met naturellement pas en cause le bien-fondé des spectacles cinématographiques, il révèle le mauvais aménagement des salles. Celles-ci, à partir de cette date, devront être construites suivant des normes de sécurité beaucoup plus sévères (matériaux résistant au feu, sièges fixes, double sortie, veilleuses, etc.).

incunable

Du latin *incunabulum* : commencement. A d'abord désigné les textes imprimés avant 1500. Désigne aussi, aujourd'hui, les films anciens, parfois très kitsch, souvent introuvables, que l'on a beaucoup de mal à voir : des raretés.

indépendants

Dans l'absolu, se dit des pionniers américains du cinéma qui ont refusé de se plier aux diktats du trust d'Edison et ont dû subir les affres de la *guerre des brevets* (voir p. 221). Persécutés et pourchassés par la police privée d'Edison, ils ont fui New York et se sont installés sur la côte Ouest : ce sont les fondateurs d'Hollywood, pour la plupart émigrants et commerçants qui se sont enrichis en exploitant les premières salles de cinéma, les *nickelodéons*. Parmi eux : Carl Laemmle qui devient le chef de file des *indépendants*.

> Là-dessus, les hommes de main du Cinema Trust viennent leur casser la gueule, démolissent le matériel, et jettent les indépendants – Castex et Walter – en prison. Libérés sous caution, ils décident d'aller tranquillement prospérer à l'Ouest. Ils s'embarquent dans une Ford modèle T et foncent sur la Californie.
> Alexandra Lapierre, *L'Homme fatal.*

On qualifie également d'indépendants tous les réalisateurs qui ne font pas produire leurs films par une grande maison de production et, particulièrement, par les grosses compagnies hollywoodiennes. Par exemple le cinéaste américain John Cassavetes (*Une Femme sous influence, Le Bal des vauriens, Gloria,* etc.), qui produit et distribue ses propres films. Le style d'un indépendant est naturellement caractérisé par sa liberté de ton.
Sont aussi considérés comme indépendants les producteurs qui travaillent pour leur propre compte sans faire partie d'une maison de production.

ingénue

Du latin *ingenuus,* « né libre ». Par extension, l'adjectif signifie « franc, simple, naïf ». On emploie le mot comme un substantif dans l'expression « un rôle d'ingénue », c'est-à-dire de jeune fille candide et pure qui n'a pas encore été pervertie par la vie. Les rôles d'ingénues, qui furent légion aux premiers temps du cinéma, ont naturellement presque totalement disparu.

> Mr Zupelman était debout, tout rouge, au centre de la pièce. Hercule Potnik était assis, tout rouge, dans un grand fauteuil, ses pieds repliés sous lui comme ceux d'une ingénue persécutée...
> Ben Hecht, *Je hais les acteurs.*

insert

Dérivé du verbe *insérer.* Introduit entre deux autres
plans, un insert est le gros plan d'un objet dont la
signification est très importante dans le déroulement de
l'action. Sont également des inserts les séquences « hard »
(voir **hardcore,** p. 224) introduites au montage dans le
déroulement d'un film à la pornographie très « soft ».

intempéries

De vraies intempéries compliquent naturellement les
tournages mais, en studio, on peut les recréer artificiellement pour les besoins du scénario. La pluie peut être
déversée sur le plateau par une rampe d'arrosage, le
brouillard obtenu par des bombes fumigènes correctement placées tandis que l'on donnera l'illusion de la
neige naturelle avec de la neige carbonique ou des petites
balles de polystyrène. On souligne le caractère artificiel
des intempéries recréées sur un plateau en disant par
exemple : « C'est une vraie pluie de cinéma! »

interdiction

Pour être exploité normalement en salle, un film doit
obtenir le **visa d'exploitation** ou **visa de censure.** Celui-ci
est délivré par la **Commission de contrôle** (voir **censure,**
p. 82) qui visionne tous les films et soumet ses avis au
ministre de la Culture. C'est donc ce dernier qui, en
dernier ressort, décise d'autoriser ou d'interdire un film.
L'interdiction peut ne pas être totale : le ministre deman-
dera alors des coupes ou des modifications, exigera
l'*interdiction aux mineurs,* etc.
Mais d'autres personnages peuvent faire interdire un
film : ce sont les maires et les préfets, s'ils jugent que
l'œuvre qui va être projetée au public présente une
menace pour l'ordre moral et public de leur ville ou de
leur région. Beaucoup de films ont été interdits de cette
façon. Deux exemples célèbres : *Le Cuirassé Potemkine,*
La Religieuse de Rivette. *Je vous salue Marie* de Jean-Luc
Godard a été récemment interdit par certains préfets.

Est-ce que vous avez vu le film ?
– Non, malheureusement.
– C'est dommage, vous n'aurez plus l'occasion de le voir. On m'a téléphoné, tout à l'heure, que la Préfecture de police l'avait interdit. Vous vous imaginez comme c'est agréable. Six mois de travail et douze cent mille francs jetés par la fenêtre.

Emmanuel Bove, *Le Meurtre de Suzy Pommier.*

intérieurs

Dans les documents écrits utilisés pendant la période de préparation du tournage, le mot est abrégé : le scénario indiquera en effet ***Int. nuit*** ou ***Int. jour.***
Les *intérieurs* sont les lieux de tournage situés dans des locaux fermés. Ils peuvent être reconstruits en studio ou choisis en ville après repérages. Pour utiliser des bâtiments officiels ou des appartements particuliers, le metteur en scène devra demander des autorisations spéciales ou fournir une contrepartie financière.

interpréter

Veut dire « rendre clair, donner une signification ». Un acteur interprète un rôle, un personnage parce qu'en lui prêtant sa voix, son physique, ses mimiques, il lui donne une consistance, le rend accessible aux spectateurs. L'acteur est un ***interprète :*** il traduit et rend visible ce qui n'était qu'une esquisse de personnage. C'est pourquoi son ***interprétation*** est toujours personnelle : c'est sa propre façon de jouer. Elle peut être bonne ou mauvaise et l'on sait que dans certaines manifestations cinématographiques (Festival de Cannes, Oscars, Césars...) sont décernés des prix de la meilleure interprétation (masculine ou féminine). On parle également de l'interprétation d'un film : il s'agit de la façon dont est joué tout le film, donc de l'interprétation de tous les acteurs de ce film.

D'autre part, mon interprétation d'un bandit dans le saloon de ma sœur et de ses amis, et surtout mon souci de le jouer avec vraisemblance et détachement, veillant à ce que ce personnage artificiel parût authentique sur l'écran ou plutôt à leurs yeux, cette comédie s'était soldée par un échec.

Jean-François Josselin, *Quand j'étais star.*

intervalle

Dans le langage cinématographique, on appelle intervalles les dessins représentant les positions intermédiaires d'un personnage en action et préparés pour le filmage en animation.

L'intervalliste est le dessinateur chargé des croquis intermédiaires. Le tournage d'un dessin animé demande un travail de préparation colossal et l'équipe qui participe à la réalisation de celui-ci se doit d'être très importante. A chaque membre de l'équipe est dévolue une tâche particulière et très spécialisée. L'*animateur* imagine et exécute les dessins représentant les attitudes principales des personnages. L'intervalliste assure le tracé des croquis de liaison, le *séquencier* est chargé des mouvements eux-mêmes (il faut vingt-quatre images par seconde pour que l'écran s'anime) et le *gouacheur* apporte la touche finale en peignant les *cells* (voir p. 81).

intrigue

De l'italien *intrigare*, issu lui-même du latin *intricare*, qui signifie « embrouiller ». L'intrigue d'un film est l'enchevêtrement des fils qui permettent de tisser une histoire. Le *nœud de l'intrigue* est le moment essentiel et culminant du film amené par une suite de péripéties et accompagné par une montée des émotions (voir aussi *climax*). On peut résumer l'intrigue d'un film, ou au contraire s'y perdre si elle est compliquée. L'expression : *intrigue embrouillée* est un pléonasme puisque, par définition, l'intrigue est un écheveau bien mêlé.

> Victor, sceptique, s'était enquis par politesse des détails de l'intrigue ; là-dessus, Wildenfeld avait été très vague : il y aurait une révolution dont on entendrait parler plus qu'on ne la verrait, des retours en arrière, comme la rencontre des deux protagonistes, peut-être, au cours d'une fête...
> François-Olivier Rousseau, *L'Enfant d'Édouard.*

introducing

Gérondif du verbe anglais *to introduce* : « présenter, introduire ». Le mot peut apparaître au générique suivi du patronyme d'un acteur ou d'une actrice. Il signifie que le film présente au public un nouvel acteur, une nouvelle actrice.

inversible

Se dit des films qui permettent d'obtenir des images positives à partir du négatif sans passer par un second film. Le film inversible n'est utilisé que dans le cinéma d'amateur, puisque avec ce procédé, on dispose d'une unique copie positive, ce qui exclut la possibilité de l'exploiter en salle.

inversion

L'inversion du mouvement est un truc inventé et utilisé dès les débuts du cinématographe pour faire remonter des plongeurs sur leur plongeoir, redresser un mur qui vient de s'écrouler, etc. On l'obtient en filmant la scène avec une caméra retournée à l'envers. A la projection les images défilent dans le sens qu'elles auraient dû avoir au moment du tournage, ce qui a pour effet d'inverser la chronologie. Les premières images passent en dernier, les dernières en premier : ainsi le plongeur réintègre son tremplin au lieu de piquer une tête dans l'eau.

iris

Ou **effet d'iris** : il s'agit d'une ponctuation très utilisée au temps des premiers films muets (elle aurait été découverte accidentellement par Billy Bitzer, opérateur de Griffith) et remise au goût du jour par les cinéastes de la Nouvelle Vague. L'image apparaît au centre d'un cercle dont la régularité rappelle celle de l'œil. Il va en s'agrandissant dans le cas d'une **ouverture à l'iris.** Dans celui d'une **fermeture à l'iris,** l'image disparaît tandis que le cercle rétrécit et se referme.

it

On dit : **avoir du it** ou, si l'on traduit l'expression américaine, **avoir de ça.** Le **it**, c'est-à-dire le ça, c'est le truc indéfinissable mais infaillible qui permet de séduire. Inventé par un auteur de romans légers, Elinor Glyn, le **it** fait fureur dans les années 20. Les **itgirls** (filles ayant du it) se multiplient. Pas forcément jolies, elles arborent néanmoins une liberté d'allure provocante, des charmes sexy irrésistibles. La plus ravageuse fut une pétulante et explosive rousse : Clara Bow, dont la sensualité et la silhouette inspirèrent le créateur de Betty Boop.

> En plus je n'étais pas très belle lorsque j'étais jeune. Je n'avais pas de **ça**, je n'étais pas du genre sexy...
> Ingrid Bergman dans Alan Burgess,
> *Ingrid Bergman, ma vie.*

italienne

On dit : **répéter à l'italienne.** C'est répéter en donnant la réplique à un autre comédien sans s'exercer aux déplacements et en faisant l'économie des gestes. On dit aussi **faire des italiennes.**

> Les mouvements, on les cherche lundi, dans le décor...
> Aujourd'hui on répète à l'italienne.
> – A l'italienne, dit Sety.
> – Oui, assis dans les fauteuils. Seulement le texte...
> – Les Italiens sont incapables de répéter à l'italienne, dit Jurgens, ils sont trop remuants! Il n'y a que les Anglais qui répètent à l'italienne.
> Michel Cournot, *Le Premier Spectateur.*

Jouer à l'italienne : au début du cinéma, les vedettes italiennes jouaient de façon tellement extravertie et excessive qu'on avait l'habitude de dire d'un interprète qu'il *jouait à l'italienne* si l'on voulait souligner la mauvaise qualité de son jeu.

L'expression *à l'italienne* est également utilisée pour définir deux genres cinématographiques nés dans la péninsule :

La comédie à l'italienne. Elle explose dans les années 60 et marie le rire à la critique sociale la plus féroce. Truculente, moqueuse, digne héritière de la *commedia dell'arte*, c'est une suite de farces populaires qui sont autant de satires de mœurs malmenant les puissants, tournant en dérision jusqu'à la méchanceté les travers du peuple italien, stigmatisant ses espoirs et ses désespoirs. Elle est servie par de grands acteurs (Manfredi, Tognazzi, Gassman, Sordi).

Le western à l'italienne. Voir **western spaghetti,** p. 481.

jambes d'Hollywood (les plus belles)

Ce sont celles de l'actrice Betty Grable qui anima de nombreuses comédies musicales américaines : assurées fort cher, on les vit démultipliées en une toupie kaléidoscopique sur une photo devenue légendaire.

Mais c'est une autre photo, où l'actrice s'exhibe de trois quart, en maillot et toute en jambes, qui fit de cette ancienne girl de la Fox la première *pin-up* de l'histoire du cinéma : les soldats américains l'épinglaient en effet aux murs durant la Seconde Guerre mondiale.

jeunes Turcs (les)

Ils étaient français ! L'expression désigne en effet les jeunes critiques des *Cahiers du Cinéma* (Truffaut, Chabrol, Rohmer, Rivette, Godard) dont les articles attaquaient, avec brutalité parfois, le cinéma français traditionnel, la fameuse *qualité française.* Dans les années soixante, ils bouleversèrent le paysage cinématographique en passant à la mise en scène et créèrent le mouvement de la *Nouvelle Vague* (voir p. 306).

jidaï-geki

Un des genres du cinéma japonais. Il apparaît dans les années 1910. Le jidaï-geki est un film à costumes dont l'histoire se déroule dans des temps révolus. Au jidaï-geki s'oppose le **gendaï-geki** (ou **shomin-geki**) qui propose des histoires tout à fait contemporaines.

jouer

Du latin *jocare*, « badiner, plaisanter ». Pour un comédien pourtant, jouer n'est pas toujours une activité légère et amusante. Elle peut même confiner au tragique (lorsque l'acteur joue un rôle dramatique), à tout le moins demander des efforts. Si jouer n'est pas tous les jours plaisant, c'est tous les jours une plaisanterie, destinée à piéger le spectateur qui n'est pourtant pas dupe. L'acteur joue le voleur, le méchant, sans être voleur ou méchant comme on joue des sentiments (l'amour, l'admiration...) sans les éprouver, ou comme on se joue de quelqu'un, en le trompant.

Par extension, le verbe *jouer* est devenu synonyme d'*interpréter*, et l'on peut évaluer le **jeu des acteurs**, c'est-à-dire mesurer la qualité de leur interprétation. Le terme peut aussi s'appliquer à un film dans son entier : celui-ci, comme une pièce de théâtre, se joue, est joué ou interprété à tel ou tel endroit. Il est alors synonyme de **projeter, passer** ou **être donné**.

> Mais il devait tout de même avoir de quoi offrir le cinéma. Je lui proposai donc d'entrer au Shamrock Palace, nous passions justement devant on jouait *Blonde Bombshell* avec Jean Harlow...
>
> Raymond Queneau,
> *Les Œuvres complètes de Sally Mara.*

Jouer les utilités, pour un acteur, veut dire interpréter un rôle tout à fait subalterne, mais qui est utile au déroulement de l'action. Se dit également de toute personne assistant à un événement important auquel elle ne prend pas vraiment part.

> Le vrai, c'est que je l'ai déjà noyé mon enthousiasme barricadier en d'autres temps et d'autres mœurs... presqu'un quart de siècle qu'il est râpé alors... le fond du froc... élimé au col... becté aux mites et délavé... plus mettable même pour jouer les utilités sur un banc comme clodo dans le paysage parisien révolutionnaire!
>
> Alphonse Boudard, *Cinoche.*

juif Süss (le)

Titre d'un film réalisé en 1940 par le comédien et cinéaste allemand Veit Harlan et considéré par beaucoup de cinéastes comme le plus odieux des repoussoirs : militant pour le régime nazi, Harlan y développe sans détour une idéologie incitant à la haine raciale.

jungle

Forcément *hollywoodienne*. Hollywood ayant vu tant d'autodidactes parvenir au firmament de la gloire à la force du poignet, les postulants à la réussiste y sont aussi nombreux que les embûches sont sévères. Là-bas chacun doit se plier aux contraintes sauvages de la loi naturelle qui régit bêtes et plantes : que le plus fort survive et **gagne**.

Jules et Jim

Titre d'un film réalisé par François Truffaut en 1961, *Jules et Jim* marie aussi les prénoms des deux héros entre lesquels balance le cœur de Catherine (Jeanne Moreau). A l'époque symboles des mystères et des tracasseries de l'amour libre, ceux-ci sont aujourd'hui adoptés pour suggérer simplement le chassé-croisé des amours triangulaires.

> *Je les aime tous les deux*
> *D'un amour de légende*
> *Avant hier on a vu un film de Truffaut*
> *C'était Jules et Jim*
> *Ils s'aimaient tous les trois*
> *Comme eux et moi*
> *Ça paraît difficile de vivre ça...*
> Chanson interprétée par Christine Roques.

La musicalité du titre devenu si célèbre a été exploitée en publicité. La marque Dim a lancé des séries de chaussettes pour hommes avec ce slogan : les « Jules et Dim ».

Kabuki

Avec le Nô, le Kabuki est un genre théâtral propre au Japon traditionnel. Le Nô apparaît au XIVe siècle, le Kabuki quelques siècles plus tard. Plus encore que le Nô, le théâtre Kabuki a profondément influencé le cinéma japonais. De nombreux acteurs de cinéma ont été formé à l'école du théâtre Kabuki et ils ont imposé leur technique de jeu stylisée à l'extrême dans nombre de productions, notamment les *jidaï-geki* (voir p. 245) ou films d'époque tournés en costumes. Certains traits typiques des personnages-clefs du théâtre Kabuki apparaissent dans ces films, et de grands réalisateurs comme Eisenstein ont officiellement reconnu la dette qu'ils devaient au Kabuki.

Kammerspiel

En allemand, « théâtre de chambre ». Défendue par un homme de scène, l'allemand Max Reinhardt, cette théorie théâtrale s'est violemment opposée à l'*expressionnisme*. Quand les adeptes de l'expressionnisme réclamaient l'enflure du geste, du verbe et de l'image, ceux du Kammerspiel défendaient l'intimisme et la sobriété du jeu de l'acteur. Appliquée au cinéma, cette théorie a donné le ***kammerspielfilm*** : « un type de film explique Georges Sadoul, qui délaisse les fantômes et les tyrans, se tourne vers les petites gens décrites dans leur vie quotidienne et dans leur milieu, un retour au réalisme. »

karaté (film-)

Le karaté est un sport pratiqué en Extrême-Orient : il appartient à la kyrielle des arts martiaux. Dans les années 70, certaines maisons de production installées à Hong-Kong bouclent à la hâte des films réalisés à partir de scénarios centrés sur les effets violents que peut produire ce genre de sport. Ces *films-karaté* (on dit aussi ***films de Kung-Fu***) qui sont la réplique extrême-orientale des westerns américains (on les a parfois désignés sous le nom de ***westerns-soja***) connaissent un succès foudroyant en France. Certaines salles se spécialisent dans leur diffusion, mais (par dérision) on en massacre la traduction (voir ***film détourné***, p. 144). Cela fait rire ou cela agace. Le public se lasse. Pourtant Bruce Lee, l'acteur vedette du genre, mort prématurément en 1973, n'est pas oublié.

keystoners

Nom donné aux comédiens employés par la maison de production de Mack Sennett : la Keystone (voir ***cop*** et ***bathing beauty***, p. 125 et 46).

Kid (le)

Titre d'un célèbre film que Charlie Chaplin tourne en 1921, le *Kid* (en français « le gosse ») est aussi le surnom que le jeune partenaire de Chaplin conserva sa vie durant. Le Kid se nommait en réalité Jackie Coogan. Chaplin le vêtit de haillons pour interpréter le gamin abandonné, mais son enfance n'avait pas eu un destin aussi dur. On raconte du reste que Chaplin s'est plutôt inspiré, dans cette épopée de l'enfance malheureuse des avatars de sa propre enfance.

Coogan, dit le Kid, verra même sa chance se démultiplier avec le succès remporté par le film. On le salue comme le plus célèbre des enfants-vedettes lancés par Hollywood. Il parcourt le monde. On vend des jouets à son effigie. Et ce n'est que parvenu à l'âge adulte qu'il commence à connaître des déboires. Ses apparitions à l'écran sont décevantes. Il divorce de l'actrice Betty Grable, et de sombres histoires d'argent l'opposent à sa mère qui refuse de lui restituer les sommes qu'il a gagnées étant enfant, ce qui vaudra à la justice d'instaurer une loi portant son nom (la loi Coogan) obligeant les parents des jeunes vedettes à verser leurs cachets sur des comptes séparés.

kinescope

Cet appareil est le pendant du *télécinéma* (voir p. 441). Si le télécinéma parvient à convertir les images d'un film en images électroniques destinées au petit écran, le kinescope, lui, peut impressionner sur film les images qui ont été à l'origine enregistrées pour la télévision. Cette technique de transfert est appelée *kinescopage*.

King-Kong

King-Kong est un film américain réalisé en 1933 par Ernest B. Schoedsack et Merian C. Cooper. Mais King-Kong est aussi le nom de son héros principal : un gorille géant. Et s'il est passé dans la légende sous son appellation d'origine (en français, on devrait dire *Le Roi Kong*), c'est que, mis en valeur par des trucages inattendus pour l'époque (une maquette géante articulée que les spectateurs persistaient à prendre pour un acteur affublé d'une peau de singe), King-Kong est devenu l'un des plus grands mythes inventés par le cinéma. A mi-chemin entre l'homme et la bête, incapable de parler, mais doué de sentiments amoureux et prêt à tout pour défendre et garder la femme qu'il aime et effeuille dans sa paume gigantesque, le colosse n'a cessé d'alimenter bien des rêves érotiques et terrifiants. Aujourd'hui, on a tendance à baptiser King-Kong tous les animaux simiesques au gabarit impressionnant, à retrouver les traits fondamentaux de King-Kong dans certains personnages dont le physique puissant et fruste cache de fragiles battements de cœur.

> Allô, Orang-outang – mon Dieu, quelle situation! – savez-vous votre nom?... Il ne semble pas savoir son nom... Écoutez, Lew. Nous ne faisons pas quelque chose comme King-Kong, et il n'y a pas de singe dans *Le Singe poilu*... Naturellement, j'en suis sûr. Je suis désolé, Lew. Adieu.
> Francis Scott Fitzgerald, *Le Dernier Nabab.*

kinopanorama

Procédé russe mis au point pour concurrencer le **ciné-rama** (voir p. 106) d'origine américaine, le kinopanorama a été célébré dans une salle parisienne justement nommée le **Kinopanorama**, dont l'écran large et panoramique était prévu pour recevoir ce type de films. Par la suite le Kinopanorama abandonna l'exploitation de ce procédé mais continua à programmer des films à grand spectacle. A côté de l'illustre Kinopanorama du XVe arrondissement de Paris, on a vu fleurir d'autres salles moins vastes, peut-être, mais équipées, elles aussi, pour la projection de film tournés en kinopanorama, également baptisées kino-panoramas. On les désignait en réduisant le mot qui semblait long : c'était les **kinos**.

Kodak

Nom donné à l'appareil photo que lance George Eastman à la fin des années 1880. Eastman fournit en pellicule Dickson et Edison qui travaillent sur le **kinetograph** et le **kinétoscope**. C'est lui qui met au point la pellicule perforée sur support celluloïd qui va permettre l'explosion du cinématographe. La firme d'Eastman prend le nom d'Eastman Kodak (plus tard ce sera Kodak tout court) : c'est un véritable empire qui, pendant longtemps, détient le monopole de la fabrication de pellicule. On retrouve le suffixe Kodak dans certains noms de procédés de films en couleur qu'elle a mis au point (Kodacolor, Kodachrome), mais c'est la rythmique d'une publicité qui est entrée dans le langage populaire : Clic Clac Kodak!

la

Italianisme consistant à désigner une femme célèbre au moyen de l'article *la* suivi du nom de famille de l'intéressée. Traditionnellement employée à propos des cantatrices de renom (exemple : *la Callas*), cette expression honorifique est également décernée avec parcimonie à quelques grandes vedettes féminines du cinéma, le plus souvent des Italiennes, en souvenir sans doute de l'époque glorieuse du **divisme** (voir p. 152). On dira volontiers, par exemple, « la Vitti » (pour Monica Vitti, l'égérie des films d'Antonioni) et « la Magnani » (pour Anna Magnani, l'une des plus célèbres interprètes des films de Rossellini). Voir aussi *le,* p. 256.

laboratoire

On dit aussi **labo.** C'est le lieu où l'on traite et transforme la pellicule impressionnée, du tirage des premiers rushes jusqu'au montage final.

> La pellicule au coin de l'œil le pied savant
> Les voilà qui s'en vont vers les laboratoires
> Se tailler gravement quelques mètres de gloire
> Et donner au ballot sa ration de clinquant...
> « Les cinéastes », poème de Léo Ferré.

lafograph

Construit à partir du verbe grec *graphein*, « écrire » et du verbe anglais *to laugh*, « rire » (l'écriture du mot ne tient compte que de la sonorité du verbe d'origine), le lafograph est une sorte d'échelle du rire. Elle permet de tester les réactions des spectateurs à la venue d'un gag en mesurant l'ampleur de leurs rires. Le lafograph serait une invention du burlesque américain Harold Lloyd qui, grâce à lui, pouvait agencer de manière quasi scientifique la plupart de ses effets comiques.

Lamarvelous

Construit avec l'adjectif anglais *marvelous,* « merveilleux ». Lamarvelous (Lamerveilleuse) est le surnom
qu'on donna à l'actrice Heddy Lamarr pour la lancer. Sa
prestation dans le film *Extase* tourné en 1932 frappa les
imaginations : elle y apparaissait dans le costume d'Ève.
Beaucoup plus tard son mari, jaloux, fera saisir les
copies.

lancement

Le lancement d'un film est l'action qui consiste à le
promouvoir avant de le mettre sur le marché, c'est-à-dire
dans les salles. Pour s'assurer du succès d'un film, on ne
peut plus en effet se contenter de le faire projeter
discrètement en salle. Il faut au contraire annoncer sa
sortie au moment le plus opportun en parlant haut et
fort. L'*attaché(e) de presse* entre alors en campagne : il
s'agit de partir à l'assaut de tous les médias.
Tous les moyens publicitaires sont bons ; c'est pourquoi le
lancement d'un film coûte de plus en plus cher et grève
son budget. La campagne d'affichage publicitaire et la
diffusion des bandes-annonces peuvent être accompa-
gnées de photos et d'articles dans la presse écrite,

d'interviews du réalisateur et des interprètes à la télévision, de promotions au cours d'un festival, etc. Les acteurs se prêtent avec plus ou moins de bonne volonté à ce genre d'exercice qu'ils appellent parfois avec une pointe de mépris « le service après-vente ». L'expression est du reste inadéquate puisqu'il s'agit au contraire de la promotion du film en vue de sa vente. Mais les comédiens jugent souvent (à juste titre ?) que leur travail propre s'arrête au dernier jour de tournage.

> Le suspense du lancement au mois de mars dernier, la fatigue des tournées et les surprises du box-office lui semblaient aujourd'hui négligeables, comparés à l'excitation des Oscars.
>
> Alexandra Lapierre, *L'Homme fatal*.

lanterne magique

Décrite pour la première fois dans les années 1650 par un Allemand, le jésuite Athanase Kircher, elle annonce les premières projections cinématographiques. On utilise le principe de la **chambre noire**, mais en renversant le système : la chambre est éclairée et l'extérieur plongé dans l'obscurité. Devant l'objectif on place des images peintes sur verre. Convenablement éclairées, elles sont projetées sur l'écran qui fait face à la lanterne.

> Qu'est-ce que le monde pour notre cœur sans l'amour ? Ce qu'une lanterne magique est sans lumière : à peine y introduisez-vous le flambeau, qu'aussitôt les images les plus variées se peignent sur la muraille ; et lors même que tout cela ne serait que fantômes qui passent, encore ces fantômes font-ils notre bonheur quand nous nous tenons là, et que, tels des gamins ébahis, nous nous extasions sur des apparitions merveilleuses.
>
> Goethe, *Les Souffrances du jeune Werther*.

large

Film dont la largeur dépasse le format standard (35 mm). Exemple : **cinémascope, Todd AO**, etc. Par extension, on parle également d'**écrans larges** : ce sont ceux sur lesquels sont projetés les **films larges**.

> Ça ne va pas trop vous gêner l'écran large ;
> – Tu tournes pour écran large, dit Stivel. Tu te prends pour qui ? Tu fais du cinémascope maintenant ?
>
> Michel Cournot, *Le Premier Spectateur*.

Laurel et Hardy

On dit « C'est Laurel et Hardy » d'un couple d'hommes inséparables dont les disparités physiques viennent pimenter la belle entente et la belle harmonie morale. Il s'agit toujours d'un individu grassouillet flanqué d'un acolyte beaucoup plus longiligne et souvent enclin à se faire maltraiter. L'expression rend bien sûr hommage aux rois du burlesque américains : le tandem Stan Laurel (le maigre) et Oliver Hardy (le gros) qui, à travers bagarres mémorables et destructions systématiques, parvinrent à incarner à l'écran l'un des couples les plus mythiques de l'histoire cinématographique.

> Tiens. Tiens. Tiens... Alors Fario est là ? gronda-t-il. Ce bon vieux Fario. Toujours flanqué de Villeneuve, j'imagine. Laurel et Hardy continuent leurs ravages dans la presse parisienne ?
>
> Françoise Sagan, *Un Sang d'aquarelle*.

le

Article défini masculin. Il est souvent suivi directement par le patronyme d'un réalisateur célèbre. Exemples : « Le Bergman » ou « Le Fellini ». Veut dire « le film de Bergman » ou « le film de Fellini ». Il s'agit, bien sûr, de la dernière production de l'auteur en question.

Légion de la Décence

Ou *Ligue de la Décence*. Mise sur pied par l'Église américaine à l'instigation du pape et destinée à surveiller la bonne moralité des cinéastes et de leurs œuvres, elle a exercé des ravages dans les années 30, d'autant que son autorité renforçait celle du fameux *Code Hays*.

> Le meilleur metteur en scène de Hollywood – un homme que je laisse toujours tranquille – a une manie : il veut introduire une tapette dans chacun de ses films, ou quelque chose comme ça. Quelque chose de choquant. Il l'enfonce comme un filigrane de façon que je ne puisse pas l'effacer. Chaque fois que ça arrive, la Ligue de la Décence marque un point et on doit sacrifier quelque chose dans un film honnête.
>
> Francis Scott Fitzgerald, *Le Dernier Nabab*.

lily

Mot anglais signifiant « lys ». C'est à la pureté de cette fleur blanche que l'on fait allusion lorsqu'on désigne par *lily* la **charte** de couleurs filmée à la fin d'un plan qui servira de référence pour équilibrer les couleurs dans l'opération dite d'*étalonnage* (voir p. 173).

lion

Animal royal dont l'image a été choisie pour représenter la firme américaine *MGM* (voir p. 283). Ce serait un clin d'œil au patronyme de celui qui fut à l'origine de la firme dite du « lion rugissant » : Marcus Loew. La sonorité de *Loew* se rapproche en effet de *leo*, mot anglais désignant le lion du zodiaque.

> Lion ? Qu'est-ce que je sais des lions ? Animaux pelés qui s'ennuient derrière les barreaux des zoos et n'ont que rarement le goût de dévorer quelqu'un. J'aime bien ceux qui jouent dans les « péplums » et celui qui rugit, agitant sa crinière pour annoncer les génériques de la Metro Goldwyn Mayer.
>
> Jacqueline Dauxois, *Le Cœur de la nuit.*

Lion d'or. Récompense décernée à l'issue du festival de Venise. Elle est symbolisée par une statuette représentant un lion ailé. Cet animal est l'emblème de Marc l'évangéliste dont le corps aurait été transporté au IXᵉ siècle à Venise et qui est devenu le protecteur de la ville.

> Dans la vie pourtant il n'y a pas que les chèques !... L'amour alors ! le vrai... l'idéal aussi... l'Art pourquoi pas ? Il a produit un Lion d'Or à la Biennale de Venise cézig. Il me le rappelle... oui, oui, je sais...
>
> Alphonse Boudard, *Cinoche.*

lip synch

Abréviation de l'expression anglaise *lip synchronous* « lèvres synchronisées ». C'est la technique de doublage qui permet d'adapter au film une traduction du dialogue en tenant compte du mouvement des lèvres des acteurs qui parlent sur l'écran. C'est aussi l'un des gags favoris de Jerry Lewis, qui « synchronise » avec sa bouche des instruments de musique.

liste noire

A la fin des années 40 s'installe la guerre froide entre les deux grands blocs. C'est alors que, sous l'impulsion du sénateur Mac Carthy, la communauté cinématographique de Hollywood est soumise à une véritable purge. Une Commission des Activités Anti-américaines s'installe dans la Capitale du cinéma. Elle enquête et traque tous les professionnels soupçonnés de sympathie communiste. La délation est encouragée (Elia Kazan, désigne des compatriotes et confrères). Le poison de la calomnie et la psychose font des ravages; désormais la chasse, devenue célèbre sous le nom de *chasse aux sorcières*, est ouverte et beaucoup vont tomber, fichés dans les fameuses *listes noires* qui les excluent des plateaux.

Contraints au chômage, certains sont acculés au suicide. D'autres se collettent avec la misère. D'autres se masquent sous divers pseudonymes (expédient impossible, et pour cause, pour les comédiens, les plus rudement touchés), ou s'expatrient (Joseph Losey, Jules Dassin...) Dix d'entre eux, les *Dix d'Hollywood,* refusent de collaborer avec la commission et de se prononcer sur leur appartenance au parti communiste : ils se retrouvent en prison. Ce n'est qu'au milieu des années 50 que l'imposture éclate au grand jour et que les personnalités progressistes sont laissées en paix. Entre-temps l'industrie aura poursuivi son chemin, produisant des films à l'anticommunisme primaire, notamment dans la série des films noirs, mais également des œuvres chantant la liberté et la courage individuel (*Le Sel de la terre, Le Train sifflera trois fois, etc.*).

> Vous avez été en relation avec les Dix condamnés d'Hollywood.
> – Les Dix condamnés ?
> – Vous savez de quoi je veux parler, je suppose.
> – Je les connais mais rien de plus.
> – J'espère que vous ne mentez pas, dit le détective.
> La politique a mis hors de combat plus d'acteurs que la drogue.
>
> Osvaldo Soriano, *Je ne vous dis pas adieu.*

A noter qu'on a forgé un adjectif à partir de l'expression *black list* (liste noire). Les personnes touchées par la chasse aux sorcières sont parfois qualifiées de *black-listed* ou *black-listés.*

Montand répétait avec les musiciens et travaillait d'arrache-pied sur de petits textes en anglais que lui avaient confectionnés nos amis black-listed et qui devaient servir d'introduction aux chansons qu'il allait chanter en français au public américain.

Simone Signoret, *La nostalgie n'est plus ce qu'elle était.*

Little Italy

En français « Petite Italie ». Little Italy est le nom donné au quartier de New York où se sont regroupés les immigrants venus de la péninsule italienne. Son importance est célébrée aujourd'hui, car si l'Amérique et Hollywood, contrées de l'immigration, ont vu s'épanouir le génie de nababs, réalisateurs ou comédiens venus des quatre coins du monde, Little Italy a récemment offert au cinéma une brochette de talents hors pair. Coppola, Cimino viennent de Little Italy. Scorsese en vient également (en 1974 il renoue avec ses racines et son quartier favori dans le document consacré à ses parents qu'il intitule *Italianamerican*) tout comme son interprète favori Robert de Niro.

little three (the)

En français « les trois petites ». C'est sous cette appellation que l'on désignait, à l'apogée du règne des studios, les trois compagnies hollywoodiennes qui ne font pas partie des **Majors** (voir p. 270). Il s'agit de **Universal,** **Columbia** et **United Artists.**

locomotive

C'est l'œuvre prestigieuse à laquelle on accroche des **wagons,** petits films de qualité plus médiocre, dans la technique du **block-booking** ou **location en bloc** qui oblige l'exploitant, pour avoir l'un, à louer les autres. La locomotive entraînant les wagons, le succès de celle-ci doit, selon les distributeurs, assurer le succès des autres.

logo

Abréviation de *logotype*, du grec *logos*, « discours » et *tupos*, « marque ». Un logotype ou logo est un signe graphique doté d'une signification particulière : il est chargé de symboliser la firme ou la marque dont on souhaite vanter les mérites et vendre les produits. Les grandes firmes cinématographiques ont ainsi choisi des logos censés les représenter et, par association d'idées dans l'esprit des spectateurs, susceptibles d'assurer leur promotion et leur publicité. Le lion rugissant de la Metro Goldwyn Mayer, le coq de Pathé ou la marguerite de Gaumont font ainsi partie de l'imaginaire de tous les cinéphiles.

> Et chacun arborait fièrement le sigle, la marque, le totem d'une des fabuleuses sociétés de production dont l'image seule suffisait à évoquer Hollywood : le lion de la Metro Goldwyn Mayer (le favori), les lettres monumentales de la Warner Bros, l'éclair de la RKO, la montagne neigeuse de Paramount, le globe d'Universal, l'hexagone des Artistes Associés.
>
> Roger Grenier, *Ciné-roman.*

Loulou

Titre d'un film que Pabst tourna en 1929, d'après une pièce de théâtre de Wedekind (*La Boîte de Pandore*). Loulou est aussi le nom de l'héroïne de celui-ci, prostituée ravissante interprétée par l'actrice américaine Louise Brooks, que Pabst avait fait venir en Allemagne d'Hollywood. Grâce à elle, le film atteignit les dimensions du mythe et Louise est à tout jamais Loulou. Son « casque noir et luisant » (cheveux courts, frange à la garçonne aujourd'hui encore copiés : on se coiffe « à la Louise Brooks »), sa beauté libre et sans entraves imposèrent l'image d'une femme moderne, délibérément indépendante qui n'en finit pas d'être contemporaine et ne cesse de séduire.
Pabst lui fit encore tourner un film remarquable (*Journal d'une fille perdue* en 1929), mais Hollywood la punit de ses infidélités quand elle se décida à rentrer. Elle croit alors ne jamais avoir été faite pour le cinéma. Elle quitta assez tôt les écrans, mais demeura pure, indomptable, symbole parfait de l'**anti-star** dont l'aura n'a jamais cessé de s'amplifier.

Louma

S'écrit aussi *Luma*. Nom d'une grue à bras articulé qui permet des mouvements de caméra très compliqués dans des lieux étroits et difficiles d'accès : les réglages sont télécommandés et la visée est contrôlée par système vidéo. *Le Locataire* de Polanski a été tourné en grande partie avec la Louma.

> Il était enserré de murs en carton-pâte crasseux et étouffants. Un peu plus loin, en surplomb entre le trottoir et les planches de bois, un autre rail de travelling avait dû supporter la Luma.
>
> Marie-Claude Beineix, *Pierrot femelle*.

love story

L'expression américaine signifie « histoire d'amour ». Les love stories apparaissent (au moins en filigrane) dans le scénario de la plupart des films, et la locution s'est enrichie d'une connotation cinématographique. On appelle du reste love story une œuvre entièrement consacrée à la description de rapports amoureux. Les love stories sont souvent des mélodrames car, comme le dit le poète, « il n'y a pas d'amour heureux ». En 1970, Arthur Hiller montrait des amants épris que la mort séparait : le film s'intitulait *Love story*.

> Quand les Viêt-congs ont commencé à remuer la merde, les choses ont changé. Vous avez vu des gens heureux ici ?
> Soriano ne répondit pas.
> Cherchez, faites la preuve. Vous pourrez peut-être écrire un autre Love story.
> Vous êtes assez amer...
>
> Osvaldo Soriano, *Je ne vous dis pas adieu*.

Lumière et lumière

C'est d'abord le patronyme des inventeurs du cinématographe. Auguste et surtout Louis Lumière travaillaient à Lyon puis à Montplaisir avec leur père Antoine. C'est là qu'ils perfectionnèrent les procédés photographiques avant de mettre au point la première caméra capable d'enregistrer et de projeter des images. Leur nom était donc prédestiné, puisque le cinéma est l'art de capter et reproduire ombres et lumières. Avec l'affinement du langage cinématographique, le *travail sur la lumière* va être confié à un spécialiste, le *chef-opérateur* ou *directeur de la photographie*. C'est lui qui, en accord avec le réalisateur, *fait les lumières*. On dit aussi qu'il les *construit :* en effet la *lumière naturelle* comme la *lumière artificielle* doivent être délicatement modelées.

> Wildenfeld parlait aussi des gens qu'il prendrait pour faire les lumières, les prises de son, la régie...
> François-Olivier Rousseau, *L'Enfant d'Edouard.*

En décors naturels, la lumière solaire doit être canalisée, adoucie, diffusée : pour cela on emploie différents *filtres, écrans, diffuseurs* (voir *nègre, volet, mama, drapeau*). Cette lumière peut être parfois renforcée par le faisceau de projecteurs alimentés par un groupe électrogène : les sources lumineuses sont alors combinées entre elles.
En studio, tout est à inventer. Le chef-opérateur utilise donc toute une panoplie de *projecteurs* pour *éclairer* la scène à filmer. Ils sont installés au sol ou accrochés au plafond sur le *gril* ou les *passerelles*, munis de divers écrans capables de modifier le *flux lumineux*. L'éclairage d'une scène est bien sûr fonction de l'esthétique recherchée par le metteur en scène, et celle-ci peut être rattachée à une école (voir les ombres et les lumières spécifiques du cinéma expressionniste allemand). Mais il y a peut-être quelques principes de base. De façon générale la lumière peut être distribuée comme suit :
– La *lumière principale* ou *lumière d'effet (key-light)* : puissante, elle donne la tonalité de la scène.
– La *lumière d'ambiance* ou *de face (fill in light)* : plus faible et placée derrière la caméra, elle contrebalance la lumière principale ou key-light.
– La *lumière latérale* dite aussi *frisante (cross light)*.
– La *lumière de derrière (back light)* : placée à l'arrière du sujet, elle le sépare du décor (on dit qu'il y a un décrochement). Très utilisée à l'époque du noir et blanc, ce type de lumière permettait d'auréoler les vedettes d'une lumière avantageuse.
Et, pour l'anecdote, un faisceau lumineux venu d'un petit projecteur installé à même la caméra peut faire briller les yeux et les dents des acteurs que l'on veut mettre en valeur.
Enfin, si l'on se place du point de vue de l'acteur, on dira que ses cheveux, sa peau, ses traits, son visage *accrochent la lumière*, qu'ils *attrapent* ou *prennent bien la lumière*.

Cette qualité éclatante, rare, innée, indéfinissable s'appelle la **photogénie** (voir p. 342).

> Mérac détaillait sa maîtresse à la dérobée, elle n'avait jamais dû être vraiment belle, elle avait de bons gros traits et de bons gros yeux qui prenaient bien la lumière des projecteurs.
>
> François-Olivier Rousseau, *L'Enfant d'Edouard.*

Lumière est aussi le nom que Jean-Pierre Chartier proposait, dans un numéro de la *Revue du Cinéma* datant de 1948, pour remplacer *cinématographe* qui lui semblait trop barbare : « Une solution, écrivait-il, consiste à inventer un autre mot. En France, nous pouvons jouer sur une étonnante rencontre verbale. Celui qui, pour les Français, est l'inventeur du cinéma porte un nom qui désigne l'élément essentiel du cinéma. En l'honneur de Lumière, mais surtout parce que le cinéma est par excellence l'art de la lumière (puisque le son même est lu par la lumière), au lieu de dire le cinématographe, disons le lumière. La différence de genre entre le lumière et la lumière suffit à éviter toute confusion entre deux choses aussi différentes... » Si le mot était réellement entré dans le langage courant, il aurait pu donner toute une série de dérivés intéressants. « *Lumiériste* aurait pu remplacer *cinéaste,* expliquait l'auteur de l'ingénieuse proposition; *lumiérer* aurait fait abandonner le verbe *filmer, lumiérable* aurait supplanté l'adjectif photogénique, etc. »

maccarthysme : voir *liste noire*, p. 258.

Mac Guffin

C'est Alfred Hitchcock qui en parla le premier. Le Mac Guffin est un élément d'intrigue des films d'espionnage : objet banal, prétexte infime (la formule mathématique dans *Les 39 Marches*, la mélodie dans *Une femme disparaît*, etc.), qui semble cependant très important pour les protagonistes de l'histoire. Le Mac Guffin permet au scénario de se dérouler suivant une certaine logique. Il sert de ponctuation au film et chacun est convié à en percer le mystère. Mais il ne représente pour le réalisateur que la trame qui permet de broder une aventure et d'approfondir les rapports entre les personnages.
Hitchcock a expliqué l'origine du terme qu'il a si souvent employé par l'anecdote suivante :

Le terme Mac Guffin évoque un nom écossais et l'on peut imaginer une conversation entre deux hommes dans un train. L'un dit à l'autre : – Qu'est-ce que c'est que ce paquet que vous avez placé dans le filet ? – L'autre : – Ah ça ! C'est un Mac Guffin. – Alors le premier : – Qu'est-ce que c'est un Mac Guffin ? – L'autre : – Eh bien ! C'est un appareil pour attraper les lions dans les montagnes Adirondak. – Le premier : – Mais il n'y a pas de lion dans les montagnes Adirondak. – Alors l'autre conclut : – Dans ce cas ce n'est pas un Mac Guffin. – Cette anecdote vous montre le vide du Mac Guffin.

Alfred Hitchcock, *Entretiens avec François Truffaut.*

machine

Une machine est un appareil composé d'éléments complexes. Précédé d'un adjectif (on dit : ***une grosse machine*** ou une ***grande machine***), le mot est employé par les cinéphiles pour désigner une superproduction. Ce genre de film nécessite en effet le déploiement et la mise en chantier de nombreux éléments (argent, vedettes, figurants, etc.), qu'il faut savoir combiner avec ingéniosité. Une grosse machine peut remporter un réel succès et très bien fonctionner auprès du public, mais l'expression elle-même en souligne le caractère impersonnel.
On parle également de ***machinerie hollywoodienne***. L'expression stigmatise la capitale du cinéma qui s'adonnerait à une fabrication massive et industrielle de films en y perdant son âme.

Machine est aussi le nom donné aux systèmes parfois tout à fait artisanaux destinés à propulser sur le plateau pluie, vent, brouillard, etc. On obtient ainsi de la pluie « grâce à un jeu de tubes de cuivre percés, de lances à incendie, de vaporisateurs, etc., suivant l'intensité désirée », explique Léon Barsacq, décorateur de renom. « Les ventilateurs de différentes puissances, allant jusqu'à l'hélice d'avion ou une véritable soufflerie, sont employés pour les effets de vent... mais c'est la machine à fabriquer les toiles d'araignée qui a le plus de succès auprès des visiteurs... »

Pendant ce temps, les hommes des effets spéciaux continuaient de plus belle à déverser seau d'eau sur seau d'eau juste devant les machines à faire du vent, tandis que Frank Borzage, assis dans son coin, tranquille comme Baptiste, tirait sur sa bouffarde...

Robert Parrish, *J'ai grandi à Hollywood.*

machiniste

On emploie aussi l'abréviation : *machino*. C'est l'ouvrier qui, sur le plateau, s'occupe des machines et des décors. Il monte et démonte, déplace tout le matériel lourd utilisé sur le tournage (caméra, grue, passerelle, projecteurs, rails et chariot de travelling, mobilier etc.). Il ne travaille jamais seul, mais en équipe.

> N., méprisante, rejetait son écharpe de mousseline sur son épaule : « tu crois ça ? petit Français... », soupirait. C'était, d'après un des machinistes, sa meilleure scène.
>
> Michel Braudeau, *Naissance d'une passion*.

Maciste

Personnage mythologique du cinéma italien. Il apparaît pour la première fois en 1914 dans un film de Giovanni Pastrone, *Cabiria*, où il est incarné par un docker de profession promu acteur pour la circonstance : Bartolomeo Pagano. Maciste est un esclave noir à la force herculéenne qui, dès sa première apparition, remporte un tel succès auprès du public que son interprète est élevé au rang de vedette. On construit des films autour de son personnage qui, dans le premier film, n'était que tout à fait secondaire. A la fin des années 20, il disparaît. Après la mort du comédien, l'engouement pour Maciste semble avoir disparu. Il renaît pourtant quand, dans les années 50-60, les films dit « *péplums* » sont remis au goût du jour. Mais *Maciste* aura alors les traits d'un autre.

> Et puis, à dix-huit ans, on ne sait jamais trop à qui ressembler, l'essentiel étant surtout de ne pas ressembler à soi, mais ça ne limite pas beaucoup le problème... Voltigeur exubérant Kirk Douglas ? sombre et marqué Bogart ? tendre ? hésitant ? ou musclé sûr de lui comme Barillon de deuxième année ? Et quand on a choisi au hasard des modèles, des films, des envies, faut composer avec sa taille, son profil. Être Gregory Peck avec ses 1,60 m ! Gable avec son tarin marmite ! Maciste avec ses biceps ficelles ! voici les entreprises démesurées...
>
> Claude Klotz, *Les Mers adragantes.*

mac-mahonisme

Le mouvement débute dans l'enceinte d'un cinéma : le Mac Mahon, situé à Paris, avenue Mac-Mahon, près de la place de l'Etoile. On y programmait dans les années 50 beaucoup de films américains. Un groupe de cinéphiles le fréquentait assidûment, apprenant à percer tous les secrets de la cinématographie américaine. Un peu plus tard, ce sont eux qui à leur tour feront connaître, par l'intermédiaire du *Mac-Mahon* toujours, les œuvres des cinéastes qu'ils ont découverts et qui demeurent injustement méconnus, notamment le fameux *carré d'as* composé de Raoul Walsh, Joseph Losey, Fritz Lang, Otto Preminger.

Les membres de ce groupe aussi enfiévré que désintéressé prennent alors le nom de *mac-mahoniens*. Parmi eux, Jean-Claude Missiaen, Pierre Rissient, Bertrand Tavernier. Certains, comme on le sait, passeront plus tard à la réalisation. Devenus cinéastes à part entière, ils continueront à cultiver leur première passion : celle de défricheurs et de découvreurs de talents nouveaux.

magasins

Mot d'origine arabe signifiant « dépôt ». Les magasins sont les deux boîtiers (on dit aussi *chargeurs*) fixés à la caméra et dans lesquels est emmagasinée la pellicule. L'un contient la pellicule vierge : c'est le *magasin débiteur*. L'autre reçoit et conserve la pellicule impressionnée : c'est le *magasin récepteur*. Les magasins sont étanches à la lumière. C'est donc à l'abri de celle-ci, en chambre noire ou dans un *manchon de chargement* spécialement étudié *(le charging-bag),* qu'ils doivent être périodiquement déchargés et rechargés.

> Coupe, dit Gigi, coupe... J'ai le noyau qui patine. Faut que je change le magasin!
> Michel Cournot, *Le Premier Spectateur.*

On appelle également magasins les lieux où sont entreposés, dans les studios, costumes et matériel utilisable pour les décors.

magie blanche

C'est ainsi que le bon peuple nommait le mystérieux cérémonial auquel se livraient, à la fin du XIXe siècle et au début du XXe, les chercheurs fous et inspirés qui « inventèrent » le cinéma.

magirama

Deuxième nom donné par le cinéaste Abel Gance dans les années 50 à la technique de *polyvision* (voir p. 355) qu'il avait mise au point pour le tournage de son *Napoléon.*

magnat

Mot dérivé du latin *magnus*, « grand ». Si l'on parle plus facilement des magnats de la presse, il existe pourtant des magnats dans le monde du cinéma. Ce sont les grands hommes ou, plus précisément, les hommes riches et puissants, qui ont industrialisé le monde du cinéma et fait d'Hollywood l'empire des images filmées. Ils étaient à la tête des firmes importantes. On les appelle aussi : les **nababs,** les **tycoons** ou les **moghuls** (voir pp. 287, 296 et 463).

> Maître Cruikshank tira un journal saturé d'eau d'une poche intérieure et le jeta, première page en l'air, sur la table. Quatre des Pharaons se levèrent comme mûs par la lévitation. Le journal était titré : « Double Spéciale ». Et une série de manchettes annonçait :
>
> QUATRE MAGNATS DU CINÉMA
> ACCUSÉS DE PARJURE
>
> Le D.A. se prépare à traîner Magnats Studio devant justice pour faux alibi Higgens...
>
> Ben Hecht, *Je hais les acteurs.*

magnétoscope

Le magnétoscope, d'invention relativement récente (le premier procédé mis au point par la société américaine Ampex date de 1956 et la firme japonaise Toshiba sortira le sien en 59), permet l'enregistrement et la restitution d'images électroniques (voir **vidéo**). Comme le magnétophone, le magnétoscope s'inspire des découvertes relatives au magnétisme. Dans le cas du magnétoscope, les impulsions électriques qui correspondent aux signaux vidéo peuvent aimanter une bande magnétique par l'intermédiaire d'un électro-aimant appelé **tête magnétique** (la tête modifie l'agencement des particules magnétiques). La **bande magnétique** est conditionnée en **cassette (vidéo-cassette)** : c'est un ruban de polyester recouvert d'une poudre magnétique (oxyde de fer).

Le magnétoscope permet l'enregistrement et la relecture d'émissions de télévision ou de films programmés à la télévision (**magnétoscoper** veut dire « enregistrer au magnétoscope »). Mais il est également utilisé pour lire des films vidéo réalisés avec une **caméra vidéo (camésco-pe)**. Avec le magnétoscope, on peut exécuter arrêt sur image et retour en arrière, ce qui facilite l'étude des films. Le magnétoscope est donc utilisé aujourd'hui sur les tournages de films : il facilite la phase de préparation (mise en scène et mise en place des acteurs) et donne une idée concrète de l'image qui sera plus tard inscrite définitivement sur un support classique. Buñuel aurait été le premier à travailler sa mise en scène avec le magnétoscope, mais Coppola n'a pas manqué de faire savoir qu'il utilisait aussi cet appareil. La bande magnétique, qui a le désavantage de ne pouvoir être coupée et montée, possède un avantage certain : elle est lisible instantanément (pas besoin de développement), et effaçable.

Majors

Major, adjectif latin signifiant « plus grand que ». Souvent employé au pluriel et sans le nom qu'il qualifie : *les Majors,* transcription de l'américain *the Majors,* abréviation de *the major companies,* « les plus grandes compagnies ». L'expression désigne les grands studios cinématographiques du Hollywood le plus glorieux, celui d'avant les années 50. Ils étaient au nombre de cinq : *Paramount, MGM, Warner, Fox* et *RKO* (voir ces mots) et s'opposaient aux compagnies plus petites, les *Minor companies* dites *Minors* (latin *minor* « plus petit que ») comme *Universal, Columbia* ou *United Artists.* Les Majors étaient dirigées de main de maître par les puissants *nababs* (voir p. 296) qui, en prenant les stars sous contrat, surent marquer les films qu'ils produisaient de l'empreinte qui était la leur, créer chacun un style.

> Les gens arrivaient par grappes.
> Acteurs français, puis des gens de la Metro – et d'autres Majors...
> Ceux-là, à la fois bruyants et sympathiques.
> Le fameux « naturel américain ».
> Claude Autant-Lara, *Hollywood Cake-walk.*

making of

Une expression tronquée à laquelle il faudrait ajouter un titre de film. Ainsi, *the making of Les Aventuriers de l'Arche perdue* peut se traduire par « la fabrication des *Aventuriers de l'Arche perdue* ». En fait un making of, qui s'emploie sans complément, signifie « reportage de tournage » : c'est un film du film en train de se faire. Projeté souvent à la télévision à des fins promotionnelles le *making of* peut devenir une œuvre d'art à part entière. C'est ainsi que le making of tourné par Orson Welles lors de la préparation de son film *Othello* est devenu une œuvre de référence : *Filming Othello.*

malade

Grand film malade : c'est l'œuvre manquée d'un metteur en scène qui a pu, par ailleurs, atteindre la perfection. François Truffaut, à qui l'on doit cette expression, la définit dans la conclusion de ses entretiens avec Alfred Hitchcock : « Ce n'est rien d'autre qu'un chef-d'œuvre avorté, une entreprise ambitieuse qui a souffert d'erreurs de parcours : un beau scénario intournable, un casting inadéquat, un tournage empoisonné par la haine ou aveuglé par l'amour, un trop fort décalage entre intention et exécution, un enlisement sournois ou une exaltation trompeuse... Un certain degré de cinéphilie encourage parfois à préférer, dans l'œuvre d'un metteur en scène, son _grand film malade_ à son chef-d'œuvre incontesté ».

Docteur des films malades : c'est l'un des pionniers du cinéma américain, le réalisateur Thomas Harper Ince qui a conquis haut la main ce titre glorieux. S'il est l'un des pères du western et probablement l'inventeur du **_découpage_** (voir p. 140), Ince, qui n'aimait pas l'improvisation et se passionnait pour la technique, est vite devenu un monteur méticuleux, se servant du montage pour sauver du naufrage des films plutôt médiocres. « Le montage, raconte Georges Sadoul, le passionnait à ce point qu'il passait, disait-on, plus de temps dans sa salle de projection personnelle, où il contrôlait les films déjà tournés, que dans les studios où ses directors dirigeaient les scènes conçues par lui. »

mama

Diffuseur que l'on installe devant les projecteurs et qui permet d'atténuer l'impact de la lumière sur le sujet que l'on veut filmer.

manche

Placé derrière la caméra, il permet, comme les manivelles, de conduire les mouvements de rotation de la caméra et d'exécuter des mouvements panoramiques. On dit parfois que l'opérateur *travaille au manche*.

manchette

De manière générale, on appelle manchettes les parties latérales du film.
Mais les manchettes de chemise ont également dû tenir une place importante dans l'histoire du cinématographe, si l'on en croit Francis Scott Fitzgerald qui raconte que les pionniers se servaient d'elles pour inscrire le déroulement de la scène à tourner quand le scénario et le découpage n'existaient pas encore.

> Il ne se rend pas compte qu'un metteur en scène n'est plus tout dans le film aujourd'hui. Ça date de l'époque où ils ont supprimé les manchettes.
> – Les manchettes ?
> Ils se retrouvèrent, passée la porte. Stahr se mit à rire.
> – Le metteur en scène était supposé avoir l'intrigue écrite sur ses manchettes. Il n'y avait pas du tout de scénario. Les écrivains s'appelaient tous des gagmen – le plus souvent des journalistes et toutes sortes de ratés –. Ils se trouvaient derrière le metteur en scène et faisaient des suggestions et, s'il les aimait et si ça collait avec ce qu'il y avait sur ses manchettes, il les réalisait et les tournait.
> Francis Scott Fitzgerald, *Le Dernier Nabab*.

manivelle

Avant d'être muni d'un moteur, le système d'entraînement des caméras était actionné à la manivelle. Celle-ci devait être tournée, quoi qu'il advienne, à un rythme précis et régulier pour éviter les sautes d'images. C'est pourquoi certains cinéastes ou opérateurs avaient l'habitude d'adapter le mouvement de leur bras sur le tempo d'un morceau musical en sifflant une marche (le plus souvent Sambre et Meuse).

272

En souvenir de cette époque héroïque et ancienne, on dit encore **donner le premier tour de manivelle** pour « commencer un tournage ».

> On appartenait à la corporation d'initiés qui connaissait les coulisses, les secrets, qui savait avant le simple public les projets des vedettes, des réalisateurs, et le nom des films avant que fût donné le premier tour de manivelle.
> Roger Grenier, *Ciné-roman.*

Des **manivelles** sont aussi utilisées pour faciliter la rotation de la caméra autour de son axe et exécuter des **panoramiques** (voir p. 322) lorsque l'opérateur n'utilise pas un **manche** (voir p. 272).

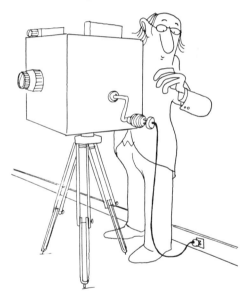

maquette

De l'italien *macchietta*, dérivé du latin *macula*, « tache ». Les maquettes sont les reproductions miniatures de décors grandioses ou introuvables (villes, vaisseaux spatiaux, etc.), ou des portions de décors (plafonds). Elles doivent être construites avec précision et convenablement éclairées. Leur raccord aux décors réels (dans le cas de plafonds par exemple) nécessite des techniques sophistiquées, pour ne pas briser les perspectives. Les maquettes animées permettent de multiplier les personnages de science-fiction. King Kong fut ainsi l'une des plus célèbres maquettes de cinéma. Elle était animée morceau par morceau (par exemple la main du gorille enserrant la femme aimée).

maquillage

Réalisé avec pinceaux, fards, masques de caoutchouc par le *maquilleur* ou la *maquilleuse,* il permet de truquer le visage des acteurs. Le maquillage peut ainsi embellir les interprètes en les aidant à mieux capter la lumière, les rajeunir, les vieillir ou les transformer en personnages extraordinaires (monstres, extra-terrestres, etc.).

> Ils étaient recrus. Leur maquillage dégoulinait. Le bouchon brûlé se mélangeait sur les joues de l'Amiral avec le fond de teint ocre et formait une bouillie répugnante que Carmen considérait avec appréhension.
> Boris Vian, *Le Ratichon baigneur.*

marchands de pellicule

Expression péjorative souvent employée pour désigner les professionnels du cinéma (et surtout les producteurs) qui ne voient dans les films (ou les pellicules de films) que des machines à rapporter de l'argent sans souci artistique d'aucune sorte.

marcher

On dit d'un film qu'il marche quand il remporte le succès escompté par le producteur, le réalisateur et son équipe.

> Bah! Si le film a marché, qu'est-ce que ça peut faire comment il s'appelle!...
> Sébastien Japrisot, *La Passion des femmes.*

Marienbad (l'année dernière à)

Nom allemand d'une ville tchécoslovaque (en fait Marianské Lazné) devenue célèbre depuis qu'Alain Resnais l'a évoquée dans le titre d'un de ses plus fameux films (*L'Année dernière à...*) réalisé d'après un scénario du pape du nouveau roman (Alain Robbe-Grillet) et où l'on voyait Delphine Seyrig et quelques autres comédiens voguer d'un parc géométrique à un château baroque, écartelés entre passé, présent et futur. Le jeu d'allumettes auquel les personnages s'essayaient à plusieurs reprises est aujourd'hui passé à la postérité sous le nom de *jeu de Marienbad* et, dans les années qui suivirent la sortie du film, on s'est souvent habillé ou chapeauté *à la Marienbad,* sans compter que, depuis lors, beaucoup des souvenirs de « l'année dernière » se situent « à Marienbad ».

> Une sacrée nouvelle en quelques lignes qu'on n'avait pas remarquée dans la rubrique nécrologique de *Détective...* qu'il s'était fait repasser, le Freddy-Frédo, à peu près l'année dernière et pas du tout à Marienbad.
>
> Alphonse Boudard, *Le Banquet des Léopards.*

Marilyn

Elle est sans doute, avec Marlène Dietrich, l'une des seules actrices à s'être imposée sous son seul prénom : il n'y a eu et il n'y aura qu'une seule Marilyn; les autres ne sont que de pâles reflets. Son destin l'y obligeait du reste. Norma Jean Mortenson, qui deviendra plus tard Marilyn Monroe, n'a pas connu son père, et toute sa vie elle aura traqué cet inconnu. D'abord en épousant des hommes qui pouvaient la réconforter par leur paternalisme (le joueur de base-ball Joe Di Maggio, l'écrivain Arthur Miller...). Ensuite en déployant une énergie farouche pour se faire connaître et reconnaître. Marilyn passa très vite de la pin-up déshabillée aux rôles de grande comédienne. Mais c'était une bûcheuse à l'ambition infaillible : elle se corrigeait physiquement, moralement; elle suivit même un temps les cours de l'Actor's Studio, et chercha avidement à se cultiver. Chaque jour, au temps de son plus franc succès, elle s'employait, avec une sorte d'énergie du désespoir, à construire le personnage de Marilyn : maquillage, robes ajustées qu'on lui cousait à même le corps.

Rayonnante, blonde, pulpeuse, c'est l'incarnation de la féminité au cinéma. Elle atteint au mythe dans *Sept ans de réflexion* (1955) quand elle tente de retenir sa jupe plissée soleil qui s'envole sur une bouche de métro. Le génie de Marilyn tient pourtant dans son ambiguïté : par-delà la sensualité provocante, il y a la naïveté et l'innocence d'une enfant qui n'avait pas grandi faute d'amour ; par-delà la force, une émouvante fragilité qui donne à chacun, hommes et femmes confondus, l'envie de la protéger.

> Le matin elle les regarde tous grouiller sur la place de la mairie ou de la poste, les Omar Sharif et les Marilyn, les Che Guevara, les Marie-France, les Marie-Claire, les Rock et Folk, les Bonnes Soirées, les Parents.
>
> Brigitte Fontaine, *Paso Doble.*

Marlène

Avant Marilyn, elle a su imposer son prénom. « Son nom, disait Cocteau, commence par une caresse et s'achève comme un coup de cravache. » Marlène Dietrich s'appelait en fait Maria Magdalena Dietrich. D'origine allemande, elle fait du music-hall et déjà du cinéma quand Sternberg lui donne le rôle de Lola Lola dans l'*Ange bleu* (1930). Elle y dévoile une voix surprenante et rauque, des jambes superbes et, quand elle chante, elle a définitivement volé la vedette à son partenaire jusque-là plus célèbre qu'elle, Emil Jannings. Sternberg, séduit, l'emmène avec lui à Hollywood. En pygmalion génial, il la révèle à elle-même. Amincie, les joues creusées, parée de toilettes recherchées, elle joue l'ambiguïté, la séduction. C'est l'incarnation de la **femme fatale,** dont la sensualité troublante vaut bien la grâce spirituelle de la « **divine** » (voir p. 150). Avec Sternberg, elle peaufine son image (*Morocco, Agent X27, Shangaï express, Blonde Vénus, l'Impératrice rouge, La femme et le pantin*). Après l'avoir quitté, elle se jouera de sa propre légende.

> J'avais mon idée depuis tout à l'heure. Puisqu'il aimait les femmes fatales, il serait servi. Dans le genre Rita, Marlène, Gloria, je serais imbattable !
>
> Véra Belmont, *Rouge Baiser.*

marques

Indiquées sur le sol par de la craie (parfois du chatterton) sur les directives du metteur en scène, elles aident les comédiens à se déplacer pendant la prise. En principe, un acteur doit être *dans ses marques* au moment où l'enregistrement va commencer, mais certains interprètes peuvent s'en détacher très vite et jouer tout aussi bien.

> La chose la plus difficile pour les acteurs, c'est de rester dans les marques dessinées sur le sol. S'en éloigner si peu que ce soit dans le feu de l'action, et la mise au point photographique en souffre.
> Garson Kanin, *Hollywood années folles.*

Marx tendance Groucho

C'est au cinéaste français Francis Girod (*Le Trio infernal, René la canne...*) que reviendrait la paternité de l'expression « être Marx tendance Groucho ». La formule joue sur l'homonymie entre le célèbre économiste allemand, Karl Marx, inventeur de la théorie de la lutte des classes, et le trio burlesque américain des frères Marx, hérauts insolents d'un comique ravageur dont Groucho, avec sa moustache, son cigare et son bagout désopilant, fut le plus éminent symbole.

master : voir *copie,* p.124.

matériel plastique

Il comprend tous les décors, les objets, les accessoires mais aussi les acteurs, les figurants et leurs costumes, nécessaires au tournage et dont l'assistant et le régisseur font l'inventaire dans le *dépouillement* et la *feuille de service.*

matinée

Désigne la première partie de la journée, mais aussi l'après-midi quand le mot est opposé à *soirée* : les films comme les pièces de théâtre peuvent se donner *en matinée* ou *en soirée.*

> Le cinéma n'était pas cher à cette époque-là. Il y avait des matinées enfantines le jeudi. Les fauteuils de velours rouge, noircis et élimés aux arêtes, sentaient le renfermé et l'ouvreuse en tablier blanc, son panier au cou, psalmodiait :

bonbons, caramels, esquimaux, chocolats. Il y avait encore des actualités. Le coq Pathé se dressait sur ses ergots. Jean Mineur visait juste, avec son sourire de bon petit gars.

Catherine Rihoit, *La Favorite*.

maudit

Dans le rang des artistes maudits (peintres, poètes, écrivains...) on compte également des cinéastes et des comédiens. Est maudit celui qui est mal compris, mal connu du grand public, parfois mal aimé par la critique. Il arrive également que des artistes sans notoriété parce que sans grand talent se jugent eux-mêmes maudits et poursuivis par un destin implacable.

Mayerland

En français, « pays de Mayer ». C'est en véritable tyran que se comporta Louis B. Mayer, patron de la **MGM.** Pour obtenir ce qu'il voulait, il pouvait, dit-on, jouer la comédie, verser des larmes, se rouler par terre. Avec ses stars il fit preuve d'un paternalisme étrange. Celles qu'il appréciait étaient couvées, cajolées, tendrement aimées. Celles qui faisaient preuve d'indépendance, manifestaient une certaine force de caractère, étaient malmenées. Certaines furent même chassées du Mayerland, pays idyllique dont les portes d'entrée et de sortie étaient surveillées par le Dieu suprême, Mayer en personne.

Mecque du cinéma (la)

Parce qu'elle est le Saint des Saints, que tous ses habitants (producteurs, cinéastes, acteurs et même techniciens) vouent un même culte au dieu Cinéma, Hollywood, a été rebaptisée : « la Mecque du cinéma », en hommage à la Ville sainte, capitale de l'Islam. C'est l'écrivain Blaise Cendrars qui, le premier, aurait employé cette expression.

Hollywood! s'exclama-t-il. Eh bien, eh bien! Je n'ai jamais rencontré personne qui vienne de la Mecque du cinéma.

Frank Capra, *Hollywood story*.

médiateur

La fonction existe depuis 1982. Le médiateur est un arbitre auquel les petits exploitants peuvent faire appel s'ils estiment être victimes d'une concurrence déloyale de la part des circuits de programmation et des distributeurs qui leur refusent un film.

meilleure façon de filmer (la)

Formule très souvent employée par les critiques cinématographiques. Elle détourne le titre du premier film de Claude Miller, *La meilleure façon de marcher* (1976).

mélodrame

Du grec *melos*, « musique » et *drama*, « action ». Dans le mélodrame ou film **mélodramatique,** l'intrigue, pleine de rebondissements inattendus, de péripéties pathétiques, est construite pour émouvoir le spectateur, voire lui tirer des larmes. Les effets sont souvent appuyés par des contrepoints musicaux. Le mélodrame serait né dans le théâtre anglais du XIXᵉ siècle, mais c'est l'un des genres cinématographiques qui a fait la fortune de Hollywood grâce à Griffith et von Stroheim part exemple, et, dans les années 50, à Douglas Sirk, qui affirmait : « Le mélodrame est l'art de produire des émotions plutôt que des actions ! » Le mélodrame (on dit aussi plus brièvement : le *mélo*) a longtemps été méprisé et l'on emploie encore fréquemment le mot par ironie.

> Le genre exotique est particulièrement florissant avec *Les Portes d'Orient, Oasis, les Orgueilleux,* une demi-réussite, et *Pampa cruelle,* un inénarrable mélo tropical que signe Émile Hubelin, mais que réalise en fait son producteur, Lazlo Wildenfeld...
> François-Olivier Rousseau, *L'Enfant d'Édouard.*

Le mot est souvent précédé de l'adjectif *sombre* qui accentue le côté tragique du genre.

> Elle donna pourtant encore deux grands films à la République fédérale, ce furent *Die Süsse Freundin,* d'après un scénario étrangement biographique (une femme trop séduisante sème autour d'elle la passion, la folie et la mort),

279

et *Auf den Strich,* un sombre mélo réaliste ayant pour cadre l'Allemagne nazie...

François-Olivier Rousseau, *L'Enfant d'Édouard.*

L'accumulation de situations tragiques ou une cascade inhabituelle de malheurs dans la vie réelle conduit également à parler de mélodrame. On peut entendre dans ce cas des expressions comme : « C'est un vrai mélo » ou « On est en plein mélo! ».

Ça va devenir, mon histoire, maintenant tout à fait le mélo... qu'y puis-je ? Ce fut... je vous relate, tant pis si je suis démodé... Porteur de pain... L'Orphelin des Batignolles!...

Alphonse Boudard,
Le Combattant du petit bonheur.

message (film à)

Ou *film à thèse :* c'est une œuvre qui délivre au public une morale politique, philosophique ou religieuse. Très prisé dans les années d'après Mai 68 quand le cinéma militant et engagé faisait recette, il est aujourd'hui plutôt systématiquement rejeté. Aux déclarations de principe des metteurs en scène souvent très injustement taxés de simplisme, on préfère les émotions. Mais déjà, à l'âge d'or des studios hollywoodiens, Louis B. Mayer, qui avait opté pour le divertissement et la fiction, affichait ce « message » à l'intention de son écurie de stars : « Surtout ne délivrez pas de messages. Les messages sont l'affaire de la Western Union » (compagnie nationale des télégrammes).

métacinématographique

Récemment lancé dans le vocabulaire par les critiques érudits, l'adjectif est construit sur le modèle de *métalinguistique.* Est métalinguistique tout discours qui parle du langage (le préfixe grec *méta-* suggère le dépassement). Sont dits *métacinématographiques* les films qui prennent pour sujet d'observation le cinéma lui-même. Exemples : *Huit et demi, La Nuit Américaine,* et *Passion,* dans lesquels respectivement Federico Fellini, François Truffaut et Jean-Luc Godard ont filmé le tournage d'un film.

méthode (la)

L'article défini souligne avec un brin d'emphase ironique la suprématie de cette technique d'apprentissage du métier de comédien inspirée du Russe Stanislavsky. Introduite aux États-Unis dès les années 1930, elle a été popularisé dans les années 50 par la plus célèbre des écoles d'acteurs, l'*Actor's Studio*, sous l'égide d'Elia Kazan et de Lee Strasberg, qui compteront sur leurs bancs les plus fameux élèves (Marlon Brando, James Dean, Montgomery Clift...). Elle oblige les interprètes à une discipline d'introspection et d'auto-analyse quasi psychanalytique : ceux-çi doivent en effet trouver au fond d'eux-mêmes, parfois dans le souvenir de leurs propres expériences vécues, les motivations des actes imposés par le déroulement de l'histoire qu'ils interprètent, la charge émotive exigée par le jeu. Ces chassés-croisés entre le je et le jeu, cette descente dans les arcanes de la psychologie sont aujourd'hui encore mises brillamment à profit par les illustres disciples de cette *méthode* enseignée également en Europe.

> Comme vous le savez bien, Paul Newman est un acteur de *La Méthode*, aussi ne sait-il pas se contenter de donner des regards neutres, ces regards qui me permettent de faire le montage d'une scène. Au lieu de regarder vers le frère de Gromek, vers le couteau et vers le morceau de boudin, il jouait la scène dans le style de *La Méthode* avec une émotion excessive et toujours en détournant la tête. Au montage j'ai pu arranger cela de mon mieux, mais finalement j'ai supprimé la scène, malgré l'enthousiasme qu'elle suscitait autour de lui...
> Alfred Hitchcock, Entretiens avec François Truffaut.

métrage

C'est la longueur de pellicule impressionnée au moment du tournage (on dit souvent *économiser le métrage*, pour « économiser la pellicule »).

> Deux hommes étaient assis à une table en train de jouer aux cartes. On frappa à la porte. L'un deux se leva, alla ouvrir et introduisit deux femmes. Il n'y eut ni embrassades, ni serrements de main, ni rien de tel, ils se mirent tous à se déshabiller. Un des types arracha littéralement sa chemise.

La longueur du métrage définit la durée de projection d'un film codifié depuis l'avènement des cinémas permanents. Trois grandes catégories se sont imposées :

Le **long métrage** ou **grand film.** Sa durée, qui doit impérativement excéder les 59 mn mais ne pas dépasser les 90 mn, a tendance à s'allonger au fil des ans.

Le **moyen métrage.** Il se situe entre le long et le court métrage : il dépasse les 15 mn mais n'atteint pas les 59 mn.

Le **court métrage** (15 mn) est souvent projeté en salle avant le long métrage. C'est souvent un documentaire mais il peut aborder tous les autres genres. Si certains jeunes réalisateurs le prennent pour banc d'essai (on se fait la main en réalisant des courts métrages moins onéreux et donc moins risqués que les longs métrages), d'autres prétendent qu'il est une fin en soi : le cinéma après tout a débuté avec des films très brefs, et le court métrage pourrait bien être au long métrage ce que la nouvelle est au roman.

Métropolis

Le mot, d'origine grecque, signifie « ville-mère ». C'est le titre du film que réalisa Fritz Lang en 1926 d'après le scénario de son épouse Thea von Harbou. Métropolis est une sorte de capitale dirigée par une poignée de puissants installés dans des jardins suspendus. Sous terre, dans de sombres labyrinthes, les ouvriers qui travaillent sont réduits en esclavage. On appelle aujourd'hui métropolis les cités futuristes et sans âme qui rappellent la capitale imaginée par Fritz Lang.

MGM (Metro Goldwyn Mayer)

A l'origine de la «firme au lion rugissant», la **Metro Pictures** de Marcus Loew, la **Goldwyn Pictures Corporation** fondée par Samuel Goldfish et ses associés les frères Selwyn (voir **goldwynisme**, p. 217) et la **Louis B. Mayer Pictures.** Dès 1922, Samuel Goldfish, après avoir changé son propre nom en Goldwyn, se retira de la société. Le studio prit alors le nom de *Metro Goldwyn Mayer*, dite *MGM*, et pour devise *Ars gratia Artis* (c'est-à-dire l'Art pour l'Art). Son nabab est alors Louis B. Mayer, un mégalomane égocentrique, décidé à donner la priorité au divertissement, à la distraction euphorique avec happy-end à la clef. Parmi les stars de la MGM, Greta Garbo, Clark Gabble, Judy Garland, Joan Crawford, Spencer Tracy, etc... C'est à la MGM que l'éminence grise Irving Thalberg eut la possibilité d'exprimer sa personnalité, et le plus beau titre de gloire de la MGM fut sans conteste la série des comédies musicales réalisées notamment sous la houlette de Vincente Minnelli ou Stanley Donen.

> Ses bureaux étaient place Denfert, face au lion qui surplombe le métro de la Goldwyn-Rochereau...
> Bernard Chapuis, *Terminus Paris.*

Mickey Mouse

En anglais «Mickey la souris». D'abord baptisé Mortimer, Mickey est le plus célèbre des personnages de dessin animé inventés par Walt Disney. A mi-chemin entre l'homme et l'animal, vêtu d'une culotte courte, de gants impeccables et de gros croquenauds, Mickey, bientôt accompagné de son amie **Minnie,** symbolise la vivacité et la gaieté. C'est pourquoi on appelle mickeys les individus farceurs, même si leur bonhomie et leur gentillesse peuvent sembler fades et parfois mièvres.

> Ils s'arrêtèrent à un feu rouge, et un petit marchand de journaux bêla près de lui: «Mickey Mouse assassiné! Randolph Hearst déclare la guerre à la Chine!»
> – Il faut acheter ce journal, dit-elle.
> Francis Scott Fitzgerald, *Le Dernier Nabab.*

Mickey-mousing : technique de sonorisation de films dans laquelle une image est associée à une sonorité muscicale et parfaitement synchronisée avec elle. On l'appelle mickey-mousing en souvenir des cartoons où Walt Disney suggérait les traits de caractère particuliers de ses personnages par le son spécifique auquel ils étaient unis.

micro

Abréviation de *microphone*, du grec *mikros*, « petit » et *phônê*, « le son ». Les micros sont utilisés sur le tournage ou dans les auditoriums pour enregistrer la partie sonore du film, effectuer le doublage ou la post-synchronisation. Ils sont destinés à capter les ondes sonores, à les transformer en vibrations puis en signaux électriques qui sont transmis aux appareils d'enregistrement (la bande magnétique d'un magnétophone) par l'intermédiaire d'une tête magnétique). Suivant les besoins du tournage, on emploiera tel ou tel type particulier de micro. Il existe, par exemple,
– des **micros directionnels :** on les dirige dans une direction donnée et il n'enregistrent que ce qui se passe devant eux en éliminant les bruits de fond ;
– des **micros bi-directionnels :** ils peuvent capter les sons provenant de deux sources différentes. On les utilise par exemple pour enregistrer la conversation de personnes qui se font face ;
– des **micros-canons :** puissants, ils captent les sons dans une direction donnée mais en restant placés assez loin de la source sonore.

> Car ces machines qui n'ont rien de pascaliennes, ou même de cartésiennes lorsque le maître parlait de ses animaux machines, ce qui entre parenthèses est le plus bel exemple de paranoïa humanoïde, ces machines, mon cher Horace, sont tout ce qui se fait de plus pointu, raffiné, sophistiqué, sur le plan de la nouvelle image, de la prise de son. Ce ne sont que caméras d'extrême avant-garde, micros-canon, batteries gigantesques de détection, de recherche, de suspicion et finalement d'aveu, car c'est bien de cela qu'il s'agit.
>
> Henri-François Rey, *Le Café Méliton.*

le micro peut aussi être monté sur une **perche** ou une **girafe** (voir pp. 337 et 214) et approché très près des comédiens à condition de rester en dehors du champ de la caméra. Parfois l'on équipe les acteurs de **micros-cravate.** Ils sont installés sur l'acteur (à la télévision sur la cravate, d'où leur nom) et facilitent les déplacements de ceux-ci : ils ne sont plus reliés par des fils aux appareils enregistreurs mais fonctionnent à l'aide d'un émetteur placé dans la poche du comédien.

Micro-trottoir. Le terme est employé pour désigner une technique d'interview pratiquée dans la rue. A la sortie des salles de cinéma, les spectateurs sont invités à donner leur avis sur le film qu'ils viennent de voir. Le document recueilli peut être projeté à la télévision.

microfilm

Avec le grec *mikros*, « petit ». On **microfilme** des documents pour en faciliter la manipulation ou l'archivage. Le microfilm n'est pas un film mais un ensemble de très petites photos reproduites sur film : c'est un gadget qui apparaît souvent dans les films d'espionnage.

militant (cinéma)

C'est un cinéma politique et engagé. En France, il est très en vogue après les événements de Mai 68. À cette époque, Jean-Luc Godard traverse sa période militante. Il fait partie du **groupe Dziga Vertov** (ainsi nommé en hommage au cinéaste russe qui, pour défendre le peuple, renie la fiction, opium des consciences), et réalise quelques films ignorés des circuits commerciaux : *Pravda, Vent d'Est, Lutte en Italie.* Jean-Pierre Gorin, Marin Karmitz (*Camarades, Coup pour Coup*) travaillent dans la même voie.
Aujourd'hui, le cinéma militant connaît une réelle vague de ressac : il est jugé simpliste, réducteur, voire tout simplement démodé, par ceux qui prêchent le désengagement à défaut de vanter les mérites de l'individualisme. Godard lui-même , s'il n'a pas quitté les voies âpres de la recherche, a abandonné ce type de cinéma qui, il est vrai, demeurait souvent confidentiel et ne touchait que les spectateurs déjà convaincus.

minibrute

On prononce « minibroute ». Le mot est anglais. Il désigne le projecteur composé de panneaux équipés de plusieurs lampes.

Miou-Miou

Surnom donné par Coluche à Sylvette Hery. La petite apprentie tapissière est, selon Coluche, « gnan-gnan et miou-miou ». Sylvette choisira le plus joli des deux qualificatifs comme pseudonyme quand elle voudra se faire connaître du public. Elle commence par participer à la construction du local du Café de la Gare avant d'apprendre le métier d'artiste auprès de Romain Bouteille, Coluche, Patrick Dewaere, etc. Ce n'est qu'en 1973 qu'elle crève l'écran aux côtés de Dewaere et Depardieu dans *les Valseuses* de Bertrand Blier.

miroir aux alouettes

On a dit : « Le cinéma c'est le miroir aux alouettes. » Cet ustensile est un piège. Il ne fait pas longtemps illusion. Il est formé de petits miroirs qui, en brillant au soleil, attirent les petits oiseaux. Il en va de même pour le cinéma. Beauté, amour, richesse et notoriété lui sont attachés. Tout y scintille, et cet univers semble aisément accessible. Dès lors, combien se sont sentis aimantés, voire élus, et sont venus se heurter à un monde très dur : starlettes pleines d'illusions, vite encensées puis aussitôt oubliées, et même comédiennes chevronnées comme Marilyn qui, à trente-six ans, préféra la mort à la lumière des projecteurs.

Mitchell

Nom d'une caméra d'origine américaine (elle porte le nom de son créateur, George Mitchell). La Mitchell, qui s'est répandue à travers le monde, fait partie aujourd'hui de la légende car (après la *Bell et Howell*) elle a présidé jusqu'à la fin des années 60 à tous les grands tournages hollywoodiens.

mixage

De l'anglais *to mix*, « mélanger ». Le mixage est le report sur une bande unique de tous les sons enregistrés qui constitueront la bande sonore du film : dialogues, bruitage, musique, silence. C'est l'*ingénieur du son* qui est chargé de *mixer,* c'est-à-dire d'effectuer ce mélange harmonieux en auditorium.

M.M.M.

Initiales d'un célèbre slogan régissant le monde cinématographique : *Movie Must Move* ou « L'image doit bouger ». En réclamant le mouvement dans les images filmées, on souligne la rupture du cinéma avec les arts de la peinture et de la photographie.

mobile

Se dit d'une caméra à qui l'on imprime des mouvements (travelling, panoramique). Une *caméra mobile* donne des *plans mobiles.* Aux débuts du cinéma, la caméra était posée sur un trépied et la fixité était de rigueur. Depuis la mise au point des mouvements, c'est la mobilité qui est recherchée. Le degré de *mobilité* de la caméra, et donc des plans enregistrés, dépend cependant du goût du réalisateur.

Cache mobile : voir *travelling matte,* p. 460.

mogol

S'écrit aussi *moghol* ou *moghul.* Nom d'une dynastie qui régna en Inde à partir du XVIᵉ siècle, donné aujourd'hui, comme *nabab* et *tycoon* aux plus puissants des hommes de cinéma; souvent les producteurs américains.

> Sa plume égratignait sans méchanceté les stars du cinéma en place et autres moghuls intouchables.
> Michaël Delmar, *La Blonde Platine.*

moi Tarzan... toi Jane

De Tarzan, célèbre héros de bande dessinée maintes fois porté à l'écran, on avait vite retenu un cri célèbre (on raconte que Johny Weissmuller, l'un des plus mémorables interprètes de Tarzan, champion de natation dans un premier temps, le poussait encore à la fin de sa vie, au grand effroi des infirmières qui le soignaient). Mais bien des garçons épris annoncent aujourd'hui leur amour avec humour en utilisant l'expression légendaire « moi Tarzan... toi Jane », grâce à laquelle l'homme des bois faisait son entrée dans le monde du langage et partait à la conquête de son identité et de celle de la femme enfin rencontrée.

> *Tu descends de ma côte*
> *On est fait l'un pour l'autre*
> *Moi Tarzan, toi Jane*
> *Mais plus on vit ensemble*
> *Et moins on se ressemble*
> *Moi Tarzan, toi Jane*
> *Depuis qu' j'suis avec toi*
> *Y'a deux personne en moi*
> *Moi Tarzan, toi Jane*
> *Parles-en à personne*
> *Mais des fois ce s'rait l'fun*
> *Si c'était toi Tarzan, moi Jane.*
> Chanson de Robert Charlebois.

money maker

En anglais, « faiseur d'argent ». A Hollywood, c'est ainsi que l'on désigne les réalisateurs dont les films font beaucoup d'entrées et rapportent gros. On parle aussi de ***money making stars.*** Ce sont les acteurs qui font courir les foules et fructifier l'argent des producteurs : les plus prisés naturellement.

monstre sacré

Du latin *monstrum,* « chose incroyable et prodigieuse ». Parce que leur talent est un événement surprenant qui sort de l'ordinaire, on dit des grands acteurs que ce sont des monstres. Parce qu'ils font l'objet de vénération respectueuse, parfois même religieuse, on les qualifie de *sacrés.* Les stars sont des monstres sacrés.

> S'il canait en scène comme Molière, l'apothéose! Mais c'est peut-être réservé aux monstres sacrés, aux très grands cette fin glorieuse.
> Alphonse Boudard, *Les Combattants du petit bonheur.*

montage

On monte un film (voir aussi *monter,* p. 291) de la même manière qu'une couturière monte les divers éléments du vêtement sur lequel elle travaille. Le montage d'un film est en effet l'assemblage des divers plans enregistrés suivant l'ordre prévu dans le découpage.

Le montage d'un film s'effectue dans un lieu spécifique, la *salle de montage.* Le maître d'œuvre est souvent une femme : il y a plus de *monteuses* que de *monteurs.* Le *monteur* ou la *monteuse* travaillent sur la *table de montage. Bande son* et *bande image* défilent en synchronisme sur celle-ci en avant comme en arrière. Un écran permet d'observer les images. Ce sont les prises retenues après le visionnement des *rushes* (voir p. 398) qui sont collées, toujours d'après le *découpage :* ce brouillon de montage est appelé *bout-à-bout* ou *ours;* on y voit encore les inscriptions de la claquette.

La *copie travail* est obtenue en supprimant ces dernières et en travaillant le rythme du film : on coupe les longueurs, vérifie les raccords et aménage des liaisons. La mise au point de la copie travail permet ensuite de réaliser le *montage négatif :* le premier montage est effectué sur copie positive (celle que l'on projette au moment des rushes); le négatif a été réservé et il n'est ajusté qu'au dernier moment sur la copie travail.

Mais le montage n'est pas seulement un travail de collage pour réunir les plans et de synchronisation de l'image et du son (*montage double bande*). Même si l'idée directrice du film est impliquée dans le découpage, le monteur, la monteuse, sur les indications du réalisateur, peuvent, dans leur salle, couper des scènes, raccourcir des plans, inverser leur ordre... faire d'importantes modifications.

> S'il le faut, dit-il, je m'arrangerai pour finir le film sans elle. Au montage, on peut toujours bricoler. Les acteurs sont tellement bizarres, il y en a même qui meurent avant la fin du film, vous imaginez si c'est commode.
> Michel Braudeau, *Naissance d'une passion.*

C'est dire combien le montage est un moment important de la création cinématographique : c'est lui qui donne au film son ton et son rythme. Au départ, pourtant, le montage n'existait pas. Les premiers opérateurs filmaient les scènes en respectant la continuité de leur déroulement. Leur caméra était immobile. Ce sont les photographes, convertis au cinéma, de l'École de Brighton, en Angleterre, qui ont mis au point le montage parce qu'ils avaient déjà pensé à filmer les scènes en variant les points de vue. Griffith ensuite l'a fait connaître au monde entier et les Soviétiques l'ont théorisé. Poudovkine Koulechov qui démontra son importance avec une expérience devenue célèbre (voir **effet Koulechov** p. 164), Eisenstein, qui explique le **montage des attractions :** une combinaison de plans choisis indépendamment de la logique de l'action qui, juxtaposés et parfois placés en situation de conflit, créent un effet certain sur le spectateur et expriment un sens nouveau. De toutes ces théories, on a tiré une **grammaire du montage** dont voici quelques éléments :

– Le **montage linéaire.** C'est le plus simple : les plans sont organisés et assemblés en vue de raconter une histoire dans un ordre chronologique ou tout du moins logique.

– Le **montage inversé** ou **montage en flash-back.** La chronologie est bouleversée. Des sauts dans le passé permettent d'expliquer le présent.

– Le **montage parallèle** ou **montage alterné.** Plusieurs actions sont menées de front.

– Le **montage par leitmotiv.** Une image est insérée périodiquement comme une sorte de contrepoint.

– Le **montage accéléré.** Il est utilisé pour augmenter l'impression de vitesse dans les films d'action et, plus particulièrement, dans certaines séquences de course-poursuite il s'obtient en montant à la suite des plans de longueur très brève.

– Le **montage cut** (voir **cut,** p. 137).

En réalité, les grands théoriciens ont établi plusieurs tables complexes permettant de classer les différents procédés de montage.

C'est montable ou **ce n'est pas montable** sont les deux phrases clefs employées sur le tournage par le réalisateur et ses collaborateurs. C'est par ce jugement (qui tient compte de la qualité technique de la prise, du jeu des acteurs, etc...) que ceux-ci décident de la suite à donner au plan qui vient d'être mis en boîte : celui-ci sera ou ne sera pas inséré dans le film.

A noter qu'un **film de montage** est un film dont la réalisation ne nécessite qu'une bonne salle de montage : il s'agit en effet de l'assemblage de morceaux de films réalisés par ailleurs. C'est le plus souvent un documentaire.

monter

Le verbe est souvent employé au cours de la fabrication d'un film. Il peut avoir des sens très différents. Il voudra dire « dresser, élever » dans l'expression *monter les décors.*

> En tout cas le coup aurait-il été fait par des barbouzes banales qui auraient monté le scénario et les décors sans les signer en profitant de l'agitation des bonnes sœurs et se cachant derrière leurs voiles ?
>
> Brigitte Fontaine, *Paso Doble.*

Il signifiera « assembler, agencer » dans l'expression *monter un film,* c'est-à-dire : procéder à son *montage* (p. 291).

> Tu continues comme ça jusqu'à l'arrivée d'Anna en gardant le plan dans la longueur... Tu passes au travelling de la trois et tu montes les plans de plus en plus heurtés, brefs, violents...
>
> Tito Topin, *Graffiti Rock.*

Mais aussi : « combiner, organiser » quand il s'agit d'accomplir toutes les tâches (écriture du scénario, découpage, casting et surtout réunion de l'argent nécessaire) qui précèdent le tournage proprement dit du film. On dit alors en effet que l'on *monte un film* comme l'on dirait « monter un coup, un casse »...

> Ce gars-là, je ne sais pas ce qui le fait fonctionner ; il a les canines qui balaient le plancher, évidemment, mais ça suffit pas, il est loin d'être le seul. Je crois qu'il assassinerait ses pères et mères pour monter son film.
>
> Catherine Rihoit, *La Favorite.*

morale

Depuis que Jean-Luc Godard a dit : « Le travelling est une affaire de morale », la morale apparaît (ou devrait apparaître) dans le langage cinématographique lui-même (découpage, choix des mouvements, etc.) et plus seulement dans le contenu des images, le sujet des films. Fond et forme sont désormais indissociables et soumis aux mêmes enjeux. C'est Godard qui a du reste réalisé l'un des « plus longs travellings de l'histoire du cinéma » : dans *Week-end.* Le grand-prêtre de la Nouvelle Vague n'a pas manqué d'édicter d'autres aphorismes empreints d'un moralisme certain. L'un des plus célèbres étant : « Ce n'est pas une image juste, c'est juste une image. »

moritone

Nom de marque d'une *visionneuse* (voir p. 474) très employée dans les salles de montage françaises.

moteur

Électrique, il a pris le relais des *manivelles* (voir p. 272) pour actionner le mécanisme d'entraînement du film dans la caméra ou l'appareil de projection.
Suivi d'un point d'exclamation, c'est l'impératif légendaire que lance le réalisateur à ses techniciens pour demander que les appareils soient mis en marche afin que le filmage de la scène puisse débuter.

> Nous n'aurons plus qu'à les filmer de dos, enfourchant sa monture pour s'en aller dans la vallée sur le mot fin.
> – Prêts, tout le monde? – Moteur!
> Vent; Bûcherons. L'acteur recule. Peur. Rictus, Léger tic. Regards fuyants. Arrêt. L'acteur est le personnage.
>
> Yak Rivais in *Moteur!*

Le mot est également utilisé dans le langage courant : il signifie que l'action qui vient de se dérouler ressemble à une scène de film, et souligne la brièveté d'un récit comparable aux indications d'un script.

moustache

Les moustaches appartiennent à la mythologie du ciné-ma. Elles ont toujours été faites pour séduire. Deux d'entre elles sont peut-être plus célèbres que les autres, sans être réellement des pièges de séducteurs. La pre-mière est celle de Groucho Marx, gros fumeur de cigare, qui arpente l'écran d'un pas allongé en débitant des sornettes à l'actrice Margaret Dumont. On disait cette moustache peinte seulement, ce qui n'a pas empêché de surnommer Groucho « l'Homme à la moustache et au cigare ».

La seconde appartient au petit homme à la démarche en canard, Charlie Chaplin qui, raconte le critique André Bazin, « se fit copier par un agitateur politique autrichien nommé Adolphe Hitler » mais lui fit un mauvais coup en commettant *Le Dictateur*. « La dialectique est subtile, dit Bazin, mais irréfutable, la stratégie invincible. Première passe : Hitler prend à Charlot sa moustache. Deuxième round : Charlot reprend sa moustache, mais cette mous-tache n'était plus seulement une moustache à la Charlot, elle était devenue, entre-temps, une moustache à la Hitler. En la reprenant, Charlot gardait donc une hypo-thèque sur l'existence même de Hitler. Il entraînait avec elle cette existence, il en disposait à sa guise. Il en fit Hinkel (dans *Le Dictateur*). Car qu'est-ce que Hinkel, sinon Hitler réduit à son essence et privé de son existence ? »

movie

Petit mot anglais issu du verbe *to move*, « bouger », et signifiant *film*. Comme le dit le joli adage américain « *The movie must move* » (p. 287).

> Je vomis les movies autant que lui, moins ils durent, plus vite on peut aller s'amuser.
> Sébastien Japrisot, *La Passion des femmes*.

On dit aussi ***movie star*** pour « vedette de cinéma » et ***movie land*** (pays du cinéma) pour désigner Hollywood.

moviola

Dérivé de l'anglais *movie*, « film ». Nom de marque donné à une table de montage américaine; utilisé sou-vent comme un nom commun pour désigner n'importe quel type de visionneuse.

Il y a le montage, il y a cette diabolique machine qu'est la moviola, non pas parce qu'elle permet de couper, de truquer, de récrire le cours des images, mais surtout parce qu'elle a le don de revenir en arrière, de reconstituer le passé et de pouvoir arrêter l'image.

Henri-François Rey, *Le Café Meliton.*

moyens

S'emploie uniquement au pluriel pour désigner l'argent, voire le matériel et les techniciens mis à la disposition du réalisateur par le producteur pour accéder au but suprême : le tournage d'un film.

On trinque au scotch, les glaçons tintent. Je voudrais qu'il me précise son projet. Il tourne pas autour... pas question de mégoter sur les moyens.

Alphonse Boudard, *Cinoche.*

muet

Un rôle muet est un rôle dans lequel le personnage n'a pas à parler. *Un film muet* est un film qui ne reproduit ni sons ni dialogues. Mais par *muet* (on dit *le muet, l'époque du muet*), on désigne tous les films dépourvus de bande sonore qui ont précédé l'avènement du *parlant.* Souvent tournés dans le bruit : les caméras n'étaient pas silencieuses, les portes claquaient, les ordres fusaient, les acteurs bavardaient), ils ont sans doute imposé le seul langage universel qui ait jamais existé : celui des images. Quelques *intertitres* ou *cartons* donnaient en effet le motif de l'action et, à la projection, c'était un pianiste, parfois un orchestre, qui fournissaient l'illustration sonore et couvraient le bruit du projecteur.

Apparurent sur l'écran les premières images d'une scène d'amour sous un pommier, entre une Pempi Sanders déguisée en fermière bavaroise et un bellâtre gominé, en uniforme autrichien :
– Je t'aime. – Moi aussi. – Ce que je t'aime. – Et moi donc!
– Qu'en penses-tu? cria Hunger d'une voix haute et intelligible à l'oreille de Raphaël. Ce dialogue pue, non?
– Quelle importance? intervint Lou. Puisque le film est muet.
– Connard! clama Hunger. Ça n'a jamais empêché le public de lire sur les lèvres. Il comprend tout, le public!

Alexandra Lapierre, *L'Homme fatal.*

multiplane (animation)

Mise au point par Walt Disney, elle permet de donner au dessin animé profondeur et relief. Comme dans l'animation ordinaire, on utilise des *cells* superposés (voir p. 81) mais, ici, on les éloigne les uns des autres (ils sont placés sur des tablettes superposées). La *caméra multiplane,* c'est-à-dire à plans multiples, est, pour le reste, une caméra d'animation ordinaire : elle est fixe, placée au-dessus de la table d'animation (ici les plans multiples) et peut glisser sur son axe vertical.

multi-salles

Appelées également *complexes de multi-salles.* On les doit à Jean-Charles Édeline. Au début des années quatre-vingt, c'est lui qui eut l'idée de casser les grandes salles de cinéma de plus en plus désaffectées et de les redécouper, créant ces vastes complexes de plusieurs mini-salles qui permettent de distribuer des films en plus grand nombre : une ingénieuse manière d'améliorer la rentabilité des films et des salles.

musical

Musical est le nom anglais désignant la *comédie musicale.* Il est très souvent employé dans la langue française. Le *musical* est né dès l'avènement du film parlant. Déçus par les performances vocales plutôt médiocres des acteurs du muet, les producteurs engagent des vedettes de *music-hall* (salle de musique) c'est-à-dire de théâtre présentant des spectacles musicaux.

On adapte d'abord des opérettes, puis le cinéma invente un genre spécifique qui va très vite acquérir ses lettres de noblesse.

La comédie musicale ou *musical* ne présente qu'une intrigue très mince, qui sert seulement de prétexte aux développements chorégraphiques et musicaux : ballets, morceaux chantés rivalisent au beau milieu d'une débauche de figurants, de costumes et de décors. Le musical connaît son apogée à Hollywood dans les années 30. Il brillera encore de tous ses feux à la fin des années 40 et au début des années 50.

De grands réalisateurs comme Busby Berkeley, Stanley Donen, Vincente Minnelli fixent des numéros éblouissants. Des danseurs comme Fred Astaire, Gene Kelly, des chanteurs ou chanteuses comme Judy Garland explosent. Romantisme et paillettes sont au rendez-vous, mais le musical ne s'épanouit que dans le luxe. Il aura donc bien du mal à survivre, malgré certaines tentatives honorables : *West Side Story* en Amérique, *Les Parapluies de Cherbourg, Les Demoiselles de Rochefort, Une Chambre en ville* en France. Comme si le rêve s'était cassé...

> Weil lui tendit un billet de 100 francs. Pas de chance : au Mac-Mahon, on ne jouait qu'une comédie américaine. Il fallait donc qu'il rentre. C'était étonnant : le Mac-Mahon était spécialisé dans les bons films d'action.
>
> Bernard Frank, *Les Rats.*

mythe

Du grec *muthos,* « fable ». Le mythe est un récit fabuleux et sortant de l'ordinaire, qui permet de lever un voile sur les secrets de la nature humaine. Comme tous les autres arts, le cinéma s'est donc emparé du mythe. Il a d'abord transposé les mythes les plus célèbres (exemple : Jean Cocteau en 1950 s'inspire dans *Orphée* du mythe grec d'Orphée et d'Eurydice) avant de créer lui-même ses propres mythes : le cow-boy solitaire des westerns ou le fantastique personnage de King Kong, bête énorme et simiesque, éprise d'une belle, fragile et trop humaine. Puis le cinéma mythifie ses vedettes parce que celles-ci servent de miroirs : elles cristallisent les aspirations de l'époque. Leurs personnages à l'écran deviennent des codes d'accès au bonheur. Exemple : le mythe de la richesse et de la beauté, le mythe de la vamp, de la femme fatale ou de la starlette, qui modifient les comportements amoureux des spectateurs. Certaines stars, qui ont porté (parfois douloureusement, comme Marylin) les rêves du commun des mortels, sont devenues elles-mêmes des personnages fabuleux dont la vie parut extraordinaire et d'essence quasi divine. On parle ainsi, parmi d'autres, du **mythe Garbo** ou du **mythe BB :** l'une et l'autre pourtant sont retournées, semble-t-il, à la vie ordinaire après avoir laissé une trace lumineuse sur tous les écrans du monde.

nabab

A d'abord désigné les hauts dignitaires à la solde de sultans indiens, puis les Européens enrichis en Inde, enfin tous les puissants, particulièrement les grands producteurs hollywoodiens, monarques esthètes et tyranniques qui régnaient en maîtres sur les *Majors* compagnies américaines.

> Sitôt installé sur le cuir de la banquette il se sentit dans la peau d'un nabab de Hollywood. Le goût du caviar lui montait à la bouche et il s'amusait à augurer de la marque du champagne qui saluerait son arrivée. Chouette de bosser dans le ciné.
>
> Tito Topin, *Graffiti rock.*

Nagra

Nom de marque. Magnétophone portable utilisé pour la prise de son lors des tournages de film.

> René est resté à l'hôtel mais il a dormi sur le parking, dans son camion, répondit Téo. Il y dort toujours depuis qu'on lui a piqué tout son matériel – il avait un Nagra extraordinaire – sur un Belmondo...
>
> Tito Topin, *Graffiti rock.*

nanar

Un mot dérivé de *navet*, dont Bertrand Tavernier et ses amis mac-mahoniens revendiquent la paternité. Comme le navet, le nanar est un film de série B, raté. Mais, contrairement à ce dernier, il peut exciter la passion du cinéphile, une surcharge de médiocrité lui donnant une apparence kitsch, un style pompier, qui peut retenir et fasciner.

> De là on glisse aux nanars du moment. On grommelle. On s'esclaffe. On s'enthousiasme presque comme au temps des grandes régalades...
>
> Yves Martin,
> *Un peu d'électricité sous un grand masque noir.*

nature

Dans le vocabulaire cinématographique, c'est l'ensemble des traits qui composent la personnalité d'un acteur ou d'une actrice et son tempérament d'interprète : nature tragique, nature comique, etc. Mais il arrive que l'on dise de certains d'entre eux « C'est *une nature* ». L'expression souligne alors la puissance de leur tempérament et de leur jeu. Exemple : Jules Muraire dit Raimu, interprète favori de Pagnol, était une nature.

navet

Évoque un légume fade. On appelle navet un film sans saveur, voire indigeste : un film raté.

> J' m' demande qui a fait ce machin-là, dit-il – et Max Leam se redressa sur sa chaise –, mais c'est le navet le plus dégueulasse que j'aie jamais vu filmer à Hollywood.
> Francis Scott Fitzgerald, *Histoires de Pat Hobby*.

Également employé dans ce sens : ***naveton***.

> Ça peut me valoir, un pareil naveton, une drôle de période au pain sec... Les acteurs qui vous ouvraient naguère les bras, vous croisent dans la rue à peine s'ils vous reconnaissent... ils vous saluent rapide, ils s'excusent, ils sont pressés...
> Alphonse Boudard, *Cinoche*.

nécro

Abréviation de *nécrologie* (du grec *nekros*, « mort » et *logos*, « parole »). La nécro est une notice rédigée par un journaliste de la presse écrite : elle relate la vie d'un personnage important qui vient de disparaître. Si elle est naturellement publiée à l'annonce officielle de la mort d'un comédien ou d'un réalisateur qui vient de décéder, elle est parfois préparée à l'avance (quand la personne est âgée ou malade). On parle également de nécros à propos de la biographie des chers disparus que l'on diffuse à la télévision : elles sont pourtant rédigées en images. Ce sont des sortes d'albums-souvenirs que l'on feuillette.

négatif

Contraire de *positif*. Une ***image négative*** est une image sur laquelle les ombres et les lumières sont inversées par rapport à la réalité : tous les éléments lumineux de la scène photographiée ou filmée se présentent sous forme de taches sombres et inversement. ***Le négatif*** est le film qui sert de support à ces images négatives. C'est l'élément indispensable à la reproduction des copies.

Un ***internégatif*** est un négatif intermédiaire : double du négatif original il permet à ce dernier d'être préservé lors du tirage des copies.

Enfin le photographe retira la pellicule blanche qui masquait la photo, l'agita quelques instants dans l'air en prononçant la formule rituelle de Nicéphore Niepce : « Positif et Négatif sont dans un bateau. Positif et Négatif tombent à l'eau. Qu'est-ce qui reste ? Il reste l'image. »

Bernard Chapuis, *Terminus Paris.*

nègres

Panneaux de contre-plaqué peints en noir utilisés pour discipliner et diffuser la lumière des projecteurs. Ils permettent parfois de rappeler leur texte aux comédiens, suivant le principe du tableau noir.

néo-réalisme

Veut dire « nouveau réalisme ». Cette école cinématographique, qui apparaît en Italie à la fin de la Seconde Guerre mondiale, rejoint en fait le réalisme de certains films italiens qui, dès les années 10, s'oppose au cinéma embourgeoisé, et notamment à celui des *téléphones blancs* (voir p. 445). Né avec Rossellini (*Rome ville ouverte*), le néo-réalisme compte dans ses rangs les plus grands réalisateurs italiens : Rossellini bien sûr, mais aussi De Sica, Visconti, etc. Chacun se propose d'en finir avec les clichés et de descendre dans la rue pour filmer la situation sociale du pays. Les jugements politiques, moraux, prennent le pas sur le tour de main, la qualité artistique, le bon goût requis jusque-là, ainsi que sur les méthodes habituelles de production.

C'est dans la rue, en décors naturels, souvent avec des acteurs non-professionnels, que les cinéastes *néo-réalistes* vont tourner, donnant enfin une image réelle et frémissante du peuple italien qui sort fourbu des années fascistes.

Néo-réalisme rose (voir p. 397).

nickelodéon.

On dit également *nickelette* ou *nicolet*. C'est le nom donné aux premières salles fixes installées en Amérique dans des hangars ou des boutiques désaffectées aménagés pour les projections. On les a d'abord appelées *store-show* c'est-à-dire « boutiques de spectacle », puis nickelodéon.

Odéon est tiré d'un mot grec qui signifie « théâtre où l'on chante » tandis que *nickel* est la dénomination courante de la pièce de cinq cents en Amérique. Or, pour entrer dans ces temples cinématographiques, il fallait payer la somme de cinq cents.

Le spectacle ne durait au début qu'un quart d'heure. Au fil des mois et des années, il va s'allonger. On le complètera par des projections de lanterne magique, des chansons et des attractions de toutes sortes. Ce sont des immigrés qui se lancent dans l'exploitation des nickelodéons qui visent d'abord un public d'ouvriers immigrés (l'entrée n'est pas chère et il n'y a pas de barrière de langage puisque le cinéma, contrairement au théâtre, est muet). Enrichis, les propriétaires de ces salles construisent leurs propres studios et amorcent la création d'Hollywood. Beaucoup plus tard, dans les années 60, un ciné-club français portera le nom de Nickelodéon.

> Des Chinois aux allures de chats les contemplaient depuis leurs boutiques sombres. Il y avait des vitrines remplies de litchis. Le groupe vit un de ces films muets si populaires dans toute la ville et que montraient des boutiques et les nickelodéons.
>
> E. L. Doctorow, *Ragtime.*

Nobody is perfect.

L'une des plus célèbres répliques finales de l'histoire du cinéma. En français, « Personne n'est parfait ». Elle est prononcée dans *Certains l'aiment chaud*, de Billy Wilder, où Jack Lemmon, qui s'est travesti pour se glisser dans un orchestre de femmes et échapper à de dangereux gangsters, a séduit sans le vouloir un vieux milliardaire auquel il ne parvient pas à faire comprendre qu'il n'est pas celle qu'il croit. Après s'être accusé en vain de multiples défauts dans l'espoir de tempérer l'enthousiasme de son aveugle soupirant, il lui avoue enfin « Je suis un homme ». L'autre réplique, plus confiant que jamais : « *Nobody is perfect.* »

La phrase, depuis, est moins utilisée comme preuve d'amour fou, quels que soient les défauts du partenaire, que comme une précaution oratoire pour se faire pardonner à l'avance erreurs et imperfections en tout genre.

noir

Noir et blanc. On dit couramment « le noir et blanc »
pour « les films en noir et blanc ». Ces films sont réalisés
avec des pellicules ne restituant qu'un dégradé de gris.
Très tôt, on a tenté, par divers procédés (coloriage à la
main, coloriage au pochoir, teinture et virage, en bleu
pour les scènes de nuit ou en rouge pour les scènes
d'incendie par exemple) d'enjoliver ce type de film et de
restituer la vision naturelle en le maquillant avec quelques couleurs. Pourtant, jusqu'à l'avènement des procédés couleur et la généralisation de leur utilisation, les
cinéastes ont su magnifier ce qu'on a appelé l' « écran
d'argent » en travaillant les ombres et les lumières.
L'expressionnisme allemand ou les films noirs américains en sont peut-être les plus beaux joyaux.
A la fin des années 50, la Nouvelle Vague reviendra, par
souci d'économie, au noir et blanc. La couleur s'imposera ensuite à nouveau en France tandis qu'aux États-
Unis, entre 1970 et le début des années 80, certains
réalisateurs tenteront un timide retour à la poésie du noir
et blanc, comme Woody Allen dans *Manhattan*.

> Vous avez eu là un grand succès et bien mérité. Ce film
> m'a paru tourné en rouge et noir, monsieur von Meck, bien
> plus qu'en noir et blanc. C'est un film superbe !
> Constantin eut un sourire de gratitude car le compliment
> résumait assez bien ce qu'il avait voulu :
> – Merci, dit-il. D'ailleurs, je voudrais bien à présent
> tourner Œdipe en doré et noir si j'y arrive.
> Françoise Sagan, *Un Sang d'aquarelle*.

Film noir. Si le mot américain *western* a fait fortune en
France tel quel, l'expression *film noir* forgée par les
critiques français a été exportée en Amérique sans jamais
être traduite. Au milieu des années 40 parvient en effet
en France une série de films hollywoodiens possédant
plus d'un point commun. Ce sont des enquêtes criminel-
les. Elles se déroulent dans les bas-fonds de la grande
ville qui, à la fin de la guerre, a perdu le sens de ses
valeurs et vu le rêve américain craquer de toutes parts.
Elles sont menées par un ***privé*** (voir p. 363), personnage
on ne peut plus ambigu qui n'a plus rien à voir avec le
flic justicier sans reproche.
Pour la plupart, ces films et leurs héros mythiques ont
été inspirés par des romans policiers. Raymond Chandler

et Dashiell Hammett sont les pères des plus célèbres privés de l'époque : Sam Spade et Philip Marlowe, immortalisés par Humphrey Bogart.

Ces « polars » sont publiés en France dans la collection *Série Noire* de Gallimard. Ils sont alors qualifiés de « romans noirs », et les films qu'ils ont inspiré sont alors logiquement baptisés : *films noirs*. L'atmosphère y est bel et bien noire : violence, crime et turpitudes humaines sont exhibées sur l'asphalte mouillé des trottoirs; la nuit se fait sombre et épaisse. Même l'amour est dangereux : la femme devient en effet fatale et vénéneuse (c'est l'ère des « veuves noires » comme l'a fait remarquer le critique Raymond Durgnat). Pourtant l'atmosphère angoissante, les décors particuliers et l'éclairage tout en clair-obscur des films noirs n'étaient pas une création spontanée et inattendue. Quelques années plus tôt, en Allemagne, les cinéastes *expressionnistes* (voir p. 179) avaient déjà travaillé ces thèmes.

Points noirs des salles obscures. L'expression *points noirs* est employée ici dans le sens de « problèmes ». La France possède le meilleur parc de salles du monde mais plusieurs journaux ont mené campagne ces dernières années afin de dénoncer les imperfections de l'accueil ou de la technique. Cette campagne de presse orchestrée sur le thème des « points noirs des salles obscures » a été suivie par la création d'un organisme de défense des consommateurs des salles de cinéma, les **Raisins de la colère** (aujourd'hui dissous). Les amateurs de cinéma ont alors compris qu'ils pouvaient exiger le meilleur des exploitants en allant éventuellement se plaindre à la **CST (Commission Supérieure Technique)** ou au **Service des Études et de la Programmation** du **CNC**.

nombre d'or

Dit aussi **section dorée** ou **section d'or** : règle d'esthétique que les peintres doivent appliquer s'ils veulent réussir une composition idéale. La section dorée a été décrite dès 1510 dans un traité italien illustré par Léonard de Vinci. Il existe également un nombre d'or au cinéma. Les cinéastes doivent s'y plier pour obtenir une construction harmonieuse de leurs images : certains points de l'écran situés à la jonction de lignes imaginaires qui le traversent sont en effet privilégiés par l'œil du spectateur.

nomination

Depuis la première remise des **Césars** du Cinéma Français, on dit aussi très improprement (le verbe **nominer** n'est qu'une transcription gauche de l'anglais *to nominate*) **être nominé** ou **le nominé** pour « être nommé » ou « le nommé ». Dans les deux cas, l'idée est néanmoins la même : il s'agit pour un acteur, un cinéaste, un technicien ou un film, après avoir été sélectionné par un jury de professionnels du cinéma, de concourir avec quelques rivaux seulement et de briquer les plus hautes récompenses, Césars ou Oscars par exemple.

> Dans les années 50, dix lignes dans la colonne du journaliste comptaient autant qu'une nomination pour l'Oscar.
> Michaël Delmar, *La Blonde Platine.*

non professionnel

Se dit d'un interprète qui n'est pas passé par une école de comédie et n'a encore joué dans aucun film. Un acteur non professionnel ne possède pas de technique ni de métier. Il est à l'abri de tous les tics des professionnels, mais s'il a été choisi par un cinéaste, c'est sans doute qu'il a été comblé de dons naturels et qu'à tout le moins il possède une *présence* et une *photogénie* remarquables. Certains non professionnels prennent goût à l'expérience, récidivent et passent professionnels après avoir profité du hasard qui leur a fait rencontrer le cinéma. Sandrine Bonaire, engagée par Pialat pour *A nos amours* alors que c'était sa sœur qui se présentait pour le rôle, a pu ainsi poursuivre dans la carrière. Mais Bresson, par exemple, continue à appliquer la règle de toujours : ne tourner qu'avec des non professionnels. Leur incapacité à « jouer », le caractère monocorde de leurs voix semblent avoir toujours satisfait cet adepte de la pureté, ce perfectionniste ennemi du romanesque. On sait pourtant qu'Anne Wiazemsky (*Au Hasard Balthazar*) et Dominique Sanda (*Une femme douce*) ont pris par la suite le chemin de toutes les actrices professionnelles.

non-sens

Le non-sens est une sorte de comique qui n'est pas loin de s'apparenter à une véritable philosophie. Le non-sens existait déjà dans la littérature avant d'envahir le monde cinématographique. Tous les grands comiques américains, notamment ceux de la *comédie slapstick* (voir p. 421) mais, avec eux, beaucoup d'autres, ont construit leurs gags sur le non-sens. Pourtant ces gags, qualifiés souvent de *non-sensiques*, ne sont pas véritablement dénués de sens. Simplement, ils défient le bon sens et les règles de la vie que l'on dit raisonnable, instaurant une sorte de contre-pouvoir et de souffle anarchiste salutaire. Les frères Marx, avec leurs propos et leurs manières étranges, peuvent ainsi prétendre au titre de champions du non-sens.

nostalgie

Regret du passé (du grec *nostos*, « retour » et *algos*, « souffrance »), la nostalgie peut étreindre à tout moment le cinéphile qui regrette la disparition des genres, des vedettes qu'il a aimés. Une actrice a pourtant tenté de mettre un point final à ces regards tristes et paralysants que l'on porte sur les époques révolues, en intitulant ses mémoires *La nostalgie n'est plus ce qu'elle était*. L'expression a fait fortune. Elle accompagne joliment l'avancée de ceux qui ne sont pas conservateurs, et n'aiment pas ressasser le passé.

Celle qui l'a inventée, Simone Signoret, avouait : « Je ne peux pas jurer que j'ai été d'une sincérité totale en affirmant que je n'ai pas de nostalgie. J'ai peut-être la nostalgie de la mémoire non partagée. »

Notre-Dame du cinéma

Aurait pu être la cathédrale du cinéma. Dans les années 30 en effet le cardinal Verdier, archevêque de Paris, envisage de faire construire une église près des studios de cinéma de Joinville. Le projet fait partie de l'ensemble de chantiers qui doivent s'ouvrir dans la banlieue parisienne. Les accords sont obtenus, des fonds recueillis, mais les travaux ne seront jamais entrepris.

nouveau naturel

L'expression a été lancée dans les colonnes du journal *Télérama* pour regrouper de jeunes auteurs du cinéma français, parfois très différents les uns des autres, mais qui, dans les années 70, se réclament d'une tradition réaliste ou la perpétuent inconsciemment.

La nouveauté de Jacques Doillon (*Les Doigts dans la tête*), Pascal Thomas (*Pleure pas la bouche pleine*), Philippe Condroyer (*La Coupe à dix francs*), Gérard Guérin (*Lo Païs*), et aussi d'Eustache, Pialat et Rozier, qui réapparaissent à ce moment après avoir débuté quelques années plus tôt, réside dans la technique (allégée comme pour un reportage), le style (la caméra capte les détails, les temps morts, les fous rires, les propos de bistrot... tout ce qui est vrai, naturel, inattendu), le dialogue (désinvolte, il semble improvisé), le refus des vedettes confirmées (les principaux acteurs s'appelaient Bernard Menez, Olivier Bousquet...), le sens de la durée, l'attention à la vie quotidienne, en particulier à celle des jeunes (plusieurs films évoquèrent le chômage) et le dégoût du parisia-

nisme auquel les scénaristes avaient habitué le spectateur. Le Nouveau Naturel était un cinéma décentralisé
au parfum de terroir, très différent donc du mouvement
de la Nouvelle Vague axé sur la Rive Gauche et ancré
dans la bourgeoisie.

Nouvelle Vague

L'expression a été lancée en 1958 dans les colonnes du
journal *L'Express* par Françoise Giroud pour présenter
une série d'articles analysant la montée d'une nouvelle
génération « La Nouvelle vague arrive ». Mais c'est
Pierre Billard qui, le premier, l'emploiera à propos de la
jeune bande de cinéastes qui apparaît sur le marché du
film, et se démarque de l'académisme, du traditionalisme
des anciens. Le regroupement de tous ces jeunes cinéastes sous l'étiquette commune de « Nouvelle vague » ou
NV a été contesté par les intéressés eux-mêmes. « La
Nouvelle Vague, ce n'est ni un mouvement, ni une école,
ni un groupe », a dit François Truffaut, « c'est une
qualité, une appellation collective inventée par la presse
pour grouper cinquante nouveaux noms qui ont surgi en
deux ans dans une profession où l'on n'acceptait guère
que trois ou quatre noms nouveaux chaque année ».

Certes, on ne peut ranger dans la catégorie Nouvelle
Vague tous les cinéastes qui se font remarquer à la fin des
années 50, mais certains d'entre eux, qui manifestent un
état d'esprit et une méthode de filmage communs,
méritent à coup sûr le label. Il y a le *groupe Rive Gauche*
formé de photographes, techniciens, assistants (Franju,
Resnais, Varda, Marker, Demy...) qui se lancent d'abord
dans le court-métrage et n'hésitent pas à innover (en
bouleversant la chronologie des récits par exemple). Il y a
aussi le *groupe des Cahiers*, composé de critiques appartenant aux *Cahiers du cinéma* (Truffaut, Godard, Rohmer, Rivette, Chabrol...); ceux-là ont appris le cinéma en
fréquentant la Cinémathèque et ne cesseront, même
quand ils passeront de l'autre côté de la caméra, de
rendre hommage aux textes écrits (Truffaut a toujours
été amoureux des livres, Godard est poète, Rohmer
possède une écriture qui fait penser, dit-on, aux écrivains
du XVIIe siècle...).
Ce n'est pas sans raison qu'Alexandre Astruc écrit un
texte intitulé *La caméra-stylo* (voir p. 434), pas sans raison

non plus que ceux qu'on a appelés les *jeunes Turcs* défendent la nécessité pour le cinéaste de parler à la première personne, de détenir la responsabilité totale de son œuvre (voir *politique des auteurs*, p. 37).

Tout est permis pour faire enfin du cinéma un langage, un vrai moyen d'expression. L'ennemi qu'on entend bousculer, c'est le *cinéma de qualité*, anonyme et traditionnel, que François Truffaut stigmatise dans un pamphlet publié aux *Cahiers* et devenu célèbre : « Une certaine tendance du cinéma français ». Il y condamne les vétérans du cinéma (incarnés par Claude Autant-Lara et Yves Allégret) confortablement installés, selon lui, dans une création cinématographique ronronnante, pétrie d'idées toutes faites. Il prêche pour de nouveaux modes de production et de création.

Quand Chabrol réalise son premier long métrage (*Le Beau Serge*, 1959), Truffaut le talonne de près, et ses *Quatre cents coups* triomphent au festival de Cannes. Godard tourne *À bout de souffle* en 1960... La Nouvelle Vague s'installe. Elle met alors en application ses principes et dépoussière le paysage cinématographique. Elle révolutionne la technique : grâce à l'allègement du matériel, on choisit les tournages rapides, on néglige parfois le découpage, on improvise sur place, on refuse les studios et les lumières artificielles, ainsi que les vedettes et parfois même les acteurs professionnels. Réalisés en décor naturels avec des budgets très restreints, les films de la Nouvelle Vague bouleversent les habitudes de production et influencent les jeunes cinéastes de tous les pays, pressés d'avoir accès aux images malgré le manque de moyens : les Anglais *(free cinema)*, les Brésiliens *(cinema novô)*, et les réalisateurs du Tiers-Monde.

> Tant bien que mal il s'était initié... il jactait de traveling, zoum, séquences, nuits américaines. Il possédait, certes, au bout de dix ans quelques connaissances du métier... suffisamment pour se lancer, entrer dans une carrière dont les aînés s'étaient faits secouer d'importance, haut du cocotier, par les jeunes loups de la Nouvelle Vague...
>
> Alphonse Boudard, *Cinoche.*

Nouvelle nouvelle vague : expression employée parfois aujourd'hui pour désigner un courant qui se dessine à l'horizon du paysage cinématographique. Pour ne pas confondre avec la première Nouvelle Vague, les critiques redoublent l'adjectif.

novelization

Anglicisme. Vient du mot *novel*, lui-même issu du français *nouvelle*. La novelization est la transformation d'un film en roman. En général, on ne novelize (du verbe *novelizer*, également employé) que les films à succès.

nôvo (cinema)

Expression portugaise signifiant « cinéma nouveau ». Cette célèbre école de cinéma brésilienne serait née en 1955, date à laquelle Nelson Pereira dos Santos réalise *Rio, 40 degrés*. Mais en réalité, le cinéma nôvo explose au début des années 60 dans un climat d'effervescence économique et culturelle. Las de la mainmise de l'étranger (et notamment de l'Amérique) sur la production cinématographique brésilienne, une poignée de cinéastes (parmi eux Carlos Diegues, Ruy Guerra, Glauber Rocha) imposent un cinéma enraciné dans le pays. Un système de production et de distribution indépendant permet à des films qui renouent avec la tradition de voir le jour : ce sont des films épiques, baroques, flamboyants parfois, qui utilisent le folklore populaire et religieux pour montrer la faim et la pauvreté dont souffrent le peuple et encourager celui-ci à la révolte.

Cinémanôviste est parfois employé pour désigner les réalisateurs du cinéma nôvo.

nudies

Mot anglais, dérivé de l'adjectif *nude*, « nu ». Les nudies ont d'abord été la première manifestation des films pornographiques : on y voyait des acteurs nus, ce qui tranchait déjà avec les poses simplement suggestives des interprètes des films « normaux ». A la fin des années 50, sous la houlette du cinéaste Russ Meyer, le genre fait fureur. La multiplication des nudies annonçait l'explosion du *hardcore*, mais l'acte sexuel n'était pas encore montré à l'écran : égarés dans des scénarios aussi invraisemblables qu'indigents, les acteurs et les actrices étaient simplement amenés à se déshabiller à longueur de films.

nuit américaine

Les Américains l'appellent *day for night photography*,
c'est-à-dire « photographie de jour pour la nuit ». La nuit
américaine est en effet une technique qui permet le
tournage en plein jour d'une scène de nuit. La nuit
artificielle est obtenue en plaçant des filtres spéciaux
devant l'objectif. Contrairement à la nuit réelle (*night fort
night*, disent les Américains, c'est-à-dire « nuit pour

nuit »), la *nuit américaine* est relativement claire, avec des ombres nettes.

La Nuit américaine est également le titre d'un film de François Truffaut qui dévoilait l'ensemble des artifices nécessaires à la création d'une histoire pour le cinéma. Dans ce récit de tournage, c'est tout l'envers du décor qui était montré.

> *Cinéma-vie, ma vie*
> *Ta vie, ma vie, c'est du ciné*
> *Où donc est le metteur en scène?*
> *On a perdu le scénario*
> *Il y a des moments où ça traîne*
> *Et où le dialogue est idiot*
> *Le bleu des nuits américaines*
> *Est à pleurer, tell'ment c'est beau...*
>
> Jean-Roger Caussimon,
> *Mes chansons des quatre saisons.*

O

Un style graphique mis au point et rendu célèbre par Walt Disney dans ses dessins animés : tous les personnages, les animaux et leurs mouvements sont contenus dans des cercles approchant la perfection sphérique de la lettre O, ce qui leur donne des rondeurs rassurantes, parfois mièvres. Longtemps omniprésent dans le dessin animé, le *style en O* a été détrôné par ce qu'on a baptisé *style en I,* une importation des graphistes d'Europe de l'Est aux traits et aux dessins beaucoup plus anguleux.

objectif

Le nom *objectif* est dérivé de l'adjectif *objectif,* qui vient du latin *objectivus* et veut dire « ayant rapport à un objet placé devant le regard d'un sujet et indépendant de celui-ci ». L'objectif de la caméra est situé à l'opposé de l'*œilleton;* il est tourné vers les personnages, le décor, la scène, autrement dit l'*objet* que le cinéaste veut voir et capter. C'est un dispositif optique formé de lentilles de verre montées dans un boîtier. Il transmet les rayons de l'objet que l'on veut filmer sur la pellicule mais à l'envers, de sorte que l'image impressionnée sur la pellicule est renversée. Une série de *bagues* placées sur le boîtier et que l'on règle en les tournant permettent d'assurer une bonne mise au point (l'objectif s'approche ou s'éloigne de la pellicule) et de canaliser l'entrée du flux lumineux (le *diaphragme* s'ouvre ou se ferme à volonté). Un objectif est caractérisé par sa **distance focale** (voir p. 200). Suivant la focale employée, les proportions de l'objet filmé changent : un *téléobjectif* est par exemple un objectif à longue focale.

> J'étais grisée par l'objectif. Pour la première fois de ma vie, j'avais vraiment l'impression de séduire. De l'autre côté de l'appareil, je sentais Stéphane subjugué. Je le tenais à ma merci et c'était un plaisir aussi fort que d'être dans ses bras.
>
> Véra Belmont, *Rouge Baiser.*

obscur

Chambre obscure : voir p. 83.
Salle obscure : voir *salle,* p. 400.
L'adjectif, qui veut dire « privé de lumière », est également employé au sens figuré. On peut qualifier un cinéaste, un acteur, une comédienne d'obscurs. Cela veut dire qu'ils restent (encore ?) dans l'ombre, ne profitent pas des feux de la célébrité : ils sont méconnus, ignorés du public.

> L'ambiance de cette soirée me ramenait d'anciens souvenirs, je retrouvais ce même petit peuple d'intellectuels inspirés, de starlettes obscures et exhibitionnistes, qui entourait autrefois Wildenfeld pendant le tournage de Pampa cruelle...
>
> François-Olivier Rousseau, *L'Enfant d'Édouard.*

obturateur

Comme son nom le suggère, cette pièce, qui tourne entre l'objectif et la pellicule, est destinée à obturer ou cacher à intervalles réguliers la pellicule et à la protéger des rayons lumineux (phase d'*obturation*) puisque le film est une suite d'instantanés photographiques qui restitueront le mouvement à condition de défiler à une vitesse régulière.

> Petits temps d'arrêt paradoxalement faits pour suggérer le déroulement naturel, sans frein, du temps qui continue à éblouir nos rétines, même lorsque l'obturateur, vingt-quatre fois par seconde, ne leur offre que la nuit de l'éternité.
>
> Roger Grenier, *Ciné-roman.*

odorama

Construit sur le modèle de *panorama* ou *cinérama,* le mot *odorama* désigne un procédé de cinéma odorant dont la mise en place est très empirique : des bouquets de parfums se dégagent pendant la projection si le spectateur n'omet pas, au moment adéquat signalé par un numéro sur l'image, de gratter des pastilles sur la feuille qu'on lui a fournie à l'entrée de la salle. Les senteurs dans ce cas ne viennent pas de loin. L'odorama a pris la suite d'un procédé un peu plus sophistiqué qui n'a pas connu le succès escompté : le *Smell-O-Vision,* qui permettait de dégager des fragrances à partir du fauteuil des spectateurs. Le Smell-O-Vision (*to smell* en anglais veut dire « sentir ») aurait été lancé par le fils du producteur Mike Todd qui avait lui-même mis au point le *Todd AO* (voir p. 453).

œil

L'objectif de la caméra est souvent comparé à un œil, jugé parfois bien indiscret.

Œil de chat : objectif muni de plaques qui peuvent s'ouvrir et se fermer comme l'œil d'un félin. L'œil de chat permit dès son invention (début du XIXᵉ siècle, par Robertson, inventeur du Fantascope) les liaisons entre deux images et des sortes de fondus-enchaînés.

Œil-de-poisson : Appelé également de son nom anglais *fish eye.* Cet objectif permet d'embrasser un champ très large (avoisinant les 180°) comme l'œil de l'animal marin.

Ciné-œil : voir p. 103.

œilleton

Pièce de caoutchouc placée en avant du système de visée de la caméra. C'est sur l'œilleton que se pose l'œil du caméraman (ou du réalisateur) quand il veut vérifier l'image ou quand le moteur tourne.

> Comme dans un rêve absurde, il vit sautiller, tant il tremblait, dans l'œilleton de la caméra, il vit sautiller le couple beige et mauve et brun qui venait vers lui à petit pas.
>
> Françoise Sagan, *Un Sang d'aquarelle.*

off

Abréviation de l'expression anglaise **off screen** qui veut dire : « hors de l'écran », mais en français on dit plutôt **hors champ.** Est *off* tout ce qui est suggéré mais n'apparaît pas sur l'écran : la portion d'espace contiguë à celle qui est filmée et qui permet aux acteurs d'entrer dans le **champ,** également et le plus souvent toutes les sortes de sons (voix, dialogues, bruits, musiques) pour peu que leur source n'intervienne pas à l'image. On dit entendre **en voix off.**

> Puis nous eûmes une idée : cette citation ouvrirait le film, elle serait lue en voix off dès le générique par un acteur célèbre.
>
> Michaël Delmar, *La Blonde Platine.*

Un **festival off** est un festival qui se déroule en dehors d'un festival officiel : indépendant mais parallèle, il est souvent moins important que ce dernier.
L'expression **off Hollywood,** quant à elle, qualifie les films qui ne sont pas fabriqués dans la capitale du cinéma.

Olympe

Le mont Olympe était, pour les anciens Grecs, le séjour des dieux. Parce que les stars de cinéma ont acquis certains caractères divins qui les font surplomber le destin du commun des mortels, elles seules auraient le droit de séjourner avec les divinités. C'est pourquoi l'on parle symboliquement de « l'Olympe des stars ».

ombre

Partie sombre reproduisant sur un mur ou un écran les contours d'un objet ou d'un personnage convenablement éclairés. Les projections d'ombres sont à l'origine de l'invention du cinéma : ombres projetées sur le mur d'une caverne et qui donnent aux prisonniers décrits par Platon l'illusion de la réalité, ombres chinoises, théâtre d'ombres en Occident, fantsmagories diverses. C'est pourquoi l'on emploie parfois l'expression *montreur d'ombres* pour parler de ceux qui projettent des images (elles sont tissées d'ombres et de lumières) sur les écrans. Aujourd'hui, cette expression est employée pour désigner les cinéastes.

> Luis Buñuel n'est pas un montreur d'ombres
> plutôt un montreur de soleils
> mais
> même quand ces soleils sont sanglants
> il les montre
> innocemment.

Jacques Prévert, Spectacle.

opéra

Le mot vient de l'italien où il signifie « œuvre » puis « pièce mise en musique ».
Le *film d'opéra* ou *film-opéra* existe depuis les débuts du cinématographe. Dès 1903, Méliès met en images un *Faust*. Les premiers films-opéras seront du reste muets! A l'arrivée du parlant, cinéma et opéra font un pacte et les films-opéras se multiplient : classiques ou modernes (*Carmen Jones* que Preminger tourne en 1954 est, par exemple, une libre adaptation du *Carmen* de Bizet : les interprètes sont noirs). On les a souvent accusés d'être, comme le théâtre filmé, peu cinématographiques. Pourtant ils bénéficient aujourd'hui d'un regain d'intérêt (*Carmen* de Rosi, *Don Giovanni* de Losey, etc.).

Le *cinopéra* est un genre qui marie peut-être plus étroitement l'opéra et le film. Il apparaît dans les années 70 en Allemagne. C'est un cinéma d'avant-garde, baroque et romantique. Il développe des poèmes fiévreux et crépusculaires où se déplacent des femmes hiératiques aux bouches écarlates qui figurent les divas mythiques de l'opéra et leurs chants. Le maître du cinopéra est Werner Schroeter qui réalise, en 1972, *La Mort de Maria Malibran*, mais un cinéaste comme Daniel Schmidt s'y essaiera également : *La Paloma* (1974).

Soap-opéra : voir p. 421. *Space-opéra :* voir p. 425.

opérateur

Personne qui exécute une opération. Dans le langage cinématographique, le mot désigne plusieurs exécutants. *L'opérateur de prises de vues* n'est autre que le *cadreur* ou *caméraman* (voir *caméra* et *cadre,* pp. 72 et 68).

L'opérateur projectionniste est chargé, dans sa cabine, d'assurer la projection du film (voir *projection*).

> Au cinéma du Moulin rouge, aujourd'hui, par la porte entrouverte de la cabine de l'opérateur, on perçoit des clameurs, celle de la foule des porteurs en triomphe, à l'atterrissage du Bourget en 1927.
>
> Jacques Prévert, *Histoires.*

Enfin le *chef-opérateur* ou *directeur de la photographie,* appelé plus familièrement *chef-op,* est responsable de la qualité artistique des prises de vues, de la photo. Il met au point, avec le réalisateur, les cadrages et les mouvements d'appareil, mais il porte également un soin attentif aux éclairages (on dit *la lumière*) choisis en fonction de la tonalité imposée par le metteur en scène. Son pouvoir est si grand (le fait fut frappant aux débuts de la Nouvelle Vague) qu'il arrive parfois que l'on dise de certains films : ce sont des *films d'opérateurs* en effaçant du même coup les privilèges normalement dévolus au chef d'orchestre suprême, le réalisateur.

> Ben ouais, dit Paulo, ça évidemment, t'es pas Bardot faut bien dire; mais de toute façon maintenant la mode est au naturel, aux nanas un peu tartes pour faire plus vrai. Et puis tu sais, avec un bon chef-opérateur y a pas de problème, Dracula ressemblerait à Kim Novak.
>
> Catherine Rihoit, *La Favorite.*

one-liner

Mot anglais, de *one*, « un », et *line*, « ligne ». Le one-liner est un gag ou une plaisanterie qui peut tenir en une ligne. Woody Allen a débuté en écrivant (pour d'autres) des one liners irrésistibles.

one scene, one shot

Expression américaine. On emploie aussi sa traduction française, **une scène, une prise** pour définir un **plan-séquence** : la caméra enregistre la scène dans sa continuité sans coupure et sans changement d'angles. Elle suit le déplacement des comédiens. Hitchcock a magnifiquement illustré la technique du *one scene, one shot* dans *La Corde* (1948). C'est en effet une suite de plans-séquences : chacune des scènes du film correspond à la longueur d'une bobine, Hitchcock ayant laissé se dérouler le métrage contenu dans le chargeur de la caméra sans interrompre le jeu des acteurs.

optimiste à lunettes (l')

Également surnommé *l'homme aux lunettes d'écaille.* Ses petites lunettes sont en effet passées à la postérité, mais également le canotier de paille et la bonne humeur qu'ils arborait dans ses films, l'audacieux courage dont il ne se départissait ni pour escalader les gratte-ciel ni pour séduire la femme de ses rêves. De son vrai nom Harold Llyod, il fut l'un des rois de la comédie américaine.

orchestre

Du grec **orkhêstra.** Dans les théâtres antiques, l'orchestre était la partie réservée aux mouvements du chœur, puis ce fut l'emplacement des musiciens. Dans les salles de théâtre « à l'italienne », les musiciens étaient installés en contre-bas de la scène, dans la fosse d'orchestre. Puis on a appelé *orchestre* la partie inférieure des grandes salles. Construites sur le modèle des salles de théâtre, les grandes salles de cinéma ont comporté, elles aussi, un orchestre, mais généralement un seul **balcon** alors que les théâtres en contenaient plusieurs.

orgues

Instrument musical introduit dans une salle de cinéma grâce à Léon Gaumont. Celui-ci racheta en effet l'hippodrome de la place Clichy pour le transformer en salle. En octobre 1911, le Gaumont Palace fut ouvert au public : c'était la plus grande salle du monde, et elle possédait des orgues.

original

On peut qualifier d'original un scénario qui, conçu et écrit pour le cinéma, n'a pas été adapté d'une œuvre pré-existante (roman, pièce de théâtre...) Originale également l'idée qui préside à la construction de ce type de scénario.

> Le scénario vraiment original, il me vient... Une esquisse en tête pendant qu'il se confie Gaston... que les autres autour boivent, trinquent maintenant secrètement à la revanche... la reconquête de l'Est... que sais-je ? Voilà des drôles de personnages à saisir avant que l'espèce disparaisse...
>
> Alphonse Boudard, *Cinoche.*

Et aussi la **version** (voir p. 471) d'un film qui donne à entendre les dialogues *originaux*, c'est-à-dire dans la langue du pays où a été réalisé le film. Présenté dans un pays étranger, le film est alors **sous-titré.** L'expression **version originale** est souvent abrégée : on dit **V.O., film en V.O.**

origines (cinéma des)

C'est celui qui a immédiatement suivi l'invention du cinématographe. On appelle parfois **primitifs** les cinéastes de cette époque : ils furent en effet les premiers à œuvrer pour le Septième Art, les premiers à jeter les bases du langage et de la grammaire cinématographique, en inventant mise en scène, éclairage, trucs et mouvements d'appareil.

orthochromatique

Du grec *orthos*, « correct », et khrôma, « couleur ». Se dit en principe d'une pellicule qui rend de bonnes couleurs, mais en fait d'une pellicule sensible à toutes les couleurs sauf au rouge. Cette ancienne pellicule, utilisée très tôt dans l'histoire du cinéma, a été vite remplacée par la pellicule **panchromatique** (avec le grec *pan*, « tout ») sensible à toutes les couleurs.

Oscar

Nom de la statuette offerte chaque année à Hollywood par les membres de l'***Académie des Arts et Sciences du Cinéma*** (2 000 personnes recrutées dans toutes les branches de l'industrie cinématographique) aux artistes et aux techniciens les plus talentueux, ainsi qu'aux films les plus réussis, dont on dit alors qu'ils ont été **oscarisés**.

Dessinée en 1927 par le décorateur Cedric Gibbons, sculptée par un Californien, la statuette (bronze recouvert d'or) ne s'appelait d'abord qu'***Academy Award***, c'est-à-dire « récompense de l'Académie ». On la surnomma *Oscar* au début des années 30, en raison du cri lancé par une secrétaire de l'Académie : « Mais elle ressemble à mon oncle Oscar ! » Pourtant l'actrice Bette Davis revendique également la paternité de ce surnom à sa manière :

> Eh bien, retourné, il ressemblait au derrière nu de mon premier mari, Ham Nelson. Et son second prénom était Oscar, ce que j'ai ignoré pendant des années. Il ne me l'avait jamais dit tellement il détestait ce nom... l'Académie s'est beaucoup irritée du fait que je l'ai crédité de ce nom.

La **remise des Oscars** a lieu au cours d'une grande fête (la **cérémonie des Oscars**) qui rassemble toute la profession cinématographique : c'est elle qui a inspiré les créateurs des **Césars** français. On désigne aujourd'hui par *oscar* les récompenses décernées dans les domaines les plus divers **oscar de la chanson,** l'*oscar de la couture,* etc.).

ours

Nom donné à la première ébauche du montage (voir également **bout-à-bout**).

Ours de Berlin : récompense décernée à l'issue du festival de Berlin. Elle est symbolisée par une petite statuette représentant un ours.

ouvreuse

L'*ouvreuse de cinéma* ouvre les portes de la salle de
projection et conduit le spectateur jusqu'à sa place. Si la
salle est déjà plongée dans l'obscurité, elle utilise une
torche électrique pour l'éclairer discrètement. A l'entracte, elle peut vendre des friandises. La tradition veut
qu'elle ait pour tout salaire les pourboires reçus de la
main des spectateurs. Ce n'est pas toujours la vérité.

> Dès les billets, j'y vais de ma petite course, même
> aujourd'hui, j'en vois qui traînent, qui écrasent le mégot,
> qui se farfouillent pour le pourliche, qui rangent bien leur
> monnaie, ce ne sont pas des êtres humains, ça; moi, j'ai
> tout prêt, la pièce à l'ouvreuse dans ma poche, bien serrée,
> je peux y aller de mon petit trot, flouf fauteuil, et bien près
> de l'écran pour être bien dedans...
> Claude Klotz, *Les Mers adragantes*.

ouvrir

Se dit à propos du champ de prise de vues que l'on élargit (voir *élargir*), également à propos du *diaphragme* (voir p. 146) dont on règle l'*ouverture*. Suivi de la préposition *sur*, le verbe *ouvrir* est aussi employé pour définir la construction d'un film : on ouvre un film sur telle séquence, une séquence sur telle scène, une scène sur tel plan, un plan sur telle image, etc.

oyama

Nom donné aux acteurs masculins qui, au théâtre et dans les premiers films japonais, interprètent des rôles féminins.

palace

Mot anglais désignant un palais. En français, l'expression désigne plutôt les grands hôtels très luxueux, mais elle est également indissociable de l'univers du Septième Art. Conjuguée avec des noms propres, elle a en effet servi d'appellation aux grandes salles de cinéma souvent richement décorées que fréquentaient les spectateurs avec assiduité avant l'apparition des complexes de multi-salles. Exemples : Gaumont Palace, Magic Palace, etc.

> Je vais voir La Fureur de vivre. Ça se donne à l'autre bout de Paris sur les grands boulevards. C'est loin, je m'en fous. Au Hollywood Palace ou un truc comme ça, une grande salle poussiéreuse avec des fauteuils en peluche rouge qui sentent le vieux basket, et des chewing-gums collés sous les sièges...
>
> Catherine Rihoit, *La Favorite.*

Palme d'or

Statuette surmontée d'une palme. La palme, feuille du palmier, est un symbole de victoire. C'est donc au meilleur des films sélectionnés pour le Festival que le grand jury de Cannes décerne cette fameuse Palme d'or. La Palme d'or équivaut au *Grand Prix du Festival de Cannes,* mais beaucoup d'autres récompenses sont également distribuées à l'issu de ce festival.
On dit : être *palmé* pour « avoir reçu la Palme d'or ». L'expression n'a rien à voir avec la conformation des

pattes de canard ou autres palmipèdes. Elle concerne le grand triomphateur du plus grand festival international actuel : film ou auteur de ce film. Pour ceux-ci, l'avenir est assuré puisque tout cinéphile se doit d'aller voir un film palmé dès sa sortie en salle.

> Il baignait dans l'euphorie, Galamuche! S'il bichait, du coup il appuyait encore davantage sur le champignon... le pied au plancher, on frôlait des précipices! Forcé de lui dire que ça serait con de mourir avant d'avoir pu téter le jus de la gloire. Je lui ai fait miroiter son nom en grosses lettres sur les panneaux lumineux, en néon... Luc Galano... l'égal de Fellini, Hitchcock, John Ford... et puis pourquoi pas l'Oscar! Le Delluc! la Palme d'or!... Malraux qui se dégage un moment de ses réflexions sur l'art hindou pour venir le congratuler.
>
> Alphonse Boudard, *Cinoche.*

Panavision

Les vieux films tournés en Panavision (également ***Super Panavision*** ou ***Ultra Panavision***) sont des films pour écran large, la firme Panavision s'étant un moment spécialisée dans la fabrication d'objectifs adaptés à ce type d'écran. Mais dire aujourd'hui qu'un film a été réalisé en Panavision, c'est signifier simplement qu'il a été fabriqué avec du matériel fourni par la maison Panavision.

panne

Du latin *penna*, « plume, voile ». Parce que *mettre en panne* veut dire « disposer les voiles d'un bateau de façon à rendre celui-ci immobile » et *dépanner* « sortir quelqu'un ou quelque chose de l'immobilité », *panne* est devenu à la fois synonyme d'immobilité et de « situation misérable ».
Par extension, l'expression ***faire des pannes*** ou ***faire des pannouilles***, très employée dans le monde du spectacle, signifie interpréter des rôles sans importance, dans une situation assez misérable : une panne ne nécessite pas de la part d'un acteur beaucoup de déplacements sur la scène du théâtre ou devant l'objectif de la caméra; c'est un emploi qui ne sera que très modiquement rémunéré.

panorama

Du grec *pan,* « tout » et *orama,* « vision ». Les premiers panoramas apparaissent à Londres à la fin du XVIIIᵉ siècle. Ce sont des paysages ou des scènes de l'histoire peints en continu sur les murs d'une salle circulaire. Par la suite on appellera également *panoramas mobiles* les toiles roulées que l'on dévidait devant les spectateurs.

panoramique

Adjectif dérivé de *panorama. Panoramique,* devenu un nom commun (on dit *un panoramique* abrégé souvent en *pano* et *faire un panoramique* si l'on ne dit pas *panoramiquer*), est employé dans le jargon cinématographique pour désigner un célèbre mouvement d'appareil qui permet d'explorer un décor, un paysage, une foule. Un panoramique est souvent descriptif, mais il permet également d'accompagner un personnage.

Un panoramique peut être très rapide : on dit alors qu'il est *filé.* Dans tous les cas, la caméra reste sur place : elle se contente de pivoter autour de son point de fixation. De gauche à droite suivant un axe vertical et c'est un *panoramique horizontal.* De haut en bas suivant un axe horizontal et c'est un *panoramique vertical.* Associé au mouvement de *travelling,* le panoramique devient un *pano-travelling.*

On qualifie de panoramique un écran très large, voire géant, capable de recevoir de grandes images remplissant parfois totalement le champ visuel du spectateur, en lui donnant un panorama complet de la scène.

> Ces plans sans cesse repris d'un derrick, d'une clairière balayée par un lent panoramique, cette magie répétitive ne nous inspirent pas du bonheur mais de l'envoûtement.
>
> Frédéric Vi ux,
> *Il me semble désormais que Roger est en Italie.*

panoter

Verbe probablement construit à partir de la contraction de deux mots : *panoramique* et *travelling.* Il signifie « impulser à la caméra un mouvement complexe combinant les effets du panoramique et du travelling : le *pano-travelling* (voir p. 322). On l'emploie aussi simplement pour : *faire un panoramique.*

panrama

Le panrama, présenté à Paris en 1981, ne permet pas encore une vision totale mais, comme beaucoup d'autres procédés, il a tenté de s'en rapprocher. Le panrama utilise une pellicule de 35 mm qui défile dans le sens horizontal. La caméra filme avec un objectif à très grand angle *(œil-de-poisson)* et les spectateurs, pour mieux profiter de cet écran géant et sphérique, sont assis dans des fauteuils qui peuvent basculer. Le principe a été mis en application à la Géode (voir p. 213).

pantalon

Longue affiche réalisée dans le sens de la hauteur, rappelant la coupe d'une culotte longue.

panthère

Certains ont parlé de *montage panthère et léopard* en faisant allusion aux changements de taches sur le pelage moucheté de ces animaux : dans un film en effet, les personnages, les situations, les décors peuvent se déplacer d'une image sur l'autre. Le montage permet de suivre une même histoire tout en modifiant les points de vue. Mais Alain Resnais préférait souligner la force physique de l'animal panthère plutôt que son apparence quand il parlait de *raccord panthère.* Les raccords panthère sont en effet ceux qui font avancer l'action du film par des sauts aussi puissants que ceux que peuvent exécuter les félins.

papa (cinéma de)

Calquée sur la formule du général de Gaulle, « l'Algérie de papa », l'expression *cinéma de papa* ou *de grand-papa* désigne l'ensemble des films tournés par les générations précédentes. Plus précisément, parmi les œuvres d'autrefois, celles qui semblent démodées.

Cinéma, cinéma de papa,
Moi, j'aimais ça,
Le cinéma de papa,
Péplum déchiré,
Coffre fracturé,

Shériff, ils t'ont buté,
V'la la musique, v'la la musique,
C'est elle qu'indique,
c'est elle qu'indique,
Que tout est tragique...

« Le Cinéma de papa », Chanson d'Élisabeth Depardieu.

papet (le)

Surnom donné par Ugolin à César Soubeyran dans *Jean de Florette* et *Manon des sources*, tournés par Claude Berri en 1986 d'après l'œuvre de Pagnol. C'est Yves Montand qui tient le rôle. Le grand acteur (chanteur spécialiste des *one-man-shows* à ses débuts), célèbre pour ses prises de positions politiques aux côtés de Simone Signoret, semble avoir définitivement hérité du sobriquet. Tenté par Hollywood où il tourna sous la direction de Cukor, et avec Marilyn, *Le Milliardaire* (1960), il explosa avec les films de Costa-Gavras (*L'Aveu, Z, ...*) et se coula avec sincérité dans les films de Claude Sautet (*César et Rosalie; Vincent, François, Paul et les autres*). Yves Montand est fils d'un immigré italien. Très jeune, il a gagné sa vie en faisant le docker. Le jeune chanteur aurait choisi le pseudonyme de Montand en hommage à sa mère qui criait à la fenêtre : « *Ivo monta* » pour le faire rentrer à la maison. Yves Montand s'appelle en réalité Ivo Livi.

paradoxe du comédien

La théorie défendue par Diderot dans *le Paradoxe sur le comédien* s'énonce comme suit : en aucun cas l'acteur ne peut se confondre avec le personnage qu'il interprète; dans tous les cas il y a une différence, voire une contradiction, entre le rôle et le comédien; le comédien doit construire son personnage et non pas s'identifier à lui. Ce principe conduit à des techniques de jeu plus proches de la *distanciation* réclamée par Brecht que de l'identification ou l'immersion enseignées par les professeurs de l'*Actor's Studio* (voir p. 281).

> Diderot, dit Horace, n'en parlons pas. Nous tenons « le Paradoxe » pour un aimable exercice de style...
>
> Henri-François Rey, *Le Café Meliton.*

parallaxe

Du grec *parallaxis*, « décalage ». La parallaxe est une différence d'axes optiques. Entre ce que voit l'objectif de la caméra et ce que voit le réalisateur dans son viseur, il y a en effet un décalage (les deux axes forment un angle). Pour corriger la parallaxe, on a mis au point le système de visée reflex (voir *viseur,* p. 473).

Paramount

Un pic montagneux auréolé d'étoiles (autrement dit de *stars*) : c'est l'emblème de cette *Major* américaine. En réalité la *Paramount Famous Lasky Corporation* (qui deviendra la *Paramount Publix Corporation* puis la *Paramount Pictures*) résulte de la fusion de la compagnie de Jesse L. Lasky et de la *Famous Players Film Company* fondée par Adolphe Zukor.

Au début, la Paramount distribue les films des deux autres compagnies, notamment ceux de la firme de Zukor qui sont des adaptations cinématographiques de succès théâtraux, d'où la devise de Zukor : « Des acteurs fameux dans des pièces fameuses ».

Mais, très vite, la Paramount va devenir l'une des plus puissantes compagnies. Les plus grands noms s'y retrouvent. Parmi eux, Rudolph Valentino, Gloria Swanson, Gary Cooper. C'est la Paramount qui lance Clara Bow, la « It girl ». C'est elle aussi qui fait venir d'Allemagne la grande Marlène Dietrich. Cecil B. De Mille, Joseph von Sternberg, Ernst Lubitsch, comme beaucoup d'autres, démontrent leur talent de réalisateurs à la Paramount, tant et si bien que l'on affirme un peu partout de manière péremptoire : « Si c'est un bon film, c'est un film Paramount ».

Les films de la Paramount, qui ont une réputation d'excellence, n'ont pourtant pas toujours fait de grosses recettes et la firme a connu certaines difficultés. Elle s'est reprise, mais en 1966 elle fut absorbée par le conglomérat *Gulf and Western,* et fournit désormais des programmes aux chaînes de télévision.

> Autant prendre sur lui le bon exemple. A moi le grelot !... Passez-moi, mademoiselle, New York, s'il vous plaît... M'sieur Mayer Goldwyn... Madame Paramount... on verra bien si ça me répond.
>
> Alphonse Boudard, *Cinoche.*

parasoleil

Placé devant l'objectif de la caméra, il protège celui-ci des rayons du soleil ou de la lumière des projecteurs.

parc de salles

Calquée sur l'expression *parc automobile* la formule *parc de salles* a fait fortune. Dans les milieux cinématographiques, on parle de *parc* tout court : c'est l'ensemble des salles de cinéma d'un pays. En France, le parc est considéré comme l'un des plus importants au monde.

Films de parc : expression désignant les films burlesques tournés au début du siècle par les studios de la Keystone et qui se déroulaient dans des parcs : les allées, les promenades et les bassins étaient en effet propices à des chassé-croisés de toutes sortes.

parlant (le)

Abréviation de l'expression : ***cinéma parlant*** ou ***film parlant.*** Quand il apparaît, c'est une véritable révolution qui bouleverse l'industrie cinématographique.
Pourtant le cinéma connaissait déjà le son. Les images, enregistrées dans un brouhaha intense, étaient restituées à la projection avec un accompagnement musical interprété par un pianiste, parfois même un orchestre. Et, depuis longtemps déjà, Edison avait mis au point un système de reproduction des sons (phonographe). Au début des années 10, Louis Gaumont perfectionne le ***chronophone*** qui permettait de synchroniser quelques images avec quelques sons. Le film sonore en est à ses premiers balbutiements. Il faudra attendre 1926 pour que

le rêve devienne une réalité tangible. C'est cette année-là en effet que les frères Warner utilisent un procédé mis au point par la compagnie Western Electric baptisé *Vitaphone* : ils présentent un film d'Alan Crosland, *Don Juan,* avec Lionel Barrymore, où l'on peut entendre des bruits et de la musique; ceux-ci sont enregistrés sur disques et restitués en synchronisme avec le projecteur. En 1927, William Fox s'empare de l'autre brevet de la Western Electric, le *Movietone,* qui permet d'inscrire le son sur la pellicule : les essais sont concluants.

Mais ce sont les frères Warner encore qui projettent en octobre 1927 le premier film parlant. Dans *Le Chanteur de jazz* d'Alan Crosland, la vedette Al Johson chante et parle, à la stupéfaction d'un public aussitôt conquis. La grande révolution est accomplie. C'en est fini du muet : les *talkies* (de *to talk* : parler) ou films parlants ont acquis droit de cité et se multiplient. On retient alors le procédé d'enregistrement du son sur la pellicule. Curieusement le format du film d'Edison ne change pas, mais la largeur de l'image diminue pour laisser la place à la *piste sonore* qui se déroule tout le long de la pellicule entre les perforations et les images.

Le système d'enregistrement est le suivant : les variations sonores recueillies par le micro sont transformées en impulsions électriques; amplifiées, celles-ci sont transmises à une source lumineuse qui les traduit en oscillations spatiales sur la piste prévue à cet effet. A la projection, le système est inversé : les variations photographiques impressionnées sur la pellicule sont « lues » par un faisceau lumineux; les différentes densités lumineuses sont alors transformées par une cellule photo-électrique en impulsions électriques envoyées à des haut-parleurs qui restituent le son.

Mais ce système d'enregistrement photographique, dit également de *son optique,* a été remplacé par un système d'enregistrement magnétique : une tête magnétique aimante, sous l'impulsion des variations électriques, la couche d'oxyde de fer appliquée sur la bande sonore; à la lecture, la bande ainsi aimantée restitue les variations électriques.

L'invention une fois testée, il n'est plus question de revenir en arrière : le public ne veut plus que du parlant. Mais le parlant, qui, par la suite, va rapporter beaucoup aux industriels du cinéma, leur coûte d'abord beaucoup d'argent : il faut s'adapter. On doit aménager les salles, combler la fosse d'orchestre, insonoriser les caméras, étouffer les bruits des plateaux (on préfère à ce moment-là les tournages en studio plutôt que ceux qui se déroulaient auparavant en extérieurs). Partout le silence est requis (« Silence! On tourne ») afin que les comédiens parlent et puissent être bien entendus. Certains, pourtant, passent mal « l'épreuve du parlant ». Leur voix semble mal accordée à leur gestuelle et leur carrière s'en trouve brisée. Les cinéastes se tournent alors vers le théâtre, le music-hall. De nouveaux acteurs apparaissent. On filme des revues musicales. Un nouveau genre cinématographique voit le jour : la *comédie musicale.* Elle connaîtra un destin inattendu et brillant.

> Les opérateurs calfeutrés dans des boîtes grandes comme des cabines téléphoniques, apprenaient à filmer de derrière des vitres qui assourdissaient le ronflement des moteurs. Les réalisateurs, désormais sans mégaphone, apprenaient à diriger leur scène avant le tournage et à se taire durant la prise. » Les acteurs apprenaient à respecter leurs marques scotchées au sol, et à parler aux lampes, aux vases, aux cendriers afin que les micros, cachés là par les décorateurs, puissent capter leur voix. Bref, les dialogues commençaient à remplacer les intertitres. Et personne à la Fazekas n'y croyait!
> Les exécutifs clamaient que le parlant n'était qu'une combine de M. Castex pour étendre son empire et s'en mettre plein les poches. Ne détenait-il pas les brevets des équipements sonores?
>
> Alexandra Lapierre, *L'Homme fatal.*

Parrain (le)

Film de Francis Ford Coppola réalisé en 1972 (il sera suivi en 1974 d'un *Parrain II*) dans lequel Marlon Brando, les mâchoires empâtées, incarnait un chef de la Maffia inoubliable. C'est un succès considérable et son auteur se trouve alors affublé lui-même du titre de *parrain.* La faveur ainsi décernée est ambivalente. Certes ce cinéaste surdoué semble guider une nouvelle génération de metteurs en scène hollywoodiens qui fait des étincelles et fait parler d'elle (Spielberg, Lucas, Scorsese, etc...), mais la mégalomanie du personnage est évidente : démêlés financiers lors du tournage d'*Apocalypse Now,* problèmes de production lors du tournage de *Coup de cœur* en 1981 (il aurait versé quelques larmes pour que les employés travaillent sans être rémunérés).

partenaire

Le mot est tiré de l'anglais *partner* et veut dire « associé ».
Être partenaires à l'écran, c'est, pour deux comédiens,
être associés durant le tournage du film et dans le
déroulement de l'histoire qui est rapportée. Cette association est une affaire de travail : elle n'implique pas
forcément que les personnes concernées soient amies.

> Mon partenaire, c'est moi, et je suis deux acteurs à la fois.
> Ne serait-ce que par souci d'efficacité : je n'ai pas le temps
> d'imaginer en vis-à-vis telle ou telle vedette.
> Jean-François Josselin, *Quand j'étais star.*

Partez!

Cette injonction lancée par le metteur en scène à
l'adresse de ses comédiens, sur le plateau de tournage, ne
signifie pas que ceux-ci doivent quitter les lieux. Elle fait
partie de ce qu'on appelle l'*annonce* (voir p. 28) : c'est le
signal utilisé pour indiquer aux interprètes que, les
appareils d'enregistrement étant en marche, ils doivent
bouger et entrer en action. Du reste on dit également
Action!, l'ordre étant alors parfois exprimé en langue
anglaise.

> Silence! cria un assistant et Constantin dit : Partez, à
> Ludwig Lentz qui se tourna vers Wanda.
> Françoise Sagan, *Un Sang d'aquarelle.*

participation

Si le générique du film indique : *avec la participation
de...* et que suit le nom d'une vedette importante, cela
signifie que celle-ci a accepté d'interpréter un rôle bref
ou insignifiant, sans rapport avec sa notoriété, par amitié
pour le réalisateur ou pour lui rendre hommage (la
participation est alors souvent qualifiée d'*exceptionnelle*).

> Gloria elle ne peut pas nous accompagner, elle tourne
> quelques jours en Italie. Elle a accepté un petit rôle,
> n'est-ce pas, pour faire plaisir à un ami... – Avec la
> participation exceptionnelle de Gloria Sylvène – ... ce qu'ils
> cloqueront au générique...
> Alphonse Boudard, *Cinoche.*

Mais on dit qu'un film est **en participation** lorsque les acteurs, le metteur en scène, l'équipe technique, touchent un pourcentage sur les bénéfices réalisés, à la place de leur cachet habituel. C'est souvent le cas lorsque le film en question est réalisé par un jeune cinéaste ne bénéficiant pas d'un budget considérable. La *participation* d'une star est alors une marque de confiance.

party

Signifie en anglais « réception ». A ses débuts, Hollywood, qui était en quelque sorte une ville neuve, artificiellement créée, manquait de distractions. On disait
même que c'était l'endroit « le plus triste du monde ».
Producteurs et vedettes, transplantés là pour les besoins
de leur travail, pallièrent néanmoins très vite cet important inconvénient. Après s'être fait construire de luxeu-
ses villas souvent agrémentées de piscine, ils se mirent à y
recevoir leurs collègues et voisins, c'est-à-dire... les gens
de cinéma. Les parties qui réunissaient le tout-Hollywood furent certainement des moments privilégiés où la
fête savait battre son plein (les nababs recevaient aussi sur
leurs yachts respectifs), mais également un passage convoité et obligé pour tous les candidats au vedettariat.
Certaines sont devenues légendaires. Le magnat de la
presse William Randolph Hearst recevait ainsi avec
largesse et magnificence, en compagnie de son épouse
légitime ou de sa célèbre maîtresse, l'actrice Marion
Davies. Pickfair, la somptueuse demeure de Mary Pickford
et Douglas Fairbanks, fut, pendant de longues années, le
lieu de fêtes très prisées. Peu à peu cependant, le scandale
s'insinua dans cet univers paradisiaque : drogue, suicides
firent leur apparition. En 1921, l'actrice Virgina Rappe
meurt à la suite d'une party mouvementée. Roscoe
Arbuckle, dit Fatty en raison de sa grosseur (*fat* veut dire
gros), l'un des plus célèbres comiques de l'époque, est
accusé de viol. Jugé, il sera acquitté mais sa carrière sera
brisée. D'autres crimes sont commis : ils ne seront pas
élucidés. Hollywood, montrée du doigt, est désignée
comme un lieu de débauche. C'est alors que les producteurs, soucieux du devenir de l'industrie qu'ils viennent de
mettre sur pied, vont remettre à flot le navire défaillant en
imaginant un code d'autorégulation garantissant la bonne
conduite et la respectabilité de chacun (voir p. 113).

Hollywood ! On donna pour mon arrivée une grande party en
mon honneur. J'avais beau être une grande vedette célèbre en
Europe, je n'en croyais pas mes yeux... Après, je suis allé à
beaucoup de parties, pas pour rigoler, croyez-moi. Ce sont des
réunions officielles où il faut paraître, au rang qui est le vôtre.
Et ce rang varie avec le box-office, les recettes des cinémas.
C'est le public finalement qui commande. Hollywood
obéit.

Roger Grenier, *Ciné-roman.*

pas de l'image

C'est l'intervalle situé entre deux perforations d'un film.

Passe-moi le beurre

Petite phrase en apparence tout à fait anodine qui a fait
le tour des salons ou des tables parisiennes dans les
années 70. En réalité elle faisait ironiquement référence
à une scène de sodomie interprétée par Marlon Brando et
Maria Schneider dans le *Dernier Tango à Paris* de
Bernardo Bertolucci. Celle-ci avait fait scandale et frappé
les imaginations.

passer

Comme *donner,* s'emploie couramment pour « projeter » :
on dit d'un film qu'il passe dans tel ou tel cinéma.

> – Est-ce que vous passerez un film, ce soir, Mr. Stahr ?
> – Non, merci. Vous pouvez aller vous coucher.
> Francis Scott Fitzgerald, *Le dernier Nabab.*

On retrouve ce verbe dans d'autres expressions :
Passer à l'avance ou *à l'avance sur recettes.* La formule
est utilisée à propos des scénarios. Elle signifie que
ceux-ci sont soumis à la commission d'avance sur recettes
(voir p. 39).
Passer de l'autre côté de la caméra : voir à *caméra.*
Passer à la réalisation : devenir metteur en scène.

> Il lui a fait un numéro de charme à la Wanda! Je me
> demande pourquoi il pase pas de l'autre côté de la caméra,
> Clark Gable à côté ce serait rien!
> Catherine Rihoit, *La Favorite.*

passerelles

Construites dans les studios au-dessus des décors, elles
sont destinées à supporter les projecteurs et les électriciens chargés de s'en occuper.

> Pourtant, au studio, sur leurs passerelles, écrasés de lumiè-
> re, les travailleurs du film, comme sur leurs bateaux les
> travailleurs de la mer, poursuivent leur labeur...
> Jacques Prévert, *Histoires.*

Pathé

C'est le nom d'un des premiers empires cinématographiques. Comme **Gaumont** (voir p. 209), il fut édifié en France. Son créateur fut un self-made man nommé Charles Pathé.

C'est après s'être essayé au métier de boucher, puis avoir travaillé dans la restauration et chez un avoué que Charles Pathé découvre le phonographe d'Edison et pressent la rentabilité de cette nouvelle invention.

Il achète l'un de ces instruments, le présente sur les champs de foire et fait ainsi fortune, tout en améliorant progressivement la qualité de son matériel. En 1896, il s'associe avec son frère Émile pour constituer la société Pathé, dont l'emblème est le célèbre *coq gaulois* dressé sur ses ergots. Il se lance alors dans le cinéma, et fait construire laboratoires et studios à Vincennes et à Joinville. En dédoublant ainsi sa mise, il évite le risque que le feu ne vienne à détruire dans leur totalité les fondements de l'empire qu'il a édifié.

Il devient producteur. Auprès de lui s'épanouissent des personnalités de talent comme Ferdinand Zecca ou Max Linder.

Puis il invente un nouveau métier : celui de *distributeur*. « Une des idées les plus fécondes qui me soient jamais venues fut de renoncer à la vente des films pour la remplacer par la location. »

La profession de « loueur de films » prend son essor grâce à lui. L'autodidacte se lance alors à l'assaut de l'exploitation des salles et s'implante à l'étranger. Il mourra après avoir assisté à la faillite de son empire (*Pathé-Cinéma*), qu'il avait vendu à Bernard Natan.

> Ils bricolent avec Rita Casti comme star, et quelques techniciens de chez Ziegfield, un film d'une bobine. Une histoire de vamp qui dévore les hommes. En le visionnant, il paraît que le représentant de Pathé fait des bonds de quatre mètres et leur passe une commande pour cinq courts métrages...
>
> Alexandra Lapierre, *Un homme fatal.*

Le nom de Pathé a été associé à de nombreux titres, propriétés de la firme Pathé, comme :

– *Pathé-journal,* l'une des premières revues d'actualités filmées :

– *Pathé-Baby,* petit projecteur pour amateur.

patte

On dit « reconnaître la patte » (ou « la **griffe** ») de tel ou tel réalisateur. L'expression équivaut en fait à « reconnaître le coup de main de... », c'est-à-dire, d'abord et avant tout, une certaine façon de tenir la caméra et, par extension, de mettre en scène, de diriger les acteurs, etc. Aujourd'hui *patte* est souvent remplacé par le mot anglais **touch** (voir p. 454).

> Un scénario s'écrivait tout seul, aérien, net, pour lequel il voyait une distribution audacieuse et légèrement à contre-emploi : la façon originale dont il avait utilisé certains acteurs avait contribué à son succès et donné à ses films cette coloration particulière que l'on appelait, dans le métier, « la patte Wildenfeld ».
> François-Olivier Rousseau, *L'Enfant d'Édouard.*

pauvreté

Parler de la pauvreté d'un film, c'est, au sens propre, souligner le peu de moyens dont il a bénéficié, et, au sens figuré, remarquer ses faiblesses, l'indigence du scénario, etc. De la même manière, on parlera de la pauvreté du jeu d'un acteur. Le mot est alors synonyme de « médiocrité ».

> On ne sait pas ce qui est le plus écœurant dans toute cette histoire, le succès remporté par une pièce aussi indigente, l'absence totale d'intérêt du sujet, la scandaleuse exhibition de la violence ou bien encore, j'ai envie d'ajouter surtout, la pauvreté du jeu d'Esther.
> Thierry Levy, *La Société des femmes.*

pellicule

Du latin *pellicula*, diminutif de *pellis*, « peau ». La pellicule est, comme le **film**, la fine membrane servant de support à la couche sensible qui peut enregistrer les images. La pellicule est dite **vierge** quand elle n'est pas passée par l'épreuve de la caméra, **impressionnée** quand les images se sont fixées sur elle.

> Fini!... lança Charlie.
> Ils tombèrent en un tas compact, tandis que l'Amiral s'approchait de la caméra. Il l'ouvrit, regarda l'intérieur, regarda Charlie, battit l'air de ses bras et s'écroula, vraiment immobile pour une fois. Charlie regarda à son tour et devint vert pomme.

– Qu'est-ce que c'est? demanda la voix d'Alfred, qui sortait d'un monceau de corps inanimés...
– J'ai... j'ai oublié la pellicule... dit Charlie.
Boris Vian, Le Ratichon Baigneur.

Pellicule, comme *film,* est également synonyme d'« œuvre achevée » :

> Finalement, tu vas au cinéma avec l'homme de lettres. Voir le *Coup de grâce.* Cinéma allemand, tu adores ça, toute pellicule qui spricht deutsch te fait courir...
> Catherine Rihoit, La Favorite.

Pelloche est l'abréviation populaire de *pellicule.* On l'emploie de la même façon.

> En tout cas, lui, sur la pelloche, il donne dans le divertissement pour familles nombreuses... il inquiète, il désespère, il cultive la malédiction...
> Alphonse Boudard, Cinoche.

Pelliculâtre, calqué sur le mot *idolâtre* (du grec *latreuein,* « adorer ») qualifie le réalisateur ou le spectateur qui voue un culte divin et fétichiste à la pellicule et, par extension, aux films. Enchaîné au cinéma, parfois intoxiqué, le pelliculâtre n'arbore pas le dilletantisme libre et joyeux du simple amateur. Et jamais il ne fait montre du recul raisonné propre au cinéphile.

> Il m'énerve depuis le premier jour avec ses propos de précieux pelliculâtre... ses scénarios de serpent amoureux de tuyau d'arrosage...
> Alphonse Boudard, Cinoche.

pelures

Aussi minces que les papiers du même nom : ce sont les fonds d'images utilisés dans la technique de la **transparence.**

penny arcade

Veut dire « galerie à un penny » l'expression est une de celles qui désignent les ancêtres des cinémas américains. Les penny arcades réunissaient, à la fin du siècle dernier, les appareils précédant et annonçant le cinématographe Lumière : phonographe, *kinétoscope*... Pour un penny, les badauds curieux pouvaient les mettre en marche.

péplum

Le mot latin *peplum* est une adaptation du grec *peplos,* qui signifiait « robe de femme ». Dans les films appelés *péplums,* les comédiens sont en effet vêtus à l'antique puisqu'ils incarnent les héros de la mythologie gréco-romaine dont les exploits sont rapportés dans des super-productions épiques et grandioses.

Le genre est né en Italie avant la première guerre mondiale et l'on sait que *Cabiria,* réalisé en 1914 par Pastrone, a profondément influencé Griffith, prophète du nouveau langage cinématographique.

Très vite cependant, des réalisateurs du monde entier succombent au charme et se mettent à illustrer les aventures foisonnantes et mouvementées d'Hercule, Néron, Cléopâtre, Ben-Hur ou Fabiola... Dans les arènes, les lions se déchaînent contre les chrétiens, Pompéi disparaît sous les cendres et le genre s'essouffle... avant de faire un come-back retentissant entre 1955 et 1965.

> C'était sa grande spécialité à Gloria, les films en péplum, co-productions franco-italiennes. Elle a incarné comme ça toutes les impératrices romaines, les chrétiennes aux lions, Sainte Geneviève dans *Le Fléau de Dieu.* Une carrière qui s'annonçait éblouissante, si les mœurs n'avaient pas évolué si supersonique au Septième Art... La Nouvelle Vague, toutes les règles du métier bouleversées! Les sujets gréco-romains étaient passés de mode!
>
> Alphonse Boudard, *Cinoche.*

percer

Veut dire « avancer en faisant un trou ». Le verbe est employé au sens figuré à propos des comédiens. De certains d'entre eux, on dit en effet qu'ils percent ou ont percé. L'expression signifie qu'ils se sont frayé un passage au milieu de leurs collègues, qu'ils se sont faits remarquer en se dégageant de la masse. Elle est donc synonyme de « réussir ».

perche

Tige munie à l'une de ses extrémités du micro recueillant le son. Elle est tenue par le **perchman** (l'homme à la perche) qu'on appelle également **perchiste.** En l'approchant le plus près possible des acteurs, celui-ci doit cependant veiller à rester hors du **champ** afin que le micro n'apparaisse pas à l'image.

Fabrice est mort : un accident stupide, pendant un tournage dans une gare. Il a relevé sa perche trop haut, elle a touché la ligne haute tension du train, il y a eu un éclair blanc et Fabrice s'est écroulé foudroyé...

Jean-François Robin, *Raté maman.*

perfection (monsieur)

C'est le titre qu'a décerné le cinéaste Martin Scorsese à son acteur fétiche : Robert De Niro. Ce comédien d'origine italo-américaine entre dans ses personnages avec une telle conviction qu'il en arrive à modifier son propre physique. Son professionnalisme maniaque l'a également conduit à apprendre le saxophone pour jouer dans *New York New York*, à s'exercer à la boxe pour interpréter le champion La Motta dans *Raging Bull*. Pour ce rôle, il n'a pas hésité non plus à grossir de plusieurs dizaines de kilos.

perforations

Petits trous espacés de façon régulière sur la pellicule. Ils permettent au film d'être entraîné dans la caméra ou l'appareil de projection.

période

On utilise souvent ce mot lorsqu'un metteur en scène ou un acteur a beaucoup voyagé : il permet de marquer les subdivisions qui jalonnent sa carrière. On parlera de « période allemande, américaine », etc., suivant les pays dans lesquels il a travaillé. L'expression *période américaine* est bien sûr la plus courante puisque beaucoup ont été tentés (ou appelés) par Hollywood et, n'y ayant pas réussi, sont retournés dans leur pays d'origine.

> Cette fuite et ce suicide marquèrent l'apogée de sa période allemande.
> François-Olivier Rousseau, *L'Enfant d'Édouard.*

Le mot est également employé pour souligner les différents styles illustrés au cours de l'histoire du cinéma : période expressionniste, période du néo-réalisme, etc.

permanent (cinéma)

Un cinéma dit permanent projette le même programme en permanence, sans interruption de séance.

> *Mais comme c'est le cinéma permanent*
> *Ma chérie rappelle-toi*
> *On est resté un an*
> *Et on a eu beaucoup d'enfants...*
> « Le Cinématographe », Chanson de Boris Vian.

persistance rétinienne

Ou *persistance des impressions rétiniennes*. C'est ce principe fondamental, énoncé en 1829 par le physicien belge Joseph Plateau, qui a permis l'invention du cinématographe.

Plateau démontre à cette date que les impressions lumineuses en provenance de l'extérieur persistent sur la rétine humaine pendant un laps de temps fixé à un dixième de seconde.

Pour donner à l'homme l'illusion du mouvement, il faut donc faire se succéder devant son œil des images à raison de dix par seconde. Ainsi, chaque nouvelle image apparaîtra fondue dans ce qui reste de la précédente, ce qui donnera une impression de continu.

Plus tard, quand les premières caméras seront enfin au point, on fixera cette cadence à seize images par seconde, et à vingt-quatre à l'avènement du sonore.

personnage

Le latin *persona*, d'où est issu *personne*, désignait à l'origine un masque de théâtre. Il n'est donc pas étonnant que l'on retrouve le mot *personnage* dans le vocabulaire des gens du spectacle, où il est synonyme de « rôle ». Un acteur dit en effet « mon personnage ».

On emploie également les expressions « entrer, se glisser dans *la peau du personnage* », ce qui signifie « sortir de soi pour se mettre à la place de celui que l'on doit incarner ». C'est un art du dédoublement que pratique chaque comédien à l'orée de tous les films.

Mais s'il est difficile pour celui-ci d'entrer dans la peau du personnage, il est probablement plus compliqué encore d'en sortir à la fin du tournage pour réintégrer sa propre peau et la vie quotidienne.

Les mêmes expressions sont naturellement utilisées avec le mot *rôle* puisque celui-ci équivaut à *personnage*.

> Décor sonore qui me permet d'entrer dans la peau du rôle. Quand le moteur tousse au-dessus des Açores, je suis un passager aux cheveux gris, aux vêtements élégants, un monsieur cynique qui fume une cigarette de tabac turc à bout doré.
>
> Jean-François Josselin, *Quand j'étais star.*

pervers

L'adjectif est synonyme de « corrompu » ou « dévoyé ». Il est souvent employé pour qualifier les cinéphiles. On parle en effet de *cinéphiles pervers.* L'expression suggère que les amateurs de cinéma peuvent atteindre un état maladif, se détourner de la normalité en vivant leur vie par le truchement des images animées contemplées passivement dans le noir absolu des salles de cinéma.

petit homme

Obligatoirement génial. On dit en effet le *génial petit homme* pour désigner Charlie Chaplin, ou peut-être le héros qu'il interprète, *Charlot.*

petit maître

On appelle « petits maîtres » les metteurs en scène appliqués, dont l'univers et la manière évoquent beaucoup ceux de grands cinéastes. Exemple : la mise en scène des films de Mauro Bolognini rappelle celle des films de Visconti, mais Bolognini est un petit maître. L'expression est héritée de la peinture : le *maître* était celui qui dirigeait un atelier et enseignait le métier à ses élèves ; les élèves pouvaient collaborer à l'œuvre du maître et, plus tard, poursuivre sa tâche en l'imitant avec soin ; on disait alors de leurs toiles qu'elles étaient le fait de petits maîtres.

> Celle-ci, qui n'a plus tellement le temps, ces temps-ci, d'avoir des idées, s'empresse de recopier les déclarations du petit maître, et, voyez comme c'est drôle, elle manque tant de temps qu'elle omet même les guillemets réglementaires, prenant ainsi à son compte les propos du cinéaste...
> Michel Grisolia, *L'Homme devant le square.*

phare (film-)

Désigne un film particulièrement représentatif d'une époque, d'un genre ou d'une tendance. Exemples : *Les Trois Lumières*, de Fritz Lang, ou *Nosferatu,* de Murnau, figurent parmi les films-phares de l'expressionnisme allemand.

phénakistiscope

Du grec *phenakizein*, « tromper » et *skopein*, « observer ».
Cet appareil donne à voir l'illusion du mouvement. C'est
un des ancêtres du cinématographe. Il a été mis au point
par Joseph-Antoine Plateau en 1829 et Charles Baudelaire l'a décrit avec précision.

> Cercle troué d'une vingtaine de petites meurtrières, à
> l'intérieur duquel se trouve un autre cercle, où de petites
> figures décomposent un exercice de danseur ou de clown,
> et un jeu de glaces. Appliquez votre œil à la hauteur des
> petites fenêtres, la rapidité de la rotation transforme les
> vingt ouvertures en une seule, circulaire, à travers laquelle
> vous voyez se réfléchir dans la glace vingt figures dansantes
> exactement semblables et exécutant les mêmes mouve-
> ments avec une précision fantastique.
> Charles Baudelaire, *l'Art Romantique*.

phonoscène

Les *phonoscènes* étaient de courtes saynètes filmées et
sonorisées à l'aide d'un disque synchronisé : une spécialité de la maison Gaumont, qui présente les premières
dès le début des années 1900.

photo

Abréviation de *photographie*, du grec *phôs, phôtos*, « lumière » et *graphein*, « écrire ». Elle est à l'origine de
l'invention du cinéma. *Photographie* et cinéma utilisent
les particularités de la lumière qu'ils captent et inscrivent
sur un support dans toute la palette de ses dégradés. On a
d'abord pris des photos sur des plaques encombrantes
mais, quand la compagnie Eastman lança sur le marché
le film souple monté sur bobine, l'enregistrement se fit
plus aisé : les photos pouvaient se succéder à une cadence
accélérée.
Il suffira alors, en se fondant sur le principe de la
persistance rétinienne (voir p. 339), de les projeter à une
certaine vitesse pour reproduire le mouvement de la vie.
Un film est donc une suite de photos (24 par seconde) :
on appelle celles-ci des **photogrammes** (voir p. 343).
La qualité de la photographie ou de la photo d'un film
fait partie intégrante de l'intérêt qu'il peut susciter. Elle
est à la charge particulière du **chef-opérateur**, que l'on

appelle également : ***directeur de la photographie***. Celui-ci est un artiste qui modèle la lumière en jonglant avec toutes les sources d'éclairage.

Le ***photographe de plateau*** ne doit pas être confondu avec le directeur de la photographie. En effet, il ne fait pas partie de l'équipe technique, tout en collaborant assidûment avec elle pendant la réalisation du film. C'est lui qui exécute les ***photos de tournage***, celles où l'on voit techniciens, metteur en scène et acteurs rassemblés au moment du filmage d'une prise ou pendant la préparation de cette dernière. Il prend les photos dites ***de plateau***, celles où l'on voit les acteurs au travail, mais qu'on ne retrouve pas forcément dans le film. Les unes et les autres sont parfois utilisées par la presse et aident à la promotion du film.

> Les murs étaient tapissés d'affiches de cinéma et de photographies prises sur le plateau en cours de tournage.
> Thierry Lévy, *La Société des femmes*.

Photo-call : séance de photographies organisée avec l'accord de l'acteur que l'on veut immortaliser sur le papier. *To call*, en anglais, veut dire en effet « appeler » et le photo-call est consenti : c'est une sorte d'interview en images qui n'a rien à voir avec les photos prises à la sauvette et sans l'accord de la vedette.

Photofilmeur. Si le mot *filmeur* n'est jamais employé, on appelle par contre photofilmeur le professionnel qui traque dans la rue les passants avec son appareil de photo (sans les filmer pour autant!).

photogénique

Du grec *phôs, phôtos*, « lumière », et *-genês,* suffixe signifiant « qui produit ». Est photogénique tout ce qui engendre la lumière : c'est une qualité particulière exploitée par les premiers photographes pour obtenir de belles photos nettes et contrastées, et reprise par les cinéastes. Le réalisateur et critique Louis Delluc l'a analysé et en a fait l'une des conditions *sine qua non* de l'art cinématographique, affirmant encore : « La ***photogénie***, c'est l'accord du cinéma et de la photographie. »

Popularisé par le cinéma, le mot *photogénique* change peu à peu de sens. Est jugé photogénique (on commence également à dire : **filmogénique** ou **cinégénique**) l'acteur ou l'actrice qui, convenablement éclairé, semble plus beau sur l'écran qu'il ne l'est au naturel.

Aujourd'hui l'adjectif devient même tout simplement synonyme de « beau et agréable à regarder » : sont photogéniques les belles personnes susceptibles de faire du cinéma mais qui n'en feront pas obligatoirement.

> Et chaque soir (le matin, je pars tôt, l'autobus est si bondé que je dors debout au milieu des autres voyageurs jusqu'au terminus), j'ai soin de prendre place, dans le sens de la marche, pour repérer à l'avance la porte à guichet des studios, et près de la vitre pour présenter un profil intéressant, triste ou gai selon mon humeur, mais éminemment cinématographique, c'est-à-dire plus encore que photogénique, susceptible d'inspirer un scénariste-dialoguiste, un réalisateur, un caméraman...
>
> Jean-François Josselin, *Quand j'étais star.*

photogramme

Du grec *phôs, phôtos* : lumière et *gramma,* « lettre ». Cette lettre de lumière est la plus petite unité du langage filmique : les photogrammes sont en effet les petites images carrées qui se succèdent sur la pellicule d'un film et qui, projetées à une cadence régulière, vont donner l'illusion du mouvement. On peut naturellement mesurer la longueur d'un plan en dénombrant les photogrammes qui le composent.

On appelle également photogramme la reproduction sur papier d'une de ces images. C'est pourquoi les photogrammes sont souvent utilisés par la presse écrite. Ils donnent une image exacte du film puisqu'ils sont extraits de celui-ci, tandis que le photographe de plateau ne peut fournir que des clichés pris au moment du tournage et qu'on ne retrouvera pas nécessairement dans le film.

photorama

Le photorama des frères Lumière reprend l'idée des **dioramas** et des **panoramas** (voir pp. 147 et 322) : une lanterne équipée de douze objectifs permettait de projeter un spectacle circulaire à base de photos.

pictographe

Composé au moyen du latin *pictus,* « peint » et du grec *graphein,* « écrire », le mot *pictographe* désigne un procédé mis au point par le cinéaste Abel Gance en 1938. Une carte postale présentant un fond de décor est interposée entre la caméra et la scène à filmer. Elle est découpée dans un coin, ce qui permet aux acteurs d'apparaître et de jouer en filigrane.

Le système sera amélioré un peu plus tard avec le *pictoscope* également mis au point par Abel Gance, et le *simplifilm* de Dufour.

pied

Il assure la stabilité de la caméra pendant le tournage des scènes. En extérieur, on utilise le *pied de campagne* ou *trépied*: trois pieds télescopiques (dont les éléments s'emboîtent les uns dans les autres) posés aux trois coins d'un triangle de bois.

Dans les studios, on préfère le *pied boule* ou colonne télescopique posée sur un socle également triangulaire monté sur un roulement à billes qui permet les déplacements.

Trépied et pied Boule sont surmontés d'une plate-forme supportant la caméra que l'on fait pivoter à volonté en actionnant manche ou manivelles.

Pied-poitrine. On parle de pied-poitrine quand l'opérateur se sert de son propre torse pour soutenir la caméra, qui n'est pas fixée sur un pied.

Pieds Nickelés (les)

On disait de quelqu'un qu'il avait les pieds nickelés quand sa fainéantise était par trop évidente. Sans doute est-ce leur paresse qui a valu aux trois héros croqués au début du siècle par Forton d'être appelés : *les Pieds Nickelés.* Voleurs et chapardeurs, ceux-ci ne se comportaient pas en société comme le tout venant.

On retrouvera leur anticonformisme dévastateur à l'écran en la personne des frères Marx qu'on a surnommés parfois *les Pieds Nickelés du cinéma.*

pilote ou film-pilote

Premier numéro d'une série de films. Avant de lancer leur héros dans de folles aventures à suivre, les grands créateurs du dessin animé américain devaient par exemple tester l'impact de leurs nouveaux personnages en présentant au public des films-pilotes.

pink (cinéma)

Appellation américaine (en français on dirait **cinéma rose**) employée pour désigner les films pornographiques qui apparaissent au Japon dans les années soixante alors que le cinéma de ce pays est encore très prude.

pin-up

Abréviation de l'expression *pin-up girl*, de l'anglais *to pin up*, « épingler sur un mur ». Très à la mode pendant la seconde guerre mondiale, la pin-up est la fille dont on se plaît à accrocher la photo. Comme la **starlette**, elle n'a pas encore de nom, d'identité et, pour s'imposer, elle offre son corps alangui dans des poses suggestives et souvent provocantes à la curiosité des appareils photographiques. Avant de décrocher leurs premiers rôles, certaines stars ont vu ainsi leur silhouette accrochée ou épinglée à des millions d'exemplaires dans les chambres, les chambrées, les camions : la photo de Betty Grable en pied et de trois quarts a fait les délices des soldats américains, et l'on sait que Marilyn, inconnue, a posé nue pour un calendrier.

Mais toutes les pin-ups n'ont pas eu leur chance et, aujourd'hui, il est encore plus difficile pour une jeune femme de passer de la photo légère (de plus en plus légère) aux rôles sérieux que peut offrir le cinéma. Ce sont plutôt certaines actrices confirmées qui peuvent s'offrir sans danger le luxe de se déshabiller dans les magazines, d'autant que, dans le petit monde du cinéma, les valeurs se sont inversées : ce n'est plus la beauté qui fait la star, et la star au talent reconnu peut même parfois douter de ses attraits physiques. Mais si elle choisit de faire (un moment) la pin-up, la star sera néanmoins fidèle au personnage. Célèbre ou pas, la pin-up est en effet toujours une femme qui argumente avec son corps plutôt qu'avec sa tête, qui fait la coquette et l'aguicheuse avec, souvent, un brin de vulgarité.

> Je me fous de ce que pense n'importe qui, clama Elvina, la poitrine tumultueuse. C'est ce que je pense, moi, qui compte. J'en ai marre d'être une glamour-girl. Marre de me fiancer tout le temps à des inconnus! Marre de passer ma vie à écouter des cabots me faire la cour. De façon à pouvoir être photographiés. C'est vide, te dis-je. Ce n'est pas vivre. Que suis-je? Elvina tandit pitoyablement les mains : une pin-up girl. Un morceau de papier mural.
>
> Ben Hecht, *Je hais les acteurs.*

piquée

Se dit d'une image qui n'est pas *tramée* (voir *trame*) ni vaporeuse : elle est précise et contrastée.

piscine

Fosse construite sous le plateau. Elle permet, si l'on escamote le plancher qui la recouvre, d'obtenir des dénivellations dans le décor et de filmer en *contre-plongée*. Munie de hublots ou vitrée, elle peut être remplie d'eau, ce qui permet de faire des prises de vue en milieu aquatique.

piste

La *piste sonore* est la partie du film sur laquelle est inscrit le son (que l'enregistrement se fasse par voie optique ou magnétique). Un film peut avoir plusieurs pistes sonores (six pistes par exemple pour le 70 mm) et l'on parle souvent de films *multipistes*.

pixilation

C'est le Canadien Norman Mac Laren qui a baptisé pixilation, de l'anglais *pixie,* « lutin, fée », le procédé d'animation déjà utilisé par le père de l'animation, Émile Cohl : des objets et des personnages réels sont filmés image par image, mais ils changent de place ou de position entre chaque prise. A la projection en mouvement continu, ceux-ci se déplaceront ou se déformeront donc de façon bizarre et quasi magique.

place

C'est le siège qu'occupe le spectateur dans la salle de cinéma. La place peut être plus ou moins éloignée de l'écran.

> Ils marchèrent vers la ville basse, dans une lumière nacrée, jusqu'au Majestic, et à la lueur de l'écran trouvèrent leurs places, dans une odeur enivrante de tabac éventée et de sueur rance, de sous-vêtements et de patchouli.
>
> James Agee, *Une mort dans la famille.*

C'est également l'endroit où doit se situer le comédien au moment du filmage. Cette place peut être indiquée sur le sol par de la craie ou du chatterton (voir **marque**, p. 277).

plan

Dans le langage cinématographique, le plan est l'unité minimale du film (il faut plusieurs plans pour former une scène, d'autres encore pour construire une séquence). C'est le morceau de film qui défile dans la caméra entre le début de la prise et la fin de celle-ci. Au montage, l'assemblage des plans (montage **plan par plan**) desquels on retire les morceaux jugés inutiles, forme une suite qui possède un sens et produit un effet esthétique : il donnera la scène, la séquence puis le film dans son entier.

> Elle n'avait pas fait un mouvement ou un geste qui détonnât avec sa beauté, qui la déformât d'une façon ou d'une autre. C'était un accord parfait. Il la jugeait comme un plan dans un film.
>
> Francis Scott Fitzgerald, *Le Dernier Nabab.*

Un plan est caractérisé par :
– la position de la caméra qui l'enregistre : dans le **plan fixe**, la caméra est immobile durant toute la prise ; partout ailleurs, la caméra bouge : elle avance, recule, accompagne, tourne grâce aux divers mouvements d'appareils (**travelling, zoom, panoramique**...) ;

– la durée de l'enregistrement; il existe des **plans longs** et des **plans courts**. Le plus long est le **plan-séquence** (voir p. 350), qui contient tous les événements nécessitant habituellement le déroulement d'une séquence entière;

– la distance de la caméra par rapport à la scène qui est filmée; elle définit la dimension des objets ou des personnages qui vont apparaître sur l'écran. Inversement, celle ci peut-être mesurée sur *l'échelle des plans*. On ne parle pas en effet de grosseur du décor ou des personnages mais de **grosseur des plans**. L'échelle est la suivante :

Plan général (abrégé **PG** ou **plan de grand ensemble**). Il cadre l'ensemble d'un décor, d'un paysage.

Plan d'ensemble (PE). Il précise le décor.

Plan de demi-ensemble (PDE). Il situe les personnages à l'intérieur d'un décor.

Rapportée aux personnages, l'échelle donne :

Plan moyen (PM). Il cadre le personnage en pied.

Plan américain. Il coupe les personnages à mi-cuisses. Il est qualifié d'américain parce que les Américains seraient les premiers à l'avoir utilisé dans les westerns, mais eux-mêmes l'appelaient **plan italien** et cette dénomination est aussi employée.

Plan rapproché (PR). La caméra se rapproche et le personnage est coupé soit à la poitrine (on peut dire alors **plan poitrine**), soit à la taille (et l'on dira également **plan taille**).

Gros plan (GP). Ne présente que la tête du personnage. Avec le plan américain, c'est peut-être le plus célèbre des plans de cinéma, celui qui traduit le mieux émotions et frémissements, encore qu'un réalisateur ne doive jamais abuser du gros plan.

> *D'abord un gros plan sur tes hanches*
> *Puis un travelling panorama sur ta poitrine*
> *grand format*
> *Vois comment mon films commence*
> *Souvent je m'avance vers toi...*
>
> Chanson de Claude Nougaro.

On emploie du reste l'expression **gros plan sur**, dans les milieux journalistiques par exemple, pour signifier que l'on va prêter une attention particulière à une personne ou un sujet que l'on examine ou décrit soigneusement.

En réalité il y a souvent confusion avec le ***très gros plan*** ***(TGP)*** qui peut s'approcher également de l'acteur pour mettre en valeur une partie de son visage (yeux, bouche...) ou privilégier n'importe quelle autre partie de son corps montrée alors en gros plan.

L'insert, enfin, décrit un objet qui joue un rôle important dans le déroulement de l'action.

Si le plan n'est pas fixe, si la caméra bouge ou que l'on utilise un ***zoom***, la grosseur des plans varie dans un même plan : on peut passer d'un détail à l'ensemble de la scène et réciproquement.

Dans une mise en scène en profondeur, on notera que les personnages, objets, éléments de décors sont placés dans des cadres plus ou moins éloignés du regard du spectateur : il y a le ***premier plan***, le ***second plan***... et ***l'arrière-plan***, et l'on parle d'acteurs ou d'objets du premier plan, du second plan. Parfois même l'on dit : les ***premiers*** ou les ***seconds plans*** tout simplement. Par extension, l'expression est employée hors des milieux du spectacle pour souligner l'importance ou l'insignifiance d'un individu ou d'un problème. On dit par exemple « un *homme de premier plan* », « *mettre au second plan* », « *sur le même plan que* », etc.

> Des voisins nous ont appris qu'il travaille dans le cinéma, aux studios de Joinville précisément. La modestie de son pavillon et celle de notre banlieue indiquent qu'il ne s'agit pas d'une personnalité de premier plan.
> Jean-François Josselin, *Quand j'étais star.*

plan de travail

Ce sont des prévisions de tournage établies par le premier assistant pour utiliser au mieux décors et plateaux et regrouper les journées de travail des acteurs et des figurants. Le plan de travail bouleverse souvent la chronologie du scénario : il regroupe en effet les scènes où l'on retrouve les mêmes interprètes et les mêmes décors, même si elles ne se suivent pas dans l'histoire.

> Je ne connais pas très bien l'anecdote, le sens de mes films, leurs péripéties. Voilà qui ne me trouble pas; ce qui me fascine dans le cinéma, c'est justement le découpage arbitraire du plan de travail. Que les acteurs doivent

interpréter leur rôle sans suivre l'ordre chronologique du scénario, donc de l'histoire racontée par le film, me conforte dans mes certitudes : il n'y a pas d'instant privilégié pour la création dramatique...

Jean-François Josselin, *Quand j'étais star.*

plan-séquence

C'est un plan qui vaut une séquence : filmés en continuité comme dans un plan, les personnages évoluent jusqu'à ce que leurs sentiments et leurs actions expriment une signification propre, celle que l'on trouve habituellement dans une *séquence*. Les plans-séquences, qui peuvent être très longs (certains durent dix minutes), remplacent le montage de plans filmés sous différents angles.

Tu laisses courir le plan-séquence, disait à voix basse Téo, penché sur l'épaule rebondie de Marianne, en intercalant quelques plans américains que tu piques sur la deux, très courts... faut pas que le pittoresque ramasse tout... au détriment de l'émotion...

Tito Topin, *Garffiti rock.*

plat

Écran plat : écran mince spécialement prévu pour la projection de film vidéo et aussi écran ordinaire par opposition à l'écran courbe sur lequel sont projetées les images de film tourné en *cinérama*.

Film plat : film qui n'est pas tourné en relief.

Version plate : film tourné en relief mais projeté comme une œuvre normale. Par exemple, le spectateur ne mettra pas les lunettes prévues pour « lire » le relief de la projection : il verra donc des images ordinaires.

Jouer à plat : se dit des acteurs dont l'interprétation est jugée sans relief et pleine de banalité.

plats à barbe

Ils réfléchissent la lumière au moment du tournage et doivent leur surnom à leur forme qui rappelle celle des cuvettes en émail utilisées autrefois par les barbiers.

plateau

C'est la plate-forme, le plancher qui supporte les décors de la scène à filmer et où se réunissent le metteur en scène, les acteurs et les techniciens pour tourner. On emploie souvent l'expression *avoir réuni un beau plateau,* pour signifier que, sur cette plate-forme aménagée, on a rassemblé de grands acteurs prêts à exceller lors du tournage d'une scène. *Plateau* désigne alors, outre la plate-forme, les personnes qui y déploient leur talent. Le mot, en ce sens, est également utilisé dans le langage de la télévision : un « beau plateau » y désigne une réunion d'importantes personnalités, de vedettes populaires ou de débatteurs de qualité.

> Au comité de rédaction et de direction, on relève les noms d'Albert Einstein, Sigmund Freud, Chaim Weizmann... Quel plateau! dirait un cinéaste.
> Pierre Assouline, *Gaston Gallimard.*

Un plateau de cinéma peut être installé n'importe où. C'est un lieu choisi et délimité par le réalisateur, que ce soit dans la rue, à l'intérieur d'un logement privé ou dans un bâtiment public. A Hollywood, au début du cinéma, les plateaux étaient parfois aménagés dans des hangars, des blanchisseries chinoises, parfois même sur le toit des maisons. Mais les studios possèdent depuis longtemps un ou plusieurs de ces espaces privilégiés. En studio, en effet, le plateau est parfaitement équipé pour le tournage : c'est un local insonorisé, fermé par une porte rehaussée par un voyant rouge qui en interdit l'accès au moment des prises de vue; il est suffisamment vaste pour être meublé par les décors et recevoir l'équipe technique, haut de plafond pour permettre l'installation des passerelles supportant les différents projecteurs.

Entrer sur le plateau, quitter le plateau pour « participer à un tournage » ou « quitter le tournage ». *Tourner à plateau fermé* veut dire procéder au tournage d'une scène en excluant toutes les personnes qui ne sont pas nécessaires (une technique parfois employée pour éloigner les curieux lors de l'enregistrement d'une scène d'amour).

Plateaux : au pluriel, le mot désigne les plaques rondes et horizontales qui supportent les bobines de films dans les cabines de projection modernes (voir p. 351).

play-back

De l'anglais *to play-back*, « jouer en revenant en arrière ». Jouer ou tourner *en play-back,* c'est jouer ou tourner après que la partie sonore (musique, chanson, dialogue) a été enregistrée. Les acteurs, au moment de la prise de vues, écoutent le son préenregistré et font semblant, en remuant les lèvres, de dire leur dialogue ou de chanter le texte de leur chanson. La technique est très utilisée, par exemple quand un bon acteur ne sait pas chanter et qu'il doit cependant se produire dans un film musical.

> Au ping-pong, t'es champion, mais pour le théâtre t'as intérêt à jouer en play-back. Même mon chat ne supporte pas!...
>
> Patrick Mosconi, *Louise Brooks est morte.*

Play it again, Sam!

Expression anglaise : « Joue-le encore, Sam! ». C'est le titre clin d'œil d'un film de Woody Allen (curieusement traduit en France par *Tombe les filles et tais-toi!*), mais aussi une expression cocasse pour réclamer un second verre d'alcool. Cette réplique mythique, proférée à l'origne par Humphrey Bogart dans *Casablanca*, n'avait pourtant rien à voir avec l'alcool. De cette façon, Bogey le romantique implorait simplement son fidèle pianiste noir de lui jouer un air lui rappelant ses amours heureuses avec Ilsa, qu'interprétait Ingrid Bergman.
En réalité la formulation exacte est : « You played it for her, you can play it for me. If she stands it, I can... Play it! » Ce qui veut dire « Tu l'as joué pour elle, tu

peux bien le jouer pour moi. Si elle peut le supporter, je le peux aussi... Joue-le! »

plongée, contre-plongée

De *plonger*, « s'enfoncer dans l'eau », également utilisé à propos du regard pour signifier que celui-ci s'immerge dans ce qu'il observe. Filmer *en plongée* ou *faire une plongée*, c'est placer la caméra au-dessus du sujet que l'on veut enregistrer (en haut d'un immeuble pour filmer un passant par exemple). L'axe optique étant alors incliné vers le bas, le sujet filmé semble écrasé par l'œil de la caméra. A l'inverse, si l'on place la caméra en dessous de ce que l'on veut filmer, l'axe optique est dirigé vers le haut et le sujet filmé semble doté d'une puissance certaine : on dit alors que l'on a réalisé une *contre-plongée*.

> Dès qu'on prend de la hauteur, les perspectives changent. Je voyais à mes pieds le groupe des villageois épars dans la clairière, qui s'ordonnaient autour du brancard et de la Citroën blanche de l'hôpital. Plus loin, j'apercevais les autres voitures jetées dans l'herbe, en désordre. Je me disais que, s'il y avait lieu un jour de tourner une séquence semblable, il ne faudrait pas manquer ce plan en contre-plongée et en grand angle, qui donnait à la scène, dans la claire lumière du matin, les dimensions d'une épopée lyrique.
>
> Maurice Pons, *Mademoiselle B.*

pluie

On appelle pluie les poussières arrachées à la matière même de la pellicule et qui semblent tomber en goutte-lettes sur l'image lors de la projection d'une copie passablement usée.
Le mot est également employé dans les expressions : *pluie d'étoiles* ou *pluie de stars* pour souligner la concentration particulière de personnalités ou de vedettes dans un lieu donné (à l'occasion d'un festival, par exemple).

Plus beau que moi tu meurs!

Titre d'un film de Philippe Clair, cette expression a été taillée sur mesure pour son héros et principal interprète :

le séducteur impénitent à la démarche craquante, Aldo Maccione. Il est cependant permis à chacun de la reprendre à son compte. En modifiant l'adjectif, on peut même la décliner à l'infini.

poing (filmer au)

On dit d'un opérateur qu'il *filme au poing* quand sa caméra n'est pas installée sur un support stable et qu'il se déplace en la supportant à la main. Il peut aussi la porter à l'épaule.

Ciné-poing : une façon de filmer revendiquée par le cinéaste Eisenstein, qui entendait s'opposer à la passivité prêchée par un autre Soviétique (Dziga Vertov) dans la théorie du *ciné-œil.* (voir p. 103).

point

Du latin *punctum*, « piqûre », le point est une portion d'espace finement définie. On dit donc d'une image qu'elle est *au point* si elle est nette et parfaitement définie. Mais, pour avoir *le point*, il faut accommoder et régler la caméra : faire la *mise au point.* Sur un tournage, c'est le *metteur au point* ou *pointeur* qui en a la charge : il mesure la distance du sujet à filmer par rapport à la caméra à l'aide d'un décamètre et déplace l'objectif par rapport à la pellicule de façon qu'une image nette se forme sur cette dernière. Si les personnages se déplacent au cours de la scène que l'on filme, il *rattrape la mise au point* en déplaçant l'objectif pendant la prise de vue.

> *Car si j'étais du fond de ma nuit américaine*
> *C'est plus du cinéma*
> *Mise au point sur toi...*
> Chanson interprétée par Alain Delon.

point de vue

Nom donné aux premières photographies.

polar

Le mot est d'abord employé dans le langage familier pour désigner le roman policier. Exemple « lire un bon polar ». Mais on l'utilise également pour désigner le film policier. Le polar met en scène criminels et mauvais garçons, qui s'opposent aux détectives et aux représentants de la police. Dans les années 40, l'Amérique impose un type particulier de film policier : le *film noir* (voir p. 301) dont l'atmosphère est particulièrement sombre et où l'on voit les *privés* (voir p. 363) tenir la vedette.

D'une manière générale, le polar à l'américaine met en valeur l'action, la traque, les courses et les poursuites, tandis que le polar à la française est traversé de temps morts et utilise le schéma classique pour raconter autre chose que le jeu de cache-cache entre flics et truands.

policier

On appelle *film policier* un film qui relate les méfaits de criminels pourchassés par la police. (Voir ci-dessus *polar*).

> Un instant, haleta Mr Cobb, il n'est pas encore mort. On l'a trouvé bâillonné et ligoté dans les lavabos des dames du deuxième étage. Ce sont mes scénaristes spécialistes de films policiers qui l'ont trouvé. Inconscient. Avec une lettre épinglée sur sa manche. Une lettre qui disait :
> – C'est mon dernier avertissement. A bas les Fils du Destin !
>
> Ben Hecht, *Je hais les acteurs.*

polyvision

Avec le grec *polus*, « nombreux ». La vision multiple (on dit aussi *multivision*) a été mise au point par le cinéaste Abel Gance et illustrée dans son *Napoléon* (1927) : il s'agit de la projection sur grand écran de trois images juxtaposées, morceaux d'une scène unique ou scènes différentes. Appelée également *triple écran*, cette technique sera affinée et commercialisée dans les années cinquante sous le nom de *cinérama*.

porno

Abréviation de *pornographique* : on dit **un film porno,** plus simplement encore **un porno** plutôt qu'**un film pornographique.**
Le mot vient du grec, où *pornê* signifie « prostituée » et *graphein* « écrire ». Depuis l'avènement du cinéma

cependant, la pornographie ne se relate plus seulement par écrit, elle se montre en images et sur grand écran. La permissivité des mœurs, la disparition progressive des censures ont favorisé l'escalade des exhibitions. Il n'empêche que les films porno sont aujourd'hui encore cantonnés dans les **salles spécialisées** (voir p. 425, ainsi que **hardcore**, et **X**, p. 224).

> Là, il était à l'avant-garde, ce curieux papa. Luc, à douze ans, il avait eu droit à se farcir des livres illustrés... des projections de films porno.
>
> Alphonse Boudard, *Cinoche.*

Également employé, l'adjectif *cochon* synonyme de *porno*, par analogie avec l'animal assez malpropre : un **film cochon** est un film « sale », c'est-à-dire licencieux.

> Ça peut paraître paradoxal, mais il est pour l'ordre, les Lafs, la jeunesse en short au pas cadencé, la suppression du droit de grève, la censure des fims cochons, le rétablissement de la gabelle!...
>
> Alphonse Boudard, *Cinoche*

Autre synonyme : **film de cul.**

positif

Adjectif qui vient du latin *positivus*, « sûr et certain ». Dans le langage photographique et cinématographique, *positif* est devenu un substantif : on dit **un positif.**

Il s'agit en fait d'une **copie positive** obtenue par tirage du **négatif** ou de la pellicule négative. On retrouve sur cette épreuve ombres et lumières véritables, c'est-à-dire celles qui proviennent réellement de la scène filmée, contrairement au négatif, qui inverse toute la gamme lumineuse. Munie d'une bande-son, la copie positive peut être normalement exploitée dans les salles.

Positif est aussi le nom d'une revue de cinéma fondée à Lyon en 1952 par Bernard Chardère (le siège est aujourd'hui installé à Paris). Ses collaborateurs ont souvent revendiqué leur appartenance au surréalisme et polémiqué de nombreuses fois avec les critiques des *Cahiers du Cinéma*.

> On descend. Wanda arrache le P. V. fixé sous ses essuie-glaces et le froisse dans le caniveau. Elle jette son sac à l'arrière de la Mini-Cooper, à côté d'une pile de vieux numéros de *Positif*. On démarre. Il a cessé de pleuvoir. Le ciel a des teintes roses.
>
> Catherine Rihoit, *La Favorite*.

postsynchronisation

Du latin *post*, « après » et du grec sunkhronos, « simultané ». La postsynchronisation est le travail qui consiste à faire coïncider après coup les dialogues d'un film avec les images qui ont été précédemment enregistrées. La technique s'apparente à celle du doublage. Les comédiens s'enferment après le tournage dans un studio et débitent leur texte en fonction du mouvement des lèvres des acteurs qu'ils suivent sur un écran. Mais si, dans le cas du **doublage,** le dialogue initial est modifié puisque traduit, dans le cas d'une postsynchronisation ordinaire, le dialogue est parfaitement identique : on **postsynchronise** un film parce que les conditions de tournage n'ont pas permis un bon enregistrement sonore.

pouics

Non donné à la troupe des comiques venus du cirque qu'anima et dirigea Jean Durand, réalisateur de chez Gaumont, avant la Première Guerre mondiale. Ce sont eux qui, en inspirant le roi du burlesque américain, Mack Sennett, donneront naissance aux belles naïades déshabillées, les **bathings beauties** (voir p. 46) et aux rangées de flics déchaînés, les **cops** (voir p. 125).

poverty row

En anglais, « rangée des pauvres ». Groupe de petits studios installés à côté des grands dès la création de Hollywood et spécialisés dans la production de films populaires à très faibles budgets : *séries B* ou *séries Z*.

praticable

On dit d'un instrument qu'il est praticable s'il est susceptible d'être utilisé lors du tournage et s'il est en bon état de fonctionnement, mais le praticable est aussi une plate-forme permettant de surélever caméra, techniciens ou même une partie du décor.

> Il était hors de question qu'elle abîmât cette robe superbe sur la vieille banquette de la Talbot. Si tout le monde était si pressé, elle reviendrait à l'arrière du camion où elle resterait debout, entourée de spots et de praticables jusqu'à la villa de Boubou Bragance.
> Françoise Sagan, *Un Sang d'aquarelle.*

praxinoscope

Du grec *praxis*, « action » et *skopein*, « observer ». Dérivé du *zootrope,* ce petit appareil à observer le mouvement est l'un des plus fameux ancêtres du cinématographe. Mis au point par le Français Émile Reynaud (1844-1918), il est composé d'un cylindre fixe muni d'une douzaine de petits miroirs autour duquel on fait tourner à la main ou à la manivelle un tambour supportant une bande de dessins décomposant les mouvements d'un ou de plusieurs personnages. Quand il est actionné à une vitesse convenable, les images se reflètent dans les miroirs et, grâce au phénomène de persistance rétinienne, donnent l'illusion du mouvement et de la vie.

> Mes idées comme des microbes dansent sur mes méninges
> Au rythme de l'exaspérante pendule
> Un coup de revolver serait une si douce mélodie
> Dans le praxinoscope de mon crâne
> les taxis
> les tramways
> les autobus
> les bateaux-mouches cherchent en vain à se dépasser...
> *Souffrance,* poème de Philippe Soupault.

Quand son jouet optique fut parfaitement au point, Émile Reynaud l'adapta pour les projections en public. Ce fut le *praxinoscope théâtre*, puis le *théâtre optique*. À la fin du siècle dernier, ce sont déjà des petits dessins animés qu'il projette au cours des mémorables séances du musée Grévin.

préfilm

Comme son nom l'indique, il précède le film de long métrage, dont il est le reflet à l'échelle réduite. Aux États-Unis, on l'appelle *test production*. Cette maquette audiovisuelle réalisée par le cinéaste à la recherche d'un financement pour son film permet aux éventuels producteurs de s'engager de manière avertie, les images reflétant mieux les intentions d'un auteur que les quelques pages d'un scénario.

premier, première

Premier film : toujours très attendu. Un premier film, ayant remporté un grand succès oblige son auteur à réussir le second, que la critique attend de pied ferme.

Jeune premier (ou *jeune première*). Comme son nom l'indique, c'est un acteur peu âgé; il est pourtant déjà célèbre et son physique agréable le voue à tenir des rôles qui attirent la sympathie.

> Elle jouait alors le rôle d'une adolescente fatale en robe de crêpe de soie rouge, debout dans une décapotable du même rouge et toisant un jeune premier ivre, une épave dans le scénario, venant des bas quartiers de Marseille pour chercher vengeance à l'Ouest de la ville.
> Michel Braudeau, *Naissance d'une passion.*

Première : elle correspond à la générale de théâtre. C'est une projection de gala organisée pour un public sélectionné avant la première sortie du film en salle.

> C'est novembre et ça va être enfin la première ce soir de notre film. Helmut, on peut dire qu'il a fait le maxi... annonces dans toute la presse, articles, interviews, photos... des invitations en bristol et partout des grandes affiches... Les films Otarie présentent... *Tous au soleil,* une œuvre magistrale de Luc Galano...
> Alphonse Boudard, *Cinoche.*

Avant-première : on dit parfois d'un film qu'il est présenté en **avant-première mondiale.** La cérémonie a souvent lieu au cours d'un festival cinématographique : c'est la première projection publique d'un film avant même la **première.**

> Stahr ne s'attendait pas à cela, quand il était arrivé au haut de l'escalier quelques minutes plus tôt. L'avant-première l'avait déçu...
>
> Francis Scott Fitzgerald, *Le Dernier Nabab.*

préminutage

Il est établi par la script : c'est l'estimation de la durée globale du film, mais aussi celle de chacune des scènes et de chacun des plans. Il permet de préparer le **plan de travail** et sert de point de référence au moment du tournage.

prendre

On dit d'un photographe qu'il *prend* un personnage, un paysage, une scène. De la même manière, un cameraman et sa caméra *prennent* ce qu'ils veulent inscrire sur la pellicule. Cette activité de voyeur ou de voleur (certains réalisateurs vont jusqu'à dire qu'ils *volent* des plans à leurs interprètes) est néanmoins modulée. On *prend* en gros plan, en plan serré, en plan large, etc. Mais il est loin, le temps où les opérateurs de Lumière enregistraient passivement la vie comme elle venait. Même si l'interprète s'offre ou se donne, les nécessités exigeantes de la construction d'un film obligent le cinéaste à se muer en voleur d'images, ce que le verbe *prendre* souligne assez bien.

> Elle prit une profonde respiration et, fixant la caméra qui la prenait en gros plan, elle murmure :
> – Reviens, imbécile, je t'aime.
>
> Katherine Pancol, *Scarlett, si possible.*

préparation

La préparation d'un film est l'organisation préalable de son tournage. Elle implique diverses activités : recherche de financement après écriture du scénario, choix des acteurs, des décors, des lieux de tournage, etc.

Aujourd'hui on parle plus volontiers de **préproduction.** Mais le mot apparaît encore souvent dans la presse spécialisée. Il est précédé de la préposition *en* **(en préparation)** et chapeaute la liste de films dont on veut annoncer le tournage imminent et sur lesquels on désire attirer l'attention des lecteurs.

press-book

Expression anglaise qui signifie : « livre de presse ». Rédigé par un **attaché de presse** rétribué par la maison qui a produit le film, ce petit fascicule est destiné aux journalistes; distribué lors des projections de presse qui précèdent la sortie du film, il facilite leur travail en fournissant générique et synopsis du film, filmographies et interviews du réalisateur et des interprètes.

> Pourquoi voir les films, puisqu'ils sont si bien résumés dans les press-books qu'on envoie aux journalistes en double ou triple exemplaires et qui font aussitôt la joie des revendeurs, sur les quais.
> Michel Grisolia, *L'Homme devant le square.*

Le press-book est également le recueil de coupures de presse et de photographies destinées à mettre en valeur un acteur ou une actrice. Ceux-ci peuvent le présenter aux producteurs ou aux metteurs en scène susceptibles de leur fournir un rôle et de leur offrir un contrat.

> Le press-book ne racontait pas de mensonges : Gisèle Guy, qui entra dans le salon de thé Merival cinq minutes après mon arrivée, avait bien une blondeur irlandaise...
> Michel Grisolia, *La Madone noire.*

pressentir

On dit d'un acteur qu'il a été pressenti pour tel ou tel rôle si le réalisateur ou le producteur ont prévu de lui confier l'interprétation de ce rôle, ayant intuitivement senti qu'il remplirait bien son contrat.

> La tante Zulma, toujours elle, pressentie pour jouer un rôle de vieille pauvresse, s'était maquillée en mondaine chinoise...
> Jean-François Josselin, *Quand j'étais star.*

prestation

Du latin *praestare,* « fournir ». Interprétation proposée par l'acteur aux spectateurs. On parle en effet à l'issue de la projection de la bonne ou de la mauvaise prestation du comédien.

prévente

Un film peut être vendu par avance à la télévision. Cette prévente permet le montage financier, devenu très aléatoire aujourd'hui sans la participation du petit écran.

preview

Le mot anglais signifie « avant-première ». La preview n'a pourtant rien à voir avec ce qu'on appelle en français l'***avant-première*** (voir p. 360).

Cette pratique, typiquement américaine, consiste en une projection organisée avant la sortie du film et qui permet au producteur de tester son produit auprès du public (les spectateurs peuvent être invités à répondre à un questionnaire) et éventuellement de le modifier en fonction des réactions manifestées. En Amérique, on parle souvent de ***sneak preview****: sneak* veut dire « furtif ». La sneak preview se fait en effet à la sauvette puisqu'elle ne concerne pas le grand public mais quelques spectateurs privilégiés.

> D'ordinaire, les previews organisées en grand secret, avaient lieu dans les cinémas de banlieue, à Pasadena ou à Santa Monica. En plus du programme annoncé, on projetait l'œuvre à tester, l'œuvre inédite, en fin de séance, à un public dit moyen qui ne s'y attendait pas. Pas d'idée préconçue. Des yeux neufs. Deux films pour le prix d'un seul. Et un questionnaire à remplir par les spectateurs.
> Alexandra Lapierre, *L'Homme fatal.*

prise

C'est le moment où une scène de la vie réelle est captée pour devenir image. Une prise est en effet l'enregistrement d'un plan, entre le départ du moteur de la caméra et son arrêt demandé par le réalisateur. Pour un même plan, le nombre de prises peut varier entre une seule et plusieurs dizaines. Leur nombre est fonction du budget et du temps alloué au metteur en scène.

> L'œil du spectateur ne saisit pas qu'il nous a fallu quarante prises à Miss Monroe et moi pour relever avec une légèreté distraite une mèche de cheveux sur notre front. Mais, hommage somptueux, il s'étonne devant notre image délicate, celle derrière laquelle nous cachons notre fatigue et notre misère...
>
> Jean-François Josselin, *Quand j'étais star.*

Prise de son : enregistrement de la partie sonore.

Prises de vues : enregistrement de tout le film. Le mot est souvent synonyme de tournage. Mais la réalisation d'un film ne s'arrête pas aux prises de vues. Il y a avant celles-ci un grand travail de préparation (de l'écriture du scénario aux repérages, etc.), tandis qu'après, on devra s'atteler au travail de finition (montage, mixage, etc.).

Opérateur de prises de vues : nom donné autrefois à la personne chargée d'emmaganiser les vues avec l'**appareil de prises de vues.** Il a été remplacé par **caméraman.**

privé

Abréviation de l'expression **détective privé** (en anglais *private eye* c'est-à-dire « œil privé »). Présent depuis longtemps sur les écrans, il est immortalisé dans les années 40 par le courant des films noirs et par son plus fameux interprète, Humphrey Bogart. Endurci, cynique quand il le faut mais non dénué de romantisme, il cherche à percer le mystère de la grand-ville en proie à la violence et à la criminalité. Les plus célèbres privés de l'époque (Sam Spade, Philip Marlowe) ont été inspirés par la littérature policière de Raymond Chandler et Dashiell Hammett.

> Allons Jack! grommela-t-il. Je risque ma peau en roulant alors que je suis beurré. Vous pourriez au moins me dire de quoi il retourne.
> – Je ne dirai rien tant que ce ne sera pas fini, comprenez-moi. Et je me fichai une Lucky au coin de la bouche.
> – Merde! J'ai joué des rôles de privés. Ils bavassent comme de vieilles commères.
> – Dans les films...
>
> Andrew Bergman, *Le Pendu d'Hollywood.*

Pour *projection privée,* voir p. 371.

prochain

La suite au prochain épisode : cette formule lapidaire et quelque peu frustrante clôturait chaque épisode des *serials* (voir p. 414) qui, dans les années 10, tenaient en haleine spectateurs français ou américains. Elle était naturellement assénée à ceux-ci au moment le plus angoissant du feuilleton, pour les faire revenir dans leurs salles habituelles dès la semaine suivante, soucieux qu'ils étaient du devenir de leurs héros favoris.

Prochainement sur cet écran ou *la semaine prochaine sur cet écran :* autres formules célèbres mais beaucoup plus récentes. Elles précèdent les *bandes annonces* (voir p. 45) projetées en salle et sont, elles aussi, destinées à inciter les spectateurs à revenir au cinéma en attirant leur attention sur les films dont la sortie est imminente.

> Le cinéma est beau quand on le déchiquette. Son chef-d'œuvre ne serait-ce pas ce film énigmatique et prometteur de volupté douloureuse, celui de « la semaine prochaine sur cet écran »?
>
> Jean-François Josselin, *Quand j'étais star.*

production

C'est l'action de *produire* un film. *Produire* vient du latin *producere* qui veut dire « faire avancer ». Produire, c'est faire apparaître, faire exister, créer. Pourtant le travail de *production* se situe bien avant la réalisation du film puisqu'il s'agit de réunir et mettre en œuvre les moyens nécessaires à cette réalisation. Le *producteur,* la *maison* (ou la *société*) *de production,* à qui incombent la tâche de produire un film, sont en fait des entrepreneurs. Ils établissent un plan de financement du film, fournissent l'argent, mais peuvent être également à l'origine de l'idée du film (qu'ils proposent alors à un réalisateur) et de la distribution : certains imposent ainsi les vedettes les plus cotées au box-office.

A noter : le mot *production* peut être abrégé dans le langage courant; on dit parfois *la* **produc.**

> Castex voulait faire la produc ? Eh bien, qu'il en fasse ! Les scripts de ces westerns étaient nuls et devaient le rester pour plaire au public. Les prix aussi bas que possible.
>
> Alexandra Lapierre, *L'Homme fatal.*

Producteur : auréolé d'une légende tenace et d'une image stéréotypée (cigare et grosse voiture), parce qu'à Hollywood il fut longtemps un self-made man enrichi et un puissant personnage régnant en maître sur les studios, les stars et les réalisateurs (voir **nabab, tycoon** et **mogol,** pp. 287, 296, 463), le producteur d'aujourd'hui dépend souvent des grands distributeurs qui participent au financement du film. Mais il existe encore des producteurs indépendants, notamment les réalisateurs qui parviennent parfois à produire eux-mêmes leurs films.

> Toute ouïe je suis... Slimane Chilbik, le producteur. Il m'accorde... un petit entretien tête à tête. Il se retire du bec son cigare. Classifique lui alors il l'est... le condensé du producteur à charabia. Le cigare comac, les pompes en croco sur la table... six téléphones... son bide débordant... la cravetouse ornée d'un palmier... Autour son burelingue... tapissé à ramures... les rideaux de velours grenat... la moquette épaisse gazonnière... l'interphone. Il a pas le temps de s'expliquer plus, ça drelingue, on l'appelle de Londres.
>
> Alphonse Boudard, *Cinoche.*

Directeur de production : on dit aussi **chef de production.** Il sert de relais entre le producteur et le metteur en scène sur le tournage. Secondé par l'**assistant de production,** il gère le budget et veille à ce que le devis ne soit pas dépassé.

365

Qu'est-ce que vous proposez? Et ne soyez pas brutal.
– Je vous aime davantage que votre argent, et ça veut dire beaucoup.
Peut-être que votre père ferait de moi un directeur de production.

Francis Scott Fitzgerald, *Le Dernier Nabab.*

Préproduction : nouvellement utilisé, le terme désigne l'ensemble des activités qui précèdent immédiatement un tournage et le préparent (casting, repérages, etc.). Celles qui suivent (travail de laboratoire, montage, mixage, etc.) sont regroupées sous l'appellation de **postproduction.**

Production est également synonyme de « film produit ». C'est le résultat de la production, autrement dit le film lui-même (« les productions de la MGM, les productions de la Gaumont »), d'où la hiérarchie suivante.

Coproduction (avec le préfixe latin *co-* « avec ») : c'est un film dont le financement vient de plusieurs sources. On dit qu'il est **coproduit.** Les producteurs réunis pour la circonstance sont alors appelés **coproducteurs.** Ils peuvent appartenir au même pays ou à des pays différents (notamment dans le cas où le film comporte des scènes qui doivent être tournées à l'étranger) : on parlera alors de film franco-italien, franco-espagnol, etc. Aujourd'hui, presque tous les films sont montés en coproduction, notamment avec les chaînes de télévision qui en assurent ainsi la diffusion ultérieure.

C'est le projet pharaonique qui s'ébauche là à mes oreilles. Une coproduction italo-franco-bulgare, avec une version en anglais...

Alphonse Boudard, *Cinoche.*

Superproduction : *super* est un préfixe latin utilisé pour renforcer le mot auquel il est accolé. Une superproduction est donc une production plus importante qu'à l'accoutumée. Inventée et exploitée dans les années 60 par les plus gros producteurs de Hollywood pour concurrencer la télévision alors en pleine expansion, c'est un film fastueux qui, grâce à un budget énorme, réunit une distribution brillante autour d'un sujet spectaculaire (*Cléopâtre*, de Mankiewicz, *Le jour le plus long*, de Darryl Zanuck, par exemple). Aujourd'hui, seuls les films à effets spéciaux très coûteux peuvent être qualifiés de superproductions.

Sous-production : le préfixe souligne le degré d'infériorité. Une sous-production est une production dans laquelle n'ont été investis que très peu de moyens matériels et artistiques. Le résultat (le film) est donc forcément de qualité très médiocre.

> Westerns défraîchis, films comiques qui ne feraient rire personne, sous-productions françaises jouées par des acteurs de deuxième ordre, tournées n'importe comment entre deux faillites, voilà ce qu'annonçaient ces feuilles sans attrait.
>
> Roger Grenier, *Ciné-roman.*

profilmique

En grec et en latin, *pro* veut dire « en avant ». On qualifie donc de profilmique tout ce qui, placé devant la caméra, est susceptible d'être filmé.

programme

Du grec *programma,* « écrit avant ». Le programme est le livret qui annonce à l'avance le contenu d'un spectacle. Au cinéma, on ne distribue pas cette sorte de programmes comme au théâtre. Mais le mot sert à définir le déroulement d'une séance de cinéma. Autrefois, les programmes étaient longs (court métrage, actualités, publicités, entracte et long métrage). Aujourd'hui, le programme, considérablement réduit, ne comprend plus que le film et les publicités, agrémentées parfois des bandes-annonces des films à venir.

L'Amérique, dès le début des années 30, lance les ***doubles programmes :*** deux films souvent de qualité très inégale pour le prix d'un seul. La vogue des doubles programmes a permis l'éclosion des films de série B.

Et aussi : ***programme de complément*** ou ***en complément de programme*** (voir ***complément,*** p. 120).

On emploie également le mot *programme* ou l'expression ***programme de cinéma*** pour désigner la liste des films à l'affiche et des lieux où ils sont projetés. Cette liste est fournie à l'avance par les journaux afin que le spectateur puisse se décider pour le spectacle de son choix. Le ***changement de programme*** se fait en général le mercredi.

> J'achetais un journal de Rome avant de quitter Padoue, et
> dans le train, parcourais tranquillement le programme des
> films de la Capitale, notant l'horaire des projections et
> mesurant sur un plan de Rome la distance qui séparait les
> cinémas de la gare Termini et du cabinet de Baart qui se
> trouvait dans le quartier du ghetto.
>
> Ferdinandi Camon. *La Maladie humaine.*

Programmer. C'est mettre un film au programme, autrement dire choisir celui qui sera projeté par la salle. La
programmation est faite par le **programmateur,** en général l'exploitant lui-même.

> Ils recevaient les réclamations des distributeurs leur rappe-
> lant que le contrat prévoyait la programmation du film
> avant telle date, et s'il n'était pas passé à ce moment-là, il
> faudrait payer quand même.
>
> Roger Grenier, *Ciné-roman.*

Un programmateur peut être également chargé d'alimenter un festival en films. C'est lui qui choisira les
titres présentés aux professionnels et au public et donnera la tonalité de la manifestation.

Circuit de programmation. Ensemble de salles projetant
des films choisis par un programmateur unique : les films
y circulent de l'une à l'autre. Ce système, fondé sur la
concentration et le regroupement, a permis à certains
exploitants de rompre leur isolement et de rentabiliser
leurs salles (voir aussi **exploitation**). Il a néanmoins
contribué à diminuer les chances de survie des petits
exploitants, qui peuvent, en cas de conflit, en référer au
médiateur (voir p. 279).

projecteur

Dérivé du latin *projicere,* « jeter en avant », le mot
projecteur est souvent employé pour abréger l'expression
appareil de projection (voir **projection**). Il désigne en
effet l'appareil qui projette les images du film sur l'écran.
Il est également employé pour désigner les instruments
qui génèrent et projettent la lumière. Les projecteurs sont
indispensables au tournage d'une scène. Divers modèles
sont à la disposition du réalisateur et des responsables de
la lumière (voir par exemple **arc, minibrute, flood...**)
On abrège souvent le mot projecteur et l'on parle de

projo. La lumière fournie par les projos peut être canalisée et modelée par divers accessoires couramment utilisés sur les tournages (voir, par exemple, **nègre, mama, drapeau...**). Le plus souvent, les projecteurs sont placés à terre mais en studio, des **passerelles** ou un **gril** (voir pp. 220, 332) peuvent être installés pour les supporter.

> Ce qu'il découvre lui paraît normal : la pièce est garnie de projecteurs braqués sur sa table débarrassée de ce qui l'encombre d'habitude, des câbles électriques s'entrecroisent sur le parquet, et une caméra est installée sur un travelling. Il regarde dans l'œilleton. Il voit, cadrée par la caméra, la même chose que sur la photo...
> Gérard Brach, *Autrement, Scènes d'amour.*

Sur un tournage, on dit que l'on **braque les projecteurs** sur la scène à filmer et l'on dira que les comédiens sont **sous les projecteurs.** Les deux expressions sont employées ailleurs lorsque l'on veut signifier que l'on entend mettre en valeur un événement ou une personne et que ceux-ci sont alors en pleine lumière. On dit aussi **être sous les feux des projecteurs.** La tournure **coup de projecteur sur** est utilisée dans les milieux journalistiques pour diriger l'attention du lecteur ou du téléspectateur vers le sujet, le thème ou la personnalité dont on a décidé de l'entretenir.

projection

Du latin *projectio*, dérivé du verbe *projicere*, « jeter en avant ». **Projeter** un film, c'est envoyer les images de ce film sur un écran. La projection se fait à l'aide d'un **appareil de projection**, appelé également **projecteur.** Celui-ci est inspiré par le principe des vieilles **lanternes magiques** (voir p. 255) : pour que les images soient projetées sur un écran, il suffit en effet qu'une lampe puissante éclaire le film par derrière tandis qu'il défile devant un objectif, c'est-à-dire une lentille, qui fait de l'image lumineuse un faisceau régulier engendrant sur toute surface la reproduction agrandie de la portion de film éclairée. Le problème propre au projecteur de cinéma est celui de la restitution du mouvement, et donc de la cadence de défilement du film. Celle-ci, naturellement, doit être la même que celle qui a accompagné l'enregistrement.

La partie du projecteur assurant la rotation des images est donc assez voisine du principe de la caméra (au tout début du cinématographe, c'était du reste le même appareil qui assurait l'enregistrement et la projection des films). Le film passe de la **bobine débitrice** à la **bobine réceptrice** en suivant un **couloir**. Des boucles de film sont ménagées au cours du trajet pour que le film ne casse pas. Des galets pressent celui-ci contre des tambours dentés qui assurent l'entraînement des images, mais un tambour spécial dit à **croix de Malte** (voir p. 136) stoppe le mouvement continu du film. Les saccades du mouvement intermittent permettent d'immobiliser le film devant la **fenêtre de projection** vingt-quatre fois par seconde. L'obturateur prend le temps de s'ouvrir pendant que l'image s'immobilise et de se fermer pendant le passage d'une image à la suivante. Ce mécanisme subtil est souvent appelé **chrono** par les projectionnistes. Il est couplé à un **lecteur de son** chargé de restituer la partie sonore du film.

On notera également que les bobines débitrices et réceptrices, autrefois toujours montées verticalement (en haut et en bas du projecteur), ont tendance aujourd'hui à être supportées par un jeu de plateaux horizontaux. Ceux-ci pouvant porter des bobines beaucoup plus lourdes, le projectionniste peut ainsi assurer en continu des projections plus longues.

Cet appareillage est enfermé avec le **projectionniste**, spécialiste de ce matériel et chargé de la projection des films, dans un petit local le plus souvent situé à l'arrière de la salle et baptisé **cabine de projection**. La cabine s'ouvre sur la salle par de petits hublots à travers lesquels passe le faisceau lumineux dirigé vers l'écran, mais c'est la seule communication : pour des raisons de sécurité (anti-incendie notamment), la cabine et la salle doivent être rigoureusement séparées. La cabine est en outre insonorisée et pourvue du matériel nécessaire à la réparation des coupures.

> Pendant l'Occupation, à Douarnenez, une de ces dames amies, Mme G., tenait un cinéma. Parfois, après le goûter, elle m'emmenait dans la cabine de projection. Là, je méditais devant les machines grises et compliquées de l'opérateur...
>
> Jean-François Josselin, *Quand j'étais star.*

Projection privée (les critiques disent familièrement ***pro-jo***). Elle n'est pas vraiment privée : organisée dans une petite salle louée par la production, elle réunit les journalistes de cinéma afin qu'ils prennent connaissance de l'œuvre achevée et en fassent écho dans les colonnes de leurs journaux respectifs.

> Les projections privées quotidiennes ne l'amusaient plus. Retrouver ponctuellement chaque jour à peu près les mêmes personnes, les mêmes visages revisités par les mêmes chirurgiens, cela l'avait amusé, au début, comme vous divertit un moment l'illusion d'exister. Ce sont des choses qui ne durent pas. Cette illusion, Richard l'avait caressée dix ans. On se regarde, on se jauge, on se guette, on papote ; on se téléphone pour se dire qu'on se rappelle, on rédige ses articles à chaud, puis à tiède, et on finit par ne plus même aller voir les films, ce qui donne, il est vrai, une incomparable hauteur de vue...
> Michel Grisolia, *L'Homme devant le square.*

Aller en projection veut dire « se rendre à une projection privée ». L'expression est donc uniquement employée dans les milieux spécialisés, qui l'opposent à ***aller voir un film en salle***. Si le journaliste dit qu'il va voir un film ***en salle***, cela veut dire que, pour une raison ou une autre, il n'a pu profiter d'une projection privée.

projet

Tout réalisateur qui se respecte doit avoir en tête l'esquisse d'un prochain film. Interviewé par les journalistes, il n'échappera pas à la question rituelle : « Et maintenant dites-moi donc quels sont vos projets. »

> En ce moment j'ai rien au four, mes projets les plus favoris traînassent, n'aboutissent pas sur la pelloche...
> Alphonse Boudard, *Cinoche.*

Promenade des célébrités

C'est en réalité le centre d'Hollywood Boulevard, la rue principale de Hollywood : on peut y admirer des plaques encastrées à même le trottoir où sont apposés les noms des vedettes qui l'ont arpenté.

proposition

Elle est honnête. Le cinéaste la fait à un acteur ou une actrice (parfois par l'intermédiaire de son agent) : il s'agit de lui confier un rôle dans son film, qui est encore en préparation. La cote d'un comédien peut se mesurer au nombre de propositions qui lui sont faites. Plus il est célèbre, plus l'éventail est large, ce qui n'implique pas pour autant une liberté de choix totale : les exigences du **box-office** lui imposent souvent de cultiver et d'approfondir une seule image, celle qui lui a valu le succès.

> Tout ce que je lui demande, c'est d'attendre la fin du tournage de *La Favorite*... ça n'a pas été facile de l'avoir... avec les propositions qu'elle a, elle fait la fine bouche...
> Catherine Rihoit, *La Favorite*.

psycho-killer

Psycho- est une abréviation de *psychopathe*, et l'expression anglaise *psycho-killer* signifie « tueur fou ». Elle est employée pour désigner une catégorie de films qui donnent à voir les exactions de tueurs déséquilibrés. Le genre et la surenchère apparaissent à la suite du succès des mises en scène d'Alfred Hitchcock, et notamment celle de *Psychose* (1960), où un fils perturbé conserve la momie de sa mère et prend une apparence féminine pour assassiner les femmes. Dans les années 70, le genre connaît un regain de popularité (*Massacre à la tronçonneuse, Halloween*, etc.) : des héros malades trouvent alors dans leur inconscient bien des raisons pour massacrer d'innocentes victimes. Au vu de cette définition, on pourrait même ranger *Taxi driver* (1976) de Martin Scorsese dans le répertoire des psycho-killers : n'y voit-on pas en effet un ange exterminateur interprété par Robert de Niro, chauffeur de taxi de son état, décidé à purifier la ville en tuant les marginaux qu'elle abrite.

public

Étymologiquement, c'est « l'ensemble du peuple » et, par extension, la totalité des spectateurs susceptibles d'assister à la projection d'un film. Le malheur veut (pour les producteurs qui souhaitent que leurs films plaisent au plus grand nombre) que cette entité soit insaisissable. Le public est composé d'une multitude d'individus aux goûts parfois hétéroclites. On a pourtant déniché dans cet ensemble un groupe homogène censé recevoir les films de la même façon : on l'appelle le **grand public** et, pour lui, on fabrique des films dits grand public. Le problème est le suivant : trouver le dénominateur commun au plus grand nombre pour rentabiliser le produit lancé sur le marché. Il va sans dire alors que les préférences du plus grand nombre ne peuvent pas être fortement différenciées et élaborées. Un film grand public flattera donc la paresse et le conformisme du spectateur.

> Oh, je le précède, je prends les devants. On peut, c'est une question de travail minutieux, donner au script une forme plus propre à nous attirer le grand public tout en conservant son contenu métaphysique, toute son étonnante poésie...
>
> Alphone Boudard, *Cinoche*.

Être bon public signifie être particulièrement réceptif aux effets qu'a recherchés le dialoguiste ou le metteur en scène. Un spectateur bon public rira par exemple à chaque réplique qui se veut drôle, pleurera si la situation des héros devient mélodramatique, etc. Il n'est pas exigeant; il est sensible, empêtré dans sa sensiblerie diront même certains.

pudeur (code de la)

Nom donné au célèbre **Code Hays** (voir p. 113) qui, pendant plusieurs décennies, veilla à la bonne tenue du cinéma américain : le contenu des films comme la vie privée des stars étaient alors mis sous surveillance.

> Si la façon dont je vis avec Lou me laisse la libre disposition de mes sentiments, la position de mon père m'ôte le droit de me conduire comme une starlette. Le code de la pudeur que la Hunger vient d'instituer, les ligues de vertu qui menacent l'industrie me forcent à donner l'exemple. J'ai un rôle à jouer dans la société : Mme Katz symbolise, à elle toute seule, la stabilité familiale à Hollywood.
>
> Alexandra Lapierre, *L'Homme fatal*.

pull (la fille en)

Comme le raconte François Chalais dans *Le Tir aux alouettes*, la légende veut qu'elle ait été repérée dans un drugstore par un **talent-scout**, « juchée sur un tabouret et tirant sur son pull-over en angora blanc pour faire saillir les rigides contreforts de son bustier ». Son fameux pull étroit, copié à des millions d'exemplaires a fait la fortune des marchands de petites laines mais c'est son interprétation remarquée d'une femme adultère, passionnée et criminelle, dans la première version du *Facteur sonne toujours deux fois*, de Tay Garnett, qui donnera à Lana Turner l'immortalité des stars.

pur (cinéma)

Le cinéma pur serait parfait et dégagé des influences de tous les autres arts (surtout la littérature et le théâtre où allèrent puiser tout de suite les premiers cinéastes), trouvant en lui-même sa propre raison d'être. En réalité, le cinéma pur, qui a été défendu et illustré par une des premières réalisatrices (une Française, Germaine Dulac), s'inspire fortement des compositions musicales : c'est un cinéma non narratif qui déroule des images comme autant de thèmes musicaux. Germaine Dulac qui, dans les années 20, milita à la tête du mouvement d'***Avant-garde*** (voir p. 39) filma ainsi de nombreuses variations cinématographiques. Le public ne la suivit pas toujours et bouda ses recherches visuelles. En 1927 elle reçut un camouflet qui devint célèbre. On projetait au studio des Ursulines le film qu'elle avait réalisé d'après un scénario d'Antonin Artaud (*La Coquille et le Clergyman*). A la fin de la projection, le public se montra agacé et, dans l'effervescence, un spectateur se leva pour crier un définitif « Germaine Dulac est une vache! »
Quelques années plus tard, le critique André Bazin revendiqua l'***impureté*** du cinéma dans un célèbre article-manifeste intitulé : *Pour un cinéma impur* et sous-titré *Défense de l'adaptation*. Les cinéastes, proclame Bazin, doivent puiser dans « le patrimoine littéraire et théâtral ». Le cinéma n'est pas un art autonome; il se situe à la croisée de tous les autres arts et peut (doit) se laisser influencer par eux. Avant Bazin, le critique et cinéaste Roger Leenhardt avait, lui aussi, rejeté l'élitisme des avant-gardistes et milité en faveur d'un cinéma peut-être ***impur*** mais accessible à tous.

Pygmalion

Ce mot fut d'abord un nom propre : celui d'un sculpteur chypriote. Une légende raconte qu'il aurait supplié

Aphrodite de donner la vie à la plus belle des statues de femme qu'il avait façonnées. Par extension, on appelle aujourd'hui Pygmalion des artistes très attachés à leurs modèles féminins, même si leur stratégie est différente. Au cinéma, par exemple, le Pygmalion choisit une femme bien vivante, de chair et de sang, puis il la façonne à son idée pour en faire une image cinématographique parfaite qui aide à l'accomplissement de son œuvre. Exemple : Josef von Sternberg fut en quelque sorte le Pygmalion de Marlène Dietrich.

qualité française (la)

La France possède une longue tradition de qualité (c'est-à-dire de noblesse et d'équilibre) en matière d'art mais, paradoxalement, la qualité française en matière de cinéma n'a acquis sa notoriété que lorsqu'un jeune et passionné critique l'a dénoncée.

En 1954 en effet, François Truffaut stigmatise dans un article des *Cahiers du cinéma* (qui servira de tremplin à La Nouvelle Vague) la sclérose du cinéma français étouffé justement par cette tradition de qualité. Plus d'*auteurs* (voir p. 37), juste des réalisateurs appliqués (parmi eux : Claude Autant-Lara, Jean Delannoy, René Clément) qui mettent en images les textes de scénaristes (Charles Spaak et Henri Jeanson sont relayés par Jean Aurenche et Pierre Bost), balisés comme autant de jardins « à la française ». Pour Truffaut, la qualité française est alors synonyme de l'académisme le plus poussiéreux. La *Nouvelle Vague* entend bien rompre avec le bon goût et la belle ordonnance « bourgeoise » du cinéma français d'alors, appelé avec dédain « cinéma de papa ». C'en est fini des films « de scénaristes ». Avec le temps, néanmoins, certains réalisateurs de la Nouvelle Vague, comme Truffaut, renouent peu à peu avec le classicisme. Puis, dans les années 70 la qualité française retrouve quelque séduction : pour son premier film, *L'Horloger de Saint-Paul*, Bertrand Tavernier fait appel à Aurenche et Bost ; il poursuivra sa collaboration avec Aurenche après la mort de Pierre Bost. Aujourd'hui encore, le label qualité française décerné à certains films demeure ambigu : pour certains amateurs, c'est un signe de mérite et de valeur ; pour d'autres, une critique négative, la preuve que le film est dénué d'invention et d'imagination.

quarante

Ses mimiques et ses tics, sa nervosité, sa mobilité, ses colères et ses trépignements ont valu à l'acteur Louis de Funès d'être baptisé : *l'Homme aux quarante visages minute.* Vedette du cinéma comique et commercial des années 70, il avait mis cependant beaucoup de temps à imposer son visage élastique et son personnage de râleur hystérique et impénitent.

quartier (cinéma de)

S'oppose à la *salle d'exclusivité* et aux *cinémas d'Art et d'Essai.* Fréquentés par le public du quartier et plutôt situés dans les arrondissements périphériques et populaires, les cinémas de quartier ont pratiquement tous disparu (voir *séance*, p. 412).

> Ils se rencontraient sans s'être donné rendez-vous à la Cinémathèque, au Passy, au Napoléon, ou dans ces petits cinémas de quartier – Le Kursaal aux Gobelins, le Texas à Montparnasse, le Bikini, le Mexico place Clichy, l'Alcazar à Belleville, d'autres encore vers la Bastille ou le Quinzième, ces salles sans grâce, mal équipées que semblaient ne fréquenter qu'une clientèle composite de chômeurs, d'Algériens, de vieux garçons, de cinéphiles, et qui programmaient dans d'infâmantes versions doublées, ces chefs-d'œuvre inconnus dont ils se souvenaient depuis l'âge de quinze ans, ou ces films réputés géniaux, dont ils avaient la liste en tête et que, depuis des années, ils tentaient vainement de voir.
>
> Georges Perec, *Les Choses.*

Que le spectacle continue!

Traduction de la formule américaine également très célèbre *The show must go one.* La philosophie fondamentale des artistes veut que, si l'un d'entre eux vient à disparaître, les autres poursuivent courageusement leur travail et donnent leur représentation. Une politesse vis-à-vis du public, mais aussi l'affirmation que la comédie est l'une des meilleures façons de tenir la mort en laisse, parfois de la narguer. L'expression commence à être employée également par tous les autres corps de métier pour signifier l'acceptation du destin, de la vie et de la mort.

QUE LE
SPECTACLE
CONTINUE

Le second après-midi des courses, à notre consternation, le moteur de la Buick vola dans les airs, tandis que la voiture malchanceuse allait honteusement, mais sans autre mal, s'arrêter dans le sable mou. Or, dans de nombreuses scènes, non encore filmées, la Buick devait remorquer le vieux tacot du comique, et le luxe de secondes prises de vue n'avait jamais été envisagé, en tout cas sur le plan financier. Ce fut donc ma première leçon de metteur en scène que l'on aurait pu intituler « de la nécessité d'être plein de ressources et d'invention ». Mais le cri de bataille : « Que le spectacle continue » résonnait déjà dans ma tête de novice. Il fallait nous arranger.

King Vidor, *La Grande Parade.*

queue

Désigne l'excédent de pellicule contenu dans la caméra à la fin du tournage d'une scène. Elle peut être réutilisée lors du filmage de plans très courts (voir **chute**, p. 91).

raccord

L'un des principes de base de la grammaire cinématographique. Deux plans, deux scènes doivent présenter une continuité visuelle, être reliés harmonieusement. On dit qu'ils doivent **raccorder** ou **être raccords**. C'est la scripte qui est plus particulièrement chargée de veiller à ces liaisons, qu'on appelle raccords : raccords d'objets, de costumes, de mouvements, raccords de regards et de lumière.

> Enfin, j'étais bien contente d'être loin des studios et de toutes ces emmerdes à propos d'un cheveu sur l'oreille qui n'est pas raccord ou de mon accent français ou d'un mot pour un autre...
> Sébastien Japrisot, *La Passion des femmes.*

Un **plan de raccord**, tourné indépendamment des scènes principales, peut être inséré au montage pour assurer la bonne compréhension de l'histoire et la liaison des images.

Un **faux raccord** est une erreur de liaison entre deux images ou deux éléments d'images.

rafistoler

Le verbe est employé pour désigner l'activité de celui qui est chargé de retoucher, peaufiner des scénarios jugés trop imparfaits par les producteurs. Certains cinéastes confirmés (comme Claude Sautet ou Jean-Paul Rappeneau) se sont faits une spécialité du **rafistolage** de scénarios.

> Ce soir-là, après dîner, j'allai rendre visite à Mr Zupelman pour parler du travail de rafistolage du scénario de *La Fille du Dragon.*
> Ben Hecht, *Je hais les acteurs.*

On dit aussi *rabibochage.*

> Mon rôle en tant que spectateur et prophète fut considé-
> rablement gêné par l'exécution de mon contrat avec les
> Studios Empire. J'avais à me livrer sur le scénario de *Fils
> du Destin* à ce travail connu sous le nom de « rabibochage »,
> genre de besogne pour laquelle je suis remarquablement
> doué.
>
> Ben Hecht, *Je hais les acteurs.*

rails

Installés par les machinistes, dont on dit qu'ils *posent les
rails* du travelling, les rails supportent le chariot qui sera
poussé pour exécuter un *travelling.*

> P'tit Louis, chef machiniste, et trois de ses adjoints, posent
> deux rails sur le plancher, les relient avec des crochets, les
> vissent. Ils prennent un niveau, remontent ou baissent les
> rails avec des cales en bois, posent dessus le chariot, puis
> installent la caméra sur le chariot...
>
> Michel Cournot, *Le Premier Spectateur.*

ralenti

Abréviation de l'expression, *projection au* ou *en ralenti,*
le ralenti est souvent utilisé à des fins esthétiques.
En accélérant la cadence d'enregistrement des images, et
en les projetant ensuite à la vitesse normale de vingt-
quatre par seconde, on décompose en effet les mouvements des personnages, ce qui crée une impression
féerique.
Le ralenti permet également l'analyse minutieuse des
mouvements.

> – Ça, demande Charlie, à quoi ça sert ?
> – C'est pour régler la vitesse, dit l'Amiral. Si tu le pousses à
> fond, tu tournes à soixante-dix images. C'est le ralenti.
> – Bizarre, dit Charlie. Il me semble que la vitesse normale,
> c'est vingt-quatre images. Soixante-douze, ça fait trois fois
> plus.
> – C'est ce que je dis, répondit l'Amiral. Quand tu passes de
> soixante-douze images à vingt-quatre, ça fait le ralenti.
> – Ah ?... dit Charlie. Bon !...
> Il n'avait absolument rien compris.
>
> Boris Vian, *Le Ratichon baigneur.*

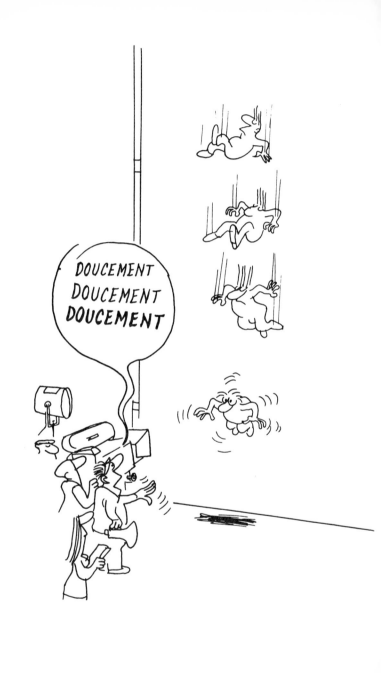

Rappelez plus tard!

Mot de passe qui a fait le tour de Hollywood. Quand les figurants en mal d'emploi téléphonaient à l'agence chargée de distribuer des rôles, ils s'entendaient souvent dire cette inévitable réponse. D'après Robert Parrish, un bar de Hollywood fut appelé le *Rappelez plus tard* : les acteurs y venaient nombreux pour « parler de leurs espoirs et de leurs appréhensions ».

réaction tardive

C'est un truc utilisé par les acteurs comiques, et notamment par l'un des rois du burlesque américain, que l'on avait justement surnommé « l'homme qui ne voulait pas se réveiller » : Harry Langdon (voir p. 390). « La réaction tardive, explique Frank Capra, consistait en fait à regader par deux fois un objet digne du plus grand intérêt : par exemple, un lion dans une chambre à coucher ou une belle fille en maillot de bain. La première fois, on le regardait d'un air absent et détaché, sans le voir; la seconde fois, on le regardait en sursautant, après que le cerveau avait réagi un peu tard à ce qui avait été vu. L'humour de la chose résidait dans le fait que le spectateur attendait que l'andouille s'aperçoive de la présence du lion ou de la fille, alors que lui, dans sa supériorité, les avait repérés tout de suite. »
On parle également de *slow-burn* (« combustion lente » pour désigner les gags fondés sur les réactions tardives.

reader

Mot anglais signifiant « lecteur ». Employé par les *Majors* américaines, le *reader* est chargé de lire toute la production littéraire et d'indiquer au producteur les œuvres susceptibles d'être adaptées au cinéma avec succès, les droits des best-sellers étant par avance tous achetés. Certains *readers* ont même été appointés pour donner lecture (à voix haute) au producteur de certaines œuvres remarquables, afin que celui-ci puisse décider de l'adaptation sans se fatiguer les yeux... En France, ce travail de défrichage est moins bien organisé. Il se fait au coup par coup mais l'on retrouve des *lecteurs* à l'Avance sur recette, à la télévision, regroupés en comités de lecture, sur des scénarios déjà peaufinés pour le cinéma.

réaliser

Veut dire « rendre réel et effectif ». Dans le langage cinématographique, *réaliser* signifie « transformer un scénario en film ». La période de *réalisation* d'un film se situe donc après le stade de l'élaboration, sur le terrain (en studio ou en extérieur), au moment du tournage placé sous la responsabilité de celui qu'on appelle le *réalisateur*. Le réalisateur est le maître d'œuvre responsable de la *mise en boîte* (voir p. 55), de la confection du film. Le plus souvent, il est le créateur, l'auteur véritable du film. Mais il peut arriver qu'il ne soit que l'exécutant, un simple technicien parmi les autres, chargé de superviser le tournage. Ainsi, le cinéaste turc Yilmaz Günay a conçu de sa prison toute la mise en scène de *Yol*, dessinant et décrivant les mouvements d'appareil, la réalisation ayant été effectuée par un autre, simple exécutant.

> J'avais rêvé moi aussi... qu'on puisse une fois, une seule, réaliser un film un peu moins minable que leurs productions habituelles.
>
> Alphonse Boudard, *Cinoche.*

réalisme poétique

Expression employée à propos d'un courant cinématographique qui traversa la France à la fin des années 30. L'écrivain Pierre Mac Orlan préférait, quant à lui, parler de « fantastique social ». Les cinéastes du réalisme poétique décrivent le peuple, racontent sa vie quotidienne assaillie de difficultés, mais cette réalité est transformée par la poésie du langage cinématographique. Les dialogues, la mise en scène, les éclairages, sombres, gris, noirs, comme ceux de l'expressionnisme allemand parce que l'atmosphère de l'avant-guerre n'est pas légère, transfigurent, stylisent le document brut. Les cinéastes du réalisme poétique conduisent le spectateur dans la rue, mais cette rue est recomposée : elle n'a rien à voir avec les rues dans lesquelles vont descendre les néo-réalistes italiens. N'est-elle pourtant rien qu'une illusion ? Cela n'est pas sûr. Bien des réalisateurs ont su recréer, à travers l'imaginaire, une image juste de la vraie vie : Jean Renoir dans *Le Crime de Monsieur Lange, Les Bas-Fonds, La Bête Humaine*..., Jacques Feyder, Pierre

Chenal, Jean Gremillon, Julien Duvivier. Le maître du genre reste cependant Marcel Carné qui, avec le poète Jacques Prévert dont il avait fait son scénariste privilégié, forma un irremplaçable tandem. Dans *Quai des brumes* (1938) ou *Le Jour se lève* (1939) par exemple, Carné met en scène des héros du peuple. Ils sont incarnés par des interprètes de choix : Michèle Morgan, Jean Gabin, Arletty, Jules Berry. Carné sut toujours s'entourer d'une équipe de professionnels talentueux : Prévert, bien sûr, Gabin, le décorateur Alexandre Trauner, le musicien Joseph Kosma, etc., dont les noms restent à jamais liés à cette grande époque du « fantastique social » plus communément nommé le réalisme poétique.

> *Lumières dans la nuit,* qui renouait avec le réalisme poétique d'avant-guerre, avait été pour Mérac une étape décisive. Incapable de donner au rôle de Maurice, l'ouvrier typographe injustement condamné pour meurtre, le poids d'humanité qu'il aurait fallu, il avait tourné la difficulté en jouant volontairement à plat, sans effets...
> François-Olivier Rousseau, *L'Enfant d'Édouard.*

recevoir

Dans le langage cinématographique, le verbe est employé à la forme passive : d'un film on dit en effet qu'il a été « bien ou mal reçu ». Cela signifie que les critiques ou les spectateurs l'ont bien ou mal accueilli, qu'ils l'ont plus ou moins apprécié, aimé.

réclame

Les réclames ont précédé ou annoncé les **publicités**. Au cinéma, elles étaient présentées sur un panneau (ou rideau) fixe : à défaut d'images, celui-ci donnait à lire le nom et l'adresse des commerçants du quartier associés aux produits à écouler.

> Demi-appliques, l'ouvreuse rouge passe, houle lente du panier dans les allées, des pièces tintent tandis que descend le rideau-réclame en noires lumières – Votre opticien – Dragées pour toutes vos communions – Cadeaux – si je me marie Barbara, j'en aurai bien quelques-uns de cadeaux elle doit venir lundi, incroyable qu'ils n'aient pas encore leurs dimanches dans cette boîte.
> Claude Klotz, *Sbang-Sbang.*

rectangle sacré

Figure géométrique sise dans la ville de Cannes : son périmètre est défini par la Croisette sur le front de mer et la rue d'Antibes. Là se trouve l'ancien palais du festival et toutes les salles que fréquentent chaque année les festivaliers en mal d'une religion nouvelle : celle du cinéma.

réflecteur

Écran recouvert de papier métallisé réfléchissant la lumière du soleil dans les tournages en extérieur.

regard (le)

Surnom donné à Lauren Bacall, née Betty Joan Perske. Découverte par la femme de Howard Hawks dans le *Harper's Bazaar*, ce mannequin élégant fait aussitôt ses débuts au cinéma dans *Le Port de l'angoisse*, en donnant la réplique à un séducteur aussi cynique que romantique, Humphrey Bogart. Avec superbe, elle s'impose, devient l'égérie des films noirs de l'après-guerre et l'épouse de son premier partenaire, avec qui elle formera un couple mythique. Dès son premier rôle, on remarque son regard narquois, qui n'entend pas s'en laisser compter : yeux félins qui scrutent par en dessous. Ce regard légendaire était né, prétend-elle, d'une très grande timidité : « Après la troisième ou quatrième prise, je m'aperçus que la seule façon d'empêcher ma tête de trembler, c'était de la garder baissée, le menton presque sur la poitrine, les yeux levés vers Bogart. La méthode était efficace et ce fut là l'origine du surnom dont on me gratifia : le regard. »

regard-caméra

On parle de regard-caméra lorsque l'acteur se tourne vers la caméra pour l'interpeller : employée pour la première fois par Bergman dans *Monika*, cette technique est aujourd'hui couramment utilisée.

régisseur

Vient du verbe *régir*, qui veut dire « gérer ». Le régisseur, comme son nom l'indique, s'occupe de la *régie*, c'est-à-dire de l'administration et de l'organisation matérielle du tournage. Il collabore avec le ***directeur de production*** (voir p. 365). La régie peut être matérialisée par l'ensemble des personnes qui travaillent avec le régisseur et occupent des bureaux qui leur sont réservés, d'où les expressions comme : « Téléphonez donc à la régie! » qui se font entendre lorsque les problèmes deviennent trop complexes. Mais ceci est surtout vrai dans les salles de théâtre ou les locaux de la télévision. A la télévision, la régie est l'endroit où se fait la mise en scène des images : il n'y a jamais de réalisateur sur un plateau de télévision. Un journal télévisé se fait également en relation directe avec la régie.

> Il avait décroché un téléphone et parlait pendant qu'un reportage sur la mort de Mac Orlan défilait sur l'écran.
> – Il parle avec la régie, lui dit un cameraman qui avait suivi son regard étonné.
> – C'est quoi, la régie?
> – C'est ce grand studio vitré que vous voyez au-dessus de nous. C'est là que se fait la mise en images du journal...
> Katherine Pancol, *Scarlett si possible.*

règle

Deux règles sont incontournables au moment de la prise de vues :

Règle des 30°. Si deux plans qui se suivent présentent le même personnage, il faut, lors de l'enregistrement du second plan, déplacer la caméra de telle sorte que l'axe de la prise forme avec l'axe de la première prise un angle d'au moins 30°. Si cette règle n'est pas respectée, les images semblent avoir été tournées avec maladresse puisqu'elles se ressemblent, à une toute (trop) petite différence près.

Règle des 180°. Celle-ci est applicable lorsque l'on filme un ***champ-contrechamp***, c'est-à-dire, par exemple, deux personnages en train de converser. Dans ce cas, il faut absolument tracer une ligne fictive réunissant les deux personnages, en fait un angle plat de 180° que la caméra ne traversera pas. Que l'on filme le champ ou que l'on filme le contre-champ, celle-ci se trouvera du même côté de la ligne. Si l'on filme le premier personnage en plaçant la caméra d'un côté de la ligne et que le second personnage est filmé avec une caméra placée de l'autre côté, les regards ne se croiseront jamais.

relâche

Faire relâche, c'est interrompre ses activités et, pour une salle de spectacle, fermer ses portes. L'expression concerne plutôt les spectacles de scène (cabarets et théâtres par exemple). Les salles de cinéma en effet ne font pas relâche. La notion de relâche (ou **clearance**) a pourtant existé en Amérique à l'apogée du système des studios. Les cinq Majors planifiaient la sortie de leurs films. Après une période de première exclusivité, le film était retiré des écrans : première période de relâche donc ; le film réapparaissait ensuite en seconde exclusivité, laquelle était suivie d'une seconde période de relâche, etc.

relief (cinéma ou film en)

On parle aussi de **film en 3 D,** c'est-à-dire en trois dimensions. Pour obtenir une vision en relief, il faut filmer le même objet sous deux angles légèrement différents de telle sorte qu'à la projection chaque œil puisse en voir une image différente. Certaines caméras peuvent être munies de deux objectifs séparés de façon à préparer dès l'enregistrement cet effet de **stéréoscopie.** Mais le problème se complique à la projection puisque l'œil droit (comme l'œil gauche) du spectateur ne doit capter que l'image qui lui est destinée. Différents procédés ont donc été mis au point pour parvenir à ce but. Le plus populaire : les lunettes à verre filtrants ou **anaglyphes.** Les lunettes sont dotées d'un verre de couleur rouge et d'un verre de couleur verte. Chaque verre sélectionne ainsi l'image qui lui convient puisque les images sont respectivement teintées en rouge et en vert. Ce système reste néanmoins aujourd'hui encore une curiosité. Il sera vite dépassé par les procédés à laser capables de fournir un véritable cinéma en relief total dit cinéma **holographique** (voir **hologramme,** p. 231).

> Miranda, tendue, le regarda. Puis l'attira vers elle et lui plaqua sur les lèvres un baiser du type inoubliable, en technicolor et en relief, odorant, velouté, parfait.
> Boris Vian, *Le Ratichon baigneur.*

religion

Parce que les cinéphiles et les amateurs éclairés rendent un culte véritable aux images animées, dans les temples aménagés pour la projection (salles sombres et silencieuses qu'on appelle parfois cathédrales), on parle fréquemment de la « religion du cinéma ».

remake

De l'anglais *to remake*, « refaire ». Un remake est la nouvelle version d'un film qui a remporté un certain succès (on dit aussi *remaker* un film). Exemple : en 1950 Joseph Losey a tourné un remake de *M le Maudit* de Fritz Lang, intitulé « *M* ». Par extension, on parle de remake à propos d'une situation de la vie réelle qui semble se reproduire.

> Moi, je ne disais rien. Je croyais rêver. Comme si un film déjà vu se déroulait au ralenti dans ma tête. Un remake, la même histoire qui se répétait. J'ai même cru un moment qu'elle me racontait des salades...
> Walter Prévost, *Café Terminus.*

rendu

Le rendu est ce qui apparaît sur l'image au moment de la projection : c'est en fait une impression forcément différente de la réalité, ou du moins de ce qui a été vu par le réalisateur avant le tournage.

rentrée

Pour un acteur, *faire sa rentrée*, c'est reprendre ses activités cinématographiques après les avoir quittées pendant quelque temps, réapparaître sur les écrans.

repérages

Avant le tournage, le réalisateur et (ou) son assistant devront *faire les repérages* (on dit aussi : *partir en repérages* ou *repérer*). Il s'agit de dénicher les décors réels (paysages, maisons, bureaux...) les plus appropriés, de prévoir leur location et leur aménagement pour le tournage (approvisionnement en électricité, possibilité de loger l'équipe...). Un appareil photographique, voire une caméra vidéo sont toujours utiles et bienvenus.

> Monsieur Galano est parti en repérage avec Madame et Monsieur Virgile Korluche.
> Ce qui explique, bien sûr, la lionne seule dans la piaule... que la femme de chambre s'est pointée pour le ménage, etc. Je me demande ce qu'ils sont partis repérer et où surtout ? Dès qu'il est quelque part, il faut qu'il repère, Lucmuche, avec son viseur... « Quel plan magnifique ! »
> Alphonse Boudard, *Cinoche*.

repère

Il apparaît sur l'image, en fin de bobine, pour indiquer au projectionniste qu'il est temps de changer de bobine, même si plusieurs projecteurs fonctionnent en alternance.

> Les repères en fin de bobine – des croix sur l'image faites au crayon gras, ou en grattant l'émulsion – apparaissaient. Il fallait alors lancer le moteur du second appareil...
> Roger Grenier, *Ciné-roman*.

répertoire (films de)

L'expression désigne les classiques de l'histoire du cinéma. Elle est issue du langage théâtral : le répertoire est en effet la liste des pièces écrites par les grands auteurs de la scène, dans laquelle on peut toujours puiser pour offrir un spectacle de qualité au public.

répétiteur

Les grandes compagnies hollywoodiennes possédaient des répétiteurs attitrés. Ceux-ci étaient chargés d'enseigner le métier aux jeunes acteurs récemment engagés et d'aider les plus anciens à apprendre leurs rôles (voir aussi *dialogue-coach*, p. 146).

repiquage

Un repiquage est un re-enregistrement sonore. Au cinéma on fait un repiquage quand on fait passer le son recueilli sur une bande lisse de magnétophone sur une bande perforée que l'on pourra ensuite synchroniser avec la bande image.

réplique

Les répliques d'un film sont les réponses que se renvoient les acteurs comme dans un jeu de balle, en réalité les divers éléments du dialogue.

> Tu aurais dix fois plus de médailles que je te traiterais quand même de lâche! lui répond la femme.
> Cette réplique provoqua le tumulte dans le public. Des cris s'élevèrent des quatre coins de la salle...
> Emmanuel Bove, *Le Meurtre de Suzy Pommier.*

Donner la réplique veut dire : répondre à l'acteur qui récite son texte. C'est ce dernier qui joue le rôle important. La personne qui lui donne la réplique ne sert que de faire-valoir. Au cours des auditions ou des répétitions, il arrive même que ce soit un non-professionnel qui soit chargé de donner la réplique aux comédiens. Par extension, on appelle ***réplique*** la personne chargée de cette tâche.

L'expression est employée dans le langage courant pour souligner le caractère fabriqué d'une conversation.

> Pouvaient-ils, bien que ne comprenant pas le français, ne pas s'apercevoir que les visiteurs d'Esther disaient un texte, jouaient un jeu, et se donnaient la réplique ?
> Thierry Levy, *La Société des femmes.*

reprise

On dit aussi ***réédition***. C'est le retour sur les écrans d'un film qui a été exploité plusieurs années auparavant. Quand une salle projette une reprise, on dit qu'elle ***reprend*** ou ***repasse*** le film en question.

Un jour, en consultant *Pariscope,* Dominique découvrit qu'un cinéma du XVe reprenait *The Rose,* un film qu'elle rêvait de voir et qui ne passa jamais à Reims, cette ville maudite et bourgeoise qu'elle haïssait...

Walter Prévost, Café Terminus.

retake

En anglais *to retake* signifie « reprendre ». Après la projection des rushes, le réalisateur peut exiger un retake, c'est-à-dire une nouvelle prise ou un nouveau tournage de la scène qui ne l'a pas satisfait.

re-tournage

Autoritaire et pointilleux, Irving Thalberg, éminence grise de la MGM, qui prit en main la maison dans les années 20, rappelait : « Un bon film est un film refait ». Appliquant sa devise à la lettre, il aimait tant faire retourner les scènes que sous son règne on avait baptisé la MGM « la vallée des re-tournages ».

rétrospective

Du latin *retro,* « en arrière » et *spectare,* « regarder ». On dit « une rétrospective Chaplin, Griffith, Hitchcock... » pour « une rétrospective des films de Chaplin, Griffith, Hitchcock... ». C'est en effet la présentation systématique de toutes les œuvres d'un cinéaste célèbre. Une rétrospective peut aussi présenter l'ensemble des films interprétés par un grand acteur ou une grande comédienne. Ce sera alors la rétrospective Bogart, Monroe, etc...
Le personnage-clef de ces rétrospectives est souvent décédé et son œuvre achevée. Parfois, il est encore vivant mais la richesse de sa carrière passée et sa filmographie permettent déjà une synthèse.

réveiller (l'homme qui ne veut pas se)

Harry Langdon, que l'on avait affublé de ce pseudonyme aussi décidé que lunaire, offrait en effet aux caméras le visage poupin et ensommeillé d'un éternel adolescent préférant le rêve aux turpitudes de la vie en société. Il fut l'un des grands comiques du cinéma muet américain.

révéler

C'est « lever le voile sur, découvrir, faire apparaître » et, par extension, « faire connaître ». Le verbe s'emploie souvent dans le langage cinématographique. On dit en effet d'un film qu'il a révélé tel acteur ou tel metteur en scène, ce qui signifie que, jusque-là, leur talent et leur personne avaient échappé au grand public. On dira également d'un acteur qu'il a été révélé par tel ou tel film.

> On discutait d'avance des qualités de ce film, de son interprétation. On se demandait si Suzy Pommier, qui s'était révélée, il y avait un an à peine, dans une quelconque production, comme une des plus grandes artistes qui aient paru sur l'écran français, vaincrait la partie.
>
> Emmanuel Bove, *Le Meurtre de Suzy Pommier.*

Révélation : apparition brutale d'une personnalité de cinéma sur la scène de l'actualité. Le terme est teinté d'une certaine religiosité. Les *révélations de l'année* sont toujours nombreuses. Aussi connaissent-elles toutes (les acteurs et surtout les actrices) une explosion aussi soudaine qu'inattendue; elles ne feront pas toutes une longue carrière.

Révélateur : produit utilisé pour révéler, c'est-à-dire faire apparaître une image jusque-là latente dans l'opération dite de *développement* (voir p. 145).

révolution

Jusque-là il n'y a vraiment qu'une *révolution* qui ait bouleversé le monde du cinéma : celle du parlant (voir *parlant* et *muet*, pp. 294 et 326). Elle eut lieu dans les années 30 et cassa la seule langue universelle qui venait d'être admise par le monde entier : celle des images filmées. Plus tard, on doublera les dialogues, ou trahira les versions originales...

revolver photographique

Mis au point dans les années 1870 par l'astronome Jules Janssen pour enregistrer le passage de Vénus devant le Soleil, il ressemble en effet à un revolver : une plaque photographique circulaire tourne régulièrement et permet l'enregistrement des images successives. Quelques années plus tard le physiologiste français Jules-Étienne Marey fera construire un **fusil photographique** dérivé de l'appareil de Janssen pour étudier le vol des oiseaux. Tous deux travaillent à l'avènement du cinéma en cherchant à reproduire le mouvement par la succession régulière des enregistrements photographiques. Ils ont mis au point la technique de l'enregistrement image par image, qui sera notamment utilisé dans la réalisation des dessins animés.

rideau

Comme le **volet**, il permet de chasser une image et de la remplacer sur l'écran par une autre. Mais si, dans le volet, le déplacement se fait suivant une ligne verticale, dans le rideau, la ligne de démarcation est horizontale et l'effet produit ressemble au lever de rideau dans une salle de théâtre.

ringard

Le mot est employé pour désigner un comédien sur le retour et, par extension, une personne démodée. La **ringardise** désigne le caractère démodé de quelque chose ou de quelqu'un. L'origine du mot est controversée. Certains la situent dans les milieux hippiques, où, comme *tocard*, *ringard* aurait désigné un mauvais cheval. D'autres sources assurent que le mot aurait d'abord été un nom propre, le patronyme d'un personnage d'une pièce d'Ibsen. L'écrivain André Frédérique l'aurait ensuite annexé pour en affubler un pharmacien de sa connaissance qu'il jugeait assez bêta étant donné sa ressemblance avec l'interprète du dit *Ringard*. Le mot a ensuite fait fortune dans les milieux du spectacle tout en changeant de sens : de simplet, le ringard est devenu vieillot et suranné.

> Ben tiens. A force de commanditer plein de films ringards plein de patins ringards, il sait comment il faut faire. Je trouve ça un peu stéréotypé, moi, comme attitude. La culture Cinémonde, il a ce mec...
> Catherine Rihoit, *La Favorite.*

ripou

Petit mot du langage verlan couramment utilisé par les jeunes (en verlan, on inverse l'ordre des syllabes d'un mot; verlan veut dire « l'envers »). *Ripou* (en réalité *pourri*) veut dire acheté, soudoyé, corrompu. Un ripou est un personnage dénué de toute conscience morale et parfaitement vénal. Mais c'est au cinéma que l'on doit la renommée de ce mot. En 1983, Claude Zidi mettait en effet en scène deux flics véreux interprétés par Thierry Lhermitte et Philippe Noiret, justement baptisés *Les Ripoux.*

rire

Le verbe apparaît dans l'une des plus fameuses publicités cinématographiques. En 1939, on annonce la sortie de *Ninotchka* réalisé par un prince de la comédie (Ernst Lubitsch) avec ces trois mots « *Et Garbo rit!* ». La belle mystérieuse y perdait en effet son impassibilité légendaire.

RKO

Initiales de *Radio Keith Orpheum.* La RKO est l'un des plus grands studios hollywoodiens. Elle fait partie de ceux qu'on qualifie de *Majors* (voir p. 270). Comme les autres Majors, elle possède un sigle fameux que l'on retrouve au générique de tous ses films. La RKO est symbolisée par un émetteur fiché sur un globe terrestre. Sa devise « La voix d'or de l'écran d'argent ».
Née à la fin des années 20, la RKO verra s'épanouir le talent de grands personnages. David O. Selznick y fut directeur de production. Orson Welles, George Cukor, John Ford travaillèrent pour la RKO. La firme se lança également dans la production de musicals aux jolis décors Art Déco : ils sont interprétés par Fred Astaire et Ginger Rogers. Elle fut aussi la première à promouvoir le technicolor, et c'est elle qui produisit le fameux *King Kong.* Dans les années 40, elle se tourna vers les films à petit budget. C'est Val Lewton qui encouragea la réalisation de films de série B dont certains, comme *La Féline,* de Jacques Tourneur, deviendront des classiques, ce qui n'empêchera pas la *RKO* d'être absorbée très tôt (à la fin des années 50) par une compagnie de télévision.

road movie

Expression importée d'outre-Atlantique et signifiant « film de route ou d'errance ». Dans le road movie en effet, les héros se baladent sur les routes, jamais fixés, toujours en partance. Le maître du genre est peut-être l'Allemand Wim Wenders.

Roi (le)

Si l'on excepte le célèbre réalisateur répondant au nom de King Vidor, Hollywood n'a eu qu'un Roi et un seul : Clark Gable. Pourtant l'ascension de cet ex-bûcheron fut aussi imprévisible qu'elle fut fulgurante. Parvenu au firmament, *le Roi*, encore tout surpris de sa réussite, voulait faire inscrire sur sa tombe l'épitaphe suivante : « Ci-gît un brave gars de l'Ohio qu'a eu de la chance. » Le « brave gars » était en effet doté de vilaines dents qu'on lui fit très vite refaire, d'oreilles décollées qui donnaient l'impression « quand on le photographiait de face qu'il allait s'envoler », et c'est auprès de ses compagnes successives qu'il dut apprendre les bonnes manières. Mission cependant bien accomplie puisque très vite Hollywood ne put se passer de lui et célébra sa fine moustache à tour de films.

Incarnation d'un nouvel art de séduire, le viril et léonin Clark Gable rechignait pourtant à embrasser ses partenaires (voir *baiser-bouffe*) et c'est l'œil narquois, en les malmenant, qu'il faisait craquer les dames : ses relations avec Scarlett (interprétée par Vivien Leigh) dans *Autant en emporte le vent* en sont la plus belle illustration. Cœur sensible malgré tout, Clark Gable se remit mal de la mort accidentelle de son grand amour : la pétulante Carole Lombard, avec qui il incarna un moment un couple de légende. Il mourra épuisé à la fin du tournage des *Misfits*, précédant de peu Marilyn.

> Prêt, Antoine s'approcha du bris, prit du recul et se mira, il aurait fallu cintrer davantage mais le temps manquait pour procéder à des retouches; pour le minois, il manquait de détails et il décida une légère, légère, aguichante, agaceuse, fififfine qui meublerait un peu. Il saisit le pinceau d'eye-liner acheté au prisu d'un quartier con et se tira, faiblement recourbée, une Clark Gable sans bavure.
>
> Claude Klotz, *Sbang-sbang*.

rôle

Du latin *rotulus* qui a d'abord signifié « parchemin roulé ». Ce fut d'abord la partie de texte que devait réciter l'acteur sur scène, puis le personnage interprété au théâtre ou au cinéma. Dans un film, les rôles sont d'inégale importance. Il y a les ***premiers rôles*** et les ***rôles secondaires*** ou ***seconds rôles.*** Les premiers rôles sont souvent confiés à de grands acteurs, les rôles secondaires à des acteurs moins confirmés, voire à des figurants ou des acteurs de complément. Un grand acteur peut cependant faire une brève apparition dans un film. Cela s'appelle alors un ***cameo role*** (voir ***camée***, p. 72).

> Ce qui urge à présent, la distribution. Vrai, qu'en dehors de Gloria, les autres rôles n'ont pas encore de titulaire. Luc, je trouve qu'il rêvasse de penser que Burt Lancaster se précipitera pour lui interpréter Victor...
> Alphonse Boudard, *Cinoche.*

Un rôle, comme l'explique la première étymologie doit être dit ou récité. Mais l'acteur doit aller beaucoup plus loin : il incarne le personnage. C'est pourquoi l'on emploie les expressions : ***interpréter un rôle, jouer un rôle.***
Les décideurs (producteur, réalisateur) ***distribuent les rôles,*** souvent au cours du ***casting*** (voir p. 80).
Les acteurs, quant à eux, diront qu'ils ont ***décroché le rôle*** pour signifier qu'ils ont été choisis pour ce rôle après avoir dû lutter pour l'obtenir.

> La carrière de Suzon fut brève mais exaltante : elle décrocha vite un petit rôle dans *Dortoir des grandes,* un film d'Henri Decoin...
> Jean-François Josselin, *Quand j'étais star.*

Avant le casting, deux situations se présentent à l'acteur. Il peut : être ***pressenti pour un rôle.*** L'expression signifie que le réalisateur ou le producteur ont prévu de lui confier l'interprétation de ce rôle, ayant intuitivement senti qu'il remplirait bien son contrat.
Mais il devra parfois ***postuler pour un rôle,*** c'est-à-dire le solliciter en posant sa candidature. Ce ne sont pas, bien entendu, les vedettes qui postulent pour des rôles, mais des acteurs beaucoup moins célèbres. Si le rôle convoité est relativement important, les candidats devront passer

une audition et faire leurs preuves pendant les **bouts d'essai** (voir p. 173).

Dernière expression consacrée : **dans le rôle de...** On peut la faire précéder d'un verbe : « voir dans le rôle de », « mettre dans le rôle de », « être dans le rôle de ». Mais souvent, au générique, on la trouvera dans sa forme la plus succinte : « dans le rôle de... » suivi du nom du personnage, puis de celui de l'acteur qui l'interprète.

> Tout en lui passant la roulette, il préparait la distribution avec le patient... qu'il verrait bien Juliette Gréco dans le rôle de Marie de Médicis...
>
> Alphonse Boudard, *Cinoche.*

Romy

Romy Schneider (en réalité Rose-Marie Albach-Retty) fut l'une des rares stars française (avec Arletty, peut-être, qui se prénommait en fait Léonie) à imposer son prénom comme Marilyn ou Marlène. Elle est pourtant née en Autriche de parents comédiens. Elle débuta dans des sortes d'opérettes un peu mièvres (la série des *Sissi*). C'est aux côtés d'Alain Delon qu'elle commença sa carrière en France (dans *Christine*, 1958) et c'est pour Visconti qu'elle fit ses premiers pas de véritable comédienne (*Boccace 70*, 1962). Mais il faudra quelques années encore, et *La Piscine*, de Jacques Deray (1968), où elle rencontre à nouveau Delon, pour que s'impose la femme lucide, belle et douloureuse. Claude Sautet exploite son image douce et déchirante (*Les Choses de la vie*, 1970, *César et Rosalie*, 1972, *Une Histoire simple*, 1978...). D'autres le suivront : elle rafle tous les rôles de femme-femme abordant avec charme et générosité la quarantaine. Mais *Romy*, éprouvée par le destin, meurt prématurément en 1982. Elle n'a pas été remplacée.

rose

L'adjectif apparaît dans les expressions suivantes :

Version rose. C'est l'interprétation osée de certains films de stars. A l'époque où la pornographie dure n'avait pas encore envahi les écrans, on a pourtant vu circuler les films de vedettes très célèbres (par exemple Jean Harlow) enrichis de séquences déshabillées que tournaient sur commande des doublures fort convaincantes.

Néo-réalisme rose. Nom donné à l'école de la comédie à l'italienne (voir p. 397) qui se fait connaître dans les années 60, sans doute parce que celle-ci, comme le néo-réalisme, met en scène les problèmes concrets et la vie quotidienne du peuple italien en acceptant cependant les clins d'œil légers, voire érotiques.

Rosebud

Ou « bouton de rose ». Le mot est prononcé, au moment de mourir, par le héros de *Citizen Kane,* d'Orson Welles (1941), au début du film. Mais sa signification ne sera dévoilée qu'à la fin du film, au terme de l'enquête menée sur la vie de Kane : *Rosebud* est le nom du traîneau de son enfance. Il symbolise le mystère de la jeunesse et la future éclosion d'un homme de pouvoir.

rouge

Signalisation lumineuse interdisant l'accès au plateau au moment du tournage.

roughies

Comme les ***ghoulies*** (de l'anglais *ghoul,* vampire), les roughies (de *rough,* « rugueux ») fleurissent dans les années 60 : ce sont des films mariant le fantastique à l'érotisme. On y voit des personnages dont la violence sadique n'a d'égale que leur furie sexuelle.

rouquin binoclard (le)

N'est autre que Woody Allen. Lunettes, cheveux roux : on peut difficilement le prendre pour un play-boy. Pourtant, les films qu'il met en scène et dans lesquels il apparaît sont peuplés de femmes, sources de plaisirs et de complications qu'il jubile à analyser en démêlant sous nos yeux l'écheveau compliqué et de ses complexes.
Le comique génial au physique de chien battu, qui ne dédaigne pas à l'occasion suivre les traces d'un Bergman ou d'un Bresson, s'est ainsi déjà transformé en prince philosophe de la société intellectuelle de New York, avec ce qu'il faut de recul et d'humour pour ne jamais cesser de faire rire.

ruban

Un ruban est une bande de tissu longue et étroite. On appelle également ruban le support du film. Si la matière diffère, il est, lui aussi, long et étroit.

> Bientôt le film aura rejoint les images de la mémoire, aussi fragiles que ce ruban en celluloïd qui ne pourra même pas témoigner, dans l'avenir, d'un certain pittoresque de notre époque. Au bout de très peu de temps, les films se décomposent et retournent au néant : ils prolongent à peine la vie aussitôt qu'elle enfante ces images.
>
> Pierre Mac-Orlan.

rubrique cinématographique

Colonnes ou pages consacrées à l'actualité cinématographique dans un journal qui n'est pas un magazine de cinéma. On dit d'une rubrique cinématographique ou rubrique de cinéma qu'elle est *tenue* par Untel ou Unetelle.

> C'était dans le *Times de Los Angeles*, hier, leur dit-il. C'est extrait de la rubrique cinématographique de ce grand journal réactionnaire. Écoutez...
>
> Horace Mac Coy, *J'aurais dû rester chez nous.*

runaway production

Les runaway productions sont les productions ou films réalisés loin d'Hollywood, *runaway* ayant le sens « fugitif ».

rush

En anglais, « course rapide ». Le mot désigne les prises de vues que le réalisateur et l'équipe technique peuvent visionner chaque soir en toute hâte après le développement effectué par le laboratoire.Les rushes permettent de juger le travail de la journée.

S'il est mécontent des rushes, le réalisateur pourra demander le tournage d'une nouvelle prise, un *retake.*

> – Vous avez photographié de la merde, dit-il. Vous savez à quoi elle me fait penser dans les rushes... Mademoiselle Foodstuffs...
>
> Francis Scott Fitzgerald, *Le Dernier Nabab.*

salade (vendre sa)

L'expression appartient au langage des comédiens. Elle évoque l'effort accompli par ceux-ci pour se mettre en valeur auprès d'un producteur ou d'un metteur en scène, pour dire un dialogue en essayant de plaire et de briller au maximum au moment de briguer un rôle.

salle

Les salles de cinéma sont destinées à accueillir des invités de marque, les spectateurs de cinéma. Elles se doivent donc d'être confortables et d'assurer une bonne projection, ce qui n'est pas toujours le cas (voir **obscur**, p. 311). Depuis l'incendie du cinéma Le Sélect à Rueil, elles sont soumises à une réglementation sévère : sorties éclairées, sièges fixés au sol, matériaux de construction résistant au feu, etc...

Au départ, pourtant, les projections de films se faisaient dans des baraques foraines, des boutiques reconverties (voir **nickélodeon**, p. 299), ou parfois des théâtres (la fosse accueillait l'orchestre qui accompagnait les bandes muettes; elle sera recouverte à l'arrivée du parlant). Mais le succès grandissant du cinématographe a vite impliqué la construction de salles spécialisées appelées alors « théâtres cinématographiques ».

Elles sont effectivement édifiées sur le modèle des salles de théâtre. La magnificence du cinéma permet tout : l'immensité (voir **palace**, p. 320) comme les fantaisies les plus inattendues (clin d'œil à l'Extrême-Orient pour *La Pagode*, à l'Egypte pour le *Louxor*, etc.)

Dans les années soixante pourtant, la concurrence de la télévision conduit à un crise et l'on doit abandonner le luxe. Les **salles** périphériques dites **de quartier** (voir p. 376) ferment. Les grandes salles sont compartimentées en plusieurs petites salles dites **multisalles** ou **complexe** (voir p. 295). La taille des écrans diminue et les salles n'ont plus rien à voir avec les palaces d'antan.

> La salle, semblable à l'ancienne salle du Gaumont-Gambetta où j'allais avec mes parents quand j'étais enfant, grande, avec des sièges en bois, des rideaux de reps rouge de chaque côté de l'écran, était à moitié vide quand passa le film de mon ami.
> Patrick Besson, *Lettre à un ami perdu.*

La baisse de fréquentation des années 80 a cependant forcé les exploitants à modifier leurs parcs. Parallèlement à la fermeture d'un grand nombre de leurs salles, les groupements (Gaumont, UGC, Pathé) remplacent progressivement les minisalles par de nouveaux palaces (la société Gaumont les a baptisés Gaumont-Rama), lieux très haut de gamme conçus pour des films à grands spectacle. Autre conséquence de la chute de la fréquentation : une concurrence plus sévère entre les *salles d'exclusivité* (voir p. 173) et les *salles d'Art et Essai* (voir p. 32). Les premières ont désormais tendance à monopoliser les films susceptibles de faire des succès, y compris les films signés par des auteurs qui, à priori, sont destinés aux secondes. Toutes ces salles sont cependant qualifiées d'*obscures* puisqu'une projection ne peut avoir lieu que dans l'obscurité. L'expression **salle obscure** est ainsi devenue synonyme de « salle de cinéma ».

Le mot *salle* entre dans divers expressions couramment employées dans le langage cinématographique.

Sortir en salle se dit par exemple d'un film. Ce n'est pas le spectateur qui sort en salle. Sortir en salle, c'est, pour un film, être présenté au public dans une salle, donc commencer sa carrière commerciale.

Voir un film **en salle** veut dire assister à la projection d'un film dans les conditions normales, au milieu du public ordinaire. La tournure s'oppose à **voir un film en projection** (ou **projection privée**). Elle est donct utilisée par les critiques cinématographiques qui, la plupart du temps, prennent connaissance des films au cours de projections spécialement organisées à leur intention.

Salle de projection est employé pour désigner une salle de projection privée fréquentée par les journalistes, par opposition à *salle* tout court.

salopards (les douze)

L'expression n'est pas une insulte : en effet elle a été choisie comme titre de reconnaissance par une poignée de réalisateurs américains qui ont réalisé des films à succès après avoir appris le cinéma sur les bancs de la même université, en Californie du Sud (en réalité tous les grands cinéastes américains du moment, contrairement à leurs aînés, ont découvert le cinéma à travers des cours). Parmi eux George Lucas (*La Guerre des étoiles*).

saltimbanque

De l'italien *saltimbanco*, « saute en banc ». Le mot est synonyme d' « équilibriste » mais c'est celui dont aiment s'affubler les comédiens et les artistes, peut-être pour souligner le caractère dangereux de leur métier. Entre la plate réalité et l'imaginaire de la folie, leur chemin est aussi étroit que celui des funambules.

samedi soir (cinéma du)

Celui qu'on va voir après une semaine de travail. Il doit donc distraire et permettre l'évasion : c'est le cinéma populaire par excellence, qui s'oppose au cinéma dit « culturel ». Un rite qui a souvent remplacé la messe du dimanche matin : une religion...

L'expression *film du dimanche soir* désigne le film diffusé par la télévision le... dimanche soir. Chacun peut le voir en restant chez soi.

saucisson

Ou *saucisse*. Parce que les usines de charcuterie ne négligent aucun des abats de porc et ne cessent de faire marcher leurs machines pour en tirer le maximum de profit, on a tôt fait de comparer les grands studios de cinéma à ces sortes d'usines et leurs produits – les films – à des saucisses ou des saucissons.

> Les films américains sont presque tous faits en série. On fabrique les films à Hollywood comme on fait les jambons dans les stock-yards de Chicago. Tout est minuté, chronométré, compté, réglé à l'avance.
> Robert Florey, *Hollywood Village.*

Le saucisson ou saucisse est un film tourné à la va vite pour rentabiliser les studios et l'industrie cinématographique. Eric von Stroheim, le mal-aimé de Hollywood, parlait de la Capitale du cinéma comme « *d'une machine à fabriquer les saucisses* ». En France, les studios de Joinville ont été de grands spécialistes du « saucisson » dans les années 30 : les réalisateurs engagés tournaient en moins de deux semaines différentes versions du même film (l'original était souvent en américain) en plusieurs langues.

Saucissonner est un verbe employé beaucoup plus récemment en France. On dit en effet que certaines émissions de télévision sont saucissonnées. Cela signifie que leur diffusion est périodiquement interrompue par des clips publicitaires. On notera que l'emploi du verbe *saucissonner* est relativement inadéquat. Il faudrait dire *sandwicher* synonyme de « mettre *en sandwich* » « coincé, entre deux éléments », en l'occurence deux spots publicitaires.

saynète

Mot d'origine espagnole désignant de petit numéros de comédie que l'on jouait autrefois à l'entracte sur les scènes de théâtre : il est employé aujourd'hui dans la langue française comme un diminutif de « scène ». Jouer une saynète c'est en effet interpréter une petite scène.

scénario

Le mot vient de l'italien *scenario* (au pluriel on peut dire des *scénarios* ou d'après l'italien des *scenarii*) qui veut dire décor. En réalité le mot italien est lui-même issu de latin *scaenarium* qui veut dire scène de théâtre. Par extension, le scénario a d'abord désigné l'agencement de la scène et des décors, ce qu'on appelle aujourd'hui la **scénographie** (voir **scène,** p. 405), puis la trame de ce qui se déroule sur scène, l'histoire interprétée par les acteurs. Le mot sera repris ensuite par les romanciers, enfin par les cinéastes pour désigner la mise en forme ou la présentation d'une idée destinée à être réalisée cinématographiquement, c'est-à-dire à devenir un film. Plus élaboré que le **synopsis** (voir p. 440), le scénario est moins fragmenté que le **découpage** (voir p. 140) et si l'on y trouve le rythme des plans, des scènes et des séquences, on ne peut encore y apercevoir les indications techniques nécessaires au tournage de chaque plan.

> Elle voudrait tant être douée comme les moins belles, qu'on lui propose de vrais scénarios, difficiles, ennuyeux, où elle pourrait s'enlaidir.
> Michel Braudeau, *Naissance d'une passion.*

Scénariste : c'est un spécialiste de l'écriture des scénarios. Il peut travailler sur des adaptations ou peaufiner un **scénario original**, écrire pour un metteur en scène particulier, pour un acteur, une actrice... Parfois il travaille en duo avec le **co-scénariste** et demande l'aide d'un **dialoguiste** passé maître dans le cisèlement des dialogues de cinéma. On appelle **film de scénariste** un film dont l'élément le plus important, le scénario dame le pion à la mise en scène ou à l'interprétation des acteurs. Mais ce n'est pas toujours le cas.

> Je ne reconnaissais presque plus rien. De toute façon, même s'il avait suivi mon texte, la moulinette de sa caméra l'aurait rendu méconnaissable, Ça m'obligeait, par l'absurde, à reconnaître la primauté du metteur en scène sur le scénariste au cinoche...
> Alphonse Boudard, *Cinoche.*

Scénar : abréviation familière de *scénario* fréquemment employée par les gens du métier.

Scénariser : c'est mettre une idée sous forme de scénario, découper une histoire en scènes.

Le participe **scénarisé** s'emploie plutôt pour qualifier les films aux structures dramatiques très cohérentes, ne laissant place ni à l'improvisation ni à la spontanéité.

L'expression *scénariser* peut également s'employer à propos de personnes qui semblent construire leur existence en ménageant, comme par un fait exprès, surprises et coups de théâtre.

De la même façon, on appelle « scénario » une suite d'actions qui se déroulent dans la vie réelle suivant un schéma déjà établi. Exemples : « le scénario des événements » « de la rencontre », « de la manifestation », « du crime »...

> Xavier semblait soulagé. Un problème technique ne lui faisait pas peur. Cette nuit, il avait imaginé les scénarios les plus négatifs. Il pensait que Louise allait lui annoncer qu'elle renonçait...
> Patrick Mosconi, *Louise Brooks est morte.*

Accessoirement *scénario* peut désigner la brochure envoyé par le distributeur aux exploitants pour promouvoir son film.

> Encore plus magnifiques que les journaux corporatifs étaient les brochures qu'envoyaient les distributeurs pour chaque film et que l'on appelait des scénarios ou, pour faire puriste, des scenarii. C'était un festival de papiers glacés, de cartons, de cellophanes, de feuilles dorées et argentées, de découpages aux formes extraordinaires, et de toutes les couleurs, avec les photos qui rappelleraient à jamais le film. Sous le délire baroque de leur présentation, ces brochures contenaient un résumé de l'histoire, la distribution, la fiche technique, une reproduction des affiches et des clichés d'imprimerie que le distributeur mettait à la disposition de l'exploitant, des slogans, des extraits de presse.
> Roger Grenier, *Ciné-roman.*

Scénarique : se dit de tous les éléments susceptibles d'entrer dans la composition d'un scénario. On parle souvent de **matériel scénarique.**

Scénarimage : voir **story-board,** p. 432.

404

scène

Du latin *scaena*, « scène du théâtre », mot emprunté au grec *skênê* « baraque », qui désigna d'abord un petit édicule dans lequel les acteurs changeaient de costumes, puis le vaste bâtiment fermant l'hémicycle du théâtre et devant lequel jouaient les acteurs. Plus tard, le mot est utilisé pour indiquer le lieu où joue les comédiens puis une partie de la pièce interprétée (subdivision d'un acte). Il a ensuite été transposé dans le langage cinématographique : une scène est un fragment de film.
Plus longue que le plan et plus courte que la séquence, c'est un ensemble de plans formant une unité et possédant un sens propre. Elle se déroule dans un même lieu (que l'on retrouve d'un plan à l'autre).

> Sous ces photos minuscules, médiocres, reflet infiniment dégradé de la réalité du cinéma, on pouvait lire, non sans respect :
> « Un beau portrait de Brigitte Helm dans l'*Étoile de Valencia.* »
> « Le grand fantaisiste Robert Pizani et la charmante Lisette Lanvin dans une scène de *Je vous aimerais toujours.* »
> « Une scène terrifiante de *Pullman 12.* » (La scène terrifiante montrait un employé noir des wagons-lits roulant comiquement des yeux alors qu'il découvre dans une couchette le cadavre d'une jeune femme.
> Roger Grenier, *Ciné-roman.*

Faire une scène est une expression employée à propos du réalisateur de film. Elle veut dire alors « filmer la suite de plans qui forment une scène ». Dans le langage populaire *faire une scène* (ou *sa scène*), *faire la grande scène du II* signifient sortir de sa réserve », « se donner en spectacle », tous excès qui rappellent les excès du théâtre.

> J'aurais aimé m'offrir ma grande scène du deux, dans laquelle j'aurais été touchante et admirable, j'aurais aimé lui arracher des serments.
> Françoise Prévost, *Ma vie en plus.*

Beaucoup d'autres expressions courantes reprennent le mot *scène*, « la scène politique », « sur la scène du monde », le « devant de la scène »... Mais, issues du langage théâtral, elles évoquent plutôt l'estrade construite devant les spectateurs et qu'arpentent les comédiens qu'un moment de cinéma, même si celui-ci se

405

déroule dans un lieu parfaitement circonscrit et reconnaissable de plan en plan.

Mise en scène appartient à la fois au langage théâtral et au langage cinématographique. Le terme évoque l'agencement de la scène, la mise en place des comédiens. Dans le monde du cinéma, cette responsabilité incombe au réalisateur qu'on appelle alors **metteur en scène**, pour signifier que, s'il est chargé de l'enregistrement des images ou de la direction des acteurs, il doit également sculpter les volumes, composer l'espace, choisir les places des interprètes, l'emplacement des décors.

> C'était ce qu'on appelle un grand metteur en scène. Je devais avoir dix-sept ans lorsque je l'ai rencontré. Alors je m'essayai au journalisme...
> Michel Grisolia, in *Moteur!*

L'expression *mettre en scène* peut être utilisée hors des plateaux de cinéma pour signifier qu'un individu manquant de sincérité et de spontanéité est capable de se dédoubler : il peut ordonner à sa guise et artificiellement ses faits et gestes, ceux de son entourage, afin de maîtriser l'effet produit sur ceux qui vont intervenir dans l'action. S'ils ne sont pas dupes de l'artifice, ceux-là ne manqueront pas de souligner la supercherie en s'écriant : « Quelle mise en scène! »

Scénographie, avec le grec *graphein*, « écrire ». Il ne s'agit pourtant pas de l'écriture d'une scène mais de la composition de l'espace scénique. Elle est suggérée par le **scénographe**, qui propose et dessine les décors des différentes *scènes* en relation avec le décorateur.

Schlemiel

Désigne en terme yiddish un « maladroit ». Comme le **schlimazel** (« celui qui tombe et se casse le nez »), le *schlemiel* est l'un des personnages clefs du comique juif et le pendant du **wasp** (voir p. 478). Inadaptés, *schlemiel* et *schlimazel* élaborent pour se défendre une stratégie fondée sur l'humour. Interprétées par Jerry Lewis, sublimées par Woody Allen, ces figures mythiques, existent depuis toujours dans le cinéma américain, mais c'est peut-être Chaplin qui en a tiré les meilleurs effets.

schpountz

Le mot a été inventé par le chef-opérateur de Marcel Pagnol au cours du tournage d'*Angèle* (1934). Il était censé désigner les garçons prétentieux et sûrs de leur beauté qui tournaient autour de l'équipe en espérant être engagés et entamer une carrière cinématographique. Quelques années plus tard, Pagnol, préparant un film sur le cinéma, convoque Fernandel à qui il veut confier un rôle. « Et je jouerais quoi, là-dedans? », aurait dit Fernandel. « Un fada », aurait répondu Pagnol; Et Fernandel de répliquer : « Je vois, comme d'habitude. Tu as déjà un titre? » « Oui, *le Schpountz* ». Fernandel a compris, raconte Raymond Castans. Il a connu le schpountz, le vrai, pendant le tournage d'*Angèle*. Le mot est depuis entré dans le langage courant de l'équipe Pagnol. Les schpountzs pullulent dans cette époque du cinéma triomphant et du star system. Fernandel garde dans son portefeuille la lettre qu'il a reçue de la mère d'un schpountz de Pézenas : « Mon fils veut faire du cinéma, écrit-elle, pourriez-vous nous indiquer un studio dans les environs de Pézenas pour qu'il puisse, le soir, rentrer à la maison? » *Le Schpountz* a été tourné en 1938.

Mais aujourd'hui le mot employé pour désigner, comme l'explique Robert Benayoun, « un amateur crédule des coulisses du cinéma, que l'on mène en bateau en le berçant de promesses. »

> L'auteur Woody Allen, devenu schpountz, était tout prêt à rewriter cent fois le même page s'il le fallait pourvu qu'on lui abandonne en dernier ressort quelques bonnes répliques qu'il puisse faire mousser de son génie en formation.
> Robert Benayoun, *Woody Allen au-delà du langage.*

schüfftan (effet)

Utilisé pour la première fois dans *Metropolis* de Fritz Lang, ce procédé a été mis au point par l'opérateur allemand Eugen Schüfftan dans les années 20. Entre les acteurs et la caméra, on interpose un miroir sans tain incliné à quarante-cinq degrés et reflétant une maquette qui permet ainsi de filmer, à peu de frais, des décors parfois impressionnants.

On appelle **procédé Rossellini** le système que le cinéaste italien a élaboré en s'inspirant grandement de l'effet

Schüfftan : on retrouve devant la caméra un miroir sans tain incliné à 45°. Mais s'y reflète ce coups-ci un document photographique en lieu et place de la maquette.

science-fiction

Souvent abrégé en **SF**. La SF est d'abord un genre littéraire qui, comme son nom l'indique, marie la science et la fiction. A travers des événements imaginaires sont analysées toutes les conquêtes possibles de l'homme et, à travers elles, l'évolution de l'espèce humaine. Mais la SF apparaît très tôt dans l'univers cinématographique et donne le jour aux films de science-fiction, ou de SF, où l'on voit déjà (par exemple dans la période expressionniste allemande) monstres et robots futuristes. La science-fiction cinématographique frôle alors d'autres genres (le fantastique, l'épouvante, l'horreur) car l'avenir est toujours présenté sous des couleurs sombres. Par la suite, la SF, qui s'implante surtout en Amérique, utilise les inventions spatiales pour traiter des relations interstellaires avec d'hypothétiques extra-terrestres.

Les films de SF américains transposent parfois les tensions de la vie politique contemporaine ou les problèmes de communication inhérents à la nature humaine mais, bénéficiant de budgets colossaux (ce sont souvent des superproductions), ils sont souvent prétexte à une débauche d'effets spéciaux et se confondent avec le *space-opéra* (voir p. 425). *Rencontres du 3e type*, *E.T.*, la saga de *La Guerre des étoiles* en sont les plus parfaits exemples.

> Je songeai aux films de science-fiction, quand l'astronaute qui s'est égaré glisse en toute hâte une fiche dans l'ordinateur et s'entend répondre froidement par la machine : – Terminologie inconnue. Formulez autrement la question SVP.
>
> Ferdinando Camon, *La Maladie humaine.*

scope

Du grec *skopein*, « regarder ». On retrouve le suffixe *-scope* dans le nom de nombreux appareils qui précédent l'invention du cinématographe (**Kinétoscope, Praxinoscope**, etc...) mais aussi dans un nom de marque, le **Cinémascope,** qui met à la mode dans les années 50 un procédé de cinéma sur écran large que l'on baptise plus simplement *scope* (exemple : « un film en scope et en couleurs »).

Le cinémascope est mis au point par la firme Fox, mais celle-ci, en réalité, reprend une invention du professeur Henri Chrétien qui date de 1927 : l'**Hypergonar** (du grec *hyper*), « au-dessus » et « *gônês* », « angle »). L'hypergonar permet d'obtenir un angle de vision plus large. Il a d'abord été travaillé pour faciliter la vision des soldats enfermés dans leurs chars d'assaut. On appelle également cet hypergonar : *objectif anarmorphoseur* puisqu'il agit par **anamorphose** (du grec *anamophôsis*, « transformation »), c'est-à-dire qu'il modifie les proportions de l'image. A la prise de vues, les images sont comprimées (*anamorphosées*) dans le sens de la largeur et, à la projection, elles sont élargies par le même procédé, ce qui leur permet d'occuper un écran plus large qu'à l'ordinaire.

On dit que les images sont alors *désanamorphosées*. Le principe de l'anamorphose était déjà connu des forains qui, avec leurs miroirs déformants, pouvaient renvoyer aux passants un reflet transformé (écrasé, comprimé, allongé...) de leur silhouette.

> Avant qu'il eût eu le temps de la formuler, Zazie lui demandait s'ils avaient la tévé.
> — Non, dit Gabriel. J'aime mieux le cinémascope, ajouta-t-il avec mauvaise foi.
> — Alors tu pourrais m'offrir le cinémascope...
> Queneau, *Zazie dans le métro.*

scopitone

Nom de marque. Employé à tort pour désigner les ancêtres du *clip,* car le scopitone n'est que l'appareil, sorte de juke-box muni d'un petit écran, dans lequel l'entrée d'une pièce déclenchait le passage des **cinématiques** qui ont précédé les clips télévisuels. Ces premières chansons filmées ont vu le jour dans les années soixante grâce à Alexandre Tarta d'abord, puis à Claude Lelouch.

> La voix d'Oum Kalsoum s'élève du scopitone. Sur l'écran défile la foule immense de son enterrement. J'ai laissé le chant s'évanouir et quitte le restau, Julien sur les talons...
> Daniel Pennac, *Au bonheur des ogres.*

scotch

Nom de marque. Le scotch est un papier adhésif utilisé parfois à la place de la craie pour indiquer aux comédiens leurs **marques** (voir p. 277) sur le plateau de tournage.

Scotchlite : nom de l'écran à très haute sensibilité utilisé dans la **projection frontale** (voir p. 206).

scratching

De l'adjectif anglais *scratch* qui signifie « non homogène ». Le scratching est un jeu acrobatique pratiqué avec les images : à l'aide d'un magnétoscope, on enregistre des extraits de programmes en suivant le fil d'une bande sonore ou musicale préalablement choisie. Avec plusieurs magnétoscopes, on pourrait pratiquer bien évidemment ce travail sur les films...

Screen-writer

L'expression américaine peut être traduite par : « écrivain pour l'écran ». Il s'agit bien sûr du scénariste. On conserve cependant l'appellation étrangère pour parler des scénaristes hollywoodiens œuvrant pour les studios quand ceux-ci connaissent leur heure de gloire. Les *screen-writers* étaient alors (comme les représentants des autres corps de métier) parqués dans un **département** (voir p. 142) qui leur était réservé. On raconte même qu'à la Warner, on avait fait grillager celui-ci pour accélérer le rendement. Les *screen-writers* ont toujours travaillé de manière frustrante : aucun n'était responsable de l'écriture d'un scénario dans son entier ; chacun était chargé de remanier le travail de ses collègues. Pourtant, appelés par Hollywood et ses nababs, de très grands écrivains se sont transformés en *screen-writers*, non sans malheur. Francis Scott Fitzgerald, Dashiell Hammett, William Faulkner ont été *screen-writers*.

screwball comedy

L'expression américaine devrait être traduite par « comédie tordue ». Mais on parle plus volontiers de **comédie loufoque**. Avec la comédie **slapstick** et la comédie

sophistiquée (voir pp. 421 et 424), la *screwball comedy* est l'un des grands « moments » de la comédie américaine. Cocasse et enlevée, elle se déroule dans des milieux tout à fait populaires, contrairement à la comédie sophistiquée. Et, si elle est truffée de gags, on ne s'y envoie cependant aucune tarte à la crème comme dans la slapstick. Frank Capra est ainsi considéré comme l'un des meilleurs illustrateurs de la *screwball comedy* (*La Blonde platine*, 1931, *L'Extravagant Monsieur Deeds*, 1936)...

script

Du latin *scriptum,* participe passé du verbe *scribere,* « écrire ».

Script est employé pour désigner soit le **scénario,** élaboration littéraire du sujet originel, soit le **découpage technique,** première traduction du scénario dans le langage cinématographique. Mais, dans les deux cas, le script reste un document écrit.

> Enfin, je vais lire, il est là le script, un sérieux bloc... un paveton de papier... Ce soir même, après dîner, Galano et moi nous pourrons le déguster, nous endormir avec chacun son exemplaire...
>
> Alphonse Boudard, *Cinoche.*

Scripte est la francisation de l'expression **script-girl.** Le mot a été féminisé car très peu d'hommes remplissent cette fonction; on leur réserve le titre de **script-clerk,** c'est-à-dire « employé au script ». La scripte ou script-girl, comme son nom l'indique, est chargée du script ou scénario : c'est elle qui d'après ce document, établit le minutage du film et veille à ce qu'il soit respecté au moment du tournage. D'une manière plus générale, elle s'occupe de tout ce qui est écrit : c'est une secrétaire de plateau qui compare, note, annote, remplit le journal de tournage, rédige divers rapports (les **cahiers de rapport**) à l'intention du producteur, du monteur et des techniciens de laboratoire. Elle est également chargée des raccords, d'où son appellation anglaise de **continuity-girl** (fille chargée de la continuité). Un œil sur le script, l'autre sur le plateau, elle surveille les acteurs, leurs déplacements, leurs regards, leurs costumes, l'installation du décor, l'emplacement des accessoires afin d'instaurer une continuité entre les plans : pas de rupture, ou de contradictions, pas de faux raccords.

séance

Nom dérivé du participe présent du verbe *seoir* : « séant ».
Séance a donc d'abord désigné la position de la personne
ou des personnes cessant toute activité pour assister à un
événement quelconque. Le mot a ensuite été employé
pour désigner cet événement lui-même et la façon dont il
se déroule dans le temps. Si une séance de travail
implique en effet que les participants soient assis, ils ne le
seront pas forcément au cours d'une séance de gymnas-
tique. Au cours d'une *séance* de cinéma, les spectateurs
sont bien sûr assis et tout gêneur ou retardataire peut être
rappelé à l'ordre par un impatient « **Assis! Assis!** ».
Le mot *séance* désigne cependant plutôt l'organisation de la
projection, et le temps consacré à celle-ci. L'horaire de la
projection du film (on dit « l'horaire du film ») n'est pas en
effet le même que celui de la séance. Car la séance ne s'est
pratiquement jamais réduite à la projection d'un film
unique. Dès la première séance publique et payante
organisée le 28 décembre 1895 au Salon Indien du Grand
Café à Paris par les frères Lumière pour faire connaître
leur tout nouveau Cinématographe, on pouvait voir
plusieurs films d'une minute chacun (*l'Arroseur, La Sortie
des usines Lumière, Bébé mangeant sa soupe, l'Arrivée d'un
train en gare de La Ciotat,* etc.). Le programme durait une
demi-heure environ.
Par la suite, l'allongement de la durée des films conduit à
la modification des séances. L'Amérique dans les
années 30 met à la mode le ***double programme*** (deux
grands films pour le prix d'un seul). En France, le grand
film était autrefois précédé par la projection d'un court
métrage (souvent un documentaire). Aujourd'hui, la
séance est souvent réduite à la présentation du film,
précédée par un court entracte favorisant la vente de
confiseries et la projection de **spots** publicitaires. Ont
disparu définitivement, semble-t-il, les numéros de
music-hall sur scène, le panneau fixe affichant les
réclames du quartier, les actualités filmées, et bien
souvent aussi le **court métrage,** autrefois de rigueur.

> *Je connais le destin d'un cinéma de quartier*
> *Il finira en garage, en building, en supermarché*
> *Il n'a plus aucune chance*
> *C'était la dernière séquence*
> *C'était la dernière séance, le rideau*
> *Sur l'écran est tombé...*
>
> Chanson d'Eddy Mitchell

412

sélection

Du latin *selectio:* choix. Tout festival comporte une sélection de films, autrement dit un choix d'œuvres présentées aux professionnels et au public. Les films sont **sélectionnés** ou retenus par les responsables des divers manifestations cinématographiques. A Cannes, chaque section (Semaine de la critique, Quinzaine des réalisateurs...) présente sa propre sélection. La **sélection officielle** regroupe l'ensemble des films choisis pour participer à la compétition. Elle est placée sous la responsabilité du seul délégué général du festival, à l'exception de la sélection française, qui dépend d'un **comité de sélection** dont la composition est renouvelable chaque année.

sensibilité

On appelle sensibilité d'une pellicule (on dit aussi **rapidité**) sa capacité à se laisser plus ou moins bien impressionner par la lumière. Cette sensibilité est mesurable en degrés **DIN** (Deutsche Industrie Nom) ou **ASA** (voir p. 33). Plus le degré est élevé, plus la pellicule est sensible. Dans le cas d'une pellicule très **sensible,** on aura moins besoin d'avoir recours à l'éclairage artificiel.

Sensibilité chromatique (du grec *khrôma:* couleur). Elle décrit la façon qu'a la pellicule de réagir aux couleurs (voir **orthochromatique,** p. 317).

sensurround

Mot anglais : de *sense,* « sensation », et *to surround,* « entourer ». Le procédé sensurround, très employé dans les films catastrophes, peut bouleverser le spectateur. Il consiste à émettre des sons, en vérité indéchiffrables, si puissants qu'ils peuvent faire vibrer tout le corps de celui qui les perçoit.

Septième Art

Les six premiers sont : la peinture, la musique, la poésie, l'architecture, la sculpture et la danse. C'est l'écrivain Riciotto Canudo qui, dans les années 1910, fit entrer le cinéma dans le Panthéon des arts : à la septième place. Une trouvaille de vocabulaire qui annonçait le brillant avenir de la nouvelle technique cinématographique, jusque-là considérée comme un amusement.

> Vous voici donc au Septième Art... Hosanna... septième ciel! Tout en bas, mordez un peu, les terrestres, le bitume; ils piaffent, bonnes truffes, trépignent à l'attente de leur toute dernière idole...
>
> Alphonse Boudard, *Cinoche.*

Par analogie, il arrive aujourd'hui qu'on qualifie la télévision de *huitième art.*

séquence

Du latin *sequentia,* « suite ». La séquence est l'une des unités fondamentales de la grammaire cinématographique : c'est une suite de scènes qui ne se déroulent pas forcément dans le même décor, mais qui forment un tout : la séquence possède un sens propre. Elle peut être définie par la place qu'elle occupe dans le déroulement du film (séquence d'introduction, séquence de fin...), par sa qualité ou son intensité (séquence réussie, séquence dramatique...), par ce qu'elle donne à voir (séquence d'action...) etc.

> Huis clos parfait : j'y tourne mes scènes les plus audacieuses. Il m'arrive même d'y jouer en anglais une séquence vaguement inspirée par un film américain, *Écrit dans le ciel,* dont j'ai l'air du générique en tête... avec Claire Trevor et Jean Hagen, nous sommes parmi les passagers d'un avion dont les moteurs sont tombés en panne au-dessus de l'océan et nous réagissons devant ce drame selon nos vertus et nos défauts...
>
> Jean-François Josselin, *Quand j'étais star.*

serial

Adjectif anglais signifiant « en série ». Pourtant le serial ne doit pas être confondu avec les *films de série.* Dans ceux-ci, on retrouve un même héros (Tarzan, Superman, James Bond...), mais chaque film forme un tout : l'aventure qui y est retracée est complète. Dans le serial au contraire, l'histoire du héros ou de l'héroïne se suit de semaine en semaine, et chaque épisode de la série se clôt sur une scène pleine de suspense, un *cliff-hanger*

(voir p. 111), de façon à attirer les spectateurs dans les salles dès la semaine suivante. Exemple : l'héroïne est ligotée sur des rails de chemin de fer, un train approche...
En réalité, le serial est né en France, où on l'appelait *film à épisodes.*

> Ce qui est certain, c'est que le Magic Palace existait déjà au temps du muet. Je me souviens que dans mon enfance, quelques films nous y attirèrent, plusieurs semaines de suite, car c'était l'époque des productions à épisodes.
>
> Roger Grenier, *Ciné-roman.*

C'est l'ancêtre des feuilletons télévisés, un feuilleton populaire fabriqué pour le cinéma mais qui entretient des liens étroits avec beaucoup de publications écrites : d'un côté, on peut retrouver dans le serial des héros de bandes dessinées ; de l'autre, les aventures des héros de serial sont publiées dans la presse parallèlement à la sortie des films. En 1908 le serial ou *cinéroman* s'impose en France avec la série des Nick Carter de Victorin Jasset, puis il est célébré par Louis Feuillade (*Judex, Fantômas, Les Vampires* avec Musidora).
Mais c'est en Amérique (où s'expatrie du reste le réalisateur Louis Gasnier) qu'il conquiert ses lettres de noblesse : l'actrice Pearl White fut ainsi consacrée « reine du serial » grâce aux exploits qu'elle accomplit avec obstination de semaine en semaine dans *Les Mystères de New York.* Et Aragon lui-même n'omit pas de le célébrer, dans son roman *Anicet ou le panorama.*
Employé parfois, le mot *sérialomanie* désigne la manie ou la passion quasi-déraisonnable qu'entretenait à une certaine époque les spectateurs pour les *serials.*

serrer

Ou *resserrer :* c'est concentrer le faisceau lumineux issu d'un projecteur en faisant varier la distance qui sépare la lampe de l'ouverture du projecteur, mais c'est aussi réduire le champ de la prise de vues. On dit alors que l'on filme *en plan serré,* parfois tout simplement que l'on *filme serré.*

C'était la quinzième fois qu'ils reprenaient le premier plan prévu dans le découpage du monologue de la jalousie d'Alceste. Un plan tout en mouvement, où Rosol s'approchait très vite de Laurent, puis restait un moment sur lui et le filmait serré, avant de s'écarter de nouveau et de tourner lentement autour de lui.

Philippe Madral, *L'Odyssée du Crocodile.*

servi par (être bien)

Veut dire « obtenir ce que l'on souhaite ». L'expression est très souvent employée par les gens de cinéma. Un réalisateur dira, par exemple, qu'il a été bien servi par ses comédiens. Cela signifie que ceux-ci ont bien assimilé et mis en pratique ses directives. Un scénario peut être également bien servi. Un scénario bien servi est un scénario qui n'a pas été trahi mais rehaussé par la mise en scène. Des comédiens ou comédiennes peuvent aussi être particulièrement bien servis par un réalisateur : l'expression signifie que celui-ci a su les mettre en valeur, révéler leur talent et leur personnalité.

sex-appeal

L'expression anglaise signifie « appel du sexe ». Elle est née avec le cinéma. L'attrait sexuel des vedettes a été en effet exploité dès l'avènement des **vamps,** femmes fatales qui séduisaient les mâles en les entraînant parfois dans leur mortel sillage. Mais bientôt Mack Sennett l'utilise de façon plus légère et plus gaie en exhibant de jolies femmes en maillots de bain froufroutants (les **Bathing Beauties,** voir p. 46) tandis que Cecil B. De Mille comprend le parti qu'il peut tirer du charme ordinaire des femmes en peuplant ces comédies de femmes de la haute société très séduisantes.

Le sex-appeal, ou attrait sexuel, s'impose alors au cinéma, obligeant désormais toutes les actrices à posséder ce charme indéfinissable qui éveille le désir des hommes, sous peine de ne jamais entrer dans la coterie des stars.

Chacune le cultive à sa manière, puisque, côté hommes, tous les goûts sont dans la nature, ainsi que l'expliquait

Alfred Hitchcock, amateur d'actrices blondes et réservées que certains jugeaient glaciales : « Nous cherchons des femmes du monde, de vraies dames qui deviendront des putains dans la chambre à coucher. La pauvre Marilyn avait le sexe affiché partout sur la figure, comme Brigitte Bardot, et ce n'est pas très fin. » Puis, une fois de plus, l'impact du cinéma sur les spectateurs se vérifie : le sex-appeal descend dans la rue. On le possède sans effort ou on le peaufine, c'est selon, mais, dans tous les cas, avoir du sex-appeal, c'est plaire, être désirable avec un soupçon d'agressivité provocante puisqu'à l'appel du sexe, nul n'est censé résister.

> Alors voilà, poursuivit Heinrich, parlant au lustre, le type a une voix chargée de sex-appeal. Il a plus de sex-appeal dans la voix que tout un bataillon de chanteurs de charme. Il lui suffit de dire bonjour à une femme pour qu'elle commence à fumer du cache-sexe.
> Horace Mac Coy, *J'aurais dû rester chez nous.*

shaker

De l'anglais *to shake*, « secouer ». Les shakers sont des systèmes à ressorts qui permettent de secouer un désor censé bouger. Exemple : un wagon de train reconstitué en studio.

Camera shake : vibration de l'image obtenue par les secousses imprimées à la caméra.

Shakespeare de l'écran

Titre décerné à l'un des pères du cinématographe qui mourut (en 1948) délaissé par tous après avoir fourni à l'histoire du Septième Art l'une de ses œuvres les plus somptueuses et sa grammaire essentielle. Entre David Wark Griffith (qui débute comme acteur avant de passer à la réalisation) et le grand dramaturge anglais William Shakespeare, il y a en effet plus d'un point commun. Tous les deux sont des auteurs féconds qui ont su créer ou recréer le langage de leur art. Tous les deux ont pris pour matière première l'histoire de leurs pays respectifs : *Naissance d'une nation*, rapporte la tragédie de la guerre de Sécession et la disparition de Lincoln.

show-business

En anglais *show* veut dire « spectacle » et *business* « affaires ». Le show-business est l'industrie du spectacle. Il comprend tout ce qui concourt à la mise sur pied et à l'organisation des spectacles (production, réalisation, etc.) mais également les personnes physiques qui sont à l'origine des spectacles et appartiennent à l'industrie du spectacle (producteurs, metteurs en scène, acteurs, etc.) : on parle du « monde du show-business » ou (en abrégeant) du ***show-biz.***

> Le show-biz soufflait un vent de triche sur la Croisette, le cinéma un ouragan d'exhibitionnisme et la production de film une tempête d'intrigues houleuses arrosées de l'optimisme provisoire que provoquait l'alcool.
> Marie-Claude Beineix, *Pierrot femelle.*

L'expression ***movie-business*** sera, elle, employée pour désigner plus précisément la branche de l'industrie cinématographique (de *movie*, « film »).

> Il cherchait à blanchir son argent et à se refaire une virginité par le biais du movie-business.
> Michaël Delmar, *La Blonde Platine.*

shunter

De l'anglais *to shunt,* « détourner ». Se dit d'un faisceau lumineux dont on change la direction ou dont on diminue la force.

> Vous me shunterez l'éclairage à ce moment-là, que les spectateurs enregistrent la fuite du temps.
> Yak Rivais, in *Moteur!*

Le verbe est également employé à propos des sons. Au mixage, on peut en effet shunter les sons c'est-à-dire en atténuer la puissance : le spectateur sera alors obligé de détourner son attention de ceux-ci pour la porter vers autre chose.

siffler

Activité qui peut être pratiquée par le public à la fin d'un spectacle pour manifester qu'il condamne celui-ci, le jugeant trop mauvais. Un film ne se fait guère siffler en salle dans le cours de sa carrière ordinaire, mais plutôt dans les lieux où règne une effervescence inhabituelle et où il est de bon ton de manifester des jugements critiques particulièrement aigus : on siffle souvent les films lors de leur présentation au cours d'un festival, par exemple.

> On entendit les premiers coups de sifflet. Un spectateur plus violent que les autres se mit à parler d'une voix de stentor :
> – S'il y a des anciens combattants dans la salle, qu'ils aillent donc casser la figure du metteur en scène...
> Emmanuel Bove, *Le Meurtre de Suzy Pommier.*

A ne pas confondre avec le sens très différent d'une des plus célèbres répliques de l'histoire du cinéma : « Si vous avez besoin de moi, vous n'avez qu'à siffler! » Cette phrase distante et ironique pour suggérer que l'on aime sans imposer cet amour, parce que l'on doute peut-être qu'il soit partagé, a fait le tour du monde. C'est l'héroïne hautaine et mythique des films noirs américains, Lauren Bacall, la beauté effrontée au lourd regard, qui l'utilisa la première en s'adressant à son partenaire du *Port de l'angoisse,* Humphrey Bogart.
Quand elle l'épousera, dans la vie réelle, il lui offrira un sifflet d'or en souvenir de cette grande première. Quand il mourra, elle disposera ce sifflet dans son cercueil.

Silence, on tourne!

Mythique, c'est l'une des phrases-clefs du cinéma. Sur le plateau, elle est en effet impérativement lancée (en général par l'assistant) avant le tournage d'une prise pour exiger des personnes présentes l'attention et le calme. Pourtant, elle n'est apparue qu'avec le parlant puisqu'au temps du muet le tournage ne nécessitait pas un silence intense : il s'effectuait même au milieu d'un brouhaha peuplé par les ordres du metteur en scène et les conversations des acteurs, qui n'avaient pas toujours de rapport avec l'action interprétée.

> Ils prirent place et Charlie lança le fameux : « Silence, on tourne » ... sans aucune raison, puisque c'était du muet, ce qui fit pouffer de rire le chien dont les trois dernières plumes s'envolèrent. Il ne lui restait que la colle.
>
> Boris Vian, *Le Ratichon baigneur.*

silhouette

On dit qu'un figurant fait une silhouette lorsqu'il interprète un personnage typé : un chauffeur ou un maître d'hôtel, par exemple.

> Car j'avais conscience qu'accumuler ainsi comparses et silhouettes était le plus sûr moyen de m'éloigner de l'essentiel, de passer au large de mon sujet. C'est un de mes défauts d'auteur ; rassurez-vous, j'en ai d'autres.
>
> Michel Grisolia, *L'Homme devant le square.*

simplifilm : voir *pictographe,* p. 344.

sirène de Hollywood (la)

Dans les années quarante, la MGM, qui savait tirer profit de tous les talents, utilisa brillamment ceux d'une nageuse hors du commun, Esther Williams. Plongée à longueur de films dans l'eau des piscines de studio, elle exécuta, sous l'œil des caméras, les nombreux et fabuleux ballets aquatiques qui lui valurent, à force de sourires et de brasses coulées, son célèbre surnom.

sketches (film à)

Sketch est un mot anglais qui veut dire « esquisse ». Pourtant le film à sketches peut être une œuvre tout à fait accomplie, les esquisses devenant en fait une suite de saynètes tournées parfois par des metteurs en scène différents. Chabrol, Godard, Rohmer, ont tourné certains sketches... de *Paris vu par...* (1965).

slapstick

Mot anglais, composé de *slap* « coup » et de *stick* « *bâton* ». Le *slapstick* est la volée de bâton, souvent remplacée par des jets de tarte à la crème, qui agrémente les farces burlesques de la **slapstick comedy** (en français **comédie slapstick**). Hérité de la *commedia dell'arte*, repris du cirque et du music-hall, ce comique gestuel a fait la gloire et la renommée de la grande comédie américaine de l'époque du muet : celle de Mack Sennett, de Laurel et Hardy, Charlie Chaplin, Buster Keaton...

> Un jour, j'aperçus ce bellâtre qui nous regardait préparer une séquence de slapstick. Roscoe devait lancer une tarte à la crème à Al, qui devait se baisser brusquement pour me permettre de la recevoir à sa place. Il nous parut aussi simple que judicieux de nous débrouiller pour que ce fût le séducteur exécré qui reçut la tarte en pleine figure.
>
> Buster Keaton, *Slapstick.*

soap-opera

De l'anglais *soap* « savon ». Cet « opéra savonneux » est un film facile, souvent un mélodrame, dont les ressorts démagogiques sont destinés à capter à peu de frais l'attention du spectateur moyen et fatigué, voire à le faire pleurer. Mais, à l'origine, le soap-opera n'était rien d'autre qu'un feuilleton radiophonique sponsorisé par une marque de lessive.

> Il était également propriétaire d'un groupe de presse et d'un studio privé, spécialisé dans la manufacture de soap-operas...
>
> Michaël Delmar, *La Blonde Platine.*

soft focus

Locution anglaise signifiant « foyer doux ». Technique d'éclairage qui permet d'adoucir l'image. *Filtres, trames* (voir pp. 194 et 456) et *tulles* sont employés pour embellir et parfois rajeunir les vedettes féminines. Le soft focus a été mis au point par la compagnie MGM à l'apogée du star-system.

softcore. Voir *hardcore,* p. 224.

software

Mot anglais voulant dire « logiciel ». Il est employé en France pour désigner le stock des films en cassettes dans lequel peut puiser le public par l'intermédiaire des magasins de vidéo et des vidéo-clubs.

something else

Expression américaine pour désigner le « quelque chose d'autre » ou le « quelque chose en plus » qui fait la star : photogénie, tempérament, pouvoir érotique, magnétisme ou qualité de présence indiscutable.

son

Optique ou magnétique, le son est recueilli par différents types de *micros* qui peuvent être fixés sur une *perche* ou une *girafe* (voir p. 214). L'enregistrement sonore peut se faire à différentes étapes de la fabrication du film, d'où les expressions :
– *son direct :* son directement enregistré sur le plateau de tournage ; *faire du son direct* permet d'obtenir et de rendre toute l'ambiance sonore d'une scène mais, para-doxalement, nécessite le silence alentour ;
– *son seul :* son enregistré sans l'image correspondante ; il s'agit en général de bruits particuliers liés au déroule-ment de la scène ;
– *son témoin :* son enregistré sur le plateau de tournage afin d'harmoniser l'ambiance sonore que l'on enregis-trera plus tard au cours de la *postsynchronisation.*

> Le bruit de la ville est très fort dans le souvenir, il est le son d'un film mis trop haut qui assourdit...
> Marguerite Duras, *L'Amant.*

– *son synchrone :* son synchronisé avec l'image (voir *synchronisation,* p. 357);
– *camion-son :* il transporte le matériel destiné à l'enregistrement sonore;

> René dans le camion-son garé un peu plus loin, entendait distinctement dans son casque les bruits de la terrasse enregistrés par ses assistants.
>
> Tito Topin, *Graffiti rock.*

– *ingénieur du son :* c'est lui le maître d'œuvre chargé d'orchestrer les sons. Il préside à leur enregistrement. Paroles, musique, bruitage lui appartiennent : il les harmonisera avec l'image au moment du *mixage* (voir p. 287).

> Bien que je signe le son du film, que je sois le « chef », l'ingénieur du son, le perchman a sa part dans la qualité de mon travail, au moins pour la moitié. Nous nous connaissions si bien qu'il n'y avait plus de hiérarchie entre nous mais une complicité totale...
>
> Jean-François Robin, *Raté maman.*

songe

On a souvent appelé Hollywood « la cité » ou « la fabrique des songes » parce que les films ressemblent à des rêves que les spectateurs, assis dans une nuit noire, éprouveraient dans un état de veille. Également parce que les feux scintillants lancés par la capitale du cinéma, où les gens semblaient vivre trop facilement, ont alimenté les rêveries du commun des mortels, suscité des espoirs un peu fous, des illusions irréalisables. On dit aussi la *cité des rêves.*

> A Hollywood, parmi les demi-sels qui peuplaient la « cité des rêves », les affairistes et les gangsters, Hélène Faye était à sa place.
>
> Michaël Delmarn, *La Blonde Platine.*

sonoriser

Sonoriser un film, c'est lui adjoindre des sons manquants : bruits de fond, commentaires off. On peut aussi sonoriser un film muet à l'aide d'une bande musicale.

> C'était au Radio City Hall de Hollywood, Rock me montrait Napoléon d'Abel Gance : 4 heures, 24 images-seconde, sonorisé avec une musique de Carmine Coppola.
>
> Jacqueline Dauxois, *Le Cœur de la nuit.*

sophisticated comedy

En français, *comédie sophistiquée*. C'est avec la *screwball comedy* (voir p. 410) l'une des grandes veines de la comédie américaine, qui s'épanouit dans les années 30. Contrairement à la screwball comédie, qui se déroule dans des milieux populaires, la comédie sophistiquée met en scène des personnages de la bourgeoisie qui ne brillent pas par le naturel et s'adonnent à toutes sortes de chassés-croisés en ne se départissant jamais d'un hypocrite raffinement. Le grand maître de la comédie sophistiquée est Lubitsch. Mais d'autres, comme Cukor, s'y sont également frottés.

sorcier de Menlo Park (le)

Surnom donné à Thomas Alva Edison qui, installé dans un laboratoire à Menlo Park, aux environs de New York, multiplia les inventions et collectionna les brevets. Ceux-ci concernent le télégraphe, le phonographe, l'ampoule électrique, mais aussi les images animées. Il mit au point une première caméra, le *kinétograph* et un appareil de projection individuel, *le kinétoscope* (voir p. 250). Il construisit le premier studio, le *Black Maria*, pour tourner les premières bandes avec la pellicule de celluloïd perforée qu'il fit fabriquer par Eastman. Son kinétoscope annonce le cinématographe des frères Lumière mais, alors que ce dernier est lancé sur le marché, Edison engage une longue *guerre des brevets* (voir p. 221) pour défendre ses inventions.

sortie

C'est la livraison du film au public : on dit que le film *sort en salle*. Elle est généralement précédée d'une campagne publicitaire qu'on appelle *lancement*. La *sortie générale* est la diffusion du film dans les salles ordinaires après son passage dans les salles d'exclusivité (voir p. 176) : en France, elle se fait généralement le mercredi. Producteur, metteur en scène et comédiens vivent alors dans l'angoisse, les yeux rivés sur le nombre d'entrées.

> Et pourtant, Dieu savait quelles émotions intenses avaient accompagné la sortie de La Garçonne.
> Alexandra Lapierre, *L'Homme fatal.*

On parle de **ressortie** d'un film quand celui-ci est présenté une nouvelle fois au public après avoir subi l'épreuve d'une sortie ordinaire. Un film à succès, un classique peuvent **ressortir** un grand nombre de fois.

space-opera

Ou « opéra de l'espace » : il marie le western avec la science-fiction, la bande dessinée avec les effets spéciaux les plus sophistiqués. Ses héros chevauchent les temps futurs et combattent des ennemis imprévus pour conquérir de nouvelles planètes ou de nouveaux cieux. Le space-opera conquiert ses lettres de noblesse dès 1966 avec *2001, L'Odyssée de l'espace,* de Stanley Kubrick mais triomphe en 1977 avec *La Guerre des étoiles* de George Lucas.

spécialisé

Les **salles spécialisées** sont celles qui s'emploient à diffuser ces particularités que sont les films pornographiques, dits **films X,** souvent à l'exclusion des films d'un autre genre. Depuis 1975 et l'instauration du classement des films X, les salles spécialisées sont soumises à des taxes spéciales.

spectacle

Vient du latin *spectaculum,* dérivé de *spectare,* qui veut dire « regarder ». Un spectacle est quelque chose que l'on regarde : « le spectacle de la nature », « le spectacle de la vie ». Le mot a ensuite acquis un sens beaucoup plus spécifique dans l'expression **aller au spectacle** qui veut dire « se rendre dans un lieu où l'on donne une représentation » : pièce de théâtre, prestation de chanteur, film, etc.

Vu par le public des **spectateurs**, le spectacle de cinéma peut être plus ou moins **spectaculaire**, autrement dit impressionner plus ou moins le regard.

Un **film à grand spectacle** déploie des moyens financiers particuliers pour donner à voir une mise en scène fastueuse où se pressent figurants et vedettes.

On affirme souvent devant ce genre de films : « Ça, c'est du spectacle ! » L'expression est inspirée de l'américain qui dit « *That's entertainment !* »
Utilisée il y a quelques années pour titrer un film de montage présentant les meilleures séquences des ***musicals*** (voir p. 295) produits par la MGM, cette exclamation admirative est en réalité devenue le mot de passe des producteurs américains, convaincus que le public veut être *entertained*, c'est-à-dire amusé, diverti. Il définit leur politique : un film se doit d'être clair, brillant, séduisant, spectaculaire, même s'il cherche à transmettre un message. Le slogan permet au producteur de mesurer son film à l'aune de cette politique générale, de manifester sa satisfaction, voire de présager du succès que remportera celui-ci.
Mais l'expression peut être reprise par le spectateur anonyme pour manifester le plaisir ressenti à la projection d'un film qui l'a fait échapper à la monotonie quotidienne.

Que le spectacle continue ! : voir p. 376.

Industrie du spectacle. L'expression est souvent remplacée par sa traduction américaine ***show-business*** (voir p. 418).

split screen

Expression anglaise signifiant « écran divisé ». C'est une application de la ***polyvision*** d'Abel Gance : l'écran est scindé en plusieurs parties, qui présentent chacune une image différente.

spot

Mot anglais : « point, tache ». C'est un projecteur au faisceau lumineux concentré. Plus petits encore que les spots, les ***baby-spots*** sont utilisés pour éclairer les visages, des morceaux de décor.

Braquer les spots sur quelqu'un veut dire que l'on va porter une attention particulière sur cette personne.

> J'ai une phrase à dire, les spots sont braqués sur moi. Dans cette lumière je ne m'appartiens plus et on me guide comme un aveugle. Du reste je suis aveuglé...
> Jean-François Josselin, *Quand j'étais star.*

Être sous les spots, comme être sous les **sunlights,** signifie que l'on est regardé, que l'on est en pleine actualité, à la mode.

On appelle également **spots** les annonces publicitaires très brèves dans lesquelles le message est aussi concentré que lumineux.

staff

Mot anglais signifiant « bâton », « soutien ». Le staff est en fait un mélange de plâtre et de fibres végétales qui, moulé, sert à la construction des décors de cinéma. On appelle **staffeur** la personne chargée de manipuler ce matériau.

Staffer veut dire « construire un décor en staff ».

stag film

Veut dire « film pour hommes » (*stag* signifiant « animal mâle »). Coquins et parfois osés, ils apparaissent dans les années 1910, mais ne circulent que sous le manteau.

standup comedian

En français « comédien debout ». Le *standup comedian* se tient généralement devant un micro. A l'origine c'était plutôt un chansonnier qui privilégiait la parole par rapport au geste. Mais aujourd'hui, on appelle ainsi toutes les sortes de comiques verbaux. Ceux qui se produisent au cinéma en font partie. Woody Allen, par exemple, peut être considéré comme un *standup comedian.*

star

Mot anglais signifiant « étoile ». On dit *une star* mais l'emploi du mot au féminin n'exclut pas les hommes : il y a des stars masculines et des stars féminines. Ce sont de grandes vedettes dont l'éclat brille au firmament du cinéma. L'allusion à la voûte céleste s'est toujours faite, dans les milieux du spectacle; on parle d'*étoiles* à propos de grands danseurs ou danseuses, mais la traduction américaine du mot a été très tôt employée pour désigner les acteurs et actrices importants du cinéma, sans doute parce que l'idée de la star a d'abord germé dans l'esprit des producteurs américains.

Impressionnés par le prestige des divas (voir **divisme,** p. 152) qui s'imposent en Italie, harcelés par le public qui s'enflamme pour ceux qui interprètent l'amour à l'écran, les producteurs vont faire la part de plus en plus belle à l'acteur. Jusque-là anonyme comme les autres actrices (qui portaient le nom de la maison de production les employant : *La Belle de la Biograph, La Vitagraph girl,* etc.), Florence Lawrence est la première à être révélée par Carl Laemmle et à tourner sous son nom. Puis Zukor prend le relais en fondant la *Famous Players Pictures,* maison de production dont la devise est « *Famous players in famous plays* » (des acteurs fameux dans des pièces fameuses). Tout le gotha du théâtre défile dans la compagnie : ce sera bientôt le tour des acteurs dont la vocation est née devant les caméras. La *vedette* devient alors une star : elle est reconnue, identifiée, adulée par le public qui ne va plus voir un « film de la Biograph » mais un « film de Mary Pickford », « de Douglas Fairbanks », etc. Plus rien ne l'empêche alors d'exiger des cachets faramineux, d'imposer ses exigences.

> O.K. dis-je. Envoyez-moi votre grande star par colis express.
> – La limousine du studio déposera Miss Faye à 16 heures devant votre bureau, poursuivit mécaniquement l'employée modèle.
> – Et que dois-je faire alors ? plaisantai-je. Tirer un feu d'artifice en son honneur ?
>
> Michaël Delmar, *La Blonde Platine.*

Les producteurs, qui ont compris le profit qu'ils pouvaient tirer d'un tel battage, cèdent. Ils font même plus : chacun possède son écurie de stars liées à lui par des contrats aussi alléchants que sévères (on n'a pas le droit de tourner ailleurs que dans sa maison de production). C'est l'avènement du *star-system* (on écrit parfois *star-système*) : une politique de commerce cinématographique fondée sur l'attrait des stars. Avec le déclin des grands studios hollywoodiens, le star-system a disparu. Les stars se sont raréfiées et métamorphosées : ce sont aujourd'hui de grandes vedettes, souvent de renommée internationale, qui savent à la fois se rapprocher de leur public (à travers les films) et garder la distance (ne pas dévoiler sa vie privée, ce que faisaient les *stars* d'antan pour le plus grand bonheur des lecteurs gloutons des magazines à sensation et des fans assidus).

La star est belle, secrète, à la fois proche et lointaine. D'où l'expression *jouer la star*, qui veut dire : jouer les personnages courtisés mais d'autant plus distants. La star, alors, n'est pas nécessairement un acteur ou une actrice de cinéma.

Superstar : le préfexe *super-* indique la supériorité de ce type de star. La superstar est une star au-dessus des autres stars. Elle est encore plus célèbre que celles-ci. Le mot est souvent employé en apposition : il suit le nom propre de la vedette dont il est question. Exemple : « Stallone, superstar ».

> Ça racontait l'histoire d'une chanteuse, petite et pas vraiment mignonne, surnommée La Rose, qui partait de rien, commençait par chanter dans les cabarets de troisième zone, jusqu'à ce qu'un producteur la remarque et en fasse une superstar.
>
> Walter Prévost, *Café terminus.*

Antistar : c'est un comédien (une comédienne) qui s'oppose au star-system. Il (elle) ne joue pas le jeu : sa personnalité souvent forte, parfois son franc-parler, ne le (la) rendent pas malléable. Il(elle) ne peut être modelé(e) suivant le bon plaisir des autres (producteurs, public), statufié(e) de son vivant, auréolé(e) d'une gloire factice. L'antistar, qui peut être un(e) très bon(ne) interprète, est plus vivant(e), plus humain(e), plus personnel(le). A l'époque du star-system, Louise Brooks fut l'une des plus notoires *antistars* : une rebelle talentueuse qu'Hollywood se chargea d'éliminer (voir **Loulou,** p. 260).

> C'est un joli mouvement, dis-je. Si tu le faisais encore plus long, ça serait encore plus Garbo.
> – Tiens, tu as remarqué ? oui, je travaille Garbo en ce moment. Le temps des antistars, je crois que c'est terminé. Le public en a marre. Il faut trouver autre chose.
>
> Catherine Rihoit, *La Favorite.*

Stariser ou **starifier** veut dire « fabriquer une star ». Aujourd'hui ce sont les médias qui sont responsables de la **starisation** d'une vedette. Mais, autrefois, l'ascension au firmament suprême dépendait de l'humeur du producteur, lequel, après avoir jeté son dévolu sur une figurante, une petite actrice, voire une inconnue amenée

à lui par un dénicheur de talents (un **talent-scout**, voir p. 440), transformait l'oiseau rare pour lui donner la personnalité et le physique souhaités. Marilyn s'est ainsi fait refaire le nez, Clark Gable changer les dents, d'autres ont abandonné leur nom. Car la star, aimée pourtant du plus grand nombre, ne s'appartient pas, n'a pas d'individualité propre. Ce dédoublement a conduit certaines au malheur.

> De cette maladroite chanteuse amateur, coiffée et fagotée comme une employée minable, Alex allait faire la plus désirable blonde platine du cinéma des années 50, le prototype de la vamp séduisante et sophistiquée.
> Cours de chant et de comédie, soins esthétiques, décoloration intensive, perfectionnements divers produiraient en quelques années le résultat tant attendu : la naissance d'une étoile au firmament d'Hollywood.
> Michaël Delmar, *La Blonde platine.*

Starité : c'est la condition, l'état de star.
Générique all star : générique tout entier composé de stars.
Starring et ***co-starring :*** voir ***co,*** p. 113.

starlette

Diminutif de *star*. La starlette (de l'anglais *starlet*) est une petite étoile. Star en herbe ou apprentie-star, elle aspire au vedettariat et, pour accéder aux premières marches de la célébrité, doit se faire remarquer. Tous les moyens sont bons. Offrir ses charmes anatomiques aux regards indiscrets des objectifs en est un. A condition de ne pas omettre d'imposer son nom et de se composer un personnage, car la starlette a plus d'ambition que la pin-up qui, souvent, restera anonyme.
Mais le parcours est difficile. Beaucoup se croient appelées, peu sont élues. C'est pourquoi les plages cannoises voient déferler chaque année des vagues de starlettes excentriques évanouies aussitôt qu'apparues. Par extension, on dit d'une jeune fille qu'elle ***joue les starlettes*** quand elle exhibe sa féminité avec arrogance et affiche une coquetterie d'écervelée.

> Le mouvement de mes lèvres ne m'appartenait pas parce que mes lèvres elles-mêmes n'existaient pas plus que les faux cils qu'un tressaillement de mes paupières – mais étaient-ce encore mes paupières ? – faisaient battre. Sans être vêtu de l'uniforme hollywoodien de Lori, Piper, Debra et Ursula, mes starlettes, je m'identifiais malgré moi à celles-ci grâce à ce masque dessiné dans la craie du fond de teint, grâce à ma nouvelle bouche laquée...
> Jean-François Josselin, *Quand j'étais star.*

steadycam

Abréviation de *steady camera*. L'expression est anglaise et signifie « caméra régulière ». La steadycam (comme la **panadigle**) est une caméra d'invention récente construite pour filmer à la main ou « au poing » tout en absorbant les vibrations occasionnées par la marche ou la course de l'opérateur : elle est montée sur un support relié à un harnais que l'on installe autour de la taille de celui qui filme. La steadycam permet la prise de plans très longs avec une grande souplesse de mouvement (un travelling ne peut pas offrir les images que fournira l'opérateur qui porte sa caméra sur lui). Bertrand Tavernier et son opérateur Pierre-William Glenn ont brillamment utilisé la steadycam dans *Coup de Torchon,* tout comme John Schlesinger dans *Marathon Man.*

step-deal

Expression anglaise signifiant « contrat à degrés ». Le step-deal est parfois proposé au réalisateur par le producteur. Moins intéressant qu'un contrat définitif pour le réalisateur, il est parfois recherché par le producteur, qui garde, grâce à lui, un œil sur toutes les étapes de la préparation d'un film (synopsis, découpage, etc.) et peut interrompre à tout moment le projet de film, retirer sa collaboration et son financement.

stock-shot

De l'anglais *to stock*, « emmagasiner » et *shot*, « prise de vue ». Un stock-shot est un morceau de film extrait d'archives et inséré dans un autre film : il s'agit le plus souvent d'actualités.

story-board

Mot anglais signifiant « dessin de l'histoire ». On l'appelle également **pre-designing** (« ébauche dessinée »), éventuellement **scénarimage.** Phase ultime du traitement du scénario, c'est la première esquisse en images du film qui va être tourné. Sorte de bande dessinée réalisée par le metteur en scène ou par un dessinateur professionnel, le story-board illustre le découpage du film, indique la position des comédiens, prévoit les mouvements de la caméra et la direction des lumières. Le story-board n'est pas indispensable à la réalisation d'un film. Seuls les cinéastes méticuleux (ce fut le cas de Claude Miller pour *Garde à vue*) ou les ennemis jurés de l'improvisation (Hitchcock, par exemple) y ont recours. Les réalisateurs de films à effets spéciaux ou à trucages compliqués ne peuvent pas davantage s'en dispenser.

Storyboarder veut dire « établir un story-board ». La construction de ce verbe est récente, son emploi très nouveau.

Dernière chose à propos de Fuller. Vous savez ce qu'est un storyboard. Pour moi, les storyboards de films, c'est quelque chose de très dynamique, de très excitant. Comme une bande dessinée. Les personnages dessinés sont tellement vivants qu'on a l'impression qu'ils vont sortir du cadre en chair et en os. Je trouve que les films de Sam ont le pouvoir des storyboards. En général, je trouve que le storyboard a plus de pouvoir que les images du film terminé...
Martin Scorsese in *Il était une fois Samuel Fuller.*

stretch printing

En français, « impression extensible ». C'est un procédé de conversion de cadence qui permet d'adapter les vieux films muets au système de projection actuel : au tirage, on double de temps à autre une image pour passer de seize à vingt-quatre images par seconde.

studio

Mot italien venu du latin *studium*, « étude ». Il a d'abord désigné l'atelier d'artiste aménagé pour la photographie, puis le local adapté aux prises de vue cinématographiques (dans ce cas il est même synonyme de **plateau de cinéma**). Enfin, quand le cinéma s'est industrialisé et que le travail, de plus en plus complexe, a dû se morceler, il a désigné l'ensemble de bâtiments abritant les divers personnages œuvrant à la fabrication des films et le matériel nécessaire à celle-ci : plateaux approvisionnés en électricité où l'on plante des décors, bien sûr, mais aussi terrains d'extérieur attenants, loges d'artistes, magasins d'accessoires, de costumes, ateliers de maquillage, de peinture, de décoration, salles de montage, de projection, bureaux de production, bars, cantines, etc.

Un studio n'est jamais complètement calme. Il y a toujours une équipe de nuit de techniciens dans les laboratoires et les pièces de doublage et des gens du service de l'entretien qui viennent à la cantine. Mais les sons sont complètement différents – le sifflement rembourré des pneus, le cliquetis tranquille d'un moteur au point mort, le cri nu d'un soprano qui chante dans un micro tourné vers la nuit. Au coin, je rencontrai un homme en bottes de caoutchouc qui lavait une voiture dans une merveilleuse lumière blanche – une fontaine au milieu des ombres mortes de l'industrie.
Francis Scott Fitzgerald, *Le Dernier Nabab.*

Aujourd'hui, la transformation des méthodes de tournage (plus grande maniabilité des appareils d'enregistrement, modernisation des éclairages...) permet de tourner plus facilement en décor naturel et souvent, les cinéastes n'ont recours aux studios que pour le mixage, le montage, le doublage et divers travaux de laboratoire.

Mais l'ère des studios a marqué l'histoire du cinématographe, notamment à Hollywood. Dans la capitale du cinéma en effet, les **grands studios** étaient la propriété des grandes compagnies ou Majors. Placés sous l'autorité suprême du grand producteur, le **nabab** (voir p. 296), ils étaient subdivisés en une multitude de départements (par exemple : le département des scénaristes, où le travail était morcelé à l'extrême). Réalisateurs, vedettes, stars, liés aux studios par contrat, travaillaient à la carte et le studio pouvait alors prétendre imposer, à travers ses productions, une image de marque particulière. La MGM, par exemple, a été spécialisée un moment (les années 50) dans les comédies musicales. C'est ce qu'on a appelé la **politique des studios.**

Les **films de studio** sont souvent caractérisés par la précision de la lumière et du son, mais desservis par l'artifice des décors reconstruits.

Studio est également le nom de petites salles de cinéma apparues lors des premiers mouvements de la critique cinématographique française. On y a présenté des films d'avant-garde, puis des films d'Art et Essai. Citons le Studio des Ursulines et le Studio des Acacias...

> Malgré son nom de chanteuse des années 30, son air d'habituée du Studio des Ursulines, elle fait très petite fille de chez nous, Wanda. Juste un soupçon de ghetto pour faire souffreteux, de ghetto distingué, à peine, à peine...
> Catherine Rihoit, *La Favorite.*

Chemin des studios : on dit d'un réalisateur ou d'un acteur qu'il reprend le chemin des studios, quand, après une longue absence, il revient au métier du cinéma. Mais, le plus souvent, aujourd'hui, ce sera pour tourner en décor naturel.

stylo (camera-)

L'expression a fait fortune, on le sait, et c'est au journaliste, romancier et cinéaste Alexandre Astruc qu'on la doit. En 1948, il publie dans l'*Écran Français* un article sous ce titre. Il annonce déjà la percée de la Nouvelle Vague en encourageant les cinéastes à personnaliser leurs œuvres. « Le cinéaste, écrivait Astruc, devra dire " je " comme le romancier ou le poète, et signer de sa hantise les cathédrales oscillantes de sa pellicule comme Van Gogh a su parler de lui-même avec une chaise posée sur un carrelage de cuisine. Aucune œuvre ne sera valable que dans la mesure où elle sera un paysage intérieur... » En parlant à la première personne, les cinéastes auront ainsi la possibilité de modifier les conditions de la production et d'alléger celles du tournage : la Nouvelle Vague le prouvera. En fait, la théorie de la caméra-stylo rétablit une équivalence entre la littérature et le cinéma, entre un roman et un film, entre un stylo et une caméra.

> Le drame actuel, de la caméra-stylo prophétisée par le génial Asmachin... qu'ils veulent tous être cinéastes les adolescents...
>
> Alphonse Boudard, *Cinoche.*

subjective (caméra)

On parle de caméra-subjective lorsque l'appareil installé au niveau des yeux de l'acteur, montre ce qu'il est censé voir. Les **prises de vue subjectives** peuvent être obtenues grâce à une caméra installée dans un casque (une **caméra-casque**). La caméra-casque est souvent utilisée pour filmer les rencontres sportives : par exemple pour rendre compte de la descente que va accomplir un skieur. Dans ce cas elle devra être portée par un bon sportif plutôt que par un bon professionnel du cinéma.

substitution

La substitution permet de changer un élément d'une image : personnage ou objet. C'est l'un des trucages les plus célèbres du cinéma, découvert comme bien d'autres, par l'illusionniste Georges Méliès en 1897 : tandis qu'il filme place de l'Opéra, la pellicule se bloque dans sa caméra; l'enregistrement se poursuit, alors qu'il ne s'est aperçu de rien; sur l'image, il verra ensuite, à sa grande stupéfaction, un omnibus se transformer en corbillard.

sucrer

Sur un plateau, on dit souvent *sucrer* pour « enlever », par exemple faire disparaître du cadre un élément de décor.

> Matras, j'ai peur des reflets quand il ouvre la fenêtre... On pourra sucrer les carreaux ?
> Michel Cournot, *Le Premier Spectateur.*

sujet

Il donne le thème et le ton du film. Quand celui-ci est achevé, c'est le mot de passe d'un spectateur à l'autre. Mais avant le tournage, il appartient au futur réalisateur et permet au producteur de classer le projet dans un genre, éventuellement de réclamer un *synopsis.*

> N'est-ce pas, cher ami, votre sujet... comment vous dire... Il est un peu trop classifique... tout comme ça... classifique !
> Alphonse Boudard, *Cinoche.*

sunlight

En anglais « lumière *(light)* du soleil *(sun)* ». A ne pas confondre néanmoins avec la lumière solaire. Il s'agit en effet des projecteurs diffusant une lumière artificielle et que l'on utilise lors des tournages : ils éclairent et, parfois, transfigurent les vedettes.

> Profitez-en, divines lectrices, mutines curieuses, je vous introduis pour une somme modique, si l'on considère maintenant le prix du faux-filet, dans les arcanes du cinématographe... ses raffinements, magnificences... l'éblouissement sous les sunlights...
> Alphonse Boudard, *Cinoche.*

Par extension, on dit des personnes très en vogue ou très en vue qu'elles sont *sous les sunlights,* comme on dit aussi qu'elles sont « sous les feux de l'actualité » ou « sous les feux de la rampe ». *Sunlight* est même parfois employé comme synonyme de « gloire », réussite reconnue par les médias.

> Je veux retourner à mon néant. Je suis pas faite pour les sunlights, comme on disait dans les vieux Cinémonde où Yvette est allée pêcher mon prénom, un prénom qui me va comme des jarretelles au Pape.
> Catherine Rihoit, *La Favorite.*

« Être loin des sunlights » veut donc dire « être loin des plateaux » mais aussi « être dépourvu de l'aura ou de l'éclat que confère la gloire », éloigné du tapage qui l'accompagne. Un acteur peut de lui-même renoncer aux sunlights.

Sunset Boulevard

Célèbre avenue d'Hollywood. Elle est devenue synonyme de déclin et décadence depuis que le cinéaste Billy Wilder s'est servi de son nom pour titrer le film qu'il a consacré au crépuscule des stars déchues : *Sunset Boulevard* a été traduit par *Boulevard du Crépuscule.*

> Ils sont là au bout de cette île comme un lambeau d'un temps tout à fait révolu... Flibustiers des mers du Sud à l'époque des sous-marins atomiques. Ils se conservent leurs souvenirs dans l'alcool... Ils essaient comme tout le monde de retenir le temps au bout du compte! Ce que je traiterais si j'avais les coudées franches, ce Sunset Boulevard du fascisme.
>
> Alphonse Boudard, *Cinoche.*

superviseur

Son regard n'est pas placé à la même hauteur que celui de l'équipe du film : il est au-dessus. Il contrôle le bon déroulement du tournage sans s'embarrasser des détails. Du reste, il n'assiste pas quotidiennement au tournage.

> Virgile avait bien toutes les capacités requises; seulement, sur son nom, aucun distributeur allemand ou français se serait mouillé d'un demi-kopeck. D'où ses fonctions vagues... producteur délégué... superviseur de la version française!
>
> Alphonse Boudard, *Cinoche.*

support

Partie du film sur laquelle est coulée l'*émulsion* ou *couche sensible.* Le support long, souple, transparent, doit être également très résistant. Il ne doit pas casser lors de ses nombreux passages dans la caméra, les visionneuses des salles de montages, et les différents appareils de projection. Fabriqué d'abord à partir du nitrate de cellulose, ce support (dit *support nitrate*) avait la fâcheuse tendance à s'enflammer lors de la projection. C'est pourquoi, dans les années 50, il a été interdit. Seul le support ininflammable (notamment à base de triacétate de cellulose) est aujourd'hui autorisé.

surimpression

Un des premiers trucs de cinéma, très souvent employé dans les films muets : il s'agit de l'impression de deux ou plusieurs images sur la même surface. Parfois accidentelle (c'est alors une erreur de filmage) cette superposition peut être réalisée volontairement pour produire un effet esthétique particulier.
Des images mentales, des souvenirs, le passé peuvent également se superposer au présent, apparaître *en surimpression* dans le film de la vie.

> N'empêche que si c'était un film, tout ce qu'on verrait sur la toile c'est une saleté de calendrier qui s'effeuille à toute allure, avec l'étrave blanche du Pandora en surimpression qui fend bravement les flots.
>
> Sébastien Japrisot, *La Passion des femmes.*

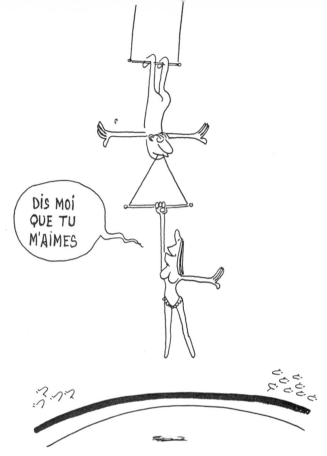

suspense

Anglicisme issu de la locution française *en suspens* qui veut dire « en attente ». Le *suspense* est l'art de tenir le spectateur en haleine et même dans l'angoisse. Un réalisateur peut ***créer le suspense*** ou ***ménager le suspense*** en insérant dans son film quelques effets inquiétants pour captiver le spectateur en lui imposant un climat. Il existe cependant une catégorie de films dits ***à suspense*** : ce sont ceux qui n'ont d'autre raison d'être que le suspense. Un expert en la matière : Alfred Hitchcock, que certains ont surnommé du reste ***le maître du suspense*** (voir ***Hitch,*** p. 228).

syncinéma

Construit avec l'élément grec *sun* qui veut dire « avec ».
C'est un « cinéma avec ». Avec quoi ? Avec un plus, comme
on dit aujourd'hui. Il ne se contente pas de proposer des
films présentés sur des écrans de projection ordinaires mais
ne cesse de tenter d'améliorer l'invention initiale : en
agrandissant l'écran, en donnant aux images du relief et
pourquoi pas une certaine odeur, en utilisant l'apport des
autres arts... Le cinémascope, le 3 D (voir *relief,* p. 386), ont
été, au moment de leur invention, du syncinéma.
Aujourd'hui c'est peut-être le tour des hologrammes mis en
images (la *cinéholographie*). Le syncinéma est toujours,
quand il émerge, un cinéma expérimental et d'avant-
garde.

synopsis

Mot grec : *sun* « ensemble » et *opsis*, « vision ». Le synopsis est une vue d'ensemble : récit de quelques pages
résumant le futur film et proposé par le réalisateur au
producteur avant l'écriture du scénario proprement dit.
Quelques réalisateurs s'arrêtent à ce stade de l'élaboration écrite du film. Ce sont ceux qui voient une
différence irréductible entre le monde des images et
celui du texte écrit. Ils sont en général particulièrement
doués pour l'improvisation et possèdent la confiance
« aveugle » de leur producteur.

> Il est, paraît-il, tout à fait féru du projet... il s'enflamme
> chaque jour davantage. Il téléphone sans cesse pour savoir
> où ça en est... il tire la langue au bout du fil. On signera sur
> un synopsis, celui qu'on va écrire à Saint-Trop.
> Alphonse Boudard, *Cinoche.*

tabac (faire un)

En argot, *tabac* est un dérivé de *tabasser,* « frapper ». Un
tabac est donc un coup violent ou une bonne correction.
Faire un tabac veut dire « remporter un succès frappant,
immédiat et sans aucune contestation ».

talent-scout

De l'anglais *to scout*, « aller en éclaireur ». C'est Hollywood qui a inventé les talent-scouts. Ils sillonnent l'Amérique pour le compte des grandes compagnies et sont

chargés de dénicher tous les talents susceptibles d'être exploités à l'écran. Ils dénichent dans les rues, dans les bars ou les parties : quelques aiguilles dans une botte de foin et une chance infime pour un aspirant-comédien, même si les talent-scouts travaillent avec une détermination et une minutie exemplaires. Certains personnages anonymes ont pu cependant accéder au vedettariat par ce moyen. Exemple : Lana Turner découverte par un talent-scout juchée sur un tabouret de bar et moulée dans un pull qui fera sa gloire (voir p. 373).

> Il est possible en revanche qu'un photographe de studio ait pris, sans que je m'en aperçoive, un cliché de moi ou plutôt de ce jeune inconnu si attachant découvert, par le plus grand des miracles, dans un autobus en pleine course. La photo paraîtra sans doute demain après-midi dans Paris-Presse, accompagnée de cette légende : Le grand photographe Sam Levin, talent-scout exceptionnel de la Fox en France, a trouvé dans le 108 barré, près de la fourchette Champigny, la jeune vedette masculine de Paul et Virginie, le film que Georges Cukor doit tourner d'après le chef-d'œuvre de Bernardin de Saint-Pierre avec la délicieuse Brigitte Fossey dans le rôle de Virginie et Patricia Neal et Anne Baxter, dans ceux des deux mamans.
>
> Jean-François Josselin, *Quand j'étais star.*

talkartoon

Contraction de *talkie* et *cartoon* (voir pp. 78 et 441). On a appelé *talkartoons* les premiers cartoons ou dessins animés parlants (*to talk* veut dire « parler »).

talkies

De l'anglais *to talk*, « parler ». Le terme de *talkies,* employé pour désigner les **films parlants** s'est un temps opposé à celui de **movies,** utilisé en Amérique pour désigner les films muets.

tambour

C'est un cylindre très large sur lequel on a installé des représentations de paysages. En le tournant au moment du filmage derrière la vitre d'un véhicule, on peut donner l'impression de la campagne qui défile.

T'as de beaux yeux, tu sais!

Se dit avec ironie (parfois pour couper court à un dialogue ennuyeux), alors que Gabin le susurrait avec tant de conviction et de sincérité aux « plus beaux yeux du cinéma français » (Michèle Morgan), dans *Quai des Brumes* de Marcel Carné.

> Sois ma patate, je serai ta mayo, lui souffla-t-elle à la manière de « t'as de beaux yeux tu sais »...
>
> Tito Topin, *Shangaï skipper*

Pourtant, de cette expression célébrissime, on ne garde aujourd'hui bien souvent que la rythmique. Exemples :

> « T'as de beaux œufs, tu sais! »
>
> Slogan publicitaire.

> A midi, Anne l'avait découvert endormi, la tête posée sur ses bras croisés. Il ouvrit un œil, puis l'autre, et enfin la bouche :
> – T'as de beaux seins, tu sais!
>
> Patrick Mosconi, *Louise Brooks est morte.*

tax-shelter

En français, « abri ou refuge fiscal ». Les tax-shelters permettent en effet de faire échapper certaines sommes à l'impôt. On investit par l'intermédiaire de sociétés et les placements sont immédiatement déductibles de la feuille d'impôt (l'État compensant les pertes par l'imposition des bénéfices). Ce système d'origine américaine a été importé en France. Mis en place en 1985, il permet au public de participer au financement des films. Les **SOFICA (Sociétés de Financement de l'Industrie Cinématographique et Audiovisuelle)**, agréées par le Ministère de l'économie et des finances, font appel à l'épargne : elles collectent les fonds, investissent dans la production cinématographique et audiovisuelle. Particuliers et entreprises peuvent alors déduire de leurs revenus imposables ces fameux placements (à raison de 25 % de leurs revenus).

> Quoi les tax-shelters? Je ne suis même pas sûr qu'ils sachent ce que ça veut dire. Mais pour investir dans le cinéma il ne faut pas seulement du pognon, il faut en avoir envie! Y a plus de pognon et y a longtemps que les gens n'ont plus envie d'aller au cinéma.
>
> Thierry Levy, *La Société des femmes.*

teaser

Mot anglais issu du verbe *to tease,* qui veut dire « taquiner ». Le teaser est un truc de scénariste. C'est l'événement, l'image, la scène, que celui-ci va placer au début du film et qui est destiné à éveiller et capter l'attention du spectateur. On parle aussi d'***amorce*** ou d'***accroche***. Les mots sont interchangeables.

technicien

Spécialiste chargé des problèmes techniques pendant le tournage : son, éclairage, etc. Comme il ne travaille jamais seul (l'enregistrement d'un film nécessite le maniement d'un matériel complexe et sophistiqué), on parle plus volontiers d'***équipe technique*** (voir p. 170).

> Et ce n'était pas tant Stendhal d'ailleurs qui importait que l'idée de ces caméras ronronnantes, de ces techniciens, de cette formidable réunion d'argent, de capacités, de prévisions, d'efforts réunis sous sa houlette à lui, sous sa responsabilité à lui.
>
> Françoise Sagan, *Un Sang d'aquarelle.*

Technicolor

Le technicolor est une technique permettant de filmer en couleur. Elle a été mise au point en Amérique dans les années 1910 par la firme du docteur Herbert Kalmus intitulée précisément *Technicolor.* Dans une caméra aux dimensions impressionnantes (on la surnommait : ***armoire normande***), un cube diviseur optique réfléchit les rayons lumineux et vient impressionner trois films respectivement sensibles au bleu, au vert et au rouge. Les couleurs sont récupérées sur la copie par un système de tirage spécial (dit d'inhibition). Le procédé technicolor connaît un grand succès avec le film de Robert Mamoulian : *Becky Sharp,* puis avec *Robin des Bois* de M. Curtiz et W. Keighley. Le brevet est jalousement gardé par la firme Kalmus jusqu'à après la mort de ce dernier : sa propre femme s'imposera en effet très longtemps sur de nombreux tournages comme *technicolor consultant* (consultante en technicolor ou consultante de la firme *Technicolor*). Et ce n'est que de longues années plus tard que le procédé technicolor sera abandonné et supplanté par l'***Eastmancolor***.

Hier, j'ai vu mon fils, je l'ai emmené au cinéma; on a les mêmes goûts, c'était *Tomahawk*, un technicolor du tonnerre. Non, pas du tonnerre. C'est une formule toute faite. Mais, un technicolor, quoi.

Boris Vian.

Aujourd'hui la mention *technicolor* peut signifier qu'un film a été traité dans les laboratoires de la firme *Technicolor*. Mais dire d'un film, d'une revue, d'une scène, d'une vitrine, etc. qu'ils sont **en technicolor** peut simplement vouloir dire qu'ils brillent de très riches couleurs.

Je l'ai regardé mieux, je l'ai, je crois, regardé pour la première fois, lui, Rock, non plus la vedette en carton bouilli, mais un homme en vrai, en technicolor.

Jacqueline Dauxois, *Le Cœur de la nuit*.

télécinéma

C'est un appareil qui permet de transformer les images d'un film en images électroniques. Le *télécinéma* réunit un projecteur de cinéma ordinaire et une caméra électronique. Par ce jeu de conversion, les films de cinéma peuvent alors être diffusés sur le petit écran de la télévision.

téléfilm

Film réalisé pour la télévision. Il remplace souvent le film de série B, mais obéit en principe à des lois propres : cadrages et mouvements d'appareil sont adaptés à la spécificité du petit écran. Il est souvent considéré par les cinéphiles comme un sous-produit du cinéma et l'expression « C'est un téléfilm » est tout à fait péjorative. On l'emploie pour signifier que le film (de cinéma) dont on parle est raté, que son auteur n'a eu ni moyens, ni ambition, ni talent suffisants pour réaliser une véritable œuvre cinématographique.

téléphone

Le téléphone sert, entre autre, à prévenir d'une arrivée. Quand celle-ci se produit, les témoins, dûment avertis, n'en sont pas surpris, puisqu'au contraire ils s'y attendent. Mais il existe des événements qu'il vaut mieux ne pas annoncer, par téléphone ou autrement. Dans un film par exemple, une action, un gag, une réplique, une fin... peuvent sembler *téléphonés* si, au lieu de surprendre le spectateur, ils sont annoncés à l'avance par des mouvements préparatoires trop apparents.

> Il y a un éclair, il y a un orage. L'orage, au cinéma, est une métaphore convenue, de celles qu'on dit téléphonées...
> François-Olivier Rousseau, *L'Enfant d'Édouard.*

Téléphones blancs (cinéma des) : Il a sévi en Italie à la fin des années trente, pâle copie des comédies italiennes. Il s'agissait de vaudevilles légers mettant en scène la bourgeoisie de l'époque, dans des décors aseptisés, où le téléphone blanc était un élément quasi inévitable.

temple

Lieu consacré au culte. Pour les cinéphiles, c'est la salle de cinéma, puisque c'est dans ce lieu qu'ils viennent célébrer le culte des images et pratiquer la religion du cinéma.

terrain

On dit aussi *terrain d'extérieur.* Attenant au studio, il prolonge celui-ci. On y construit des décors parfois gigantesques permettant le tournage des scènes d'extérieur à proximité des plateaux.

Sous la lune, le terrain d'extérieurs était trente arpents de féerie – non pas parce que les lieux ressemblaient vraiment à des jungles africaines ou à des châteaux français, à des goélettes à l'ancre et à Broadway la nuit mais parce qu'ils ressemblaient aux livres d'images déchirés de notre enfance, à des bribes d'histoires dansant dans un feu de plein air. Je n'ai jamais vécu dans une maison avec un grenier, mais un terrain d'extérieurs doit être quelque chose dans ce goût-là, et la nuit naturellement, d'une manière merveilleusement décousue, ça devient vrai.

Francis Scott Fitzgerald, *Le Dernier Nabab*.

terre promise

C'est celle que Dieu avait promise à son peuple et, par extension, tous les lieux susceptibles de frapper l'imagination, et que l'on rêve de connaître sans toujours y parvenir. Hollywood, capitale du cinéma, est un de ceux-là et c'est pourquoi elle est parfois qualifiée de « terre promise ».

tête de femme (négatif)

Morceau de négatif représentant une tête de femme et une charte, le négatif tête de femme est utilisé pour vérifier par comparaison la qualité des travaux de laboratoire effectués sur la pellicule.

texte (dire son ou donner son)

Expressions consacrées s'appliquant aux comédiens. Elles signifient que ceux-ci récitent le monologue ou le dialogue que le scénariste ou le metteur en scène a écrit pour eux. Elles soulignent que les acteurs ne sont pas invités à improviser.

That's all, folks!

Célèbre slogan qui terminait les petits dessins animés de la Warner. On peut le traduire par « C'est tout, les gars! ».

thaumatrope

Du grec *thauma,* « miracle » et *tropos,* « action de tourner ». Ce petit appareil qui produit un miracle (ou une illusion) en tournant a été inventé dans les années 1820 par le docteur Paris. Sur une des faces d'un disque en carton, est dessiné par exemple un oiseau, sur l'autre, une cage. Aux deux extrémités du diamètre, on attache des fils que l'on tient à la main et que l'on fait tourner. Grâce au phénomène de la persistance rétinienne, on voit alors l'oiseau dans la cage.

théâtographe

Du grec *thea,* « vision » et *graphein,* « écrire ». Le théâtographe est le petit appareil de projection que Georges Méliès s'en va acquérir en Angleterre après que les frères Lumière ont refusé de lui vendre leur tout nouveau cinématographe.

théâtre

Depuis les Grecs existait le théâtre (*theatron,* « lieu où l'on regarde »). Le cinéma, on le sait naquit beaucoup plus tard. Mais, dès l'invention de celui-ci, on vit s'installer des rapports complexes, fondés sur l'attirance et la répulsion, entre ces deux arts. Méliès, l'illusioniste de génie, utilise toute la machinerie et tous les trucs du théâtre dans ses petites parades filmées. Mais les acteurs de théâtre hésitent longtemps à engager leur réputation. On hésite à exercer son talent devant les caméras. A Hollywood, il faut être au chômage. Pourtant vers 1908, c'est le théâtre qui va relancer en France la célébrité défaillante du cinématographe. La société des *Films d'Art* (voir p. 31) lance en effet une série d'œuvres (*L'Assassinat du Duc de Guise* ouvre la série) où s'illustrent les grands de la scène. A l'avènement du parlant, quelque vingt ans plus tard, Hollywood vampirise les scènes de Broadway. Mais si, grâce à cela, l'on ouvre la voie à l'un des genres cinématographiques majeurs de l'Amérique, la *comédie musicale,* d'autres films sont asphyxiés par le langage théâtral, beaucoup moins souple que celui du Septième Art (il est déjà loin le temps ou l'appareil de projection rivé au sol enregistre des saynètes interprétées par des acteurs dont le jeu est inspiré du théâtre).
En France pourtant, un homme de lettres va poursuivre l'expérience. Marcel Pagnol en effet fait mettre en images des pièces écrites par lui : *Marius* (1931), *Fanny* (1932) et *Topaze* (1933). Selon lui, la seule raison d'être

du cinéma sonore et parlant est la mise en mémoire des pièces de théâtre sous forme de films. Il parle de **cinématurgie** (le mot, construit comme *dramaturgie,* réconcilie la scène et le cinéma), mais certains de ses détracteurs l'accusent de vouloir mettre le **théâtre en conserve.** Par la suite, il assouplit sa théorie en passant lui-même à la réalisation (*César, La Femme du boulanger, Manon des sources,* etc.) où, s'il sait mettre en valeur la Provence, il cultive encore les conventions théâtrales en alignant répliques et mots d'auteur.

Après lui (et Sacha Guitry), seul peut-être Orson Welles filme le théâtre en le sublimant par le moyen du langage cinématographique (*Macbeth, Othello, Falstaff*).

Avec la souplesse d'écriture acquise par le Septième Art, l'expression **théâtre filmé** est devenue, sous la plume des critiques, un jugement lapidaire et totalement péjoratif. Dire d'un film que c'est du théâtre filmé c'est signifier qu'il est artificiel et n'a pas su se libérer des contraintes du décor, et de l'emphase des dialogues.

> Walter déconne. Il ne me suit pas non plus. Il est tombé dans l'excès inverse : il ne rêve que de théâtre filmé.
> Alexandra Lapierre, *L'Homme fatal.*

Coup de théâtre. On peut en trouver au cinéma comme au théâtre. C'est un renversement de situation imprévue.

Théâtre cinématographique. C'est le nom donné aux premières grandes salles de cinéma (voir **salle,** p. 399).

Théâtre optique (voir **praxinoscope,** p. 358).

thriller

Mot anglais, dérivé du verbe *to thrill,* « frissonner ». Les *thrillers* sont des films qui fournissent des émotions fortes : ils font peur et peuvent faire trembler le specta-teur. Mais ils ne forment pas un genre spécifique. On trouvera des *thrillers* dans les films policiers comme dans les films catastrophe ou les films de science-fiction : ce sont les aventures subies par les principaux héros qui peuvent faire naître chez le spectateur des angoisses palpitantes.

> Ils ne manquaient pas de goût. Ils avaient une forte prévention contre le cinéma dit sérieux, qui leur faisait trouver plus belles encore les œuvres que ce qualificatif ne

suffisait pas à rendre vaines (mais, tout de même, disaient-ils, et ils avaient raison, *Marienbad*, quelle merde!), une sympathie presque exagérée pour les westerns, les thrillers, les comédies américaines et pour ces aventures étonnantes, gonflées, d'envolées lyriques, d'images somptueuses, de beautés fulgurantes et presque inexplicables, qu'étaient, par exemple – il s'en souvenait toujours – *Lola, La Croisée des destins, Les Ensorcelés, Écrit sur du vent.*

Georges Perec, *Les Choses.*

ticket Poulain

En vogue dans les années 30 : on le trouvait dans les tablettes de chocolat de la marque Poulain. Présenté à la caisse des cinémas, il permettait d'obtenir une réduction sur le billet d'entrée.

tie-twiddle

Veut dire « jeu de cravate ». Cet effet comique est devenu légendaire grâce à l'un des protagonistes du tandem le plus célèbre de la comédie américaine : Oliver Hardy. Celui-ci, paralysé par la timidité, tordait et tirait sa cravate avec une nervosité maladive, imposant ce tic comme l'une des plus fameuses ponctuations de ses films.

On imagine le retour? Stan, au cœur de la catastrophe, se grattant la tête du bout des doigts, avec son air ahuri, puis se mettant à pleurer en faisant sa petite voix aiguë; Oliver jouant avec sa cravate, en attendant que les coups pleuvent sur sa grosse personne.

Roger Grenier, *Ciné-roman.*

tirer

Veut dire « reproduire par impression » (exemple : « tirer un livre »). Au cinéma, on tire des copies. Le développement du film négatif est en effet suivi du *tirage* des copies positives.

A la fin de la bobine une tempête de sable se levait... j'avais versé du sable dans les bacs de tirage des dernières images. Le sable avait griffé le celluloïd...

Dashiell Hammett, *Le Livre des Morts-Vivants.*

Le tirage peut se faire par transformation chimique dans le cas d'une pellicule *inversible* (voir p. 243). Mais le plus souvent il se fait à l'aide d'une *tireuse*. Il en existe de deux sortes. D'abord la *tireuse par contact :* un film négatif impressionné défile le long d'un positif vierge. Une lampe traverse le négatif et permet l'impression du positif. La lumière traverse facilement les parties claires du négatif (correspondant aux zones sombres de l'objet filmé), plus difficilement les parties sombres (correspondant aux zones claires), ce qui inverse l'échelle de densités lumineuses et donne sur le positif une image plus approchante de la réalité. Le mouvement de ce type de tireuse peut être continu ou alternatif (dans ce cas, les images défilent au coup par coup).

La *tireuse optique*, quant à elle, permet de réaliser divers trucages, de réduire le format d'un film ou de le gonfler (voir *gonflage*, p. 217), de passer du 35 mm au 16 mm ou inversement. Dans ce type de tireuse, en effet, les deux films ne sont pas directement en contact. Un objectif est interposé entre le négatif impressionné et le film vierge. Il permet, en étant correctement éclairé, de reproduire les images du négatif sur le positif, en quelque sorte de refilmer le film.

Tirer de. Le verbe peut être rapproché d'*adapter* (voir *adaptation*, p. 18). On dit d'un film qu'il est tiré d'une œuvre littéraire quand il est extrait ou inspiré par cette œuvre, comme on dit qu'il a été adapté de cette œuvre.

> Henri Chaminour vient d'écrire un scénario, tout comme ça... la vie de Claude Debussy... tiré d'un de ses ouvrages. C'est en vue d'une coproduction avec l'Allemagne...
> Alphonse Boudard, *Cinoche.*

Tirez sur le pianiste

Titre d'un film réalisé par François Truffaut en 1960 et adapté d'un roman policier de David Goodis. Charles Aznavour y tient le rôle principal : un pianiste de bastringue qui finira poursuivi par des gangsters. En réalité, le film a popularisé une expression qui était plutôt employée dans sa tournure négative. En effet on dit plutôt : « Ne tirez pas sur le pianiste. » Cette consigne, que l'on a pu lire sur des pancartes dans les saloons de western, était destinée à protéger celui qui jouait du piano quand la bataille faisait rage.

Mais aujourd'hui *pianiste* est devenu, dans cette expression, synonyme de « subalterne » ou de « lampiste » et l'expression peut être traduite par « N'accusez pas (injustement) un subordonné, ne faites pas porter le chapeau à quelqu'un qui n'est pas responsable de vos erreurs. » Le poète Tristan Tzara l'aurait employé dans ce sens :

Ne tirez pas sur le pianiste
N'ai fait ce que j'ai pu...

titre

Nom donné à l'œuvre filmée qui, en principe, doit annoncer ou résumer son contenu (la traduction française des titres de films étrangers est souvent fantaisiste).

Je ne vous remets pas, dit-il.
— Mon nom est Fritz Kesselberger, répondit d'une grosse voix la barbe. Ich bin l'auteur de Secrets de Broadway. Und ich bin aussi un ancien membre de la Société Psychanalytique von Vienne. Pour le moment, je m'occuppe d'un vilm qui est encore sans titre, mais qui, croyez moi, sera quelque chose vormidable.

Ben Hecht, *Je hais les acteurs.*

Titrer un film, c'est lui donner un *titre*. L'opération de ***titrage*** se fait au ***banc-titre***. Le banc-titre est composé d'une surface plane et horizontale (sorte de banc) sur laquelle on place les éléments fixes que l'on veut filmer (titres peints sur des cartons, générique, mais aussi dessins à animer). Une caméra fixée au-dessus enregistre des images : elle se déplace verticalement.

Sous-titrer un film, c'est le munir de textes au bas de l'image. Il s'agit de la traduction des dialogues d'une œuvre étrangère quand celle-ci n'est pas ***doublée.*** Tout ne peut pas être traduit : on repère le débit des phrases et on ajuste un texte qui semble plausible dans la langue où le film va être diffusé. Les ***sous-titres*** sont alors gravés à l'acide sur les copies développées, ou ajoutés par procédé photographique au moment du tirage. Le ***sous-titrage*** qui, souvent, ampute le dialogue de quelques mots est pourtant préférable au doublage, qui dénature la voix des acteurs. Les ***versions sous-titrées*** sont toujours préférées des cinéphiles avertis.

Sous-titre est également employé, mais de façon exceptionnelle, pour ***intertitre*** ou ***carton*** (voir p. 77). L'intertitre est le texte placé entre les images : dessiné sur un carton, il permet de suggérer des bribes de dialogues dans les films muets.

> C'était une excellente phrase. Elle lui était venue à l'esprit telle quelle dès qu'il avait lu le scénario. Au bon vieux temps du muet, Pat s'en serait servi comme sous-titre parlé et ainsi se fussent terminés pour quelques images ses ennuis de dialogue...
> Francis Scott Fitzgerald, *Histoire de Pat Hobby.*

Par référence au rôle que jouent les sous-titres pour un spectateur qui ne comprend pas la langue originale du film, on dit familièrement : « Tu veux des sous-titres ? » aux personnes qui semblent ne pas suivre ou comprendre un événement ou une conversation de la vie quotidienne.

Rôle-titre : rôle tenu par l'acteur ou l'actrice qui interprète le personnage dont le nom est évoqué dans le titre du film. Exemple : Adèle H. dans *L'Histoire d'Adèle H.* de François Truffaut (le rôle fut interprété par Isabelle Adjani en 1975).

Chanson-titre : chanson dont certaines paroles peuvent apparaître dans le titre du film ou, du moins, qui accompagne le générique (notamment celui de la fin).

> Mia campait une entraîneuse de cabaret passablement dessalée, et elle devait interpréter la chanson-titre, vêtue d'un collant couleur chair rebrodé de strass.
> Michaël Delmar, *La Blonde Platine.*

Todd AO

Procédé de film sur écran large, le Todd AO a été mis au point par le producteur américain Mike Todd (*Todd AO* est une contraction de *Todd* et *American Optical Cº*). On emploie un film de 65 mm mais, contrairement au *cinérama,* le Todd AO ne nécessite pas l'emploi de plusieurs caméras : on utilise une seule caméra et un seul projecteur. C'est le film de Fred Zinnemann, *Oklahoma* (1955), qui a révélé le Todd AO au grand public.

toile

Il s'agit de la toile de l'écran.

> Quand je vois un film comme celui que nous venons de voir, je me transporte sur la toile par un acte en quelque sorte magique et en tout cas transcendantal et je me retrouve prenant conscience de moi-même en tant que l'un des héros de l'histoire à nous contée au moyen d'images plates mais mouvantes...
> Raymond Queneau, *Loin de Rueil.*

On dit : *se faire une toile* ou *se payer une toile* pour « aller voir un film ».

> Mais les affiches et les photos, devant le Magic Palace, arrêtèrent la jeune fille. On jouait Le Calvaire de Pascuale Michele. Les acteurs avaient des noms inconnus. Ce devait être un film italien.
> – Et si on entrait là, plutôt, dit Gisèle Mirando. D'après les photos, ça a l'air bien. Et puis il y a longtemps que je ne me suis pas payée une toile.
> Roger Grenier, *Ciné-roman.*

touch

Mot anglais. En français, on dirait « la patte », « la griffe ». C'est la manière, le style propre d'un réalisateur, son savoir-faire : sa façon de filmer mais aussi d'aborder les sujets. S'applique généralement aux cinéastes d'outre-Atlantique : on dit la **Lubitsch touch** mais on ne dit pas (encore ?) la *Godard touch*.

tourelle

Monture tournante placée à l'avant de la caméra qui permet de changer rapidement d'objectifs, par un simple mouvement de rotation.

tourner

On dit tourner (tourner tel ou tel film, tourner une scène, ou tourner tout simplement sans complément : *je tourne, il tourne*) pour « enregistrer les prises de vue d'un film » et l'on emploie volontiers le mot de **tournage** pour désigner cette opération. Le cinéaste Jean Renoir parlait plutôt de *tournaison* mais l'expression n'a pas fait fortune. Comme les autres, elle est pourtant issue du langage des premiers cameramen qui devaient actionner en tournant la manivelle les caméras dépourvues de moteur. On notera également que *tournage* peut être synonyme de « lieu où se déroule le filmage » puisque, si l'on dit **assister au tournage** d'un film, on dit aussi **aller sur le tournage** de ce même film.

> J'ai connu N. il y a quelques années sur le tournage d'un des premiers films de Jason, à Cinecitta. Je n'avais vu d'elle auparavant que les photos où elle posait en Lolita blonde.
> Michel Braudeau, *Naissance d'une passion.*

Ça tourne! est une expression consacrée et maintenant légendaire. Elle est lancée par les techniciens pour signifier que les instruments d'enregistrement sont branchés, en réponse au non moins fameux **Moteur!** exigé par le metteur en scène.

Tourneur : nom donné aux projectionnistes ambulants qui tournaient dans les campagnes afin de projeter des films avec leur matériel dans les villages qui ne possédaient pas encore de salle de cinéma fixe.

total

On parle de *film total* ou de **cinéma total,** quand ils sont censés enregistrer et restituer la totalité de la réalité et de ses mouvements. Ce n'est encore qu'un rêve. Inlassablement poursuivi par des artistes épris d'absolu depuis les débuts du cinématographe, il a pu néanmoins commencer à s'incarner grâce aux audaces des techniciens, aux améliorations qu'ils ne cessent d'apporter au cinéma : son, couleur, agrandissement des dimensions de l'écran, du triple écran jusqu'à l'écran sphérique en passant par le scope, cinéma en relief, ciné-holographie...

Plus prosaïquement, un **auteur total** (on emploie souvent l'expression américaine : **total film maker**) est un artiste capable de produire le film qu'il met en scène lui-même et dans lequel il joue.

> Les couleurs dataient, les images sautillaient, les femmes avaient terriblement vieilli; ils sortaient; ils étaient tristes. Ce n'était pas le film dont ils avaient rêvé. Ce n'était pas le film total que chacun parmi eux portait en lui, ce film parfait qu'ils n'auraient su épuiser. Ce film qu'ils auraient voulu faire. Ou, plus secrètement sans doute, qu'ils auraient voulu vivre.
>
> Georges Perec, *Les Choses.*

Tout ce que vous avez toujours voulu savoir sur... sans jamais oser le demander

Expression employée par les journalistes pour titrer un article faisant la synthèse d'un sujet quelconque : le complément est donc laissé à l'appréciation de l'auteur. En réalité, quand Woody Allen utilisa pour la première fois l'expression, il voulait précisément tordre le cou une bonne fois (et à sa manière) aux secrets et à l'hypocrisie entourant les mystères de l'amour, puisque la phrase était ainsi libellée : *Tout ce que vous avez toujours voulu savoir sur le sexe sans jamais oser le demander.* Elle servait de titre à l'un de ses films (1972) adapté (très librement) d'un manuel d'éducation sexuelle très en vogue alors en Amérique.

trac

Comme *tracas*, le mot *trac* vient du verbe *tracasser*, lui-même issu de *traquer* qui signifie « suivre le gibier pour le déloger et le chasser ». *Trac* et *tracas* sont synonymes de « gêne ». Mais si les tracas perturbent la vie quotidienne, le trac, quant à lui, apparaît au moment d'affronter une épreuve particulière. Tout individu soumis au jugement d'autrui peut *avoir le trac*, mais surtout le comédien avant de monter sur scène ou de faire face à la caméra. Le trac paralyse. Un adage dit pourtant que sans trac, il n'y a pas de talent.

On dit aussi *traquer* ou *être traqueur.*

> Sitôt après ce tournage, il devait rejoindre Paris pour incarner le rôle de Pascal, le garçon du Flore, dans Vida y Muerte de Juan-Pablo Sartre qu'allait tourner Marco Ferreri au mois d'août. Il en tremblait d'avance. Gilles était traqueur.
> Tito Topin, *Graffiti rock.*

traitement

Le mot est susceptible de désigner toutes les opérations qui ont pour but de traduire un texte littéraire en langage cinématographique. Un scénario peut subir plusieurs traitements.

trame

Fils utilisés dans le tissage d'une étoffe. Au figuré, « ensemble des événements qui s'enchevêtrent pour former une histoire » et, plus particulièrement, l' « intrigue d'un scénario ».

> L'histoire lui importait par-dessus tout, la trame dramatique, comme il disait, sa solidité serait la meilleure garantie du succès.
> François-Olivier Rousseau, *L'Enfant d'Édouard.*

La trame est aussi un accessoire filtrant. En verre ou en tissu (tarlatane, soie, gaze, tulle), il permet d'adoucir l'image (dont on dit alors qu'elle est *tramée*), éventuellement d'estomper les défauts physiques d'un interprète, ou des ans atténuer l'irréparable outrage.
Alfred Hitchcock raconte ainsi, dans ses entretiens avec François Truffaut, « qu'à l'époque des grandes stars, quand elles commençaient à prendre un peu de bouteille, les opérateurs mettaient un voile de gaze devant l'objectif. Puis, on s'est aperçu que c'était bon pour le visage,

pas pour le regard. Alors l'opérateur, avec une cigarette, faisait dans la gaze deux trous correspondant à l'emplacement des yeux. Ainsi la figure était douce et les yeux brillaient, mais évidemment, il n'était pas question de bouger la tête ! »

Elle alléguait qu'elle n'était plus très jeune et que ses éventuels débordements nocturnes seraient le lendemain cruellement accusés par les projecteurs et les gros plans, quelle que fut l'épaisseur du tulle que l'on plaçait entre elle et la caméra...

Garson Kanin, *Hollywood années folles*.

transparence

On l'appelle aussi *back projection* (projection arrière) : c'est une technique qui permet d'utiliser des décors naturels en studio. On filme le décor en extérieur et l'on projette ensuite ce film par l'arrière d'un écran translucide *(l'écran de transparence)* devant lequel jouent les acteurs.

Nous étions entrés par l'arrière du décor et tout ce que je pouvais voir, c'était un panneau de bois avec, de chaque côté, un large écran. Deux appareils de projection destinés aux transparences grésillaient quelque part en coulisse. Une voix crie :
– Projetez !
Une sonnerie retentit. Les deux écrans s'animèrent de vagues tourmentées. Une voix plus calme annonça :
– Prenez bien garde à vos places. Il faut que toute la scène tienne dans nos soixante-quinze mètres de vagues. Ça va, partez !
– Ça vous ennuierait de reprendre la scène, Dick ? demanda la voix calme au moment où nous dépassions les écrans...
– Pourquoi, je sais mon texte !
Un individu à cheveux gris et vêtu de gris sortit de l'ombre et s'approcha des acteurs. Il avait des yeux de braise, mais une voix agréable et placide.
– Non. A moins que vous n'ayez pris sous votre bonnet de le modifier, dit-il les yeux posés sur Torrance.
– C'est plutôt que je n'ai pas l'habitude de jouer devant une transparence qui casse tout le temps au milieu de la prise...

Chandler, *Fais pas ta rosière !*

457

travelling

De l'anglais *to travel*, « voyager ». Avec le ***mouvement de travelling,*** la caméra voyage : placée sur un véhicule mobile, elle avance vers le sujet à filmer *(travelling avant),* s'éloigne de lui en reculant *(travelling arrière),* accompagne une scène en mouvement *(travelling latéral) :* un paysage qui défile derrière une vitre de voiture, une voiture elle-même en mouvement...

Le premier travelling de l'histoire du cinéma a été réalisé par un opérateur des frères Lumière (Promio) à Venise : de la gondole où il était installé, Promio a en effet lentement filmé le défilement des berges vénitiennes. La technique fut ensuite exploitée par Segundo de Chomon pour le tournage du film de Pastrone, *Cabiria,* et fut baptisée *carello* (« chariot », en italien) puisque la caméra se déplaçait sur un chariot, monté sur rails et poussé par des machinistes.

Aujourd'hui, ces chariots peuvent être montés sur pneus ***(dolly, elemack...),*** remplacés par des grues si le mouvement doit être poursuivi en hauteur (accompagnement d'un ascenseur qui s'élève par exemple), des hélicoptères, des avions, toutes sortes de véhicules qu'on appelle ***voiture-travelling.*** Les caméras portées à l'épaule (la ***steadycam*** par exemple) permettent également de réaliser des travellings en marchant.

Un travelling doit être régulier, il ne doit pas produire d'images saccadées, c'est pourquoi on parle souvent d'« un long » ou d'« un lent travelling ».

Le ***travelling optique*** est obtenu sans déplacement réel de la caméra et du technicien qui la manipule : l'impression de mouvement est crée par le ***zoom*** ou ***objectif à focale variable*** qui produit un effet d'avancée ou de recul par simple réglage de l'appareil.

> Dans un atelier, il a vu un ouvrier en bras de chemise qui jouait de l'ocarina et, autour de lui, des ouvriers qui l'écoutaient dans des attitudes simples. Des visages compréhensifs, ils avaient. Des regards purs. Comme impression, c'était formidable. Il aurait fallu filmer ça. Il y avait une belle chose à faire en travelling.
>
> Marcel Aymé, *Travelingue.*

Travelling sur est également employé dans le langage des médias pour signifier que l'on porte un regard ou une attention particulière sur une personne, un sujet, qu'on prend le temps de les décrire.

travelling matte

En français, *cache-mobile*. On l'appelle également *blue-backing*, fond bleu. C'est une variante et une amélioration du système de la *transparence* : on filme les personnages du premier plan devant un fond bleu qui sert de cache au décor. Le laboratoire, en supprimant ce bleu, mélange le premier plan au décor souhaité, qui a été filmé de façon indépendante (voir *cache, contre-cache*, p. 67).

tricheur

Surnom donné par les premiers cinéastes hollywoodiens aux courts métrages de commande qu'ils réalisaient à la va-vite pour satisfaire producteurs et exploitants en trichant avec le public, parfois même avec leur talent.

> Toute l'énergie, toute l'ingéniosité du metteur en scène se concentraient sur l'économie du produit. On utilisait toujours les mêmes décors, les mêmes extérieurs, jusqu'à plus soif ; les acteurs de complément étaient fourbus, quant aux sujets, ils étaient mitonnés aussi amoureusement qu'une ragougnasse de l'Armée du Salut. Comme ils ne coûtaient rien à la société productrice, on les collait en prime avec les grands films !
> Buster Keaton, *Slapstick*.

trichromie

Du grec *tri-*, « trois » et *khrôma*, « couleur ». Le principe de la trichromie (à trois couleurs) se trouve être à l'origine de la photographie en couleur. Il a permis ensuite la réalisation des films en couleurs. La trichromie est fondée sur la sélection et la complémentarité. A partir de trois radiations monochromes (d'une seule couleur) convenablement sélectionnées (il s'agit du bleu, du rouge et du vert, dites couleurs primaires), on peut reproduire, par complémentarité toutes les couleurs du spectre qui composent le paysage naturel. A chaque couleur dite primaire correspond en effet une couleur dite complémentaire. Les couples sont les suivant : vert/magenta, rouge/cyan, bleu/jaune.

Troc

Abréviation de Trocadéro, cabaret célèbre de Hollywood qui, chaque semaine, à l'époque de la magnificence des

grands studios, présentait un spectacle réservé aux producteurs, aux réalisateurs et aux stars. Sur scène, se
produisaient jeunes espoirs et apprenties vedettes qui,
grâce à ce banc d'essai, pouvaient avoir la chance de se
faire remarquer et de signer un contrat.

> Boxley savait qu'il pouvait s'asseoir avec Wylie White ce
> soir au Troc, pestant contre Stahr, mais il venait de lire
> Lord Charnwood et il admit que Stahr comme Lincoln
> était un chef qui menait une longue guerre sur plusieurs
> fronts...
>
> Francis Scott Fitzgerald, *Le Dernier Nabab.*

truca

Nom donné à la tireuse optique mise au point par André
Debrie dès la fin des années 20. La truca est un appareil
qui permet de réaliser en laboratoire différents types de
trucages, comme le ralenti et l'accéléré, la *surimpression*,
les *fondus*, les *volets*, les *caches* et *contre-caches*, les
changements de format, les *travellings optiques*. La
caméra qui la compose se déplace d'avant en arrière : elle
est munie d'un objectif à focale variable et peut filmer le
négatif ou le positif qui défile dans un projecteur installé
devant elle. Entre le projecteur et la caméra, un écran
permet de recevoir les images et de les retoucher.

trucage

On écrit aussi *truquage*. Les trucages ou truquages
cinématographiques sont employés pour élargir le champ
de la réalité, introduire le spectateur dans un univers
imaginaire. Ils nécessitent une technique renforcée : la
caméra ne se contente pas de capter ce qui se passe
devant elle. Elle va recréer un nouveau monde, artificiel
mais fantastique, grâce au tour de main spécial des
techniciens, à leur habileté, à leurs trucs.
Du reste, à l'origine, les trucages portaient le nom de
trucs. Hérités du théâtre et de ses ingénieuses machineries, ils firent les beaux jours du cinématographe dès ses
débuts. Prestidigitateur et directeur du Théâtre Robert
Houdin, Méliès l'enchanteur les exploita tous dans ce
qu'on appelait alors les *films à truc*. Mais c'est encore lui
qui découvre, par hasard, le premier vrai trucage cinématographique : la *substitution* (voir p. 435). En 1895
pourtant, Louis Lumière était déjà parvenu à filmer la

démolition d'un mur. Les possibilités de modifier la réalité en modifiant l'image semblent donc indissociables de l'invention cinématographique. Elles vont se multiplier à l'infini.

Les *scènes truquées* sont obtenues grâce aux trucages réalisés soit à la prise de vues, soit en laboratoire.

On peut changer le cours naturel des choses en variant le mouvement (*accéléré, ralenti*), en permutant l'ordre des images (*inversion*), en remplaçant une image par une autre (*substitution*).

On peut élargir la gamme des décors par l'emploi de toutes sortes de procédés (*découvertes, transparences, maquettes* raccordées par le *procédé Schüfftan* par exemple, etc.).

On peut transformer le son, faire vivre des personnages invisibles *(fond noir),* faire voler des êtres humains (*Superman*), ficher un gorille géant au sommet d'un building (*King Kong*), faire traverser la mer Rouge aux Hébreux (*Les Dix Commandements*), etc.

Le cinéma chaque année permet aux techniciens du trucage de mettre au point de nouvelles inventions qu'on appelle plus volontiers aujourd'hui *effets spéciaux* (voir p. 163).

Car le cinéma, qui est l'art de faire du vrai avec de l'artificiel, est forcément le royaume des trucages.

> Mais moi, j'aime mieux les pieuvres. Les pieuvres de huit mètres, toutes rouges, avec des yeux tout bleus et grands comme des plats, et vingt-cinq mille ventouses, et puis des scaphandriers, les quarante voleurs, les tapis volants, les fantômes, les vampires, les trucages, les courses d'autos, les sorcières, les marx brozeures...
>
> Boris Vian.

tulle : voir *trame*, p. 456.

tunnel

Monologue qu'un acteur récite sans conviction et qui paraît monotone et ennuyeux.

> Il faut rompre le texte, mon vieux, sans arrêt... sinon, ça va faire un tunnel.
> – Un quoi ?
> – Un tunnel !... Recommencez !
> Michel Cournot, *Le Premier Spectateur.*

tycoon

Le mot anglais signifie « magnat », mais il vient du japonais *taikoun*. *Tycoon* comme *nabab* et *mogol*, désigne les personnages les plus puissants du cinéma, les producteurs américains.

ultra-cinéma

Le cinéma des extrêmes (ultra-accéléré ou ultra-ralenti) très souvent utilisés dans un intérêt scientifique.

underground (cinéma)

Le mot *underground* signifie en anglais « souterrain ». Et c'est en effet de façon « souterraine » qu'est né en Amérique et surtout à New York, dans les années 60, le mouvement de **cinéma underground**, qui entendait préserver farouchement son indépendance vis-à-vis de la production hollywoodienne. Les cinéastes de l'underground, personnages de l'ombre qui n'appartiennent pas au cinéma officiel, font alors d'intéressantes recherches tant au niveau plastique qu'au niveau thématique. Films-poèmes ou films engagés, toutes les œuvres du mouvement underground sont très personnelles. Elles illustrent une sorte de contre-culture qui fait de plus en plus entendre sa voix. Certains de leurs auteurs sortiront même du secret et de la marginalité grâce aux efforts conjoints de la **New York film-makers' Cooperative** (Coopérative des réalisateurs), qui aide à la production et la distribution de leurs films, et à la revue de l'écrivain et cinéaste Jonas Mekas, **Film Culture**. Ce sont, par exemple, Kenneth Anger ou Andy Warhol.

On notera qu'aujourd'hui l'adjectif **underground** est employé pour qualifié tous les films expérimentaux ou marginaux, même s'ils n'appartiennent pas au mouvement américain des années 60.

> Certes il n'y avait pas eu de film suisse diffusé à l'étranger, mais lui-même avait réalisé deux courts métrages à Lausanne. *Tentatives incertaines* et *Plusieurs à voir...* Les titres, déjà, nous orientaient... un cinéma souterrain... underground suisse en quelque sorte. Pour les gens intelligents, les critiques de choc, Virgile Korluche était ni plus ni moins le Godard de Vaud.
>
> Alphonse Boudard, *Cinoche.*

underplaying

Du verbe anglais *to underplay*, « jouer en dessous », c'est-à-dire sans rechercher les effets. L'underplaying est une technique de jeu dans laquelle l'acteur opte pour la neutralité : il économise ses moyens et renonce aux effets.

understatement (comique d')

Understatement est un mot anglais qui signifie « le fait de se tenir en dessous de la réalité ». Le comique d'understatement fait rire en traitant à la légère de choses graves. Exemple cité par François Truffaut dans ses entretiens avec Alfred Hitchcock : dans *Mais qui a tué Harry?* (1956) « on parle du cadavre comme s'il s'agissait d'un paquet de cigarettes. »

Alfred Hitchcock : – Ce qui me plaît chez Buchan, c'est quelque chose de profondément britannique, ce que nous appelons *understatement*.

François Truffaut : – Il n'y a pas de mots en français pour dire cela. »

A.H. : – C'est la sous-évaluation, la sous-déclaration, la sous-estimation.

F.T. : – En français, il y a une figure de style qui est la litote, mais elle sous-entend la discrétion, la modestie plutôt que l'ironie.

A.H. : – *Understatement*, c'est la présentation sur un ton léger d'événements très dramatiques.

Hitchcock, Truffaut, Entretiens.

unit

Mot anglais signifiant « unité ». On dit aussi **département** (voir p. 142). Les grandes firmes hollywoodiennes furent divisées en multiples units quand les grands producteurs entendirent pratiquer une politique rigide de division et de hiérarchie du travail pour favoriser la rentabilité de chacun. Les différentes units étaient spécialisées dans la production de tel ou tel type de films (par exemple films à petit ou gros budget, autrement dit films B ou films A), dévolues à tel ou tel corps de métier : scénaristes, décorateurs, etc., avaient leurs propres units.

Qu'Effy ait tous les succès, le Chef n'y voyait aucun inconvénient. Au contraire! La réussite de la unit B accroissait tous les jours le prestige de la Hunger.

Alexandre Lapierre, L'homme fatal.

Universal

L'une des **Minors** (voir p. 270) américaine dont l'emblème est son propre nom tournant autour du globe terrestre comme un anneau de Saturne.

Fondée par Carl Laemmle, qui avait débuté en ouvrant un nickelodéon à Chicago, la firme eut aussi un directeur de production dont le nom est passé à la postérité : Irving Thalberg, époux de l'actrice Norma Shearer.

C'est Laemmle et sa compagnie qui, les premiers, sortirent les vedettes de l'anonymat où elles étaient confinées, et lancèrent les bases de ce qu'on appellera plus tard le star-system.

Les réalisateurs John Ford et Eric von Stroheim (à qui très vite Thalberg s'opposera) débutèrent également sous la houlette de Laemmle et de sa célèbre compagnie.

Universal s'est spécialisée dans le film noir et plus tard le film catastrophe. C'est là aussi qu'ont fleuri les films d'horreur qui ont mythifié Frankenstein et Dracula.

> Ça va mieux, interrogea-t-elle. Ou bien détestez-vous toujours Universal ?
> – Je les vomis tous, dit-il. Comment savez-vous à propos d'Universal ?
> – Vous ne m'avez raconté votre histoire qu'une vingtaine de fois.
>
> Horace Mac Coy, *J'aurais dû rester chez nous.*

usine à rêves

Lorsque les hangars de fortune furent transformés en vastes complexes de plateaux, lorsque les saltimbanques d'origine furent embrigadés dans les studios, Hollywood continua à fabriquer des rêves, mais elle se mit à ressembler à une usine, ce qui lui valut le surnom d'« usine à rêves ».

> C'était là que Rita Hayworth s'effeuillait, c'était là que Cagney et Bogart démolissaient les gusses dans les ruelles sombres. Derrière moi, quelqu'un klaxonna et j'appuyai sur le champignon. La voiture descendit droit sur l'usine à rêves.
>
> Andrew Bergman, *Le Pendu d'Hollywood.*

utiliser

On dit d'un réalisateur qu'il a bien (ou mal) utilisé ses
comédiens ce qui signifie qu'il a su ou n'a pas su en tirer
le meilleur parti. On dit aussi qu'il les a bien (ou mal)
employés. Les verbes *employer* et *utiliser* sont à peu près
équivalents. Mais si le verbe employer fait référence à
l'emploi des acteurs (voir emploi), le verbe utiliser
véhicule l'idée d'une exploitation du comédien par le
metteur en scène.

Jouer les utilités : voir *jouer*, p. 246.

vaisseau

Surnom donné aux grandes salles de cinéma, dont les
dimensions gigantesques rappellent l'architecture des
paquebots qui pouvaient embarquer des foules importantes pour des voyages lointains.

vamp

Abréviation de *vampire* (du mot allemand *vampir*, désignant les fantômes venus d'outre-tombe sucer le sang de
ceux qui vivent encore, par analogie avec une chauve-
souris d'Amérique qui aspire le sang de ses proies). Le
mot apparaît dans le langage de la mythologie cinématographique en 1914, à la sortie du film de Frank Powell, *A
fool there was*, adapté d'une nouvelle de Kipling justement intitulée *La Vampire*. Son interprète principale,
Théodosia Goodman, dite Theda Bara, anagramme
d'*Arab death* c'est-à-dire « Mort arabe », lancée par ailleurs par une publicité aussi tapageuse que ravageuse (sur
certaines photos, on la voit étendue sur des peaux de
bêtes parée d'accessoires inquiétants; plusieurs hommes,
dit-on, se seraient suicidés par amour pour elle...) incarne
la première vamp. Sulfureuse, sorcière mais séduisante,
elle provoque les hommes, les charme pour mieux les
détruire et leur porter malheur. Nuisible mais si belle,
c'est la **femme fatale** par excellence.
Le cinéma multiplie aussitôt les vamps. Musidora, gainée
dans son collant de souris d'hôtel, joue la première vamp
française dans *Les Vampires* de Feuillade. Puis la vamp
se démocratise et l'on emploie alors le verbe **vamper** pour
définir la principale activité de la vamp : la conquête des
hommes par le jeu de la séduction.

vedette

De l'italien *vedetta*, « observatoire où l'on place une
sentinelle » nom dérivé de *vedere*, « voir ». La vedette est
une personne très en vue; vers elle convergent tous les
regards. Dans un film, c'est elle qui tient le rôle le plus
important, mais il lui arrive de **partager la vedette** avec
un autre acteur ou une autre actrice. On dit aussi **voler**
ou **ravir la vedette à** ce qui, pour un acteur modeste,
signifie : réussir sa prestation de telle sorte que la vedette
principale est éclipsée. L'aura de la vedette peut néanmoins disparaître très vite puisque, contrairement à la
star, elle ne tient qu'au personnage qu'elle interprète et
donc au bon vouloir du metteur en scène ou du producteur qui l'a mise en vedette. La logique veut pourtant que
ce soit toujours les mêmes acteurs qui soient mis en
vedette. Ceux-là vont donc accéder au **vedettariat**, c'est-
à-dire à la célébrité. Leur statut de vedette sera définitif
et équivaudra à celui de grand acteur ou actrice.

Je vous ai fait venir parce que je pensais vous donner un rôle dans un film que nous faisions sur le Sud, et non pas avec l'intention de vous prendre à demeure.

– Comment!... Vous n'aviez pas dans l'idée de faire de moi une vedette ?

– Nullement...

Horace Mac Coy, *J'aurais dû rester chez nous.*

véhicule

Du latin *vehiculum*, de *vehere*, « transporter ». En Amérique, on appelait autrefois véhicules (les Américains disaient *vehicles*) les films conçus pour propulser des vedettes déjà consacrées (acteurs, chanteurs, etc.).

> Lasse de son oisiveté, sa volcanique épouse l'avait probablement harcelé jour et nuit pour dénicher un film qui deviendrait le « véhicule » chargé de la replacer sur orbite.
>
> Michel Delmar, *La Blonde Platine.*

Venise

C'est à Venise (au Lido) en 1932 qu'est organisé le premier festival cinématographique. Il n'est d'abord qu'un satellite de la Biennale artistique de Venise mais acquiert peu à peu son autonomie. Confronté à l'autorité mussolinienne alliée au régime nazi, le *Festival de Venise* vit des moments difficiles, certains voulant s'en servir comme d'une vitrine pour leur propagande : les films non nazis ont bien du mal à se faire une place face aux œuvres hitlériennes. La grande Garbo est rejetée du festival parce qu'elle ne pense pas de bien de celles-ci et le fait savoir. Pourtant, en 37, c'est Jean Renoir qui est primé avec *La Grande Illusion.*
Au début des années 40, le festival est arrêté. Il reprendra en 46 pour atteindre très vite sa vitesse de croisière. Le festival de Venise est alors également appelé la *Mostra* de Venise (*mostra* en italien veut dire « exposition »). Les films qui y sont présentés participent à une compétition et celui qui est primé reçoit une récompense : *le Lion d'or* (voir p. 257). Touché par les effets de Mai 1968, le festival s'arrêta une nouvelle fois entre 73 et 79. Depuis, il a repris sa place (importante) dans la nuée des festivals cinématographiques, même si depuis longtemps *Cannes* (voir p. 75) lui a volé la vedette.
Comme pour Cannes, l'expression *aller à Venise*, si elle est employée dans les milieux cinématographiques, signifie « aller au festival de Venise ».

> Bien après l'épisode de la présentation à Venise, bien après même que tout le monde eut oublié l'échec retentissant du film, Wildenfeld avait continué à chercher, dans le souvenir de ses discussions avec Victor, la cause de cet échec.
>
> François-Olivier Rousseau, *L'Enfant d'Édouard.*

version

Version est synonyme de « traduction » ou de « variante »!
Il peut exister plusieurs versions d'un même film (on
appelle *remake* la seconde version d'un film et les
suivantes). On parle également de *version filmée* pour
désigner l'adaptation cinématographique d'un texte écrit
(nouvelle, roman, pièce de théâtre).

> Lecri, c'est le metteur en scène de *La Favorite*, version
> filmée.
> Catherine Rihoit, *La Favorite*

Une *version doublée* est un film projeté dans une langue
autre que celle dans laquelle il a été tourné : la voix des
comédiens est doublée. En France, une version doublée
est donc obligatoirement une *version française* (souvent
abrégé en *V.F.*).

Si le film étranger est présenté dans sa langue d'origine
et simplement sous-titré, on parlera de *version originale*
et, en abrégeant, de *V.O.* L'expression s'emploie parfois à
propos de chansons ou de livres dans leur langue
originale.

> Alors ça c'est fait tout doucement, à sa manière à lui, nous
> avons échangé des livres : pour commencer, les nôtres,
> évidemment. Si les miens ne font pas un bien gros volume,
> les siens ont investi ma bibliothèque d'abord en traduction
> française, puis en V.O.
> Jacqueline Dauxois, *Le Cœur de la nuit.*

Adeptes de la V.F. et partisans de la V.O. se sont souvent
querellés. En règle générale la V.F. est destinée au grand
public tandis que la V.O. s'adresse aux plus ardents des
cinéphiles.

> Beat the devil. Plus fort que le diable, pour les amateurs de
> V.F.
> Patrick Mosconi, *Louise Brooks est morte.*

vétérans (les)

Noms donnés aux grands cinéastes américains qui parti-
cipèrent, dès son début, à la grande aventure du cinéma
et restèrent actifs à un âge plus qu'avancé. Parmi les
vétérans on trouve ainsi : King Vidor, John Huston,
Raoul Walsh et Frank Capra.

Victor Hugo du Septième Art

Sa passion dévorante pour le cinéma, l'abondance et la profusion de ses inventions techniques (voir *polyvision*), et jusqu'à sa mégalomanie ont valu à l'illustre réalisateur de *Napoléon* (1927), le cinéaste français Abel Gance le fier surnom de « Victor Hugo du Septième Art ».

vidéo

Tiré du latin *videre* « voir ». *Video* était la première personne du singulier de ce verbe conjugué au présent, et voulait dire « je vois ». La vidéo est l'ensemble des techniques qui permettent l'enregistrement et la restitution d'images électroniques : diffusées par le canal de la télévision, elles peuvent être également obtenues avec une caméra spéciale *(camescope)* qui fournit une *cassette* programmable sur un *magnétoscope* et lue sur le récepteur TV (le magnétoscope – voir p. 269 – sert aussi à la conservation de ces images sur bande magnétique).

Les images *vidéo* sont constituées d'une sorte de trame faite de lignes horizontales et de points que la caméra électronique lit de gauche à droite et de bas en haut (cette phase s'appelle le *balayage*). La caméra est en fait un canon à électrons qui transforme les éléments de sa lecture en impulsions électriques ou *signaux vidéo*. La restitution de l'image (sur le téléviseur) se fait par l'intermédiaire d'un canon à électrons identique, mais le processus est inversé : le faisceau électronique traduit point par point sur l'écran fluorescent l'image qui a été préalablement décomposée.

A la différence du cinéma, la vidéo transmet des images qui ne sont pas inscrites sur un support matériel (sauf quand le magnétoscope les a mémorisées sur bande magnétique).

Vidéo-cassette : conditionnement de bande magnétique pour magnétoscope.

Vidéo-club : boutique où sont vendues ou louées des cassettes-vidéo.

Vidéodisque : son apparition ne date que du début des années 70; les signaux gravés dans le disque sont lus par le faisceau lumineux d'un laser (le support n'est jamais usé).

Vidéo-clip : clip destiné aux circuits vidéo (voir *clip*).

vierge

Se dit de la pellicule ou du film restés intacts, parce qu'ils n'ont pas été impressionnés.

vieux

Adjectif que l'on accole de façon inélégante et impropre au nom des réalisateurs. On dit « le (ou les) vieux Godard » au lieu de « les anciens films de Godard ».

> Des froussardes comme toi, c'est tout juste fait pour bronzailler au soleil et traîner dans les cinés pour voir les vieux Rivette.
>
> Catherine Rihoit, *La Favorite.*

De la même manière, pour parler de la dernière production d'un réalisateur, on accole directement les adjectifs **nouveau** (ou **dernier**) à son nom propre : on dit « le nouveau Godard », « *le dernier Godard* » au lieu de « le nouveau (dernier) film de Godard ».

> Après quoi, il ne nous resterait plus qu'à déjeuner ensemble dans quelque restaurant russe ou chinois – et puis nous aurions sûrement envie d'aller voir le nouveau Ken Russell...
>
> Maurice Pons, *Mademoiselle B.*

viseur

Il permet de **viser,** c'est-à-dire d'observer attentivement la portion d'espace que l'on a choisi de filmer. Le viseur est un dispositif optique indépendant de l'objectif de la caméra. Il donne une idée précise de l'image qui va être enregistrée et de ses limites. C'est avec lui que le réalisateur cherche la **focale** (voir p. 200) et le **cadre** idéal de son image. Le viseur est très utilisé lors des **repérages** (voir p. 387).

> A l'horizon on la voit pas encore, on déconne allègre... Luc avec toujours son viseur... ses doigts en carré... Oh ce plan !... Quel plan magnifique... Viens voir Gloria! On se promène autour du lac... Il trouve tout Luc... tous les lieux de ses futures séquences...
>
> Alphonse Boudard, *Cinoche.*

Pendant le tournage proprement dit, l'opérateur de prise de vues doit encore vérifier la qualité de son image. Pour cela, il utilise le viseur de la caméra. Mais l'emplacement du viseur sur les caméras a longtemps créé beaucoup d'imprécision, puisqu'il y avait un décalage, appelé **parallaxe**, entre l'image visée et l'image enregistrée. On a donc mis au point un système permettant de corriger ce décalage et d'appréhender immédiatement l'image telle qu'elle apparaîtra sur le film. Il s'agit du **viseur reflex**.

La **visée reflex** se fait à partir de l'objectif de la caméra : l'obturateur incliné est muni d'un miroir qui transmet l'image à l'œilleton par l'intermédiaire d'un second miroir. Certains viseurs reflex peuvent être également reliés à une caméra électronique qui enregistre l'image et la transmet à des récepteurs vidéo ou un magnétoscope installés à côté. Ceux-ci permettent au réalisateur lui-même, et non plus seulement au chef-opérateur, de contrôler l'image, voire de la faire réenregistrer immédiatement si elle ne lui convient pas.

visionner

On visionne une séquence, des rushes, un film... Le verbe *visionner* est employé de préférence à *voir* quand il s'agit de vérifier la qualité technique ou esthétique d'un film ou d'un morceau de film. Ce sont donc les techniciens du film (producteur, réalisateur, monteur, critique, ect.) qui *visionnent* un film, les autres (le public) se contentant de le *voir*.

> Les films arrivaient à la gare le mercredi matin. L'opérateur les mettait sur bobines dans la journée et, le soir, les directeurs « visionnaient » le programme pour vérifier si tout allait bien. Un mercredi après le dîner, donc, les Laurent, assistés de Les La Flêche, « visionnèrent ». Le Chevalier de minuit.
>
> Roger Grenier, *Ciné-roman*.

L'action de visionner un film est appelée **visionnage**. Le visionnage des **rushes** (voir p. 398) ou du film dans sa totalité se fait dans des petites salles de projection privées attenantes ou non aux studios et laboratoires, suivant que la projection est destinée à l'équipe de réalisation qui travaille encore sur le film ou aux critiques.

Dans la salle de montage, le visionnage se fait sur une **visionneuse,** également appelée **moviola** ou **moritone** (voir pp. 292 et 293) : c'est un petit appareil de projection individuel muni d'un écran miniature que le monteur ou la monteuse actionne à l'aide d'une pédale. Le film peut y défiler dans les deux sens, à des vitesses variables. La possibilité de s'arrêter sur une image permet de détailler tout à loisir celle-ci.

> Stop, fit le commissaire... Arrêtez l'image...
> Toute la scène s'immobilisa. Le commissaire s'approcha et par-dessus la tête de la monteuse observa l'image sur l'écran de la visionneuse.
>
> Tito Topin, *Graffiti rock.*

Film de première vision : film offert au public pour la première fois.

Film de seconde vision : film ayant déjà été projeté dans une salle.

> Vu son budget, le cinéma était condamné aux films de seconde vision, c'est-à-dire ayant déjà passé dans un grand cinéma de la ville. Si l'on voulait se payer une première vision, ce ne pouvait être que parmi les laissés-pour-compte des autres salles.
>
> Roger Grenier, *Ciné-roman.*

vistavision

Technique permettant la projection des images sur écran large. Elle a été mise au point par la société Paramount, mais elle est aujourd'hui abandonnée. Elle consiste à faire défiler dans les appareils un film de largeur standard (35 mm) mais en préférant le sens horizontal au sens vertical.

vitesse

C'est la cadence de défilement de la pellicule dans la caméra. Aux premiers temps : seize images par seconde ; aujourd'hui : vingt-quatre images par seconde. On peut modifier cette vitesse : en enregistrant les images plus rapidement, on obtient un **ralenti** (voir p. 379) à la condition que la vitesse de projection reste normale. Une vitesse de projection normale mais une cadence d'enregistrement ralentie fournissent un **accéléré** (voir p. 12).

> La bande retrouva son allure de défilement normal en 24 images/seconde et Manon ouvrait la bouche toute grande pour crier...
>
> Tito Topin, *Graffiti rock.*

voler

Signifie « accaparer le succès ». En Amérique lorsqu'on dit d'un acteur qu'il a « volé le film », cela veut dire qu'il domine toute la distribution et qu'il a reçu tous les honneurs. Par extension, on dit aussi dans la vie courante : *voler la vedette à*. L'expression signifie « réussir à capter l'attention de tous au détriment de ses partenaires ».

volet

Fixé sur le côté des projecteurs à l'aide d'une tige articulée, c'est une petite plaque métallique qui permet de canaliser la lumière au moment du tournage.
Mais le volet est également un trucage exécuté au laboratoire : un cache mobile permet de chasser l'image par le côté et cette dernière est aussitôt remplacée par une nouvelle image. Dans ce cas, le volet est un signe de ponctuation qui, en créant une rupture dans l'enchaînement des images qu'il crée, suggère également une rupture dans l'action et le déroulement de l'histoire : un moment de cette histoire est ainsi passé sous silence.

> Le faiseur de miracles quitta le bureau à la suite des policiers qui entouraient Orlando.
> Dans un scénario, nous appelons les sorties de ce genre des « volets » ou des « fondus rapides ».
> Ben Hecht, *Je hais les acteurs.*

vrai

Le cinéma étant l'art de l'artifice, le vrai n'existe pas dans les films. Reste ce qui *fait vrai* : tout personnage, toute situation, tout décor ou élément de décor qui, convenablement éclairés, recréés, reconstruits ou maquillés, donnent l'impression de la réalité. On remarquera à l'inverse qu'on en appelle parfois aux « vraies » images de cinéma pour souligner le caractère artificiel et fabriqué de certaines scènes de la vie courante : « un *vrai* baiser de cinéma », « une *vraie* pluie de cinéma », etc.

> Car il pleuvait. Une vraie pluie de cinéma, de grosses gouttes serrées que le vent en rafale plaquait sur les tombes et sur le pavé, la boue des allées...
> Pierre-Jean Rémy, *Ava.*

waltdisnéen

Se dit d'une situation ou d'une atmosphère rappelant la joliesse, la naïveté, parfois la mièvrerie de l'univers imaginé par Walt Disney dans ses dessins animés.

> Quelqu'un avait senti ce qu'il y avait d'un peu naïf dans la décoration waltdisnéenne du Hall. C'était François, le fils des Laurent.
> Roger Grenier, *Ciné-roman.*

Surnommé affectueusement « l'oncle Walt » parce que son style (dit *en O :* voir p. 310) et ses petits personnages à mi-chemin entre hommes et bêtes ont toujours semblé rassurer, Disney aurait eu des ascendants français : son nom patronymique viendrait de *d'Isigny.*

Warner Bros

C'est la firme des *Warner Brothers* ou frères Warner. Ils sont quatre des neuf enfants Warner à se lancer dans le cinéma. D'origine polonaise, ils se lancent d'abord dans le commerce des bicyclettes, mais acquièrent très vite une salle de cinéma (Harry et Albert sont à la caisse, Sam dans la cabine de projection et Jack présente des numéros sur la scène entre les films). Ils lancent ensuite une maison de distribution, tournent un film, font fortune et créent leur studio en 1923. Son sigle est un écusson frappé aux initiales WB.

La Warner fait connaître le procédé *vitaphone* et lance le sonore avec, en 1927, le premier film parlant de l'histoire du cinéma, *Le Chanteur de jazz*. La Warner produit ensuite des musicals, comme *42ᵉ Rue*, sous la direction chorégraphique de Busby Berkeley, des films d'action où triomphe Errol Flynn, enfin, sous la direction de Darryl F. Zanuck, des films de gangsters et des films noirs. Ils feront la gloire de James Cagney, Edward G. Robinson et Humphrey Bogart. Absorbée à la fin des années 60 par une société qui exploite (entre autres) des parkings, la Major, qui venait déjà d'être vendue à une compagnie canadienne, partage ses studios de Burbank avec la **Columbia** et met en chantier une politique de renouveau qui permet le succès de Kubrick, Penn, Coppola, Lucas, Scorsese, etc.

warnographie

Construit comme *pornographie,* le mot possède une consonance tout à fait péjorative : il désigne l'ensemble des films de guerre (*war* est le mot anglais signifiant « guerre ») et l'engouement des spectateurs pour ceux-ci. Si la pornographie désigne la représentation malsaine de l'amour, la *warnographie* désigne l'amour malsain de la représentation de la guerre. Depuis le début de la dernière décennie, l'Amérique multiplie en effet les films de guerre (dont la plupart se déroulent dans les espaces intersidéraux) : ils aiguisent chez le spectateur le culte de la patrie et le goût de la violence destructrice.

WASP

Sigle employé pour *White Anglo-Saxon Protestant* (en français, « anglo-saxon protestant et blanc »). Il définit l'Américain-type et apparaît souvent dans le vocabulaire cinématographique, de préférence sous la forme de sa négation, autrement dit **Non WASP**. Ce sont en effet des Non WASP qui sont à l'origine de la formidable explosion du cinéma américain, de son implantation et de son organisation à Hollywood. Goldwyn, Fox, Mayer, Laemmle et les autres avaient bien la peau blanche mais c'étaient des immigrés venus pour la plupart d'Europe centrale. C'est leur formidable énergie qui a fait de ces ex-petits commerçants (ils étaient fourreur, teinturier, gantier, etc.) des pionniers.

weather day

Expression anglaise signifiant « jour d'intempérie ». On appelle *weather day* les modifications du calendrier d'un tournage dues au mauvais temps. Voir *dépassement*, p. 143.

western

Mot anglais signifiant « de l'Ouest ». On a donc
d'abord dit **film de western** avant de dire « western »
tout court. Le western évoque l'épopée légendaire des
Américains du Nord lancés au XIXᵉ siècle à la conquête de l'Ouest. Il est inspiré des romans et des
chansons populaires. Né aux tout débuts du cinéma, il
s'impose avec *L'Attaque du Grand Rapide*, d'Edwin
S. Porter (1903). Mais c'est Thomas Harper Ince qui
exploite la veine et crée le genre le plus révélateur du
cinéma américain. A travers des personnages légendaires (Broncho Billy, Rio Jim...) interprétés par des
acteurs spécialisés (Tom Mix, William S. Hart...) se
construit la figure de l'Américain courageux, indivi-
dualiste, et aussi les images mythiques du cow-boy et
du shérif (avec leur panoplie d'accessoires : colt, cein-
turon, bottes, chapeau...)
Parallèlement, le western a transformé le langage cinématographique. C'est dans les westerns que l'on trouve
le premier découpage élaboré d'un film (*L'Attaque du
Grand Rapide*), les tournages en décor naturel, les premiers plans américains (le héros, prêt à dégainer peut-
être, est filmé à mi-cuisses), les scènes d'action centrées
autour des bagarres avec les Indiens... Genre spectaculaire par excellence, le western ne cessera plus d'exister, même s'il subit diverses transformations et si
l'aventure des pionniers américains est filmée bien au-
delà des États-Unis.

> Il reste donc des choses sans importance au fond, de
> celles qui font le teint gris, et l'envie m'a démangé
> quelquefois d'avoir le terrible chagrin, celui qui vous
> bouleverse la vie et vous donne la gueule amère, la
> tronche heurtée de ces vieux acteurs qui rôdent dans
> les westerns.
>
> Claud Klotz, *Les Mers adragantes.*

Le **surwestern** apparaît dans les années 50 quand le
western classique s'essouffle. C'est un « western honteux
de n'être que lui-même » explique le critique André
Bazin qui a imaginé le terme. « Il cherche à justifier son
existence par un intérêt supplémentaire, d'ordre esthétique, moral, psychologique, politique ou érotique... »
Las de reproduire les scènes primitives de cette
tranche d'histoire américaine et de réduire le scénario
à des morceaux de bravoure et d'action, certains

cinéastes fouillent les psychologies, étalent les conflits amoureux, soupèsent les raisons morales de leurs héros, se servent des situations et des personnages mythiques du western pour parler d'autres choses : la réalité sociale du moment et le maccarthysme, par exemple, dans *Le Train sifflera trois fois* de Fred Zinnemann. Le temps passant, tous les bons westerns peuvent néanmoins passer pour des surwesterns.

Le *western-spaghetti.* Italien comme le suggère l'allusion au plat national de la Péninsule, il supplante le péplum dans les années 60 grâce aux efforts de Sergio Leone (*Pour une poignée de dollars, Pour quelques dollars de plus, Le Bon, La Brute, et Le Truand...*) qui, au départ, se cache timidement sous le pseudonyme américain de Bob Robertson. Le western-spaghetti reprend le grand mythe américain mais il élague et simplifie, soulignant la violence à coup de ralentis pour ne conserver parfois que les éléments frappants et sensationnels. C'est à propos des westerns-spaghetti que l'on disait : l'hémoglobine coule à flots.

Louis Gaillard est parti tourner des westerns-spaghetti en Italie. Il affirme que sa carrière en France est foutue...
Katherine Pancol, *Scarlett, si possible.*

Le **western-soja.** Asiatique comme l'indique l'allusion à la célèbre pousse légumineuse, il déferle en France dans les années 70.

Contrairement au western-spaghetti, il n'a pas annexé la mythologie du western, mais retient l'action et les bagarres : c'est un film d'aventures orientales où le héros, dépourvu de colt, se bat grâce à l'abécédaire des arts martiaux. On l'appelle aussi **film de Kung-Fu** ou **film de karaté** (voir p. 249).

Westerner : se dit d'un acteur spécialisé dans le tournage de westerns.

Westernien : se dit de tout élément appartenant à un western ou pouvant le rappeler. On dit en effet : « C'est westernien » ou « C'est un vrai western » pour souligner qu'une ambiance désordonnée, une pagaille généralisée voire une discussion ou une bataille en rangs serrés rappellent certaines scènes de westerns.

What's up, doc ?

Phrase fétiche d'un héros de bande dessinée lancé par la Warner : le lapin désinvolte imaginé par Tex Avery et répondant au nom de Bugs Bunny. On peut la traduire par « Qu'est-ce qui ne va pas, docteur ? » Elle s'adresse en réalité au chasseur qui le prend en joue pour l'abattre, sans succès aucun et cette malicieuse insolence rythme les aventures trépidantes du célèbre *bunny* (en français « lapin ») nommé Bugs.

whodunit

Le mot est probablement dérivé de l'expression « Who did it ? », « Qui l'a fait ? », en l'occurrence « qui a fait le coup ?». Le whodunit est un film policier échafaudé autour d'une question unique et fondamentale : Qui est le coupable ?

Très différent du film à suspense qui enrichit l'énigme centrale du mystère des émotions humaines, le whodunit ressemble au jeu de « Cluedo ». C'est une sorte de problème d'algèbre que le maître du suspense, Sir Alfred Hitchcock, a remis à sa juste place en racontant cette célèbre histoire dans ses *Entretiens* avec François Truffaut : « Quand la télévision a commencé, il y avait deux chaînes rivales en compétition. La première chaîne a annoncé une émission whodunit. Et juste avant cette émission, un speaker de la chaîne rivale a annoncé : "Dans le whodunit qui sera diffusé sur la chaîne rivale, nous pouvons déjà vous dire que c'est le valet qui a fait le coup." » Naturellement tous les spectateurs potentiels se détournèrent du whodunit dont le secret était étalé sur la place publique et c'est l'autre chaîne qui capta leur attention.

women's clubs

Ou *clubs de femmes.* Ces cénacles conservateurs réunissaient des individus de sexe féminin, lesquels entendaient, à l'instar de la célèbre *Légion de la Décence,* prendre en charge la morale du cinéma et imposer, si le besoin s'en faisait sentir, une censure efficace et sans appel.

> Vous n'imaginez pas ce que c'est que ces régiments de bonnes femmes... pourchassant le vice partout... avec leurs tas de journaux bien pensants!
> Claude Autant-Lara, *Hollywood Cake-walk.*

wonder boy

Expression anglaise (que l'on peut traduire par « garçon prodige ») employée pour désigner les personnes, souvent des autodidactes, qui pénètrent de façon inattendue dans le monde du cinéma et lui apportent un souffle neuf et miraculeux. Il s'agit le plus fréquemment de jeunes réalisateurs talentueux dont les premiers films ont été des succès inespérés. Les femmes n'ont pas droit à cette consécration puisqu'on ne parle pas (encore ?) de *wonder girl.*

> Pour l'heure, installée table 37, elle écoutait les confidences de celui qu'elle appelait, avec son exagération habituelle, le Mozart de la Hunger, le génie de la production, le boywonder d'Hollywood.
> Alexandra Lapierre, *L'Homme fatal.*

X

On appelle *films X* les films classés dans la *catégorie X.*
La lettre X correspond en fait au trait rageur du stylo qui
raie et supprime.

Ce classement et cette catégorie sont issus du vote de la
loi de 1975, qui est destinée à endiguer l'invasion des
films pornographiques, conséquence de la libéralisation
des mœurs.

Sont *xés* (du verbe *xer* qui se prononce *ixer*) par le
ministre et sur avis de la *Commission de contrôle* les
films pornographiques représentant de manière réelle ou
simulée l'acte sexuel ainsi que les films dits « d'incitation
à la violence ».

Les films classés X sont soumis à de lourdes taxes et
doivent être projetés uniquement dans les *salles spécialisées* et ne peuvent bénéficier du secours d'aucune
publicité.

> Ces lieux aimantent les solitudes et les fantasmes d'une
> population disparate, mouvante, que chaque nuit ramène.
> Le promeneur de ces rues n'est jamais innocent. L'air
> qu'on y respire est saturé par la concentration de chimères,
> de fausses caresses et de vrai désespoir. Ça ne me fait plus
> rien. Je laisse Pigalle aux touristes et aux provinciaux
> délurés. C'est un quartier que je déteste. Ses putains, ses
> cinémas classés super-X, ses caves...
>
> Walter Prévost, *Café Terminus.*

Par extension, on emploie parfois le verbe *xer* pour
« censurer », quels que soient les sujets interdits et le type
de l'interdiction.

yakuza-eigas

Ce sont des films de gansters, un genre cinématographique traditionnel au Japon.

En réalité les *yakuzas* (en français « voyous ») sont des
chevaliers marginaux et rebelles, qui sont soumis aux lois
de leur clan mais défendent la justice à leur manière,
c'est-à-dire bien souvent de façon violente et en dehors
des règles imposées par la société. On peut retrouver dans
la mise en scène des yakuzas-eigas la stylisation propre au
théâtre *Kabuki* (voir p. 248).

yes-man

S'écrit aussi **yesman**. C'est l'homme qui dit oui, se plie sans rechigner aux contraintes imposées par les représentants des grands studios américains. Personnage de compromis, le yes-man, s'il est cinéaste, ne parviendra jamais à réaliser une œuvre personnelle et originale.

Ce n'est pourtant pas un yesman, Garson Kanin. Mais, à Hollywood, on vivait réellement à la cour d'une multitude de Louis XIV, plus tyranniques que celui de Versailles, et qui passaient leur temps à se déclarer la guerre, de puissance à puissance, simulant ensuite de signer des traités d'amitié pour mieux se poignarder dans le dos.

Préface de François Chalais à
Hollywood, années folles de Garson Kanin.

yeux clairs (l'homme aux)

Titre d'un film interprété et réalisé par William Surrey Hart, dit William S. Hart en 1918. Le titre est passé à la postérité comme un surnom. Celui que l'on appelait également Rio Jim avait en effet le regard limpide. Il fut l'un des premiers à incarner le héros de western, le cow-boy, gardien de bétail devenu par la suite cavalier et justicier solitaire. Mais ce gentleman de l'Ouest avait pourtant des émules au moment même où le western entrait dans la mythologie et l'histoire du Septième Art :

Broncho Billy ou Tom Mix, par exemple, le héros sans tache éternellement vissé à la selle de son célèbre cheval Tony, et qui travaillait dans ses propres terrains d'extérieurs baptisés Mixville.

> Le piano jouait avec allégresse pendant que des chevaux galopaient, soulevant le grand étendard de la poussière. Et c'était William S. Hart, visage chevalin et lèvre en avant, crachant le feu par les deux bouches de ses fusils, et la plaine se ruant derrière lui comme le monde entier.
>
> James Agee, *Une Mort dans la famille.*

Za-la-mort

Personnage mythique du cinéma italien et cousin élégant d'Arsène Lupin, Za-la-mort (expression argotique qui signifierait « Vive la mort ») a été créé par l'acteur et réalisateur Emilio Ghione qui lui donnera très vite une compagne, Za-la-vie, autrement dit « Vive la vie ».

zapper

Vient probablement de *zipper*, lui-même issu du verbe anglais *to zip* : fermer avec un *zip*, c'est-à-dire une fermeture éclair. L'idée de fermeture et de glissement sont en effet contenues à proportion égale dans le verbe *zapper* (on dit aussi **faire du zapping**), qui signifie abandonner une chaîne de télévision pour passer sur une autre, par simple pression sur la télécommande, par exemple si les spots publicitaires viennent perturber le déroulement d'un programme.

Zappeur : nom donné à l'individu qui zappe ou fait du zapping.

zoom

Le mot, d'origine anglaise, est un terme de l'aviation. Il signifie « chandelle ». Le zoom est un objectif à **focale** variable ; le mouvement qui permet de varier la distance focale ressemble à la vrille réalisée par un avion quand il monte en chandelle. Le zoom sert à faire un travelling (voir p. 458) sans déplacer la caméra.

Descendez, ça c'est défendu!
Oh! ça c'est indécent!
Elle crie mais bien entendu
Personne ne descend...
Sous la soie de sa jupe fendue
En zoom en gros-plans
Tout un tas d'individus
Filment, Noirs et Blancs...

Melissa, chanson de David Mc Neil
interprétée par Julien Clerc.

Avec le zoom, on peut, par exemple, passer d'un plan d'ensemble à un plan rapproché (***zoom avant***) ou exécuter l'opération inverse *(**zoom arrière**)*.
Ce type de travelling est appelé ***travelling optique :*** il ne fait pas le même effet qu'un travelling classique.

On l'avait filmée pendant toute la discussion, qui se répéta devant elle, la caméra se saisissant d'elle en plongée, simplement avec des effets de zoom qui diminuaient ou grossissaient par moments son visage sur la face de l'écran.

Louis-Antoine Prat, *Trois reflets d'Argentine.*

Le verbe *zoomer* est parfois employé à la place de l'expression *faire un zoom* et l'on dit de certains réalisateurs qu'ils sont atteints de *zoomite* quand ils abusent des effets de zoom.

Les médias annoncent parfois leurs reportages par l'expression *zoom sur...* Le titre-choc permet d'annoncer au spectateur ou au lecteur que l'on veut s'approcher au plus près d'un personnage ou d'un aspect de l'actualité pour les détailler.

zootrope

Du grec *zôion* « être vivant » et *tropos* : action de tourner. Cette machine à tourner le vivant est mise au point dans les années 1830 par un mathématicien anglais du nom de Horner. Elle est composée d'un tambour ouvert à sa partie supérieure et percé de petites fenêtres, à l'intérieur duquel est placé une petite bande dessinée représentant les mouvements décomposés d'un personnage (jongleur, acrobate, etc.). En faisant tourner le tambour autour d'un axe vertical on peut apercevoir par les petites fentes les personnages qui s'animent. D'abord baptisé *roue de la vie* ou *roue du diable,* le zootrope sera amélioré par le français Émile Reynaud et donnera naissance au *praxinoscope* (voir p. 358).

Zorro

Le personnage fut catapulté sur les écrans par l'athlétique et bondissant Douglas Fairbanks dans *Le Signe de Zorro* (1920), puis dans *Don X fils de Zorro* (1925). Il ne les quittera plus. Zorro (le mot est espagnol et signifie « renard ») est un héros rusé qui se masque pour mieux défendre la veuve et l'orphelin d'où l'expression « jouer les Zorro » qui est synonyme de « jouer les justiciers ». Les Zorro sont des individualistes impénitents, mais épris du Bien, qui défendent la justice en leur nom propre avec autant de courage que de panache.

> Il joue les Zorro, ce morveux, il me nargue, il m'insulte!
> Alexandra Lapierre, *L'homme fatal.*

Index

497

F

G

503

509

510

IMPRIMÉ EN FRANCE PAR LA SOCIÉTÉ NOUVELLE FIRMIN-DIDOT
Dépôt légal : novembre 1987
N° d'édition : 5385 – N° d'impression : 7554